财经类大学生职业素养
培养研究

贾妮燕　刘天　著

中国商务出版社
CHINA COMMERCE AND TRADE PRESS

图书在版编目（CIP）数据

　　财经类大学生职业素养培养研究 / 贾妮燕 , 刘天著 .
-- 北京 : 中国商务出版社 , 2018.4
　　ISBN 978-7-5103-2372-0

　　Ⅰ . ①财… Ⅱ . ①贾… ②刘… Ⅲ . ①大学生—职业
道德—素质教育—研究 Ⅳ . ① B822.9

　　中国版本图书馆 CIP 数据核字 (2018) 第 068719 号

财经类大学生职业素养培养研究
CAIJINGLEI DAXUESHENG ZHIYE SUYANG PEIYANG YANJIU

贾妮燕　刘天　著

出　　　版：中国商务出版社
地　　　址：北京市东城区安定门外大街东后巷 28 号　邮编：100710
责任部门：职业教育事业部（010–64218072　295402859@qq.com）
责任编辑：周青

总 发 行：中国商务出版社发行部 （010–64208388　64515150 ）
网　　　址：http://www.cctpress.com
邮　　　箱：cctp@cctpress.com

排　　　版：书香创意
印　　　刷：北京虎彩文化传播有限公司
开　　　本：700 毫米 ×1000 毫米　1/16
印　　　张：20.5　　　　　　　字　　数：300 千字
版　　　次：2018 年 8 月第 1 版　　印　　次：2022 年 8 月第 2 次印刷
书　　　号：ISBN 978-7-5103-2372-0
定　　　价：75.00 元

前言
REFACE

　　调查显示，2017 年毕业的大学生较 2016 年新增了 30 万，大学生需要面对毕业后的人生选择。面对复杂严峻的就业形势，高校在解决就业难的问题中找到了核心解决方案——提升职业素养，匹配企业内在的规范和要求，使大学生能够在择业就业的过程中更加满足企业需求，完成个人阶层的向上流动，为社会创造大学生的教育价值回馈。在这样的时代背景中，我们不难发现，除了专业不同，传统型抑或创新型企业的内在规范和要求、对职业素养的诉求，都在不断落实在岗位上，增加大学生对职业素养、对岗位素质的内隐认知，提升社会使命和职业动机、角色感和目标，能够减少企业在基本职业问题解决中的人力资源内耗，毕业大学生成为企业中更加顺遂的向上层流动的核心力量。一个财经类大学生人才职业素养的成功，能够引领一个行业的前景，推动社会经济的繁荣，形成一个新的社会经济文化现象，在社会历史进程中，留下痕迹。此举意义不凡，激励着高校教育者为培养职业素养人才的追求。

　　本书以高校在大学生和企业二者中的作用为出发点，旨在解决企业内在职业素养需求，提升大学生职业素养素质和风貌，使大学生在个人向上阶层流动的过程中，实现企业的社会目标，增加企业影响力。本书分别从大学生职业素养构成及现状、财经类院校职业素养培养模式、财经类大学生职业素养科研协调与发展趋势、财经类大学生创新型职业素养的建设与思考、财经类大学生创业职业素养准备与案例分析五大章节进行研究，呈现出职业素养的重要性，并立足高校教育，发挥高校教育者培养人才的点滴作用。

对职业素养以科学系统、通俗易懂的方式进行论述，是本书的特点。本书适合高校大学生阅读，并希望财经类大学生能在阅读过程中对职业素养的获得一定的认识，在认知层面，意识到职业素养对于一个财经类大学生向上层流动的过程中的助力作用，从而更加重视职业素养在个人生涯和企业环境中，在社会职责中举足轻重的影响力。高校大学生要拨开那些成功者内隐的成功面纱，在职业素养层面，系统地、科学地、充满乐趣地成为一个企业、一个行业中的佼佼者。

在财经类大学生的职业素养教育进程中，本书不过是沧海一粟，希望能为读者开启一扇认识职业素养的窗口，若能发出点滴光明，成为照亮读者心中迷雾的一盏灯火，作者在此普通又平凡的教育进程中当会得到些许安慰。文中疏漏难免会出现，还望忠实读者予以提示，以便更正。

作　者

2018 年 2 月

目　录
CONTENTS

第一章　大学生职业素养构成及现状

第一节　大学生职业素养及其构成 ……………………………… 1

第二节　大学生职业素养的现状 …………………………………… 22

第三节　就业市场对大学生职业素养的要求 …………………… 31

第二章　财经类院校职业素养培养模式

第一节　财经类院校职业素养培养的基本内涵 ……………… 35

第二节　国内外财经类职业素养模式探析 …………………… 55

第三节　财经应用型人才职业素养新方向 …………………… 73

第三章　财经类大学生职业素养科研协调与发展趋势

第一节　大学生职业素养的评价标准 …………………………… 84

第二节　财经院校教学与科研关系现状与未来发展动态 ………… 99

第四章　财经类大学生创新型职业素养

第一节　财经类创新型人才的理念解构 128

第二节　财经类创新型职业素养的建设 161

第三节　职业素养的保障体系与运行方式 195

第五章　财经类大学生创业职业素养准备与案例分析

第一节　财经类大学生创业者应具备的职业素养 236

第二节　财经类大学生创业者的准备和实施 248

第三节　财经类大学生创业案例分析 306

参考文献 320

第一章

大学生职业素养构成及现状

近年来，大学毕业生的就业已经成为比较重要的社会问题。一方面，大学毕业生就业压力日益增强，他们苦于找寻不到中意的落脚点；另一方面，很多企业等用人单位却频繁流连于各类招聘市场，苦于找不到中意的所需人才。诸多事实表明，这种现象的存在与学生的职业素养难以满足企业的要求有关。本章主要就大学生职业素养及其构成、大学生职业素养的现状、就业市场对大学生职业素养的要求这三个问题进行探讨。

第一节　大学生职业素养及其构成

一、大学生职业素养的内涵

（一）职业素养的职场呈现状态

在职场中，经常会有以下不同表现：

（1）有些人工作总是有激情、很快乐；

（2）有的人经历丰富、专业能力强，求职却屡受打击；

（3）有的人总是得不到提升，也得不到高薪；

（4）有的人做事，老板总不满意；

（5）有的人工作很多年，却总是找不到前进的方向；

（6）有的人对工作总是没有成就感，总是厌倦工作；

（7）有的人总是缺少职业竞争力；

（8）有的人总是陷入人际关系的危机中；

1

（9）有的人频繁跳槽，可总是找不到感觉。

这些现象原因很多，如果用一个词来概括的话，那就是因为"职业素养"的不同。

（二）职业素养的内涵和衡量标准

在个人向上层流动的进程中，《一生成就看职商》的作者吴甘霖回首自己从职场惨败者到走上成功之路的过程，再总结比尔·盖茨、李嘉诚、牛根生等著名人物的成功经验，并进一步分析所看到的众多职场人士的成功与失败，得到了一个宝贵的理念：一个人能力和专业知识固然重要，但是在职场要想获得成功，最关键的并不在于他的能力与专业知识，而在于他所具有的职业素养。即一个人在职场中能否成功取决于其"职商"。工作中需要知识，但更需要智慧，而最终起到关键作用的就是素养。缺少这些关键的素养，一个人将一生庸庸碌碌，与成功无缘。拥有这些素养，就会少走很多弯路，以最快的速度获得成功。那么，可以对"职业素养"进行如下几个方面的界定。

1. 职业素养的内涵要求

职业素养是指职业内在的规范和要求，是在职业过程中表现出来的综合品质。

职业素养包含职业道德、职业技能、职业行为、职业作风和职业意识等方面。是职业人在所从事的职业中尽自己最大的能力把工作做好的素质和能力。

2. 职业素养的衡量标准

职业素养不是以这件事做了会对个人带来什么利益或造成什么影响为衡量的标准，职业素养是以这件事与工作目标的关系为衡量的标准。

3. 职业人成熟度的指标

良好的职业素养是衡量一个职业人成熟度的重要指标。

一般说来，一个人能否顺利就业并取得成就，在很大程度上取决于其职业素养的高低职业素养越高的人，获得成功的机会就越多。

（1）从大学生的角度来看，职业素养是实现就业并胜任工作岗位的基本前提，它是职场制胜、事业成功的第一法宝；

（2）从用人单位的角度来看，职业素养是选聘人才首要考虑的因素。影响和制约大学生职业素养的因素很多，主要包括：受教育程度、实践经验、社会环境、工作经历以及自身的一些基本情况（如身体状况等）。大学生职业素养是个很大的概念，专业是第一位的，但是除了专业，敬业和道德是必备的，体现在职场上的就是大学生职业素养；体现在生活中的就是个人素养或者道德修养。

二、大学生职业素养的外延表现

职业素养具有丰富的内涵和外延。就其内涵而言，职业素质所反映的是人在某一时期内的职业能力、性格和气质发展水平，是人进一步发展职业和从事工作的条件和保证。就其外延而言，职业素质包括人们所有的工作活动过程和外部环境条件。人们的职业道路选择、职业发展和事业成功，受到个人、家庭和社会多方面的影响。

总的来看，影响职业素养的外延，可以包括以下几个方面。

（一）个人基本条件

1. 文化教育背景

文化教育背景体现着一个人的基本素质，教育是赋予个人才能、塑造个人人格、促进个人发展的社会活动它奠定了一个人的基本素质，对人的生涯产生巨大的影响。首先，获得不同教育程度的人在个人职业选择与被选择时，具有不同的能量，这种能量关系着职业生涯的开端与适应期是否良好，还关系着其以后的发展、晋升是否顺利。其次，人们所接受教育的专业、职业种类，对于其生涯有着决定性的影响，往往成为其生涯的前半部分以至一生的职业类别。即使人们转换职业，也往往与其所学的专业有一定联系；或者以所学的专业知识技能为基础，流动到其他职业岗位上。

此外，人们所接受的不同等级教育、所学的不同学科门类、所在院校的不同教育思想，会带来受教育者的不同思维模式与意识形态，从而使人们以不同的态度对待自己，对待社会，对待职业的选择与生涯的发展。

2. 家庭教育的塑造

一个人的素质往往体现在他的家教中。一个人的家庭境况也是造就人和影响其职业素养的主要因素。人在幼年时期就开始受到家庭的深刻影响，长期潜移默化的结果会使人形成一定的价值观和行为模式；人还会受到家庭中父兄的教诲和各种影响，自觉、不自觉地习得一定的职业知识和职业技能。这种价值观、行为模式、职业知识和职业技能，必然从根本上影响着一个人的职业理想和职业目标，影响着其职业选择的方向、选择中的冒险与妥协程度、对职业岗位的态度、工作中的行为等。

（二）个人心理条件

1. 个人能力特征

能力从心理学角度上看，是指顺利完成某种行为活动的心理条件。例如，观察力、注意力、记忆力、想象力、语言能力、创造力、思维能力等都是基本能力范畴；高级管理人员的计划、组织、协调、沟通、变革等则是属于管理能力范畴。能力测验是最早被用于人事测评中的，能力测验对于人事招聘和选拔具有很好的预测效度。

能力的最大优势首先在于它是在一个人的活动中表现出来的，同时又在所从事的活动中得到发展。任何一个人的能力与其他人都是不同的，并表现出自己的特点。比如，有的人动手能力很强，但有的人学习、记忆能力很好，而另一些人则是社交能力强。正因为这样，才体现出人与人之间的能力差异。能力差异直接影响个体职业的成功。

2. 个性人格特征

不同的个性，胜任不同类型的工作。有些工作更适合具有某种类型性格的人来承担；有些人更适合与具有某种个性特征的人共同工作。例如，一个性格内向、不善言辞、不喜欢过多地与他人打交道的人，应尽量避免从事产品推销或公关一类的工作；如果一个人性情急躁、粗枝大叶，那么，他就不适合从事文字校对、整理资料等需要耐心细致的工作。因此，人的情绪、气质、人格的差异对职业的适应性与工作的有效性是有关联的。

3. 其他心理品质

影响个人向上层流动的优秀的个性和职业适应性，还要在工作的态度、良好的情绪、坚强的意志作用下才能发挥作用。研究表明，良好的个性心理品质，不仅对人的成长和成功具有不可忽视的重要作用，而且往往比能力因素、个性人格因素的影响要大得多。比如进取心、自信、乐观、谨慎、不屈不挠、执着顽强等，都是成功的必要素质。正因为如此，人们才说："智商不如情商，情商不如逆商（挫折商，AQ）。"

4. 职业适应性

人适应职业，而不是职业适应人。职业适应性主要从个体的需求、动机、兴趣等方面考察人与职业之间的匹配关系。它主要了解个体的生活目的、追求或愿望，反映个体对工作的期望，对于职业选择、工作激励等很有参考价值。

人的需求，是个体对生理需求、安全需求、社交需求、自尊需求和自我实现需求等各类需求的程度。需求是动机的基本来源，动机的产生原因就是需求的满足。

个人的兴趣，是重要的心理特征之一，是个体力求认识某种事物或从事某种活动的心理倾向，表现为个体对某种事物、某项活动的选择性态度或积极的情绪反应。职业兴趣上的个体差异是相当大的，也是十分明显的。一方面，现代社会职业越来越分化，活动的要求和规范越来越复杂，各种职业间的差异也越来越明显，所以对个体的吸引力和要求也就迥然不同。

（三）外部环境条件

1. 社会环境的情况

人的社会性，是必需品。除了宏观的内容外，社会环境还指个人所在的学校、社区、家族关系、个人交际圈子等较小的环境。社会环境通常是指社会的政治经济形势、涉及人们职业权利的管理体制、社会文化与习俗、职业的社会评价等大环境。这些环境因素决定着社会职业岗位的数量、结构，决定着其出现的随机性与波动性，从而决定了人们对不同职业的认定和步入职业生涯、调整职业生涯的决策。这些小的社会环境因素，决定着一个人具体的社会活动范围、内容及其所受到的限制，从而也决定了个人生涯的具体际遇。进而言之，社会环境决定着社会职业结构的变迁，从而也决定了人的生涯不可抗拒、不可逆转的变动规律性。

2. 机会的出现

机会是一种眼光。出现于社会生活中的长期观察。机会既有外部的机遇，也有个人努力的程度。有时候，善于抓住机会比给予机会更重要。机会是一种随机出现的、具有偶然性的事物。这种机会，既包括社会各种就业岗位对于一个人而言的随机性岗位，也包括所在的组织给个人提供的培训机会、发展条件和向上流动的职业情境。

三、大学生职业素养的特征分析

（一）职业性质分析

为人民服务，是国家的职业。不同的职业，职业素养要求是不同的。对建筑工人的素养要求，不同于对护士职业的素养要求；对商业服务人员的素养要求，不同于对教师职业的素养要求。李素丽的职业素养始终是和她作为一名优秀的售票员联系在一起的，正如她自己所说："如果我能把 10 米车厢、3 尺票台当成为人民服务的岗位，实实在在地为社会做贡献，我就能在服务中融入真情，为社会增添一份美好。即便有时自己有点烦心事，只要一上车、一见到乘客，就不烦了。"

（二）内在性分析

靠谱，是一个人的内在评价。这样，有意识地内化、积淀和升华的这一心理品质，就是职业素养的内在性。从业人员在长期的职业活动中，经过自己学习、认识和亲身体验，认识到怎样做是对的，怎样做是不对的。我们常说："把这件事交给小张师傅去做，有把握，放心。"人们之所以放心他，就是因为他的内在素养好。

（三）稳定性分析

什么样的人，做出什么样的事。比如，一位教师经过三年五载的教学生涯就逐渐形成了怎样备课、怎样讲课、怎样热爱自己的学生、怎样为人师表等一系列教师职业素养，于是，便保持相对的稳定性。一个人的职业素养是在长期执业过程中日积月累形成的。它一旦形成，便产生相对的稳定性。当然，随着他继续学习、工作和环境的影响，这种素养还可继续提高。

（四）整体性分析

个性全面发展，是多数成功者的特点。从业人员职业素养的好坏是和他整体的素养有关的。我们说某某同志职业素养好，不仅指他的思想政治素养、职业道德素养，而且还包括他的科学文化素养、专业技能素养，甚至还包括身体、心理素养。一个从业人员，虽然思想道德素养好，但科学文化素养、专业技能素养差，就不能说这个人整体素养好；反之亦然，一个从业人员科学文化素养、专业技能素养都不错，但思想道德素养比较差，同样，我们也不能说这个人整体素养好。所以，职业素养一个很重要的特点就是整体性。

（五）发展性分析

并非一成不变，提升永远存在。一个人的素养是通过教育、自身社会实践和社会影响逐步形成的，它具有相对性和稳定性。但是，随着社会发展对人们不断提出的要求，人们为了更好地适应、满足和促进社会发展的需要，总是不断地提高自己的素养，所以，素养具有发展性。

四、大学生职业素养的内容构成和结构理论

（一）职业素养理论要素构成

1."素质冰山"理论

关于"素质冰山"理论，其表述为：个体的素质就像水中漂浮的一座冰山，水上部分的知识、技能仅仅代表表层的特征，不能区分绩效优劣；水下部分的动机、特质、态度、责任心才是决定人的行为的关键因素，能够鉴别绩效优秀者和一般者。

大学生的职业素养可以被看成是一座冰山：冰山浮在水面以上的只有1/8，它代表大学生的形象、资质、知识、职业行为和职业技能等方面，是人们看得见的、显性的职业素养，这些可以通过各种学历证书、职业证书来证明，或者通过专业考试来验证。而冰山隐藏在水面以下占整体7/8的部分，则代表大学生的职业意识、职业道德、职业作风和职业态度等方面，是人们看不见的、隐性的职业素养。

显性职业素养和隐性职业素养共同构成了大学生所应具备的全部职业素养。由此可见，大部分的职业素养是人们看不见的，但正是这7/8的隐性职业素养决定、支撑着外在的显性职业素养，显性职业素养是隐性职业素养的外在表现。因此，大学生职业素养的培养应该着眼于整座"冰山"，并以培养显性职业素养为基础，培养隐性职业素养为重点。

大部分企业和个人非常重视显性职业素养培训，诸如职业技能培训等，好像这些培训的效果能够立竿见影地凸显出来。他们往往忽视了隐性职业素养的培训，忽视职业意识、职业道德和职业态度方面的培训，因此也就很难从根本上提升个人和企业的核心竞争力。全方位职业素养培养就是要"破冰"，要将大学生头脑中潜藏的意识和态度挖掘出来，将"冰山"水面上和水面下的部分完全协同起来，更大程度地发挥7/8水下部分的核心作用。只有重视大学生隐性职业素养的培训，才能够更大程度地提高大学生显性素养培养的效果。

2.大树理论

"大树理论"认为职业素养中的职业道德、职业意识、职业行为习惯是一棵树的根系，而职业技能是枝、干、叶，一棵树要想枝繁叶茂首先要有发达的根系。职业技能通过学习、培训，在实践中比较容易获得。虽然职业技能对个人、对企业而言很重要，但企业更看重的是员工的职业素养，只有职业素养好的员工才有发展潜力，才能为企业的发展提供源源不断的动力。

（二）大学生职业素养的构成要素

1. 职业道德素养

职业道德是职业人在一定的社会职业活动中遵循的、具有自身职业特征的道德准则和规范，并在个人从业的思想和行为中表现出来的比较稳定的特征和倾向。职业道德的基本规范是爱岗敬业、诚实守信、处事公道、服务民众、奉献社会；职业道德的基本素养有遵纪守法、严谨自律、诚实厚道、勤业精业、团结协作、任劳任怨、开拓创新。职业道德的养成，唯有在职业道德的训练和实践中才能得以实现，所以同学们应积极参加社会实践，到实践中去领悟、体会和感受职业道德，才能养成良好的职业道德习惯。

2. 职业态度要求

职业态度是个人对职业生涯的设想及其有关问题的基本看法。它包括职业生涯设计、对正在从业或即将从业的职业的看法等。对于大学生而言，学校给予的知识和技能是有限的，而以知识经济为特征的当代社会对学生综合素质的要求却是无限的。以有限的知识能力满足无限的社会要求，可能的契机和途径是对学生职业态度养成的最好教育，好高骛远是行不通的。

3. 职业技能要求

职业技能是人们运用理论知识和实践经验完成具体工作任务的活动方式。大学生掌握职业技能，不仅需要老师传授知识，更主要的是需要通过一定的实践操作和训练，掌握一定的职业技能，这是走入职场的基本条件。

4. 职业形象表达

职业形象泛指职业人外在、内在的综合表现和反映。外在的职业形象指职业人的相貌、穿着、打扮、谈吐等他人能够看到、听到的东西；内在的职业形象指职业人所表现出来的学识、风度、气质、魅力等他人看不到，却能通过活动感受到的东西。职业形象与个人的职业发展紧密相连，在人的求职、社交活动中起关键作用，良好的职业形象对职业成功具有比较重要的意义。

5. 表达沟通能力

表达沟通能力就是通过听、说、读、写等思维载体，利用演讲、会见、对话、讨论、信件等方式将个人的思想、观点、意见或建议用语言或文字准确、恰当地表达出来，促使对方接受自己的能力。表达能力包括语言表达能力和文字表达能力，这是大学生必须具备的基本能力。能够用准确、流畅的语言讲述事实、表达观点；

能够撰写计划、总结、调查报告、公函等文书，这是用人单位对大学生表达能力的基本要求。

与一个人建立关系，沟通必不可少。沟通就是信息的传递和理解，沟通技能包括听、说、读、写多种技能。沟通的形式多种多样，最主要的方式是语言沟通，包括口头的和书面的。除了语言以外，非语言方式也是沟通的重要组成部分。非语言沟通也常常被称为身体语言，包括衣着、表情、神态、姿势、动作等。能够准确、高效地将信息传递给信息的接收方，并能正确理解对方的信息，这是大学生就业必须具备的能力要求。良好的沟通能力是大学生在职场通向成功的重要条件。

6. 团队合作能力

团队合作能力是一种为达到既定目标，在团队中所显现出来的自愿合作和共同努力的能力，是个人在工作中与同事和谐共事的能力，是在实际工作中充分理解团队目标、组织结构、个人职责，并在此基础上与他人相互协调配合，互相帮助的能力。它包括了个人善于与团队其他人沟通协调，能扮演适当角色，勇于承担责任，乐于助人，保持团队的融洽等。目前，越来越多的企业意识到团队合作精神的重要性，特别是经营规模宏大的知名企业往往更加重视员工的团队意识和合作精神。团队中的每个成员，都必须学会服从，担负起自己的责任，这是构建团队精神的基石。团队合作精神是大学生必须具备的就职条件之一。

7. 人际交往能力

联系和接触，是人际交往的第一步。人际交往是指人们为了相互传递信息、交换意见、表达情感和需要等目的，运用语言、行为等方式而进行的人际联系和人际接触的过程，即通常所说的人际关系。人际交往能力指的是向他人传递思想感情与信息的能力。对于正在学习、成长中的大学生来说，良好的人际交往能力不仅是大学生活的需要，更是将来适应社会的需要。对于一个组织来说，良好的人际交往能力有助于营造良好的组织氛围，而良好的组织氛围可以促进组织成员之间的沟通与交流，可以促进组织内部与组织外部成员之间的人际关系，扩大组织与社会的联系面，掌握更多的社会资源，进而有助于组织目标的顺利实现。因此，在其他条件相同的情况下，用人单位往往更愿意接收和使用人际交往能力强的人。

8. 解决问题能力

解决问题就是通过发现问题，对问题进行分析，最后运用一定的方法和技能化解矛盾，实现工作的目标。解决问题包括辨识问题和采取措施解决问题。该技能可用于寻求方法解决工作、学习和生活中的问题，运用不同的方法寻求解决方案，确定方法的有效性。在解决问题的能力中，分析判断能力十分重要。分析判断就是为实现一定的目标或解决一定的问题而制定行动方案并优化选择的过程。一个独立处理问题的过程其实就是一个决策的过程，因此，分析判断能力也就是独立处理问题的能力。

对于一个特定的问题，分析判断一般包括以下环节：

分析问题——分析问题的性质和特点；

确定目标——确定最后希望达到的效果；

拟订方案——同一目标的实现往往不只有一种方案，通过对不同途径和步骤的排列与组合，拟订数套行动方案备选；

评估方案——对备选行动方案的可行性、后果进行综合分析与比较，权衡每一个方案的利弊得失；

选择方案——从备选的行动方案中选定最后的行动方案。

发现问题，就解决了一半问题。了解了分析判断问题的流程后，大学生就可以有针对性地规范和完善分析判断问题的各个环节，从而提高自己分析判断问题的能力。

9. 学习创新能力

学习能力是人们在学习、工作及日常生活中必须具备的能力之一。现代社会对人的学习能力的要求越来越高，应届大学毕业生基本上都要经过系统培训才能具备直接进行业务操作的能力。因此，是否具备良好的学习能力和强烈的求知欲望是用人单位十分重视的，往往也是应聘时用人单位要重点考察的内容之一。创新能力是人们革旧布新、创造新事物的能力，包括发现问题、分析问题和解决问题以及在解决问题过程中进一步发现新问题，从而不断推动事物发展变化的能力。创新能力最基本的构成要素是创新激情、创新思维和科技素质。创新激情决定着创新的产生，创新思维决定着创新的成果和水平，科技素质则是创新的基础。

10. 组织管理能力

组织管理是指成功地运用管理者的知识和能力影响机构的活动，并达到最佳的工作目标。组织管理能力是一种对人心的把握与引导能力，组织管理能力强的人往往在工作上有主动性，对他人有影响力，有发展潜力，有培养价值。

（三）大学生职业能力素养分析

能力，包含"智力（一般能力）"、"特殊能力"两个基本方面，并进一步外化到"职业能力"等几个方面。知识,一般基于智力等能力上,并能够反映能力的水平。下面分别进行说明。

1. 智力素养分析

（1）智力的定义

所谓智力,是指人认识客观事物并运用知识解决实际问题的能力,也就是人的"聪明程度"。智力,作为人的基本能力,也被看作是一般能力（G）。心理学家在分析智力结构时,一般都承认包括感知力、记忆力、思维力、想象力这四个基本方面。感知力包括观察力和注意力,思维力则可以分为判断力、思考力或者逻辑思维、逻辑推理能力。这四种"力"在人们头脑中的不同搭配、不同组合,就是智力的结构。有的学者在这四种"力"之外还加上社会智力或者实践能力。

（2）智力的组成要素

在智力的四要素中,感知力起着智力活动前提的作用,或者说,是智力的初始环节。外界事物是通过人的感官进入大脑的。如果一个人的感知力差,不能从外界及时、准确、精细地取得信息,他就不能正确地进行思维。记忆在智力活动中如同电子计算机的存储器,它对从外界感知的信息分类整理,分别存入大脑细胞之中。思维力是智力活动的核心内容,它包括归纳、概括、抽象、类比、具体化、判断、演绎推理等。显然,在智力之中,思维力是最重要的,人们说的"聪明",主要也是指思维能力强。

联想能力,是想象力的必备因素。想象力则好像是智力活动的"翅膀"。在现代心理学的研究中,有人把心理活动过程看作为一个信息加工的过程,按照这种观点,智力就集中表现在人认识事物并且做出反应的正确性、机敏性、深刻性、广阔性上。

（3）创造力

进一步来说,创造力是人的"聪明",是某个人想别人未想、做别人未做,标新立异,制造出以往没有的新鲜事物,即能够做出创造性活动的能力。因此可以说,创造力也是智力的一个高级内容。

（4）社会智力

人们所从事的活动,一般来说,都是社会活动,也就是直接、间接地和人打交道的活动。因此人们从事自身的活动,往往要求他具备一定的涉及他人的能力,通过这种能力使该活动能够按照预定的方案进行,从而达到预期的目标。许多学者注意到"智力"范畴在社会应用中的局限性,因而提出了社会智力的范畴。有的学者把经验性的智力称为"智力Ⅰ"，把社会智力称为"智力Ⅱ"。社会智力包括以下内容：①计划能力，或规划能力；②决策能力；③组织能力，或协调能力；④沟通能力；⑤说服能力；⑥管理能力。

2. 特殊能力分析

人们从事的各种活动，是千差万别的，人的能力，除了作为"一般能力"的智力以外，还有特殊能力。国际上具有权威地位的《加拿大职业分类词典》把特殊能力分为以下十个方面：

言语表达能力（V）——理解词语与相关思想的能力，以及有效地运用词语的能力。

数学计算能力（N）——迅速而准确地进行算术计算的能力。

空间感觉能力（S）——凭思维想象三维空间物体形状的能力。

形体感觉能力（P）——觉察物体、图画中有关细节的能力。

文书事务办公能力（Q）——觉察词语或表格材料中有关细节及避免文字与数字计算错误的能力。

动作协调能力（K）——眼、手和手指快速做出精确动作的能力。

手指的灵活性（F）——迅速而准确地运用手指操作小物体的能力。

手的灵巧性（M）——熟练自如地运用手的能力，从事手的翻转、放置、移动动作。

眼—手—脚的配合能力（E）——根据视力所见，而使手、足彼此协调，完成动作的能力。

辨色能力（C）——对于不同色调和同一颜色的不同深浅觉察和辨别的能力。

3. 操作技能分析

技能，分为动作操作能力和准确性与熟练度。用通俗的话说就是技术、技巧，其含义是人们从事活动的某种动作能力，是人经过长期实践活动所形成的顺序化的、自动化的、完善化的动作系列。一个人具有某项技能形成的标志，是从事劳动的动作准确性，它包括动作的方向、距离、速度、力量的准确。技能在劳动能力中极为重要，所谓"三百六十行，行行出状元"，各行各业的"状元"即是各种职业的技能出类拔萃者。应当指出，对于技能这一范畴，不能理解为只是"简单的、动手性、蓝领工人的技术"。从不同劳动者的角度看，技能有高低不同层次和蓝领、白领的技能，例如有开机器的工业操作技能和一分钟录入200字的计算机打字技能，也有熟练地进行微雕的工艺美术师、使用电子显微镜的技术专家和人的大脑中开刀治疗的妙手"华佗"。从不同内容的角度看，技能包括身体活动技能和小智活动技能，如有纺织工人的接纱头技能和舞蹈演员的腰肢头手动作，也有软件工程师"写软件"的编程技能和营销经理的市场策划技能。

4. 职业能力分析

职业能力，分智力和苦干两步。就是职业科学中的"能向"。我们知道，从事任何职业，都需要智力这种一般的能力和若干种特殊能力，职业不同就需要不同的能向，即需要智力总水平及其各要素的不同与各项特殊能力的水平及其结构的不同。因此，每一种具体的职业，都有不同的职业能力的要求，这就要求从事某一种职业的人具有特定的职业能力。

每一种职业的能力要求不同。根据加拿大《职业岗位分类词典》的口径，职业对于从业者条件要求的一般项目（即从事职业的资格检测表），包括能向、普通教育程度（GED）、专门职业培训（SVP）、环境条件（EC）、体力活动（PA）、工作职能（DPT）诸项基本条件和兴趣、性格的参考条件。上述各项条件，按照各自程度和水平分别打分、区分为不同的等级。资格检测表中的"能向"，即人们能力的特性与方向。某种职业对于人们的能向要求，包括智力（一般能力或一般学习能力）和上述"言语表达能力、数学计算能力"等各项特殊能力。人要走好自己的生涯之路，必须要选择适合自身特点的职业，即要达到人的各项条件与职业的要求相互适应。

5. 劳动者知识水平分析

常言道，知识改变命运。却不知，运用知识，才能改变命运。所谓知识，是指人们头脑中所记忆的经验和理论，或者说是头脑中储存的信息。知识，分为"一般经验"和"理论"两种。当知识带有逻辑性、体系性、科学性时，就成为"理论"或者"学说"；一般经验则是形成理论知识之前的东西，其特征是零碎的、片断的、正确度较差。心理学家指出，知识与能力（尤其是智力）有一定的相关性，二者是相辅相成的。从社会职业劳动的角度看，"知识"可以分为三个部分：一般知识或者说普通知识，它反映一个劳动者的一般文化水平；专业理论知识，它反映职业所必需的专业知识和技能；工作经验与操作知识，它反映劳动者在相关职业上的工作经历和经验积累。

增加知识储备，在人类社会，存在着系统传授一般知识和专业理论知识的教育部门与系统传授工作经验和操作技能的培训机构，它们的活动可以使工作对象迅速增加知识储备，从而大大提高人的素质。因此，人的知识水平往往用教育程度、培训状况来反映。教育程度、培训状况不仅是一个人就业、走上职业岗位的"通行证"，而且由于它是从事各项职业活动的基础，也就成为个人成功素质不可缺少的一部分。

考试的作用，是对于知识的测试，一般是通过考试来进行的。目前，许多学科、课程开始实行标准化考试。此外，企业、事业、机关等单位，在招录员工、晋升或者更新技术工艺等情况下，也经常组织知识考试。

（四）大学生人格素养分析

从心理学的角度看，人格是一个非常重要的领域。即使一个人具有非常高的智力水平，具有相当出色的各种能力，也不能保证生涯的顺利、事业的成功。因为除了智力、能力因素之外，还有很多其他影响因素，非智力因素就是很重要的内容。例如，"情商"就是受到普遍关注的因素，人们说，"智商是就业的条件，情商是晋升的前提"。实际上，情商包括人们的人格特征（包括个性与情感）、人际关系能力等和"意志"等心理品质这些其他非智力因素，是一个相当广泛的范畴。

心理学是研究人类差异的科学，个性则是心理学"永恒的主题"。个性，从总体上来说，是指人们比较稳定的基本心理特征。人们日常生活中所说的"脾气禀性"，正反映了个性的这种基本特征。人们谈到一个人的个性或者性格时，经常说"内向"或者"外向"，这就是人们心理特征的倾向性，也称为"向性"或"性向"。一个人心理活动倾向于内部的，即内向的个性；一个人心理活动倾向于外部的，即外向的个性。这种向性为心理学研究、测量及其应用所高度关注。对于人的性向，除了上述作"内向、外向"的划分外，还有按血型、按体态、按心理机能中的优势因素、按文化（即价值观）类型进行分类的，本书不赘述。

1. 人格向性的类型分析

（1）内向型人格

内向型特性的人，重视主观世界，内心世界丰富，经常沉浸在自我欣赏和幻想中。他们沉着，安静，处事谨慎，深思熟虑，计划性、规律性、安定性、逻辑性、周密性强，而应变能力差，不善于交际。他们在工作上、学习上善于思考，但视野狭窄，容易产生自卑感，爱抠小事。

（2）外向型人格

具有外向型特性的人，经常对外部世界表示关心，开朗，活泼，感情外露，自由奔放，做事当机立断，不拘小节，具有独立性、活动性、协调性、现实性、开放性、灵活性强的特点。他们在工作、学习上，反应较快，学得快，但往往从兴趣、情感出发，缺乏计划性和坚持性。

（3）中间型人格

从最基本的角度看，人的性向分为内向和外向两个类别，但是实际上有些人的"内向"或"外向"的特点并不清楚，而是内向、外向的程度差不多，因而又可以说还有一种中间型。中间型实际上是一种过渡形态。从内向型到中间型，再到外向型，这是一个连续的过程。

内向、外向是人的两种基本性向。实际上，对于人的特点、心理过程，还可以进一步地划分，见表 1-1。

表 1-1　人格向性的细化分类

内向型划分	特点	外向型划分	特点
孤独型	沉默寡言、谨慎、消极、孤独	社交型	爽朗、积极、能言善辩、顺应
思考型	善于思考、深入钻研、提纲挈领	行动型	现实的、说干就干、易变化、好动
丧失自信型	自卑感、自责、较强的负罪感	过于自信型	瞧不起别人、过高估计自己
不安型	规矩、清高、小心	乐天型	肚量大、大方、不拘小节
冷静型	小心谨慎、沉着、稳重	感情型	敏感、喜怒哀乐变化无常

资料来源：作者根据相关资料整理。

2. 人格气质层面分析

气质是最大的性格印象。气质，在现代心理学中是指表现在人的心理活动方面和行为动力方面的具有稳定性的个人特点。气质是一个人最基本的心理特征，它影响到个人活动的一切方面，真可谓"无处不在"。我们说它具有稳定性，就是说这种个人特点不因为所从事活动的目的、动机和内容而受到影响、有所改变，例如一个人有着"慢脾气"，另一个人则是"爱发火"。

不同职业，不同气质。人的生涯中，最主要的活动就是职业活动。从职业的角度把握气质，就产生了职业气质的范畴。职业心理学把人的职业气质分为变化型、重复型、服从型、独立型、协作型、劝服型、机智型、经验决策型、事实决策型、自我表现型、严谨型 11 种。这里不赘述。

气质历史悠久。2000 年前，古希腊医生希波克拉特就提出人有血液、黏液、黄胆汁、黑胆汁四种体液，后人由此就建立了气质学说，包括多血质、粘液质、胆汁质、抑郁质四种类型。巴甫洛夫根据中枢神经学说的研究，通过大量经典性条件反射的实验，找到了这种学说的医学生理学基础，指出人的高级神经活动的过程.有着兴奋性（兴奋与抑制）、平衡性和灵活性的特征，这三种特征的不同组合，就形成人的四种神经活动类型——兴奋型、灵活型、安静型、弱型，它们正好对应着胆汁质、多血质、黏液质、抑郁质四种气质，见表1-2。

表1-2　气质分类

气质类型	高级神经活动类型	兴奋强度	抑制强度	灵活性
胆汁质－兴奋型	强而不平衡型	正	负	负
多血质－灵活型	强、平衡、灵活型	正	正	正
粘液质－安静型	强、平衡、不灵活型	正	正	负
抑郁质－弱型	弱型	负	负	负

资料来源：作者根据相关资料整理。

（1）人格气质的分类

第一，胆汁质。具有这种气质的人精力旺盛，行动迅速，易于激动，性情直率，进取心强，大胆倔强，敏捷果断。但他们自制力差，性情急躁，主观任性，易于冲动，办事粗心，有时会刚愎自用。

第二，多血质。具有这种气质的人灵活机智，思想敏锐，善于交际，适应性强，活泼好动，情感外露，富于创造精神。但他们往往粗心大意，情绪多变，富于幻想，生活散漫，缺乏忍耐力和毅力。

第三，黏液质。具有这种气质的人坚定顽强，沉着踏实，耐心谨慎，自信心足，自制力强，善于克制忍让，生活有规律，心境平和，沉默少语。但他们往往不够灵活，固执拘谨，因循守旧。

第四，抑郁质。具有这种气质的人对事物敏感，做事谨慎细心，感受能力强，沉静含蓄，办事稳妥可靠，感情深沉持久。但他们遇事往往缺乏果断和信心，多疑、孤僻、拘谨、自卑。

（2）人格气质的评价

应当指出，一个人或者是这种气质，或者是那种气质，当然就有着不同的特点。无疑，每一种气质有其长处，也有其短处。但是，不能说哪一种气质就好，哪一种气质就坏。心理学家指出，气质本身不能决定一个人社会成就的高低，每一种职业领域可以找出各种不同气质类型的代表；同是在一个领域取得巨大成功的人中，各种气质的人都有；同一气质的人在不同的职业部门也能做出突出的贡献。据苏联心理学家的研究，俄国著名文学家普希金、赫尔岑、克雷洛夫、果戈里分属于胆汁质、多血质、粘液质、抑郁质的气质类型，他们在文学领域都取得了杰出的成就。而达尔文和果戈里属于抑郁质类型，他们也在不同的领域里取得了伟大成就。在"气质类型"问题上，关键是认识自我的特点，在生涯设计中尽量发掘自己的长处，从而选择最有利于自身发展的方向。

（3）人格气质的混合类型分析

还应当指出，许多人并不是只具有单一的气质，而是两、三种气质兼而有之（当然在几种之中也会有一种最突出、最重要）。实际上，这种混合气质的人，其对于社会环境的适应性更强，自身的可塑性更大，因而生涯发展的空间也更加广阔，也可以认为他们的成功概率更高。

3. 情商层面的影响因素

人的情感，是一个非常复杂的范畴，一个人的喜怒哀乐、七情六欲，往往是让人难于捉摸、无法把握的。所谓 EQ（Emotional Quotient），是指人们在情感方面的心理测试指标。情商在"成功"方面的作用大大高于智商的作用。情商，包含着丰富的内容，但它是一个界限并不清楚的模糊概念。在几十年前就有学者关心智力之外的成功因素。例如，美国学者小乔治·盖洛甫在 20 世纪 80 年代就提出成功的最主要因素是"知情达理"（这实际上就是情感的社会面），而智力因素仅仅排在第四位。我国心理学家燕国材早在 20 世纪 80 年代初也提出非智力因素对人的成长有重大作用。从一般的角度看，"情商"范畴，包括人们对自身情绪的体察和把握、对他人情绪的认识、对人际关系的把握和对自身的要求和激励。这么复杂的内容，显然绝不仅仅有自身人格的问题，而且还有人的社会品格问题和人与外部世界的关系问题。

4. 职业人格因素分析

（1）职业人格的类型 6 种

个人根据自己的人格特点选择职业，用人单位根据招聘对象的人格特点选择员工，这是现代社会职业生涯发展的基本原则。美国著名职业指导专家霍兰德从心理学价值观理论出发，经过大量的职业咨询指导实例积累，提出了职业活动意义上的人格类型论。霍兰德的职业人格分类包括现实型、调研型、艺术型、社会型、企业型、常规型六种类型，相应地，社会职业也有现实型、调研型、艺术型、社会型、企业型、常规型六种。

（2）职业人格的评价和运用

上面的分类，每一种类型的人都有自己的特点和长处，也有一定短处。而从人的心理差异的角度来看，无所谓哪一种好些、哪一种差些，而只有某一种职业类型是否与社会职业岗位协调、匹配的问题。

但是，由于大千世界的人是复杂的，因而其职业人格往往不能用一种类型来简单概括，而是兼有多种性质，即以一种类型的特点为主同时具备他种类型的特点。因此，职业问题专家进而提出若干种中间类型或同时具备几种类型特性的职业类型群的分析和测试方法。霍兰德的职业人格理论，就是将人的三种职业人格相结合。霍兰德的这一学说，是对实践的较好反映，运用这种理论和方法所进行的职业测试的正确率较高，因而在现代职业指导领域得到广泛应用。

（五）大学生职业品德素养分析

1.道德修养品德

一个人的道德水平，是一个人得以成才、得以成功的重要条件之一。一个人具有较高的道德修养，往往是与其丰富的社会知识、生涯知识和人生阅历相关联的。当他有了较高的道德修养，就能够较好地认识条件、机遇、命运和自己与他人的关系，也能够把握自身的奋斗过程，还能够比较容易地得到旁人的支持、社会的扶助与承认。应当指出，"道德"是有阶级性、社会阶层性和时代性的。谈道德，绝不是让人们作清教徒，绝不是压抑人性、压抑创造性、压抑人们正当的利益追求。例如，"三从四德"绝不是社会主义道德，也绝不是市场经济道德，而是一种愚昧的"道德"。

2.责任心修养品德

这是企业最为关注的一项品德。是一种良好的心理品质，因为一个人认真地做事，是有利于达到预期目标的。对自己负责固然为成功生涯所必须，对他人负责，对自己所在的组织、群体负责，同样也有利于自己的发展，因为一个人有敬业精神、有对所承诺事物的负责态度，不仅能够完成自己目前的任务，而且"泰山不让土壤"般地努力，往往就能够取得事业的成功。

3.意志力修养品德

人贵立志，更贵坚持。在竞争激励的社会，机会虽然是有的，但是趋利而来之徒也是大量存在的。而任何事物的成功也都是属于少数人的。一个人有执着的精神．有不怕失败、不计得失地努力，"咬定青山不放松"，用超人的毅力去追求、去做事，其成功的概率就比浅尝辄止者大得多。

4.价值观修养品德

人的观念，必然影响一个人的社会生活态度，这当然就会影响一个人的生涯选择与成功的程度。它是人们对于社会事物的根本看法，由此还导致对社会事物的基本态度以至进一步导致人的行为方式。观念问题在任何社会都是非常重要的，而处于巨大变革时代的中国，"观念现代化"已经被看作"第五个现代化"，可见其重要性。

人们对价值观有 6 种分类方法，美国心理学家斯普兰格把人的价值观分为理论型、经济型、艺术型、社交型、权力型和宗教型六种基本类别，这是既简单又全面的分类方法。价值观分类法也构成霍兰德职业个性的理论依据。

（1）理论型。为了达到这个标准，这种人经常寻找事物的共同点和不同点，尽量不考虑事物的美或效用。具有理论价值观的人，最大兴趣在于发现真理。他们一生中的主要目 标是把知识系统化和条理化。

（2）经济型。这种人关心的是生产商品、提供服务和积累财富。具有经济价值观的人，基本上是对"有用"发生兴趣。他们是彻底的实用主义者，完全按照商人通行的框框办事，追求物质利益。

（3）艺术型。即使不是一位艺术家，他的主要兴趣也在于人生中的艺术性插曲。具有艺术价值观的人，对事物的形式与和谐赋予很高的价值，并愿意表达自我，例如，他们常常喜欢象征华丽和权力的漂亮勋章，反对压制个人思想的政治活动。

（4）社交型。这种人总是给别人以高度评价。他们善良、富有同情心和大公无私。他们把爱本身看作是人际关系的唯一合理的形式。他们爱帮助别人。具有社交价值观的人，最重视对人的爱。这种人的兴趣与具有宗教价值观的人很接近。

（5）权力型。这种人不一定是一个政治家。善于施加压力。由于竞争和奋斗在他一生中起很大作用，他在任何需要有高权力价值观才能获得成功的职业或工作中，会做得很好。这种权力有时是施加于人，如当一名高级经理；有时则施加于环境，如工程师对如何制造一种产品做出最后的决策。具有权力价值观的人感兴趣的主要是权力。

（6）宗教型。这种人想方设法把他们自己与对宇宙整体的信仰联系起来。具有宗教价值观的人的最高价值是整体性。对有些人来说，他们企图与外部世界的现实生活脱离关系（如寺院里的和尚）；对另一些人来说，他们在当地参加教堂活动的人中间或在具有同一宗教信仰的人中间，进行自我克制和反省。宗教价值观者往往为了事业而奉献自己。

在基本理念方面影响和决定着人们的职业选择的方向，人的不同的价值观，决定着人们进入哪个单位去就业，决定着人们就业后的工作态度与劳动绩效水平，从而决定着人的职业生涯发展情况。

5.职业修养价值观

哪个职业好？哪种岗位适合自己？从事劳动的目的是什么？这些问题就是人们具体的劳动价值观、具体的职业价值观。除了基本的价值观，人们在职业、就业、工作、劳动上还有具体的观念、想法和价值判断标准。

日本学者田崎仁，把人的职业价值观分为以下9种类型。

①独立经营型。独立经营类型的人不愿受别人指挥，凭自己的能力拥有自己的工作和生活领地，如个体工商户、私人开业医生、私人律师等。

②经济型。经济类型的人认为"钱可通神"，金钱就是一切。他们认为人与人之间的关系是金钱关系，连父母与子女之间的爱也带有金钱的烙印。

③支配型，也称独断专行型。这种类型的人想当组织的领导，无视他人的想法，以能够"支配他人"为心理满足。

④自尊型。自尊类型的人受尊敬的欲望很强，渴望能有社会地位和名誉，希望常常受到众人尊敬。这种人在欲望得不到满足时，由于过于强烈的自我意识，有时反而很自卑。

⑤自我实现型。自我实现类型的人对世俗的观点、利益等并不关心，一心一意想发挥个性，追求真理，不考虑收入、地位及他人对自己的看法，尽力挖掘自己的潜力，施展自己的本领，并视此为有意义的生活。

⑥志愿型。志愿类型的人富于同情心，把别人的痛苦视为自己的痛苦，在帮助别人的过程中获得个人心理的满足与快乐。他们不愿意干表面上哗众取宠的事。

⑦家庭中心型。家庭中心类型的人过着十分平凡但又安定的生活，他们重视家庭，为人踏实，生活态度保守，不敢冒险，对待职业生涯也很慎重。

⑧才能型。才能型的人单纯活泼，重视个人才能的表现与被承认。他们把深受周围人的欢迎看作是乐趣，能以不凡的谈吐、新颖的服装博得众人好感，也常能把气氛搞活跃。

⑨自由型。自由型的人开始工作时无目的、无计划，但能调整行为以适应职业环境；他们常被周围人认为无责任感，但能承担有限的责任，不麻烦他人，无拘

无束，生活随便。

（六）大学生职业的健康要求分析

以前人们说，"身体是革命的本钱"，就是说没有健康的身体什么事情也做不成。今天，人们都有着个人发展的抱负，有宏伟目标，有实施计划。而要在社会上拼搏，没有健壮的体魄、没有强健的精神支持，是难于获得成功的。健康，是人类最宝贵的财富，它对于一个人的追求、发展、努力、奋斗，有着重大作用。而且，健康本身也是人类所追求的人生目标之一，因为健康与"幸福"也有着很大的相关关系。健康之如此重要，就使得它成为成功素质中不可或缺的重要内容。

1. 身体健康的重要性

身体健康，同时也意味着抵御疾病的能力强。一般来说，人的活动能力依赖正常的身体结构、良好的生理机能和强健的体魄。这一般反映在呼吸、脉搏等生理指标和力量、速度等运动指标上。人体的健康水平，还反映在身高、体重等自然特征上。身体健康者，适应社会生活的能力就较强，当然有利于自己生涯的开拓和发展。

2. 心理健康的重要作用

国际上具有权威地位的《简明大不列颠百科全书》中指出，心理健康是指个体心理在本身及环境条件范围内所能够达到的最佳状态，但是这也不是指绝对的十全十美状态。现代的健康观，不仅要求身体健康，而且要求心理的健康。

达到心理健康的具体标准为：①认知过程正常，智力正常；②情绪稳定，乐观，心情舒畅；③意志坚强，做事有目的、有计划、有步骤、有方法，能克服困难达到目的；④人格健全，性格、能力、价值观等均正常；⑤养成健康习惯和行为，无不良行为；⑥精力充沛地适应社会，人际关系好。

在一定意义上，心理健康对于生涯的作用比身体健康的作用更大。能够有利于充分发挥既有的素质，有利于努力学习、提高自身的素质，能够激发自身的潜能，还能够弥补身体健康的不足。

实际上，身体健康与心理健康是密切相连、不可分割的，因此"身心健康"可以说已经是一个整体了。世界卫生组织对健康所下的定义是："健康，不但是没有身体的缺陷和疾病，还要有完整的生理、心理状态和社会适应能力。"所以"健康"可以说就是一体化的"身心健康"。

第二节　大学生职业素养的现状

大学生职业素养的内涵是企业的内在规范和标准，想要了解大学生职业素养的现状，涉及 3 个对象：企业、高校、大学生。就业使这三者之间紧密相连。

因此，对于大学生职业素养现状的解读，我们将从一、就业——麦可思 2017 就业蓝皮书解读 2017 年就业数据，二、企业端、高校端、大学生三者作用分析在大学生职业素养现状。三、职业素质测试的作用。至于企业对大学生职业素养的要求，我们将在下一节详细解读。

一、就业——麦可思蓝皮书 2017 就业数据

由麦可思研究院撰写的《2017 年中国大学生就业报告》显示，2016 届大学生毕业半年后的就业率为 91.6%，与 2015 届（91.7%）基本持平，略低于 2014 届（92.1%）。其中，本科院校 2016 届毕业生半年后的就业率为 91.8%，高职高专为 91.5%。从近三届的趋势可看出，大学毕业生半年后就业率呈现平稳态势。

该报告显示，大学毕业生就业率总体稳定，就业满意度持续上升，民企、中小微企业、地级市及以下地区等依然是大学生主要就业去向，且比例持续上升。而大学生自主创业存活率需关注，创业效果应从长评价。具体特征如下。

第一，大学毕业生就业率总体稳定。

第二，大学毕业生就业满意度持续上升。2016 届大学毕业生的就业满意度为 65%。其中本科毕业生就业满意度为 66%，高职高专毕业生就业满意度为 63%。近 5 届大学毕业生就业满意度持续上升，2012 届大学毕业生就业满意度为 55%，近 5 届平均每届增加 2 个百分点。

第三，大学毕业生月收入高于城镇居民平均水平，且高等教育在毕业 3 年内回报明显。2016 届大学毕业生月收入为 3988 元。其中，本科院校 2016 届毕业生月收入为 4376 元，高职高专院校 2016 届毕业生月收入为 3599 元，均高于城镇居民 2016 年月均可支配收入（2801 元）。另外，2013 届大学生毕业 3 年后平均月收入与其毕业时相比涨幅为 84%。其中本科毕业生涨幅为 87%，高职高专毕业生涨幅为 81%。

第四，大学生自主创业存活率需关注，创业效果应从长评价。毕业半年后自主创业的 2013 届本科毕业生有 46.2% 的人 3 年后还在继续自主创业，比 2012 届（48.6%）减少了 2.4 个百分点；毕业半年后自主创业的 2013 届高职高专毕业生中有 46.8% 的人 3 年后还在继续自主创业，比 2012 届（47.5%）略低。2013 届大学生毕业半年后有 2.3% 的人自主创业（本科为 1.2%，高职高专为 3.3%），3 年后有 5.9% 的人自主创业（本科为 3.8%，高职高专为 8.0%），说明有更多的毕业生在毕业 3 年内选择了自主创业。

二、大学生职业素养培养的必要性

（一）企业重视人才的储备

随着企业竞争的加剧，员工的职业化逐渐成为企业在全球化竞争中制胜的关键因素，企业也越来越注重提高员工的职业道德和职业素养。据统计，目前中国企业的效率是美国的 1/25，是日本的 1/26，问题出在哪里？归根结底还是人的问题，制度制定得再完美，没有职业化的队伍去贯彻执行无异于一堆废纸。在激烈的市场竞争中，企业将人才视为持续发展不可或缺的核心资源，许多企业竞相从高校中选拔优秀的应届毕业生作为人才储备。

（二）大学生流失率逐年攀升

在十几年的学生生涯中，他们所做的一切努力都是为了达到自己考上一所好的学校，或是拿一个好的成绩等个人目标。大学重视理论教育，培养出来的毕业生普遍自我价值认知很高，认为自己应该从事企业的中、高层管理工作。而实际上，由于毕业生缺乏实际操作技能，只能从基层做起。80 后的一代多为独生子女，成长的环境比较优越，形成了这代人鲜明的特点：要个性、喜欢被关注、习惯被安排、受不了大的挫折。这种强烈的心理落差使得应届毕业生常常抱怨自己得不到重用。进入到企业后，这种个人导向的行为习惯与企业追求的团队协作要求格格不入，所以他们常常因和周边的同事产生冲突而受到排挤。当他们进入到企业以后常表现为：不服管，经常和领导顶着干；目光短浅，没有自己的职业规划，乱跳槽，反正家里条件不错；同学间攀比工资，并向企业要求加薪；遇到困难就叫苦连天、退缩。而离职并没有带给大学生多大的利益，相反，毕业后前一两年的黄金时间都浪费在了跳槽上，也给应届毕业生留下越来越多的负面评价。在企业中的"不得志"使得很多刚进企业不久的大学生纷纷离职。有数据显示，50010以上的应届毕业生一两年内流失率在30%。一些企业招收的应届大学生流失率更是高达70%，甚至像联想集团这样的大型企业，也认为他们为大学生高流失率"交的学费太高"。

（三）职业化素养培训的必然性

如何打破这种"双输"的局面？一些知名的大企业给出了答案，他们通过系统的培训将应届大学生培养成"企业人""职业人""专业人"，将应届生的流失率降低至10%。职业化素养培训对于把应届生培养成"企业人"和"职业人"起到了很大的作用。

（四）高校职业素质的制约因素

目前，高校的职业素养教育普遍整体滞后，专业培养目标不能有效适应市场需求，主要表现在以下几个方面。

1. 职业目标不明确

学生不知道自己的专业学习目标，只是在临近毕业时才开始为就业而了解职业，茫然地临时抱佛脚，缺乏起码的职业意识、责任意识，更谈不上具备较高的职业素养。即便在不少的高职院校，职业素养教育从认知到贯彻都不够到位，往往仅满足于实际操作的"工具"型培养，侧重于技术和经验，相比之下，在职业道德和职业心理素质方面缺乏应有的重视。有些高校，平时很少提到职业素养教育，甚至于许多教师还不知道什么是职业素养教育，和自己有无直接的联系等。就是许多企业明确表示不招聘应届毕业生的真正原因。

2. 重理论轻实践

许多教师缺乏相关专业的工作经历，没有切实的实践体验，授课针对性不强，只是纸上谈兵，无法较好地做到理论联系实际，不能很好地运用书本知识去分析社会中的实际问题，也不能用一些模型去评估现行的方针政策，所以学生普遍缺乏分析问题和解决问题的实际能力。许多高等院校在具体的人才培养实施过程中，重理论轻实践的现象没有从根本上得到改变，采用的仍然是纯课本讲授，不能根据学生的认知特点来培养学生的能力，偏重于对概念和理论知识的讲解，内容陈旧，没有把目前生产、生活领域出现的各类实际问题用所学的理论知识加以介绍、解释，使该学科失去了鲜活的生命力。

3. 重显性素养轻视隐性素养

在课程设置上，就业指导课常常由日常事务繁杂的学生管理人员兼职并且课时不足，较少开设职业规划、职业道德和职业心理学等课程，学生普遍缺乏相关的职业道德和职业心理素质知识，不知道"为什么而学""到底应学什么""怎么去学"等之类的问题。没有使他们从思想深处真正认识到职业素养是未来职业的需要，民族振兴的需要，国家发展的需要，客观形势的需要。显然，这些现象都有悖于职业素养教育的宗旨，不利于职业激情与品格的培养。高等院校普遍没有打破传统的教学模式，仍存在着重智能和技能的传授，轻学习动机的激励；重学习材料的记忆，轻认知方式的培养；重书本知识、实训技能的考核和评价，轻日常行为规范，健全人格的评定；重教学内容选择，轻学习进取心、自信心、责任心的培养；重理性训练，轻和谐发展等。

目前，在学生成绩的考评方式上，许多高等院校仍然采用的是期末考试"一锤定音"，即一张试卷判定成绩的考核方法。由于老师出题的任意性和随机性很大，这种考核方式缺乏整体性、全面性和客观性，不能准确地反映学生掌握知识的情况，更不能正确地反映学生职业素养教育的情况。如果做好一张试卷就可以高枕无忧；如果失败，一学期的努力就会付之东流。而且，这种考核方式还容易助长学生平时懒散，考前突击，死记硬背甚至作弊等不良倾向，不利于学生职业素养的培养和提升。不少大学生在显性素养方面表现还可以，但在隐性素养方面由于没有得到过有效的培训考核，所以比较欠缺。

三、大学生职业素养的测试

（一）职业素质测试的重要性

"知己"，无疑是需要进行自身素质的科学测试的。现代心理学的发展，给我们评价人的素质提供了大量的手段和方法。对一个人来说，正确了解自己的素质，包括已经具备的素质和可以发掘的素质，是非常必要的。这是正确地把握生涯，正确地设计自己、塑造自己，正确地开拓事业和获得成功的前提。"知己知彼、百战不殆"，才能合理地把握自身与社会环境的互动关系，争得人生的自由。

（二）职业素质测试的特点

（1）整体性。对人的素质进行测试，必须要有整体性，从全局出发，分析清楚素质的结构，把握好主要方面，又不遗漏虽然相对次要、但在生涯的设计和调整中仍然发挥着相当影响的一些方面。人，是一种复杂的客体；人的素质，也是一个由许多方面构成的内容非常丰富、结构相当复杂的客体。

（2）目标性。素质测试，也称素质测评，是对人的素质所进行的了解和把握。这种素质测试要根据"目标"，即根据具体的测试需要，来确定测试的具体项目，再据此选择合适的测试工具和测试方法。测试，从属于一定的目的，是基于个人或者用人单位的实际需要。对于个人而言，有选择所学习的专业、设计人生的道路、选择工作的岗位、考虑职业变动等需要；对于用人单位而言，有安排培训计划、选择提拔目标、招聘择员等需要。

（3）鉴别性。高的信度，是指测试结果真实、可信，即可靠性高，能够正确地反映被测试的客体；高的效度，是指测试结果区分度高，准确性高，能够很好地反映出被测试的客体与一般客体、其他客体的差异。要达到满意的鉴别性，就要依靠测试工具的可靠和测试方法的科学。测试是要观测一个人的具体情况，因此必须达到较好的测试鉴别性。从心理测量学的角度看，鉴别性好，就是要达到比较高的信度与效度。

（4）预测性。为个人的生涯设计与调整，为用人单位的组织设计和人力资源管理活动服务。通过测试，除了正确地反映被测试者的现行状况外，还应当能够对其素质（总体和某些方面）的发展作出判断。

（5）易行性。测试是为了人们能够观察、分析人，好的测试恰恰是应用比较简便易行的工具和方法，而得到正确、满意的测试结果。科学不是越复杂越好，恰恰是越简单越明了越好。

（三）职业素质测试的分类

职业素质测试的分类：从心理学的角度看，测试的方法很多，也有若干种不同的分类。

（1）从测试途径角度分，可以分为文字测试和非文字测试。文字测试所使用的测试材料是文字，被测试者用文字、语言或者数字回答。文字测试主要采取测试表的形式，这是一种相对简便易行的测试方法。非文字测试所使用的测试材料是图片、实物、工具、模型、器械等。非文字测试在实施上往往受到测试材料尤其是专门工具、器械的限制。

（2）从测试对象角度分，可以分为个别测试、团体测试和自我测试（即自测）。个别测试是一个主持人对于一个被测者进行测试，其测试比较精细，但所花费的时间与成本均比较大。它适用于心理咨询、选聘人员、对个别人的职业指导和心理治疗等领域。团体测试是一个主持人对于一批被测者进行测试，其优点是测试的范围可以很大。例如，一个班有 50 个学生，它可以用于大面积的职业指导、人员筛选以及人文科学的研究。自我测试是个人使用现成的测试方法，对自己进行一定的心理测试。自测方法的优点，是方法简便易行，测试者的目的明确、态度认真；其缺点是一般人的心理学知识不足，由于自测试表鱼龙混杂，测试者难于选择，且只能依赖测试材料所提供的结果，对测试结果难于进行准确的解释分析和更深入的把握。

（3）从被测试者特点角度分，可以按年龄分为婴幼儿测试、青少年测试、成年人测试、老年人测试，也可以按人的身份分为在校学生测试、求职人员测试、在业人员测试。

（4）其他划分。测试方法还有谈话法、（活动）观察法、作品分析法、行为分析法等。

（四）能力倾向测验

在国内，著名的能力倾向测验有国家人事部编制并运用于公务员录用考试中的《行政职业能力倾向测验》，行政职业能力倾向的高低将影响一个人未来从事行政工作的成败。在国外，比较著名的能力倾向测验有美国大学生入学考试用的 SAT、研究生入学考试用 GRE、美国就业服务中心编制的《一般能力倾向测验》(GATB)等。人们一般将能力看成是一种现有的水平，而能力倾向，则是一种介乎智力（一般能力）与知识之间的心理特征，是一种未来的发展潜能。能力倾向对于职业选择和人员招聘有着非常重要的意义。国内外，对于能力倾向都有一些比较好的测试方法。

常用的智力测验工具是适合 16 岁以上成人，为韦克斯勒成人智力量表。由言语和操作两个分量表组成。言语分量表由常识、词汇、理解、类同、算术和数字广度这六个方面构成。操作分量表由图片排列、图片补缺、物体拼组、积木图案、译码和迷津六个方面组成。

（五）人格测验

一个人最突出的个性特征是外向，那么我们就说这个人是一个外向型的人。另一种人格描述的方法是把一个人划分为多种特质，通过多种特质来描述人格特征的人格理论被称为人格的特质理论。在选择适合岗位要求的人才的专业和业务方面的素质的同时，还应该测试其与工作绩效有关的合适的人格特征。在对一个人的人格进行描述的时候，有两大基本的理论体系，以人的最突出的人格特点将人分类并加以描述的人格理论被称为人格的类型理论。

在实际的人力资源测评工作中，所用到的方法有测评量表、投射测验、情境测验等。由于人格具有多维度、多层面的特点，所以人格的测试方法也是多种多样的，没有任何一种人格测验是完美的，只用一种测验方法全面地测试人格是不可能的。

卡特尔 16PF 个性测验主要测定人的 16 种人格特质，包括乐群性、聪慧性、稳定性、兴奋性、敏感性、忧虑性、世故性、独立性等。EPQ 反映的是决定人格的三个基本因素：内外倾性、情绪性和精神质，后来又加入了测定被试的掩饰或隐蔽程度的因素。常用的是卡特尔 16PF 个性测验和艾森克人格问卷（EPQ）。

（六）职业适应性测验

由于这一类测验了解个体的生活目的或追求或愿望，反映个体对工作的期望，因此对于选拔人员、激励设计等方面很有参考价值。职业适应性测验主要从个体的需求、动机、兴趣等方面考察人与岗位工作之间的匹配关系。

（1）动机测评。使用动机测评工具可揭示个体的动机模式特征，评估动机与职业的匹配度，有助于个人了解自我，估计工作满意度，做出适当的自我设计和调整。而对组织来说，该测验有助于预测员工的行为表现、稳定性，为有效地控制管理人员和选拔合格应聘者提供重要的信息。动机是行为的内在原因，主要指发动一定的行为满足某种需要的意愿，它由需求而产生，为行为提供能量，具有目标指向性。个人不同的动机需求模式决定了他们对自己在组织中的责任、职权和利益三者的认识、具体相互关系的构造，特别是决定了对这三者的运用方式。在团体层次上，使用动机测试工具可帮助管理者了解控制组织成员的动机结构、水平，并进行有效的激励，以提高组织绩效和员工满意度。

（2）需求测试。需求是决定行为目标的根本原因。在团体层次上，通过对组织全体员工实施需求测试，可揭示各层次员工的需求结构，根据这个结构可了解团体中需要的分布、形态，这是安排组织激励、调度员工士气的基本环节。需求测试和价值取向评估相互对照使用，可为组织人事工作、动机激励、企业文化建设提供依据。它是测查应试者对生理需要、安全需要、归属和爱的需要、自尊的需要和自我实现的需要等各大类生活需要的程度，可全面了解个体的需求状况和需求的主次形态，并可定性、定量分析员工总体需求分布模式以及各种需求的强弱程度。需求是动机的基本来源，动机的产生原因就是需求的满足。

（3）职业兴趣测评。高职业兴趣是职业的多样性、复杂性与就业人员自身个性的多样性相对应下反映出的一种特殊的心理特点。职业兴趣反映了职业（工作活动）特点和个体特点之间的匹配关系，是人们职业选择的重要依据和指南。职业兴趣测验正是用于了解这两方面特点之间的匹配关系，从而为实现"恰当的人从事恰当的工作"提供可靠的科学依据。职业兴趣测验不但对就业人员的择业有指导意义，而且对管理人员的选拔和安置也起着举足轻重的作用。兴趣是重要的心理特征之一，是个体力求认识某种事物或从事某种活动的心理倾向，表现为个体对某种事物、某项活动的选择性态度或积极的情绪反应。兴趣是多种多样的。不同的人兴趣不同；同一个人也有多种不同的兴趣。

坎贝尔兴趣和技能调查表由定向量表、基础量表和职业量表三个部分。常用的测验量表有坎贝尔兴趣和技能调查及库德职业兴趣调查表。定向量表包括七个量表，分别描述了被测者的影响力、创造性、分析能力、生产能力和冒险性这七种职业取向；基础量表描述了一个职业类型的概况；职业量表描述了同特定的职业匹配的60个职业量表。

（七）职业素质测试的内容选择

对一般人来说，都应当测试智力水平、文化水平、职业适应性、人格、价值观、健康状况，以及道德修养、社会适应能力。个人要选择准专业，要完成好学业，要选择对职业，要适应好岗位，要寻求更好的出路，即要设计好自身的生涯、获得人生的成功，是需要进行科学决策的。人生决策要科学，是要以成功素质测试为依据的。对于虽然尚处于学习阶段、但已经确定了生涯发展方向的人，和已经从事某种工作、希望稳扎稳打地工作的人，进行有针对性、有重点的测试就更加重要。

1. 技术人员职业素质测试

对技术工作人员来说，职业素质测试内容的重点是：①智力水平，尤其是思维能力；②创造力；③与自己专业有关的特殊能力，如工程师要测试机械设计能力，教师、记者要测试言语能力；④成就动机、意志、毅力。

2. 管理人员职业素质测试

对从事管理工作的人员来说，职业素质测试内容的重点是智力水平、语言能力、职业气质、责任心、意志、人际关系能力、竞争素质、个人修养、包容力等。

3. 技能人员职业素质测试

对技能性人员来说，职业素质测试内容的重点是：①与工作内容密切相关的智力因素，如观察力、注意力；②与工作内容密切相关的特殊技能，如操作能力；③责任感；④工作之中的交往沟通能力；⑤身体素质。

4. 在校学生职业素质倾向测试

而对于在校学生的测试内容，依大学、大中专、职校技校的不同而不同，依学生所读的专业不同而不同。在职业素质倾向测试中侧重的内容是：①特殊才能方向；②职业兴趣方向；③职业适应性方向；④价值观状况和成就动机；⑤心理成熟度；⑥社会关系、处事能力、人际交往能力；⑦一般心理健康的内容，如自信心、情绪稳定性、情感问题、意志、应付压力和耐冲击力等。

5. 职业素质测试

对于具有不同的职业种类和不同职业生涯目标的人来说，在测试的内容和项目方面应当有所侧重。例如：

（1）科技工作人员的素质。测试重点是：①智力水平，尤其是思维能力；②创造力水平；③与自己专业有关的特殊铯力；④成就动机；⑤意志力、毅力、执着精神；等等。

（2）管理工作人员的素质。测试重点是：①领导能力；②竞争素质、成就动机；③责任心、意志；④智力水平；⑤人际交往能力；⑥个人修养、包容力；⑦健康状况；等等。

（3）生产人员的素质。测试重点是：①与工作内容密切相关的智力因素，如观察力、注意力；②与工作内容密切相关的特殊技能，如操作能力、空间想象能力；③责任感、工作之中的交往沟通能力；④特定的身体素质与能力，如产品检验人员的视力、重体力劳动者的体质；等等。

（4）服务人员的素质。测试重点是：①与工作内容密切相关的智力因素，如观察力、注意力；②与工作内容密切相关的特殊技能，如语言能力、操作能力；③个人修养、责任感；④人际交往、沟通能力；⑤职业道德；等等。

（5）在校学生的素质。依大中专、职校技校不同而不同，依学生所读的专业不同而不同。测试重点是：①特殊才能；②职业兴趣；③职业适应性；④价值观状况和成就动机；⑤心理成熟度；⑥社会关系、处世能力、人际交往能力；⑦一般心理健康的内容，如自信心、情绪稳定性、情感问题、意志、应付压力和耐冲击力，等等。

第三节　就业市场对大学生职业素养的要求

　　成都大翰咨询公司在招聘新人时，要综合考察毕业生的五个方面：专业素质、职业素养、协作能力、心理素质和身体素质。其中，身体素质是最基本的，好身体是工作的物质基础；职业素养、协作能力和心理素质是最重要和必需的；而专业素质则是锦上添花的。职业素养可以通过个体在工作中的行为来表现，而这些行为以个体的知识、技能、价值观、态度、意志等为基础。前面提到很多企业感叹"招不到合适的人选"，实质上是很多企业找不到具备良好职业素养的毕业生。可见，企业已经把职业素养作为对员工进行评价的重要指标。

　　有关大学生职业素养的现状的调查分析显示出以下情况。

一、大学生需要改善的素质

　　对企业管理者认为职场大学生最急需改善的不良品性和行为习惯的调查结果显示，按照"非常重要"选择比例排序：

　　（1）随意毁约，违背诚信占 70.6%；

　　（2）工作态度散漫，做事没精神，稳定性差占 63.1%；

　　（3）思想不追求上进，糊弄工作，得过且过占 59.4%；

　　（4）自私，缺乏良性竞争意识占 57.6%；

　　（5）自我为中心，不尊重上司，不尊重同事和客户占 56.0%；

　　（6）不守时占 5%；

　　（7）办事拖延，易推诿找借口占 53.7%；

　　（8）注重享受、功利性强，拜金主义、耐不住寂寞，急于快速致富占 52.9%；

　　（9）眼高手低，好高骛远，懒惰占 51.5%；

　　（10）好打听、议论他人隐私；随意泄漏公司商业秘密 48.8%；

　　（11）无法与他人合作，不愿与人交往、不懂交往、不善交往占 48.1%；

　　（12）言行粗鲁，不懂事，不成熟占 45.1%；

　　（13）两极思维、情绪易波动、承受能力差、心理脆弱占 43.5%；

（14）爱发牢骚，背后说人坏话占 37.1%：

（15）表现欲过强，随意打断和否定别人，过强的主观好恶占 34.8%：

（16）思想偏见和无知占 33.9%。

对企业管理者认为大学毕业生最需要改善的方面的调查结果显示，按照"非常重要"选择比例排序：

（1）踏实、务实、克服浮躁占 65.2%：

（2）耐挫、坚忍、挑战困难的勇气和心理素养占 64.3%：

（3）提升道德品质和人文素养占 59.5%：

（4）适应环境变化能力应加强占 54.5%：

（5）勤于分析问题、解决问题的意识和能力占 52.9%：

（6）加强基础理论学习，勇于解决实际问题的操作能力占 46.0%：

（7）锻炼人际交往沟通能力占 40.1%：

（8）尊敬师长、谦虚自省能力占 36.9%：

（9）加强基础和专业知识的持续学习能力占 34.2%：

（10）口头表达能力占 31.0%：

（11）文字表达能力占 23.9%。

二、企业对大学生素养的期望

（1）经济界认为，在员工的核心素质中最重要的是个人的个性和态度。

（2）3/4 的企业认为强烈的进取心是最重要的个人性格特征。

（3）一半以上的企业认为学习的潜力、联系思维和解决问题的能力是很重要的。

（4）负重能力、独立工作能力以及决断力也都属于经济界工作所需求的个人性格特点。

（5）专业以外的知识。这里主要是指未来的管理人员应具备运用适当的方法，在工作中确定正确的重点，以及迅速的、以目标为导向的工作能力。

（6）在企业家的眼中，不管求职者是什么专业出身，电子数据处理的知识是无论如何不可缺少的。60% ~ 75% 的企业家认为大学生熟练掌握计算机是十分重要的。

（7）管理和组织项目的能力排在第二位，然后是时间管理、工作技术以及外语方面的专业知识。

（8）超出所学专业的知识，如技术人员应该掌握经济的基本知识。

企业管理者对在大学期间大学生最重要的素养和能力培养的调查结果显示，按照"非常重要"选择比例排序：

（1）思想道德素养、价值倾向占 77.4%；

（2）勤恳、踏实、敬业奉献精神占 70.8%；

（3）获取知识的学习能力占 61.9%；

（4）发现和解决问题的探索能力占 61.7%；

（5）心理素养占 60.1%；

（6）创新意识和能力占 55.3%；

（7）团队合作能力占 52.0%；

（8）积极追求进步的热情占 47.6%；

（9）动手操作能力占 46.0%；

（10）文明礼貌，亲和力强占 39.9010；

（11）人际交往能力占 37.3%；

（12）身体素质占 36.7%；

（13）基础理论、专业知识水平占 35.3%；

（14）组织管理能力占 27.1%。

对企业管理者认为影响大学毕业生就业的自身因素的调查结果再一次显示，企业管理者最看中大学毕业生内在蕴藏的无形软素养——个人品行，而对有形的外显因素，如经验经历、学习成绩看得较轻。

对企业管理者认为职场大学生最需要培养和具备的职业素养和职场行为的调查结果显示，按照"非常重要"选择比例排序：

（1）具有责任心，懂得承担占 76.6%；

（2）为人正直、诚实，心理素质良好，稳定性强，工作自觉性高占 66.8%；

（3）勤快、肯吃苦，具有敬业奉献精神，做事中懂得做人占 66.0%；

（4）进取心强，有激情，工作主动占 56.9%；

（5）忠于职守的忠诚意识占 54.2%；

（6）尊重师长、同事，具有团队合作精神，懂得配合占 54.4%；

（7）懂得感恩、向善，对父母有孝心，对他人有爱心占 52.6%；

（8）会独立思考，有创新意识和能力占 51.0%；

（9）善于学习，获取知识的能力强占 50.1%；

（10）守时、认真占 49.7%；

（11）承受得住挫折、压力，性格开朗、坚韧占 46.4%；

（12）具有沟通交往能力，适应性强占 42.4%；

（13）执着、任劳任怨、有忍耐力占 41.9%；

（14）基础知识扎实，做事有条理，具有组织管理潜力占 32.8%。

上面的调查数据表明，用人单位对大学毕业生的职业素养是越来越重视，要求越来越高，表现出一种重视综合素质，而非仅考虑某种素质的趋势。

第二章
财经类院校职业素养培养模式

第一节　财经类院校职业素养培养的基本内涵

一、财经类院校职业素养培养的目标

人才培养目标，就是高校根据一定的教育目的和约束条件，通过人才培养实践活动，使受教育者达到的预期培养结果，是大学培养什么样人的一种价值主张和具体规定，规定着人才培养的性质、方向和质量规格，具有定向、调控和评价三大功能，综合反映了国家、社会、学校对大学培养人才的总体期望和要求，集中体现了一所高校的办学思想和培养特色。培养人才是学校的根本任务和重要使命，也是学校在人类社会中的价值所在。学校首先要明确"培养什么样的人才"，也就是人才培养目标。

人才培养目标界定了人才培养的方向问题，是高等教育质的规定性。人才培养规格是对高校人才培养质量标准的规定，指受教育者应达到的综合素质，它是学校工作的立足点和重要依据，是整合教育诸要素，实现资源最优化的核心。人才培养规格界定了人才培养的质量问题，是培养目标的具体化，人才培养目标如果不具体化成人才培养规格，就缺乏可操作性，无法在人才培养全过程中得到落实。

财经应用创新型人才职业素养培养目标定位为：培养德、智、体等方面全面发展，适应社会经济发展需要，具备人文精神、科学素养、诚信品质和团队意识，掌握相应财经及管理理论，具有对宏观经济政策把握能力、企业经营管理能力、资源整合能力、变革创新能力，能够在工商企业、金融机构、政府及事业单位从事管理工作，具有国际化视野、创新精神和良好发展潜质的应用型中高级管理人才。财

经应用创新型人才培养规格为：面向地方经济和区域经济发展，为地方和行业培养知识、能力和素质全面而协调发展，具有创新精神、良好发展潜质的应用创新型人才。

二、财经类院校职业素养的培养模式及其内涵

财经应用创新型人才培养，要针对人才职业素养培养目标定位和人才培养规格的要求，对传统课程设置模式和教学内容进行更新和变革，建立起更加适合应用创新型人才形成的课程体系，为创新型人才培养提供重要支撑。课程是人才培养模式的重要因素，课程的建设直接影响着人才培养的质量。财经应用创新型人才培养的课程建设首先要明确各类课程在人才培养中的定位。

（一）思想政治理论素养模式

1. 思想政治理论素养内涵

（1）基本属性

高校思想政治理论素养是中国共产党和国家意志的集中体现，思想政治理论课引导大学生掌握马克思主义关于"认识世界和改造世界"的科学世界观和方法论，引导大学生坚定中国特色社会主义的共同理想和共产主义的崇高信仰；引导大学生认同中国近现代救亡图存、国家富强和民族复兴的光辉历史；引导大学生树立正确的世界观、人生观、价值观、道德观和法律观，为中国特色社会主义事业培养合格的建设者和可靠的接班人。

（2）主要内容

一是马克思主义科学的世界观和方法论。马克思主义是我们党和国家的指导思想，是我们认识世界和改造世界的科学世界观和方法论。围绕"是什么—为什么—如何做"这一主线，深入阐述什么是马克思主义、为什么坚持马克思主义、如何发展马克思主义，全面阐明马克思主义科学的世界观和方法论。社会主义国家的大学生应该学会运用马克思主义的立场、观点与方法分析和解决问题，为社会主义事业努力奋斗。

二是马克思主义中国化理论创新成果。马克思主义中国化产生了两次历史飞跃和两大理论成果，即毛泽东思想和中国特色社会主义理论体系。中国特色社会主义理论体系包括邓小平理论、"三个代表"重要思想、科学发展观、"四个全面"战略布局，"四个全面"战略布局是马克思主义中国化的最新理论成果。两大理论成果反映了中国共产党领导中国人民取得新民主主义革命、社会主义革命伟大胜利

和中国特色社会主义建设巨大成就的基本经验，是中国共产党四代领导集体不断推进马克思主义中国化的历史见证。

三是中华民族救亡图存的历史进程。中国近现代史是中华民族救亡图存的历史，中国近现代史是为实现中华民族伟大复兴中国梦而奋斗的历史，中国近现代史是历史和人民选择中国共产党和中国社会主义道路的历史。通过对中国近现代以来抵御侵略、争取独立、实现发展的历史认识，领悟中国人民为什么选择马克思主义信仰、为什么选择中国共产党领导、为什么选择中国特色社会主义道路，并在此基础上让大学生体会中国共产党对于现代中国的产生所发挥的重大作用，坚定在党的领导下走中国特色社会主义道路的理想信念。

四是思想道德修养和法律常识。结合大学生的特点，通过大学适应教育、理想信念教育、爱国主义教育、人生观价值观教育、道德教育和法制教育等，引导大学生树立正确的世界观、人生观、价值观，提高大学生的思想道德素质和法律素质，帮助和引导大学生成为社会主义荣辱观的践行者，为中国特色社会主义事业培养合格的建设者和可靠的接班人。

五是形势与政策相关知识。介绍当前国内外经济政治形势、国际关系以及国内外热点事件，宣传中国共产党在世界风云变幻的局势下、在我国改革开放和社会主义现代化建设过程中面对新形势、新问题时的基本路线、基本原则、基本立场与应对政策，指导大学生认清世情、国情、民情，增强大学生建设中国特色社会主义事业的自信心和责任感。

（3）基本特征

从上述涵盖的主要内容来看，高校思想政治理论课的基本特征可以总结为鲜明的政治性、严格的学术性、强烈的实践性。

一是鲜明的政治性。高校思想政治理论课和其他课程相比，在知识体系和教学过程的完整性上都是相通的，而鲜明的政治性就是它相对于专业课程和人文素质课程的显著不同之处，这一不同之处从"思想政治理论课"的命名上就让我们有一种直接的感受。可以说，这一课程的开设之初，就具备了很强的政治意识形态属性。作为社会主义国家，中国的大学教育相应要体现出社会主义的性质，高等教育培养的人才要具备正确的政治方向，这是一点基本的要求。思想政治理论课在大学的开设，是党中央的意见，是国家意志，中国大学的社会主义政治属性在其中有了明确的反映。因此，高校思想政治理论课知识体系中的政治含义必须被充分阐明，使得党中央、国务院的政治立场和态度能够被准确传达出来。贯彻落实党的基本理论、基本路线和基本纲领服务，全面建成小康社会、开创中国特色社会主义事业新局面，这是进入新时期新阶段以后高校思想政治理论课的服务方向，这一服务方向使得高校思想政治理论课鲜明的政治性有了充分的体现。

二是严格的学术性。学术性是高等教育的应有之义和区别于普通教育的根本所在，也是创新型人才的创新精神和实践能力能否被发掘出来的关键。在高等教育的组织架构中，高校思想政治理论课发挥着重要的作用，鲜明的政治性并不意味着简单的政治口号和政策解读，它是科学理论，具备自身特定的学术内涵，诸多学科知识诸如哲学、经济学、政治学、历史学、伦理学、教育学、心理学、法学、国际关系学、国际政治学、外交学等都在它的涉猎范围之内。高校思想政治理论课作为党治国理政的经验总结、理论概括和行动指南，具有鲜明的政治性，它不是产生于个别领导人的主观意志和观念，它是集体智慧的结晶，是对中国近现代历史发展的理论概括。它反映了新民主主义革命和社会主义革命、社会主义建设和社会主义改革的规律，反映了在经济、政治、文化、社会、生态文明等方面的建设规律，在学者的提升凝练之下，形成了比较系统的理论体系，具备了比较严格的科学性，自然而然也就具备了严格的学术性。

三是强烈的实践性。实践与高校思想政治理论课的教育教学须臾不可分离，唯有依托实践，高校思想政治理论课教学内容的实际才能得到正确的认识和把握，从而实现教学过程的有的放矢；唯有投身实践，才能把党的理论、方针、路线和政策向大学生宣传，解决大学生的思想问题和实际问题。

2. 思想政治理论素养模式

思想政治理论课在应用财经类人才培养中的功能具有价值观功能、方法论功能、创新思维培育功能。

（1）价值观模式

价值观是个体主体形成的客体对主体的意义的整体看法和评价，是个体对价值的基本信念和判断。个体的行为需要以正确的价值观做导向，同时要符合自身和社会形成的价值标准，除了有经济效益之外，还要考虑给社会带来的其他后果。爱因斯坦曾经有这样的观点：对于一个从事科技工作的人来说，如果不能获得关于美和善的鲜明判断力，那么，"他——连同他的专业知识，就更像一只受过很好训练的狗，而不像一个和谐发展的人"。思想政治理论课作为思想教育的主渠道就是要加强对大学生价值判断力的培养。通过思想政治理论课的教学与实践，帮助学生树立起为人类社会整体幸福、为人的全面发展而奋斗的崇高社会理想，让以个体身份存在的大学生对自己身上所担负的社会责任和道德义务有更深刻的理解，能对自己的行为做出是非、善恶的正确评价，从而使学生由更多为自己考虑的"经济人"向更多为社会考虑的"社会人"转型。

（2）方法论模式

马克思说："辩证法不崇拜任何东西，按其本质来说，它是批判的和革命的。"批判性的观点是马克思主义理论的重要观点，贯穿理论的始终，马克思主义的理论固然继承前人的观点，但更重要的是对过去理论消极部分的批判，马克思主义的理论精髓就建立在对旧的理论的批判的基础之上。马克思主义的哲学理论从现实出发，从人的世界观以及方法论的层面出发，从实践中来又服务于实践活动，发挥指导实践的作用。将马克思主义哲学的精神融入高校思想政治理论课的目的也在于此，学习马克思主义哲学的理论能够帮助学生形成正确的世界观和方法论，学习马克思主义的创新理念与批判精神，避免所学的知识和方法形成思维障碍，不受所学知识体系的束缚，学习打破固有思维方式的限制，才能获得独立思考的见解。

培养学生不迷信权威、不拘泥教条的思维，在学习和生活的探索中经常保有怀疑与批判的精神，哪怕对日常生活中司空见惯的事情也能提出自己的观点和看法，这对于培养当代大学生的独立思考能力与逻辑思维能力大有助益。唯物史观是在扬弃德国古典哲学的基础上建立的，马克思主义政治经济学中剩余价值论以及劳动价值论很大一部分来自古典政治经济学派（如威廉·配第、大卫·李嘉图以及亚当·斯密等人）的理论，但马克思通过对其理论的批判，消解其中消极部分，使其理论中的积极成分焕发新的生机与活力。很大程度上马克思主义的理论来源于对过去固有理论的批判与创新。思想政治教育工作者应当将辩证法的理论精髓融于思想政治理论课的教学内容之中，有意识、有目的地培养学生的辩证思维能力，帮助学生了解和掌握唯物辩证法，学习马克思主义的批判精神，在学生的世界观、人生观的形成过程中避免思维定式的形成。

随着时代发展而不断进步的马克思主义哲学方法论在未来的制度变革中也必将发挥其不可或缺的指导作用。俄国唯物主义哲学奠基人罗蒙诺索夫认为，在科学探索的道路上，方法论是研究者的眼，而经验则是研究者的手，累积大量经验但缺少合理办法等于有手无眼，只能举着手乱摸真理。我们党一直没有放松方法论建设及党的理论建设，针对不同时期的客观事实，不断延伸发展马克思主义的方法论，指导新的实践，这也是我们党从成立以来，在不同历史阶段、不同发展时期面对不断变化的客观情况依然能取得胜利的经验。

（3）创新思维培育模式

一般而言，一个人获得的知识越多，思维中选择的余地越大，知识之间接通的机会也越多，这样思维创新的可能性便越大。思想政治理论课教学着眼于提升学生的基础理论知识素养，促进学生知识结构的合理化，因而是对学生创新性思维的一种培育。知识是人的思维活动的基础，只有知识作土壤才能结出思维的丰硕果实。而培养与开发一个人的创新思维必须有合理的知识结构。21世纪是一个以创新为标志的时代，人类的知识和智慧都体现在创新上。现代社会经济发展需要复合型人才，复合型人才首先应该是创新型人才，而思维的创新是首要的。如果一个学生只专注于本专业知识及与其有直接关系的基础知识的学习，忽视了思想政治理论课，不加强马克思主义理论修养，忽视历史知识、伦理道德知识、哲学知识和政策法律知识等的学习，就会造成知识面狭窄，缺乏必要的基础理论知识素养，考虑问题不够全面，从而难以适应现代社会发展的需要。

（二）人文素养模式

1.人文素养内涵

（1）基本属性

人文素质课程的目的是培养人们的交际能力、审美能力、完善心智、塑造精神。人文素养由人文知识、人文精神和人文行为构成。只有通过人文素质教育，才能养成人文知识、彰显人文精神、外化人文行为。人文素质课程是指在高等教育发展到一定的阶段，在培养受教育者应有的知识体系和实用技能的基础上，注重对受教育者的主体意识、独立人格、文化素质、道德修养等方面特征所设计的一系列课程的总和。

（2）主要内容

高校人文素质课程体系和内容主要包括以下几个方面：

一是大力推广和规范使用国家通用语言文字。具体内容是：加大力度宣传我国语言文字规范化政策法规，加强语言文字工作管理队伍建设，加强普通话学习和培训，做好普通话水平测试工作，严格要求写好规范汉字，提高学生语言文字基本能力。主要包括处理好普通话和方言、简体字和繁体字、国家通用语言文字和民族语言文字、母语和外语的关系。

二是广泛开展优秀传统文化教育普及和传承。只有如此，才能传承中华文明，坚定国民文化自信，提升民族整体素养，开创中国未来。优秀传统文化的教育普及包含两个层面：一个是有关传统文化的知识、技能、礼仪规范的教育普及；另一个是有关传统文化的核心思想理念、中华传统美德、中华人文精神的传承发展。2017年初，中共中央办公厅、国务院办公厅印发了《关于实施中华优秀传统文化传承发展工程的意见》。根据该意见的要求，开展优秀传统文化教育普及和传承是财经应用创新型人才培养的关键环节，是中华优秀传统文化获得人们的认知、认同和践行的必由之路。

三是推动人文能力与实践需要紧密结合。人文能力与实践需要紧密结合，就是根据现代社会对公民的具体要求，有针对性、有实效性地实现高校人文素质课程对财经应用创新型人才的培养，培养出来的学生能够接受市场经济社会的检验，具有适应现代社会不断发展要求的生存技能、思维方式、文化底蕴和心理承受能力，具有开放性思维及不断创新的意识，并且能够适时地体现出人文情怀。人文能力主要包括语言理解基础上的思维训练，使学生具有足够的口头表达能力、文字表达能力、人际沟通能力、思维创新能力以及体悟和感受能力；实践需要主要指经济社会和自身协调发展的需要。

（3）基本特征

根据以上的主要内容，我们可以看出，人文素质课程本质上具有重要的工具性、坚实的基础性、有效的人文性等特性。

人文素质课程的作用主要是丰富课程资源，提升校园文化品位，提高育人质量，实现大学内涵式发展，对加强作为显性课程的专业课程的建设起着不可或缺的基础性作用，贯通于大学教育全过程。这一特点体现了人文素质课程与专业课的关系。人文素质课程是大学总课程的有机组成部分，它们从不同的角度、以不同的教育方式共同完成培养全面发展的人才的目的，这也是教育的终极目的。人文素质课程重在转变学生的学习理念，培养学生自主学习习惯，训练学生掌握良好的思维方式、阅读能力、欣赏能力。

只有加强人文基础知识教学和基本技能训练，切实使学生打好语文基础，培养标准语言能力、社会语言能力、职业语言能力和艺术语言能力，才能解决学生行文逻辑混乱、错别字频繁、网络语言盛行、书写字迹潦草等社会现实问题，才能真正适应将来工作和继续学习的实践需要。工具性是人文素质课程的基本特征。

人文理念指引着学校站位，人文目标决定着课程架构，人文精神渗透于课程内容，人文特点彰显于课程形式，人文品质决定着师资力量，人文价值体现着学生的成长。所以，毋庸置疑，人文的光辉能够为财经类院校的创新发展护航。"人文本身应是人自觉的、自然的、文化的必然选择，也是以内在的方式实现人之为人的基本目标的关键环节。"人文素质课程的人文性主要体现在：它能够有效指引人追求真、善、美，有助于培养敏锐的感悟能力和高尚的情怀，侧重真实的体悟和心灵的满足。

2. 人文素养模式

人文素质课程在财经应用创新型人才培养中的功能包括文化自觉自信功能、综合素养提升功能、专业能力支撑功能。

（1）文化自觉自信模式

人文素质教育就其基本内涵来说，就是将人类一切自然科学和社会科学的优秀成果，以知识传授、环境熏染、自我反省等多种教育方式传递给个体的过程，是培养高度文化自觉和文化自信的过程。习近平主席多次指出，培养和弘扬社会主义核心价值观必须立足中华优秀传统文化，传承民族文化和民族精神。人文素质教育的水平，决定了国家、民族和人民的文化水平，决定了国家这一重大战略能否实现。

（2）综合素养提升模式

在综合素养方面则是指人所具有的文、史、哲和艺术等人文学科的知识及由这些知识系统反映出来的综合品质和发展程度，包括人的气质、人格和修养等。综合素养的提升才能决定主体正确的知识意向和价值取向。人文素质教育是传递人文知识、塑造人文精神、外化人文行为的教育过程。在语文素养方面，主要是通过对各类文章（包括应用文）写作要领及语言表达技巧的学习，提高语言文字的实际应用水平。这种"说"和"写"的能力，是学生毕业之后从事任何职业都必须具备的基本能力，这种能力同专业能力一样，是学生将来生存和发展的必备能力。

（3）专业能力支撑模式

人文素质课程就是根据创新型人才培养的实际需要、结合不同院校的特色进行人文素质教育课程的设置，能够行之有效地提升各类专业所需能力，推进行业的发展速度。首先，人文素质课程的内容设置有针对性地满足了市场经济对高等教育提出的要求。人文素质课程是以语言为根本，包含文字、文学、文化等元素构成的统一体，而人文素质课程的这些内容是交流的工具，是思维的工具，是知识、信息的载体，是联结人类群体生活最重要的手段，是传承人类文明的渠道，也是现代科技发展的支撑。其次，人文素质课程体现了行业的实效性。当前相当数量的学生不知当今社会对人才的需求标准，比如口头表达能力偏低，书面表达水平不高，在涉及各行业的调查报告、写作、发言、汇报时，不能准确地表达出自己的专业思想、观点。

（三）数理类素养模式

1. 数理类素养内涵

（1）基本属性

大学数理类课程是本科部分专业课程由理论到实践的过渡，直接影响大学生部分专业课程的学习。财经应用创新型本科大学数理类素养的教学定位应重视其"承前启后"的课程属性。大学数理类课程既是初等数学课程的有效延续，又是大学本科部分后续专业课程学习的必要理论基础。大学数理类课程是初等数学在理论知识方面的有效扩充。

（2）主要内容

一是概率论与数理统计课程。概率论与数理统计的主要内容包括：概率论部分的内容主要有事件和概率的概念；贝叶斯公式、全概率公式、条件概率公式；离散型随机变量的基本分布类型、一维和多维连续型随机变量的概念、离散型和连续型随机变量的数字特征（期望和方差）；大数定律与中心极限定理。数理统计部分主要介绍一些分布的常用统计量及其好坏标准等，用这些统计量进行估计、假设检验和分析，估计有矩阵估计法和极大似然估计法，假设检验部分可以分为参数检验与非参数检验，分析又有一元回归分析、多元回归分析等内容。

二是高等数学课程。高等数学的内容主要包括：一元函数与多元函数的概念、性质，一元函数的极限及其计算；一元函数的导数、微分的概念及计算；一元函数的不定积分、定积分、广义积分的概念、性质及其计算；定积分的应用；二元函数的偏导数的概念及其计算，二元函数的重积分概念及计算；二重积分的简单应用；一阶、二阶常微分方程的求解以及微分方程的应用。

三是线性代数课程。线性代数的主要内容包括：行列式的概念和基本性质，行列式按行（列）展开定理和克莱姆法则；矩阵的概念，矩阵的运算，矩阵的转置，逆矩阵的概念和性质，矩阵的初等变换，矩阵的秩，分块矩阵及其运算；向量的概念，向量的线性组合和线性表示，向量组的线性相关与线性无关，向量组的极大线性无关组，向量组的秩，线性无关向量组的正交规范化方法，正交矩阵及其性质。线性方程组解的性质和解的结构，齐次线性方程组的基础解系和通解，非齐次线性方程组的通解。矩阵的特征值和特征向量，实对称矩阵的特征值、特征向量及相似对角矩阵。二次型及其矩阵表示，惯性定理，二次型的标准形和规范形，用正交变换和配方法化二次型为标准形，二次型及其矩阵的正定性。

（3）基本特征

财经应用创新型本科数理类课程的教学定位应集中体现学校的办学定位，服从于财经应用创新型人才的培养目标，具有基础性、实用性、创新性等特征。

一是数理类课程在财经应用创新型本科大学的人才培养中所起到的专业基础性作用是不容忽视的。以西方经济学为例，讲解边际效用时会使用到高等数学中极限和求导的相关知识；在分析蛛网模型时会应用高等数学中的拉格朗日乘数法；应用多元函数微分法讨论边际技术替代率问题等。以上这些知识只是应用到经济学的一些简单问题中。在更广泛的经济学领域里，边际分析、瓦尔拉斯一般均衡论、投入产出分析、线性规划与非线性规划、随机过程、金融数学等众多数理类课程中的知识在经济中有着极其广泛和深入的应用。这些数理类课程中的知识作为学习经济类课程的有效工具正在迅速渗透到经济学研究的各个领域。因此，从以上的分析中可以清楚地看到数理类课程在财经应用创新型本科院校中的专业基础性特征。

二是财经应用创新型本科大学数理类课程教学内容的选择、教学目标的确定要明显区别于"研究型"和"教学研究型"大学，同时要注意不能走高职高专院校的教学道路。财经应用创新型本科大学数理类课程教学内容的选择和教学目标的确定，应依据教育部相关文件并结合本校实际进行教学模式的定位。这种教学模式是基于学生在知识、能力和素质方面不断提升，也充分考虑课程的实用性。也就是说，应用型本科大学的教学过程中不能只注重理论知识的深度和广度，而忽略知识的实用性，课程内容讲授通俗实用但又不失严谨的理论知识体系。因此，财经应用创新型本科大学数理类课程教学必须兼具理论知识的学术性和应用知识的实用性特点，也就是培养具有较扎实理论功底和较熟练应用技能的最优组合型人才。基于这样的数理类课程教学人才培养模式既可以区别于"研究型"和"教学研究型"大学"厚、精、全"的理论功底培养模式，又能不同于高职高专的"浅、够、单"的培养模式。总之，财经应用创新型本科大学数理类课程教学的最终目的不仅可以使学生掌握一定的基础理论知识，为下一步的学习奠定坚实的基础，还要通过数理类知识在经济学中的应用，在一定程度上锻炼学生应用所学知识解决实际应用问题的能力。

三是财经应用创新型本科大学数理类课程的另一个特征就是培养学生的各种数理素养，尤其是通过数理与经济学知识结合进行创新的能力素养。当前，应用型本科大学的数理类课程已经不仅仅是学习后继课程和解决经济问题的工具，而是培养大学生理性思维和创新能力的重要载体。当代大学生只有具备一定的数理类相关课程基础，才可能成为有一定创新能力的高级人才。因此，财经应用创新型本科大学的学生只有通过数理类课程的学习，深入理解数学思想，熟练运用数学方法，并且有效培养创新能力，才能在更高的平台上充分发挥自身潜力、展现自身才华。

2. 数理类素养模式

（1）专业课程支撑功能

当前不断发展和完善的应用型本科大学教育理念使得数理类课程已经成为理、工、经、管等多个学科专业必不可少的基础类课程，主要包括高等数学、概率论与数理统计和线性代数等基础理论课程，并且可以为大学生后期学习专业课程和其他数理课程奠定必要的理论基础，从而使得数理类课程在财经应用创新型本科大学培养和提高学生数理素养上具有不可替代和重要的支撑作用。随着现代教育的不断发展和数理学相关知识在社会各领域的应用日益广泛，各行各业对高素质应用型人才数理素养的要求也越来越高，尤其在经济管理行业中更为突出。财经应用创新型本科大学中很多专业课程需要学生具备一定的数理知识功底和基础，例如，西方经济学、财务管理、金融数学和金融工程等课程。

（2）应用素质提升功能

从当前众多的数理知识在其他领域的应用事实可以证实，具备良好的数理知识素养才能更好地提高大学生综合运用所学知识分析、解决问题的能力，并逐步形成大学生的创新精神和实践能力。一半以上的诺贝尔经济学奖得主都具有一定的数理知识背景。随着计算机技术的不断发展，数理知识在社会各个领域得到了空前的应用，并且取得了可喜的成就。通过数理类课程的学习不但可以培养大学生逻辑思维能力和严谨的学习、工作态度，也有助于更好地学习其他相关的专业知识，并且能够让大学生所学知识的应用性效果更加突出。

（3）创新能力培养功能

一些数理类课程是培养大学生创新思维的坚实基础，只有将这个基础打牢才可能激发学生的创新兴趣和能力。首先，通过数理类相关课程的学习，大学生能逐步领悟到数理类课程中所具有的理性思维方法，进一步形成用数理学的眼光认识问题，并能利用定量的方法分析和解决问题，在潜移默化中逐步形成比较完善的创新能力素养。其次，一些数理类课程含有大量解决经济问题的模型与思想，只有有效利用数理类课程这个工具才可能对现实的各种问题进行创新研究。

（四）外语类素养模式

1. 外语类素养内涵

（1）基本属性

高校外语类课程旨在引导学生在当前国际化的新形势下，树立世界眼光、开拓国际视野，通过学习和使用外语语言，了解国外先进的科学技术、前沿信息，为知识、技术和理念创新打下基础。随着经济全球化的飞速发展，国际交往、跨国科技和文化交流日渐频繁。促进学生了解和欣赏世界文化精粹，提升人文素养，发展跨文化交际能力，保障其在日常生活的跨文化交流以及国际事务中成功达成目标。

（2）主要内容

外语类素养主要包括以下几个方面。

一是侧重拓展学生的外语语法、词汇、语用与篇章知识，提升学生的外语听、说、读、写、译各项语言技能，使学生在日常生活、未来工作和学习领域使用外语进行有效的沟通和交流，深入理解科学、社会、文化等领域的口头或者书面外语材料，提升综合人文素养。此外，通用外语课程的开设能够引导学生对不同来源的信息进行综合、对比、分析，进而得出自己的结论或形成自己的认识，促成思辨能力与批判性思维能力的养成与提高。

二是旨在通过外国文化教育，使学生领略世界优秀文化、文明，提升学生的人文素养，增强学生的跨文化意识，使其对中外文化差异形成高度的敏感性与深刻的洞察力，引导和训练学生客观、理智地去看待异域文化，为跨文化沟通与交流的有效进行打下基础。跨文化交际外语课程的开设能够引导学生掌握跨文化交际策略，使其能够针对不同文化背景、语用情景，选取适宜的话语结构与交际原则，成功表达自己的交际意图，促成跨文化交流有效、顺畅地进行。

三是将特定的专业学科内容与外语语言学习内容相结合，着重培养学生运用外语语言进行专业学习、工作的能力，使得学生有能力借助外语语言持续了解本专业领域的最新动态与发展趋势，不断更新专业知识体系、提升专业技能，满足终身学习与职业发展的需求。

（3）基本特征

高校外语类课程旨在提升学生的外语语言素养与语言应用能力，满足学生使用外语语言进行日常交往，获取全球资讯，了解科学、社会、文化领域知识和信息的需求。此外，高校外语类课程的工具性还体现在专门用途外语上，通过学习与学科专业相关的学术外语或者职业外语，使学生在更广阔的领域、更高水准的平台上获取本专业领域的前沿知识，熟练使用外语处理学术与工作事务。

高校外语类课程的重要任务是提升学生的综合人文素养与跨文化素养。学生借助外语语言，可以极大地获取艺术学、文学、哲学和其他科学相关领域的知识，从而不断提升自身的综合人文素养。此外，语言是文化的载体，也是文化的必要组成部分，对外国语言的掌握可以为学生打开了解世界文化之窗，增进学生对不同文化的理解，提高学生对中外文化差异的认知，提升学生的跨文化素养。

2. 外语类素养模式

外语类课程在财经应用创新型人才培养中的功能主要包括：外语语言素养培育功能、人文综合素养培育功能、国际视野培育功能、学科专业素养发展的促进功能、创新思维与批判性思维的培育功能。

（1）外国语言素养培育模式

高校外语类课程围绕外语语言素养的培育，致力于从外国语言知识层面，扩展学生的外语语音、词汇、语法、语篇知识；从语言技能层面，提升学生的外语听、说、读、写、译各项技能；从语言意识层面，启迪学生的外语语感、语境意识，力图全面发展学生的外语语言素养，促进其成功使用外语进行日常交流、汲取信息、处理跨国事务。在当前全球化、国际化、网络化的时代，跨越国家界限的信息共享、技术融合、文化交流、经济合作不断发展，这对新时期财经应用创新型人才的外国语言素养提出了较高要求。

（2）人文综合素养培育模式

高校外语类课程，依托外语语言为学生呈现了更广阔领域的多学科内容，引导学生在外国优秀文学、艺术、历史、哲学、社会、科学作品中怡情、博采、长才，不断开拓人文视野、感悟人文精神、体验人文智慧，同时引导学生在各领域优秀作品中吸收饱含真、善、美精神的人文思想，树立正确的人生观与世界观。财经应用创新型人才培养既要关注人才培养的实用性与实践性，又需重视人文综合素养的提升，使学生接受多学科、全方位、宽口径的素质教育，提升学生的文化品位、艺术修养、科学素养，同时引导其形成正确的价值取向与道德观念。

（3）国际视野培育模式

国际视野的养成以及参与国际事务能力的提升，除去对外语素养和能力发展有较高要求外，还需要依托高校外语类课程，引导学生深入了解并客观看待异域文化，熟知中外文化差异，开拓国际视野，熟练掌握跨文化交际策略，在日后的国际事务中祛除文化偏见，巧妙应用跨文化交际策略，成功达成目标。《国家中长期教育改革和发展规划纲要（2010–2020 年）》指出，要适应国家经济社会的要求，培养大批具有国际视野、能够参与国际事务和国际竞争的国际化人才。财经应用创新型人才的培养也要将开拓学生的国际视野、提升学生参与国际事务的能力作为至关重要的任务。

（4）学科专业素养发展的促进模式

高校外语类课程所涵盖的专门用途外语课程，与学科专业紧密结合，通过职业外语与学术外语教学，引导学生借助外语语言习得相关专业知识与技能，从而能够使用外语获取有关本专业全球发展动态的第一手资料，实现专业素养的持续提升。培养高素质的财经应用创新型人才，需根据学科专业的全球最新趋势，不断更新学生的专业知识体系与专业技能。

（5）创新思维与批判性思维的培育模式

高校外语类课程教学鼓励学生围绕语言学习主题，开展创造性的项目研究，针对语言学习材料反映的观点进行剖析与质疑，并倡导"做中学"，使学生在辩论、主题发言等活动中使用外语语言表达自己的观点与见解，引导学生学会有依据地判断、创造性地设想、反省地怀疑和自主地探索，逐步形成创新思维与批判性思维。创新思维与批判性思维，是财经应用创新型人才培养的必要内容，同时是高校外语类课程教学的重要目标。

（五）专业类素养模式

1. 专业类素养内涵

（1）基本属性

专业类课程不但要为学生提供未来可持续发展所必需的专业知识，更要注重培养学生的动手能力、实践能力和创新能力，使学生能够运用所学专业知识和技能解决行业、专业领域的实际问题。应用型本科高校是指以培养本科层次的应用型人才为主体的高校，人才培养不但要保证学生的基本素质，更要突出学生的实践能力，满足学生的个性化发展需求。专业类课程作为应用型人才培养的主要载体，对高校人才培养质量具有至关重要的影响。

（2）主要内容

应用型本科高校专业类课程的课程体系和内容主要包括以下几个方面。

一是原则上指按一级学科设置的平台课程，要求本学科各个专业必修的基础课程，是学生在专业学习之前需要学习的学科通识课程，是为拓展学生专业知识结构而开设的课程。财经类高校根据现有学科专业的特点，分别为经济学、管理学、理学、工学、文学、法学各专业设置专业基础课程。经济类专业基础必修课程包括微观经济学、宏观经济学、政治经济学、计量经济学、统计学和会计学；管理类专业基础必修课程包括微观经济学、宏观经济学、统计学和会计学。经济类和管理类专业在本科四年期间需选修至少2个学分的"企业运营仿真综合实训"或"大金融跨专业综合实训"。同时，为学生提供内容丰富的专业基础选修课程，并规定学生选修此模块的学分数量。专业基础选修课程主要包括金融市场、商业银行经营管理、银行业务实训、国际金融、中央银行与金融监管、金融信托与租赁、金融营销学、市场营销学、ERP原理及沙盘模拟、公司理财、财务会计、国际贸易理论与实务、互联网金融、大数据技术、微营销技术与方法等100余门课程。

二是指充分体现该专业的专业属性、学科特点的课程。专业核心课程就是把每个专业中那些最基本的、原理性的知识点抽出来，整合为若干门优质课程。根据每个专业培养目标的要求，按照教育部《普通高等学校本科专业目录和专业介绍（2012年）》中对核心课程的规定进行设置。专业核心课程体现每个专业的基本面貌，学生可以掌握该专业的核心知识体系，从而形成具有核心意义的专业素养。专业核心课程是专业核心能力培养的重要载体，每个课程模块都包括理论课和实践课。理论课主要完成专业知识的传递，在高校应用型人才培养定位前提下，更加突出以专业基本能力为核心的实践教学环节。各专业要处理好理论教学与实践教学的关系，加强理论联系实际，明确实践教学目标，充分体现"科研促教学、教学促科研"的有机结合，逐步拓展实践教学内容、方法和途径。与行业需求密切结合，以课内的理论验证为目标，以课外的技能竞赛为手段，以实习的应用检验为保证，综合培养学生专业知识运用能力和职业判断能力。

三是是按照专业方向或者职业岗位群设置的，为使学生的专业技能从横向和纵向两个维度拓展、增强学生综合应用能力和创新发展能力而设的专业课程，能够增强学生核心就业竞争力，拓展学生职业发展力，增强学生的创新精神和实践能力，完善自身知识结构和满足自身兴趣。专业选修课程作为专业必修课程的辅助课程，以课程组为专业方向，着重深度与广度的开拓，侧重应用开发，其目的是促进学生对专业核心课程的理解和深化，拓宽学生知识面，提高学生综合专业素质。同时专业选修课程的设置要服务社会，满足地方经济对专业人才不断变化的需求，以培养应用型人才为目标，课程内容及体系要不断推陈出新、自我优化，同时要处理好相对稳定与不断追新之间的关系，适时、适量将学科专业前沿知识和技术引入人才培养方案的选修课程体系；课程结构以有利于探究高深学问的方式来加以组织，建立一种有利于探究新知的系统。

（3）基本特征

根据以上的主要内容，我们可以总结出高校专业类课程具有核心性、实践性和先进性等特征。

一是根据财经类院校"金融 +X" "X+ 金融"的育人观念，进一步明确"以人才需求为导向，以应用能力培养为核心，着力提升学生的实践动手能力，实现校企的无缝对接"的中心基本定位，践行"融合、开放、合作"的实践教学指导思想。在人才培养过程中，强调理论与实践并重，特别是应用型人才培养，更加强调通过实践环节检验学生对理论知识的掌握程度，实现学校教育和就业岗位的"零对接"。在此基础上，构建与应用型人才培养相适应的实践课程体系。在经济和社会发展过程中，应用型人才所承担的主要任务是知识的转化与应用，而不是规律的发现与知识的创新。按照"厚基础、宽口径、重实践、强能力"的人才培养要求，坚持教育与生产劳动和社会实践相结合，将创新创业教育融入人才培养全过程，强化实践能力培养，着力培养具有创新精神和国际视野的应用创新型人才。

二是专业类课程是决定人才培养规格和素质的关键因素。专业核心课程是实现专业培养目标的重要载体和关键因素，专业核心课程改革和实施效果如何直接影响人才培养质量。专业核心课程在应用型人才培养中处于核心地位，是培养学生专业核心能力的重要组成，是培养学生就业核心竞争力的主要途径，是人才培养模式改革和专业特色发展的关键因素，是专业办学水平和质量的核心一环。因此，要根据专业人才培养目标，合理设置核心课程的数量、内容及各课程所占的比率，同时以专业核心课程为中心，围绕专业核心能力，构建应用型人才培养的完整课程体系。

三是以服务地方经济的人才需求、满足社会对专业素养的要求不断变化为出发点，专业类课程要不断发展完善和自我优化，与时俱进，不断改革创新，紧跟专业改革和发展的前沿趋势，努力实现专业类课程在课程教学内容更新、课程教学方法改革、课程考核方式创新上的突破与超越，从而有效保证专业课程体系可持续发展的先进性。

2. 专业类素养模式

专业类课程在创新型人才培养中的功能主要包括：专业基础理论培养功能、专业核心能力培养功能、基本职业素养培育功能。

（1）专业基础理论培养模式

对课程内容不断进行优化整合，构建起模块化、综合化、阶段化、个性化的课程结构，从而形成一种多元叠加、交叉互补、相辅相成的专业类课程模式，重在培养学生掌握本专业的基本理论。专业基础课程模块主要培养学生的专业基本知识与理论，即完成专业工作应具备或掌握的基础性专业知识和专业理论；以培养学生专业基础理论为出发点，重构专业课程体系架构，形成"多元整合、动态优化"的课程模式。

（2）专业核心能力培养模式

重新制定基于工作任务或工作流程的专业类课程体系，着重培养学生的专业核心能力。通过深度的校企合作，与行业企业专家和管理人员一起，从职业岗位分析入手，共同对财经类专业的工作任务展开深入细致的分析，归纳典型工作任务框架，以此勾勒出工作项目或工作流程。专业核心课程模块主要培养学生的职业岗位适应能力和应用能力等专业核心能力，即综合运用专业知识、完成专业工作任务的最主要的综合能力。专业核心课程始终秉持学生自主建构、以学生为中心开发课程的理念，注重情景化教学活动的开展，注重学生仿真实验环境的仓键、校企合作的深度开展，使学生深入了解和熟悉就业岗位和行业领域真实环境，同时具备基本职业道德规范，更快融入工作岗位，适应工作环境。

（3）基本职业素养培育模式

在校企双方合作开发实训项目和学生实习实训过程中，开展的基础实训（创业教育、企业文化、职业素养）、技能实训（使用企业先进的技术和开发工具、环境）、项目实训（实际项目开发）等环节均会借鉴企业实际运行中的制度和做法，让学生从课程实践环节中既能体验企业文化，又能接触到企业化的开发和管理考评方法，还能使学生明确自身发展的中长期目标，重在培养学生的基本职业素养。在"以学生为中心"教育理念的指引下，财经类院校各专业开设个性化选修课程，主要是为了满足各层次、各类别学生对自己职业生涯的个性化需求，为学生适应不同就业面向提供更多的选择。

（六）信息技术类素养模式

1.信息技术类素养内涵

（1）基本属性

信息技术在财经应用创新型人才方面要培养学生计算机应用能力与信息素养，

使其具备运用互联网思维和计算工具等信息技术思想与手段分析、解决问题尤其是财经类专业领域问题的能力，并具有利用互联网自主学习、自我发展的能力。《高等学校文科类专业：大学计算机教学要求》体现了基于学科分类开展差异教学的思想。1972 年图灵奖得主 Edsger Dijkstra 曾说："我们所使用的工具影响着我们的思维方式和思维习惯，从而也将深刻地影响着我们的思维能力。"在新一代信息技术发展的形势下，《国家中长期教育改革和发展规划纲要（2010-2020 年）》要求："鼓励学生利用信息手段主动学习、自主学习，增强运用信息技术分析解决问题能力。"合理有效地利用信息技术，进行财经类专业领域相关内容的应用或研究，将成为该领域培养创新型人才的重要手段。

（2）主要内容

信息技术类素养主要包括以下内容。

一是主要任务是培养学生一定的专门技能，拓展学生的互联网视野和创新能力，进一步纵向深入支撑学生专业能力的培养。其中较有代表性的课程有"信息搜索""数字 DV 编辑""图像处理技术""企业微信营销技巧与方法"等。

二是一般并不直接支撑特定的专业能力培养，其主要作用是培养学生实现专业和信息技术进一步融合所需的特定专业技能，并培养学生的互联网思维。例如"网页与图形设计"课程可以为电子商务、市场营销专业学生拓展网络销售能力提供支撑，"办公自动化应用技巧"更是能够使学生具备高效的办公操作能力，等等。

三是财经行业是我国信息化程度最早的行业之一，很多岗位对从业人员的信息技术能力要求较高，因此相关专业人才培养也十分重视信息技术与专业交叉课程的设置。如管理学专业开设的"管理信息系统"、统计学专业开设的"SPSS 统计工具"、电子商务专业开设的"信息安全技术"等课程，均是立足专业人才培养的直接需要、专业培养性很强的课程。

四是包括信息技术概要、计算机的基本构成、计算机软件体系及功能、计算机网络的基本应用、互联网基本操作、常用软件的使用、数据库基本知识、程序设计基本知识等。通过信息技术通识课程的学习，学生将具备计算机、互联网操作的基本能力，能够初步理解基于信息技术的信息管理、业务系统的工作原理，初步具备与信息技术开发人员沟通的能力。

（3）基本特征

总结上述课程内容，面向高校财经类人才培养的信息技术类课程具有基础性、实践性、时效性等特征。

一是信息技术的发展日新月异，技术更替周期非常短，使信息技术类课程面临着需要不断更新的问题。例如，"网页与图形设计"历经了从面向 Frontpage、网页三剑客的制作工具讲授到如今引入 HTML5 这一最新前台开发技术的演变，课程内容做到了紧跟最新技术发展。另外，"企业微信营销技巧与方法"等课程则是顺应移动互联网快速发展大潮开发出的前沿课程等。不断的迭代、更新，保证课程内容的时效性，是信息技术类课程的典型特征。

二是信息技术类课程的基础性特征有两层含义：首先，对于所有高校学生来说，计算机通识知识和基本操作能力是完成学业的支撑和基础，例如教学信息化建设水平的提高，课程学习越来越依赖网络和信息化建设，这就要求学生必须具备一定的信息系统素养以顺利完成课程学习。此外，大量的虚拟实践教学和其他实践环节也越来越依靠信息技术支撑其运行，对学生的信息素养提出了一定的要求。其次，课程内容具有通用性和相对稳定性，即信息技术教学不能完全一味地追新，也需要提供给学生代表信息技术精髓、内涵的理论知识，为学生自主学习做好铺垫。

三是信息技术本身的发展就是应用驱动的，因此信息技术类课程的内容具有鲜明的实践性特点，即授课过程会贯穿以小的教学实例，知识模块或课程结束时会安排较复杂的实践项目，信息技术类课程的实践环节占比普遍达到 50% 甚至以上，学生在学中练、在做中学，很好地体现了理论和实践教学的相互促进和融合。

2. 信息技术类素养模式

云计算、大数据、人工智能等理论和技术的逐渐成熟，企业财务分析、信用风险评价、保险产品设计等在传统模式下采用定性方式完成的工作，在信息技术更加强大的处理能力支持下，已经能够以很高的准确度实现定量分析。财经类专业毕业生的就业领域一般为经济、金融行业。信息技术应用技能、互联网思维对于财经类专业学生来说，不仅是从业者的必备能力，也是实现行业创新和相关研究的必备基础条件。从信息技术应用的历史来看，经济、金融行业一直是信息化程度最高也最先进的行业，无论是 ERP、银联还是当前兴起的第三方支付、众筹、P2P 等互联网金融应用，均代表了当前信息技术最新的研究成果。信息技术与经济、金融领域的深度融合，对其相关从业人员的信息素养提出了更高的要求。相比于其他行业，经济、金融相关行业从业者应当更加熟练地掌握最新的互联网、信息技术知识和技能，以胜任岗位需要。

可见，信息技术类课程的功能主要有信息素养培育功能、自我发展能力和创造力培育功能、互联网思维培育功能等。信息技术高度发展的今天，财经类专业急需培养具有综合素质和创新能力的高质量人才，特别是培养学生的信息素质、创新意识、探究科学知识的兴趣和发散思维等，将成为财经应用创新型人才培养的重要组成部分。

（1）信息素养培育模式

高度信息化的行业对于从业者的要求并不是一个简单的信息系统操作者，而是具有较强的信息化意识，懂得需要将哪些业务数字化、信息化，懂得如何将业务数字化，懂得在业务数字化之后如何利用信息技术挖掘其中潜在价值的人。

在财经类专业人才培养中，信息技术类课程可由公共通识类课程、信息技术相关专业必修课程、能力拓展课程以及素质拓展课程构成，从学生基础信息技术应用能力、计算机网络及应用知识、基础程序设计能力入手，逐步深入培养学生的信息技术，并通过课程设计答辩、综合实验项目等方式，锻炼学生自主获取信息、处理信息乃至设计信息系统的能力，进一步夯实信息技术类课程对学生信息素养的培育功能。对于经济、金融这种高度信息化的行业来说，具有较高的信息素养是从业人员和研究者的基本能力要求。同时，基于信息技术的创新在当前时代是各行业创新最重要的原动力，在现阶段信息素养的培养几乎可以与创新思维和能力的培养等同。

（2）自我发展能力和创造力培育模式

信息技术类课程的内容普遍具有显著的发散、广泛关联的特性，通过这些知识点的学习，学生也能够有效锻炼发散思维、创新能力。知识经济时代，高等院校培养高层次人才的重要内涵是培养具有创新意识、创新精神和创新能力的人才。在信息技术类课程的教学中，学生需要完成大量的单项实验项目和综合实践项目，很多课程将这些实验环节的完成质量作为课程考核的重要指标，更重要的是其中大多数项目具有设计性，即学生并非简单地复现教师布置的任务，而是在教师设定的框架性目标指引下，充分发挥自己的设计能力和想象力来完成该项目，在此期间学生将以团队协作和个人独立相结合的方式完成项目，学生的独立思考能力、团队协作能力、解决问题的能力乃至表达能力均能得到很好的锻炼。

（3）互联网思维培育模式

高等院校帮助学生重新理解用户、产品、价值链乃至商业生态，能够使学生对互联网特点、大数据技术、互联网营销产生更加深刻的认识，进而在自身学业发展上实现"互联网+"，为学生未来职业发展创造更广阔的空间。通过体系化地学习信息技术类课程群，学生能够了解大数据、云计算的最新发展动态，以及移动互联、物联网在经济、金融行业创新中的作用。

第二节　国内外财经类职业素养模式探析

　　近年来由于世界性金融危机的影响，尽管国内经济不景气，财政紧缩，但西方很多发达国家仍然坚持教育先行，重视提高教育质量，通过教育与科技创新的紧密结合培养高层次创新人才。在当今世界，随着科技发展日新月异，知识在经济社会发展中的作用和地位日益凸显，无论是发达国家还是发展中国家，都深刻意识到创新对推动经济增长、保障国家安全、促进社会进步的重要性。为了应对知识经济社会的挑战，世界许多国家都力图抢占未来科技和产业发展的制高点，更加重视科技创新的引领作用，把人才培养作为国家实力建设的根本性、战略性举措。此外，这些国家还出台优厚的人才引进政策，在世界范围内延揽一流优秀人才，这种人才的争夺促进了教育的国际化和教育资本的国际流动，使得国际范围内人才争夺和教育竞争更加激烈。

　　联合国教科文组织国际 21 世纪教育委员会的报告《教育——财富蕴藏其中》也指出，"教育的任务是毫无例外地使所有人的创造才能和创造潜力都能结出丰硕的成果"，并认为这一目标比其他所有目标都重要。培养创新人才不仅引起各国政府的关注，而且引起联合国教科文组织的关注。

　　这些国家的大学在长期发展进程中不仅积累了丰富的办学经验，在创新型人才培养方面也探索出与各国国情相适应的有效途径。积极借鉴国外大学在创新人才培养方面的成功经验，对我们的创新人才培养可以提供可资借鉴的先进教育理念、培养模式和运行机制，对国内人才培养提供了颇为有益的启示和借鉴。世界发达国家在创新教育方面的成功经验告诉我们，高等教育要实现使国家能够保持科技领先地位和科技强国的目标，必须以培养创新人才为使命，走创新教育之路。

　　总的说来，西方发达国家的创新人才培养模式，大致可以分为以下三类：

　　一是 CBET 模式。即以能力为本位的教育和培训（Competency –based Education and Training，CBET）。该模式既包括学业教育又包括国家职业资格证书培训，强调由行业出发，使人才培养满足一个行业或多个行业的从业需求。该模式以英国、澳大利亚为代表。

二是 CBE 模式。即能力本位教育（Competency – Based Education，CBE）。它以培养学生具有职业或岗位所必须具备的全部能力为目标的教育模式，即以能力为基础，从职业或岗位的需要出发，确定职业所需人才的综合能力和专项能力，然后根据所需的能力设计教学内容体系，制定能力分析表（即课程开发表），组织教学内容，最后考核学生是否达到这些能力要求。该模式强调职业岗位所需职业能力的培养为核心。该模式以美国、加拿大为代表。

三是双元制模式。即由企业和学校共同担负培养人才的任务，根据对应用型创新人才培养目标的要求组织教学和岗位培训。它有以下三个特点：第一，同生产紧密结合；第二，企业广泛参与；第三，校企互通式的教育形式（即学校重理论，企业重实践）。该模式以德国为代表。

德国大学正是秉承"科研与教学相统一"这一人才培养理念与办学传统，培养了大批高层次人才，带来了德国大学的繁荣和民族的强盛，使德国在 19 世纪成为世界的科学中心。欧美一些大学也纷纷汲取德国大学的先进办学理念和人才培养方式，促进了各国大学的办学现代化，为社会发展培养了大批创新人才。除以上三种基本模式之外，许多国家都在探索将科研融入教学过程中来培养创新人才的方法与途径，并积累下一些成功经验与做法。19 世纪初，德国著名教育家洪堡提出"通过研究进行教学"以及"学生学习自由"的思想，倡导在人才培养实际中将教学与科研有机统一起来。他强调人的发展是教育的真正目的，指出大学实现这一目的的唯一途径是通过科学研究进行教学，培养学生探究真理的好奇心和方法，使他们在科学探究中不断提升自我，实现自我的全面发展。

一、美国模式

以美国大学的创新人才培养为范例，具体分析美国大学如何通过大力开展本科生科研训练，将教学与科研有机融合，促进学生展开研究性学习等举措，建立起开放先进的创新人才培养模式，探索出创新人才培养的有效途径。

1979 年加利福尼亚大学化学工程系的教授弗莱德沙尔（Fred Shair）创立了暑期本科生研究奖学金（Summer Undergraduate Research Fel–lowships，SURF）活动。此后，美国本科生科研活动开始步入迅速发展时期。美国大学有着自由教育的传统，素来重视学生的创新能力培养，并在学生创新能力培养方面形成一套先进的教育理念和业已成熟的人才培养模式和机制。19 世纪中后期，美国大学办学者开始汲取德国大学研究与教学相统一的思想，将教学与科研相结合作为美国大学教学和人才培养的一项基本原则，并取得了良好的人才培养效果。在第二次世界大战以后，随着美国经济的飞速发展，国家对科技创新的重视程度不断提高，美国大学开始全面加强本科生科研创新活动。较早开始本科生科技创新活动的大学有麻省理工学院（MIT），该校高度重视创新人才的培养，学校规定"MIT致力于给学生打下牢固的科学技术和人文知识基础，培养创造性地发现问题和解决问题的能力"。1969年，麻省理工学院负责本科教学的院长麦克维卡（MacVicar）受兰德（Land）教授（高速摄影技术的发明人）的启发，创设"本科研究机会计划"（Undergraduate ResearchOpportunities Program，UROP），资助本科生参与教师的研究项目。

从新生入学开始为学生提供尽可能多参与研究活动的机会，促使学生独立思考，探索自然科学、社会科学和人文科学领域的新知识。在20世纪80年代开始的教育改革中，美国大学把本科生科研训练作为培养创新人才的重要措施之一，要求制订以研究、探索为本的学习标准，强调本科生的科研探索和创新经验，转变把学生作为接受者的传统观念，把学生作为主动学习者和探索者，并把探索创新精神和科研方法融入本科生四年的课程学习中。

美国大学也非常注意与工业界、企业界的密切合作，与专业依托的行业联合建立各种研究中心，通过教学与科研的密切结合，为学生提供必要的科研能力训练，培养学生的科技创新素质和知识应用技能，并逐渐形成独具美国特色的创新人才培养模式。自20世纪90年代以来，美国越来越多的大学逐渐认识到将教学与科研融合起来在创新人才培养中的重要促进作用，尤其是研究型大学都更加重视大学生创新能力的培养，哈佛大学前校长陆登庭指出："在迈向新世纪的过程中，一种最好的教育就是有利于人们具有创新性，使人们变得更善于思考，更有追求的理想和洞察力，成为更完善、更成功的人。"很多研究型大学都把本科生科研训练作为培养创新人才的重要举措，在人才培养中坚持一个"中心"、三个"结合"，即以"学生为中心"，进行"课内与课外相结合""科学与人文相结合""教学与研究相结合"。

1990年美国开始出台了国家技术政策，制定并实施了信息高速公路计划，确定了在科学技术方面保持全面领先的国家目标，投入巨额研发经费培育高科技创新人才，以保持其在科学研究和高科技领域的世界领先位置。美国本科生科研活动的普及发展主要得益于美国政府和大学方面对大学生创新能力和科研能力培养的高度重视。美国是战后最早开展本科生科研的国家之一，也是本科生科研活动开展最广泛的国家之一。在20世纪70年代，美国政府在《2061计划》中提出要培养具有创新精神的跨世纪人才的目标，以提高国家的技术创新能力和竞争力。在 20 世纪 80 年代兴起的高等教育改革运动中，美国政府把培养创新人才作为教育改革的主要目标之一。1984 年美国高质量高等教育研究委员会的《国家为培养二十一世纪的教师做准备》、《投入学习，发挥美国高等教育的潜力》等纲领性文件和 1991 年的美国《国家教育目标报告》中都提出了"应培养具有批判性思维能力的大学生"的观点。

2001 年美国博耶委员会对美国研究型大学本科教育的百年回顾调查表明：多数研究型大学为本科生提供参与研究的机会；让本科生参与创新研究活动已成为美国研究型大学本科教育改革的重要方向。1998 年，博耶（BOYER）研究型大学本科教育委员会发表的《重构本科教育：美国研究型大学的蓝图》进一步明确提出"探索、调查、发现是大学的核心，大学里的每一个人都应该是发现者、学习者"。该报告在探讨研究型大学本科生教育改革问题时指出：研究型大学必须改变传统的适应知识传递教学方式，提倡以探究为基础的研究性学习，特别对本科生要进行科研训练，在本科高年级通过科研训练，完成从本科生向研究生学习的过渡。报告强调在研究型大学开展本科生科研训练有如下意义：（1）培养学生的独立思考能力；（2）本科生、研究生和教师组成的科研团队，能激发教师和学生的创造力；（3）既有利于提高本科生的科研能力，又可能对教师队伍科研水平提高起到促进作用；（4）本科生科研训练可打破原有通过考试评价学生学习能力的方式；（5）培养学生的协作能力。这份报告使美国研究型大学本科生的科研教学活动得到了进一步加强。

2009 年，美国总统奥巴马发起了一项名为"创新教育"的行动，旨在提升全美学生在科学、技术、工程和数学等领域的参与和创新表现，这项行动不但涉及联邦政府，也将动员大公司、基金会、非营利组织和科学技术学会参与。历届美国总统也都非常重视国家创新人才的培养和科技竞争力的提升。被誉为"教育总统"的布什，任期内签署了《国家教育目标报告》、《美国 2000 年教育规划》，明确提出迈向 21 世纪的全国六大教育目标。克林顿提出了《克林顿总统的教育计划》，告示人们当前应当摆在首要位置的主要问题之一，就是如何才能使美国再次成为把教育放在首位的国家。2006 年美国总统布什宣布了历时 10 年耗资 1360 亿美元的《美国竞争力计划》，目标之一是使人才领先于世界，培养一流创造性人才。

随着越来越多的研究型大学积极加入这两个学会，这两个组织对推动研究型大学本科生科研的发展起到了积极促进作用。本科生科研理事会（CUR）成立于

1977 年，是致力于推动本科生科研的全国性组织，该组织的宗旨是：推动和宣传"研究是本科生教育的重要组成部分"的思想，促进本科生科研和学术发展，鼓励本科生在教师的指导下开展创造性的活动。随着创新教育的不断深入，美国教育界对本科生科研活动在创新教育中的作用的认识逐步深化，很多有关本科生科研管理的组织机构相继成立，各种运作机制日趋成熟。其中影响较大的民间性组织有本科生科研理事会（Council on Undergraduate Research，CUR）与全国本科生科研大会（The National Conference on Undergraduate Re-search，NCUR）。CUR 支持本科生科研的全过程，从本科生科研的组织、寻求资金支持本科生科研，到为本科生科研提供交流的机会，重点鼓励本科生在科学、数学和工程学领域展开科研活动。1987 年成立的旨在弥补 CUR 学科领域的局限性的全国本科生科研大会（NCUR），其宗旨和 CUR 相同，旨在支持所有学科的本科生开展科研活动，重点支持交叉学科科研活动。

从 80 年代中期开始，由国家科学基金会出面逐年加大了对工科创新教育和研究的资助，集中投资工程研究中心计划、工程教育联合体计划、本科生研究能力计划、工科教师见习计划和课程开发综合研究计划等五个项目。REU（Research Experiences for Undergraduates）是美国国家科学基金 NSF 的下属机构，面向全国提供本科生科研机会，组织方式采取设置由 8 ~ 10 名学生组成的小组，完成 NSF 提供的课题。截至 2002 年，REU 已从全国吸收 32000 名学生参加他们组织的这种本科生科研活动。此外，REU 还增加了对指导教师的奖励措施，给予教师项目基金。1973 年，美国国家科学基金会（National Science Foundation，NSF）先后资助麻省理工学院等四所高校各建立一个"创新中心"，开始实施创新教育实验。20 世纪 80 年代美国国家科学基金会以工作站的形式接纳和资助本科生参与 NSF 感兴趣的领域的研究，设立了"本科生研究经验计划"。

有霍华德·休斯医学研究会（Howard Hughes Medical Institute，HHMI）、美国宇航局和国家天文台、卡内基教学促进基金会等基金会和研究机构等组织开始加入本科生科研教学活动，这些机构主要通过提供资助和研究机会，使本科生科研教学范围和规模得到很大发展，制度体系也不断地得到完善。90 年代初，美国国家科学委员会（1994）发表的《大学研究与教育的重点》提出了本科生科研制度化的支持意见，美国国家科学基金会（1995）发表的《处于变化世界中的 NSF：NSF 战略计划》，提出了将教学与科研融合列为三个核心战略之一。

为了加强本科生科研工作，加州大学伯克利分校于 1997 年成立了本科生科研办公室（Office of Undergraduate Research），专门负责本科生科研的组织、管理和服务工作，努力为本科生提供形式多样且数量充足的从事科研活动的机会。随着本科生科研训练的普及开展，许多研究型大学也都成立了大学生科研管理机构，鼓励大学生从事科研活动。根据博耶研究型大学本科生教育委员会在 2001 年所作的调查，在美国研究型大学中有 60 010 的大学全面开展了本科生科研活动，并建立了校级领导机构，以有效管理和指导本科生从事科研。其中，33% 的院校在部分系开展本科生科研，设立了专门的本科科研活动办公室；7% 的院校并没有形成规模展开本科生科研活动。

在多种激励政策的扶持下，几乎每所大学都设有多种本科生科研项目，科研的形式多种多样，有探究性课程、实验室研究、案例研究、研讨课程、角色扮演、学期与学年论文、实地实习等。为了鼓励教师指导本科生科研以及本科生参加科研，不少研究型大学出台各种激励政策和措施，如对承担科研项目的师生拨付充足的项目研究经费、科研论文发表经费，设立本科生科研奖励制度，对指导教师在工作量和职称评审上给予倾斜等，鼓励教师指导本科生参与科研项目，接受科研创新训练。为了给参加科研的本科生提供更多的交流平台，许多大学还设立了本科生科研庆祝会、本科生科研研讨会、本科生科研日等活动项目，让学生通过这些平台展示自己的创新想法和创造性成果。

此外，麻省理工学院从 1969 年就开始实施"本科生研究机会计划（UROP）"，要求所有本科生参加研究计划，导师一对一指导学生，并为本科生的探究活动提供基本的制度、物质和人力保障。MIT 设有专门的本科生科研办公室，负责管理 UROP 的事物流程，其中包括管理 UROP 科研项目的申请、评分和学生酬金，鼓励学生参加学术讨论，组织指导老师和学生之间的交流沟通。加州大学伯克利分校本科生科研是教学计划的一部分，学生可以通过"导师指导下的项目研究"、"独立科研项目研究"、"实地研究"、"四年级论文"、"荣誉毕业生四年级论文"等研究性课程，获得 20 个以上的学分，占总学分的 20% 以上。该校还设立了"本科生科研学徒计划（The Undergraduate Research Apprentice Program）"，为学生提供指导教师，鼓励学生参与教师的科研活动，该校还设立"校长本科生研究奖学金计划"，鼓励学生在教师指导下进行独立的原创性科学研究，激发学生的研究创新兴趣，培养学生科技创新技能。为了确保本科生科研的顺利开展，美国许多大学一般都把本科生科研纳入学分制管理体制和学生四年的课程计划，对从事教师科研项目的学生给予一定的工作报酬和学分奖励，鼓励学生参加研究项目。

美国大学通过教学与科研相融合培养创新人才的做法，不仅在大学内部课程设置等运行机制上得到有效实施，在管理机制上也得到有效保障。美国在创新人才培养方面的成功经验说明，欲培养创新人才，就要积极开展大学生科研训练，将科研训练融入教学过程中，促进学生进行研究性学习，这是培养学生创新能力的一条行之有效的途径。全面考察美国的创新人才培养，可以看到，美国大学已将创新人才的培养理念融入人才培养的各个环节之中，包括大学里个性化、学科交叉性的专业设置，综合性、跨学科的课程设置，通专结合的课程体系，灵活自由的选课制度，具有创新性前沿知识的教学内容，以学生为中心的启发式、研讨式教学方法，灵活多元的学生评价体系和考核方式，各种学生社团活动，教师专业化培训以及开放先进的教学管理模式等。其中至为重要的一点就是通过引导本科生参与科研活动，将科学研究融入教学过程中，锻炼学生团队协作能力和领导能力，培养学生的科研创新能力。

二、日本模式

日本在 20 世纪中期以前的目标是追赶欧美教育，教育水平得到大幅提升，但各种弊端也日益凸显，学校教育过分注重考试，教育模式刻板单一，忽略学生的个性、创造力和综合素质培养；教育制度过分集权，学校缺乏办学自主性等，为改变教育状况，日本成立了"临时教育审议会"，从 20 世纪 80 年代开始了其第三次教育改革。日本"临时教育审议会"在 1985 年提出关于教育改革的第一次审议报告指出，"面向 21 世纪，能够适应社会变化的需要，所必备的素质和能力就是指创造性独立思考、有主见和进行各种活动的能力"，"在未来的社会中，教育不仅仅是单纯获得知识和信息的途径，还必须重视自如地运用各种知识及技能，培养独立思想、创新、活用的能力。""临时教育审议会"在第二次审议报告中提出了 21 世纪的教育目标，把丰富的创造力作为未来人才素质的重要内容之一。除美国外，许多发达国家也将大学生的科研创新活动视为培养学生创新能力的重要途径，并在人才培养实际中摸索出独到的做法，积累了不少成功经验。日本也是一个高度重视创新人才培养的国家，国家一直把培养学生的创造能力作为基本的教育国策。

1990 年，日本发表了题为《建立新的高等教育体系，向 21 世纪迈进的教育方针》的教育白皮书，提出："在当前动荡变化和复杂的社会及学术活动向新的方向发展的形势下，应该重视培养学生的适应能力，对学生进行独立思考、独立判断的教育，并且加强基础能力的训练。"在"临时教育审议会"倡导下，日本很多大学都围绕如何培养学生创新能力调整教育目标和人才培养模式。

日本政府从提升本国国际竞争力的迫切需要出发，结合本国高等教育的发展实际，由文部科学省于2002年推出了"21世纪大学改革工程"（即"21世纪COE计划：为了形成世界性研究教育基地而实施的重点支援项目"，2002~2006）。进入新千年，为推进创新人才培养，日本政府提出了"创造性科技立国"口号，实行"卓越研究基地计划"。该计划以《大学结构改革方针：作为构建充满活力、富有国际竞争力的国、公、私立大学的一环》（通称"远山计划"，2001）为政策依据，作为文部科学省的"卓越研究中心建设费补助基金制度"的一项改革措施，于2002年起正式开始实施，重点解决如何培养丰富的人性（全面素质教育）、如何培养富有创造性的人才（创新教育）和如何建立新时代的新学校（现代大学制度）。该计划突出了资助重点，向具有世界最高水平的研究教育中心倾斜，引导和促进各大学发挥自身优势、个性和特色，创建特色鲜明的世界高水平大学，培养具有国际竞争力的科技创新人才。

从2002年起，日本书部科学省每年选择资助50所大学的100多项重点科研项目，资助金额每年1亿~5亿日元。该计划旨在通过将科研融入教学之中培养出一批世界顶尖的科技创新人才。在"21世纪COE计划"取得丰硕成果的基础上，日本政府又于2007年启动了作为其后续计划的"全球COE计划"。日本政府启动的一系列人才培养计划均是把国家综合国力强盛与世界一流大学建设和创新人才培养提升到国家战略高度。在这些从政府层面出台的计划、政策的推动下，日本高校发展了独具特色的教学、科研一体化的培养模式和工业实验室为主的教育模式。作为"21世纪COE计划"的配套措施，日本书部科学省于2002年专门设立了"卓越研究中心建设费补助基金"，详细规定了该计划的组织管理、申请、建设学科领域和审批等内容。采取倾斜式重点投资的方式，把资金重点分配给具有高水平和发展潜力的研究生院的教育研究基地，引导和促进各大学形成自身优势、个性和特色，创建具有国际竞争力的、特色鲜明的世界最高水平的大学，进而带动整个日本科学研究的发展。文部科学省从构筑核心竞争力的战略高度确定了出台该计划的目标，主要包括：在日本大学各学术领域中建立若干以学科方向为单位的具有世界最高水平的教育研究基地；进一步促进大学提升基础研究和尖端技术研究的水准，培养世界顶尖的高科技创新人才，加速学术成果的产出。

三、德国模式

1985年，德国国家议会通过了《高等学校总纲要》，纲要明确指出，高等学校的主要任务是通过研究、教学和学习，来培植和发展科学研究和艺术，并为大学生从事需要科学知识和方法或艺术创造能力的职业做准备。同时德国在纲要中强调德国大学的教学与科研传统的同时也积极进行大学体制改革，如增强高校独立性，扩大办学自主权，进行高校内部组织结构改革，加强跨学科研究与教学，以培养学生创新能力为中心，注重学生个性全面发展和综合素质提高。德国是现代大学理念的发源地，19世纪德国洪堡在创立柏林大学时提出"教学与科学研究相结合"的原则，确立了"学术自由、教授治教、民主治校"的办学理念和原则，通过体制创新建立起现代大学制度，实现了德国大学的跨越式发展，德国成为第二次世界大战前世界经济政治中心。第二次世界大战后，德国从战争的满目疮痍中蹒跚走出，在短短几十年中获得经济的迅速复苏和发展，挤入世界强国之林，主要得益于德国大学教育中"教学与科学研究相 结合"、学术自由等先进教育理念和优良教育传统。自20世纪80年代以来，随着两德的统一，德国社会各方面都发生了深刻变化，德国成为继美国、日本之后的第三经济大国。德国政治经济形势的新发展和欧洲一体化进程的加速都对德国大学提出了新的挑战和要求，德国大学传统的教育模式、运行机制、教学科研组织制度等已不能满足社会对知识和人才的需求，为适应国内外政治经济发展需要，为德国持续发展提供充足的高层次科技创新人才，德国大学进行了大幅度的教育改革。

在国家高等教育财政不足的情况下，德国政府大范围地加大对高等教育科学研究的整体投入，目的是为了提高德国大学学术科研后备力量，培养大批高素质创新人才，提升德国大学国际声誉，进而提高德国在世界上的科技竞争力。在新千年的高等教育改革中，德国大学仍然传承了"教学与科研相合"这一先进教育理念和人才培养传统，通过在教学中强调科学研究来促进本国的创新人才培养。2005年，德国联邦政府和各州政府共同启动了"卓越计划"，由联邦政府与各州共同出资提供19亿欧元，对人选"卓越计划"的研究生院、研究及培训机构和未来大学进行为期5年的集中资助。

德国的应用科技大学是德国高等教育体系中的一个重要组成部分，与德国普通综合性大学一道支撑着德国经济和社会发展。与德国其他传统大学的人才培养模式相比，这类大学紧紧围绕应用型创新人才培养，在人才培养目标、专业设置、课程体系、实践教学、师资建设等方面大力进行教学改革，不断创新人才培养方法和模式，突出强调人才培养的创新性和应用性。如在专业设置上，设置一些体现国际化特色的高新技术和学科交叉产业，如亚琛应用科技大学就新设置了能源和环境保护、核能技术、飞机制造、太空飞行技术、计算机一体化、生物医学等专业，体现了现代科技的交叉和融合。在课程建设和改革方面，注重文理交叉、学科渗透以及课程的国际化接轨。在人才培养方法上，许多大学高度重视实践教学，密切大学与企业的联系，通过产学研相结合来培养创新人才。企业在实践教学中占有重要地位，企业不仅是实践教学经费的主要来源和实践教学开展的重要场所，也是评价考核实践教学成果的主体。德国的应用科技大学在产学研结合方面做得比较成功，在这些大学中实践性和应用性教学比例能占到 30% ~ 400/0，这些大学通过将科学研究、实习实践等环节贯穿到教学过程中，来培养学生的科技创新能力和应用能力。为突出创新型人才培养，满足德国社会经济发展对创新人才的不断需求，德国在应用型创新人才培养方面探索出比较独特的人才培养途径。为满足社会对应用型创新人才的需求，德国政府专门设置了一类以培养应用型高级人才为目标的高等学校，这就是德国的应用科技大学（ University of Applied Sciences ）。

四、英国模式

英国大学在创新型人才培养上训练的重点是提高学生的独立思考能力和开放性思维能力，而这一能力的培养是通过教师将科研融入教学过程中来实现的。为支持大学生进行科研创新，英国政府启动了"高等教育创新基金"，该项基金与高等教育及企业和社区联系基金相结合，支持在大学周围建立各种科技网络群。同时该基金还支持各大学内部建立专门机构从事专利申请与保护、公司筹建和市场开发等活动，促进英国大学周围高科技网络群的形成。英国在近年来也仿效美国大学，通过教学与科研相结合来培养创新人才，提升国家的科技竞争力，其中一个重要举措就是设立"高等教育创新基金"。为促进创新人才培养，英国皇家科学技术医学院从 1980 年开始效仿 MIT 实行"本科生研究机会计划 UROP）"，通过将学生的科研活动融入教学过程和人才培养过程，取得了很好的人才培养效果。

引导学生参与科研训练是教学的深化，在科学研究的严谨治学过程中，把科学研究与创新实践融为一体，使教学与科研更紧密地结合起来，可以培养学生独立思考能力、科学批判精神、坚韧不拔的毅力、勇于克服困难的勇气、团队合作能力和积极创新的精神，有助于学生形成正确的人生观、价值观，确立为科学献身的责任感，把学生培养成为富有主体精神和创造力的人才，既能促进教师教学水平与学生综合素质的提高，也有利于创新人才培养。以上世界发达国家在创新人才培养方面的成功经验说明，加强大学生的科研训练、将教学与科研相融合是培养创新人才的有效途径之一。这些国家无论是政府还是大学都十分重视科研在培养创新人才过程中的作用，并在课程计划、组织机构、运作机制、激励机制等方面出台各种激励和保障政策措施，鼓励教师在教学中将科研与教学紧密结合起来，通过鼓励本科生参与各种科研活动培养他们的科技创新能力。

我国也应尽快制定促进教师将教学与科研融合、鼓励本科生参与科研活动的激励政策和实施措施，探索与完善使教学与科研协同运作、培养创新人才的运作机制、管理体制和保障体系，将教师的教书育人、教师在专业领域的学术研究与学校的学科建设以及人才培养等环节有机统一起来。在培养创新人才已成为各国政府和高校办学者共识的今天，将教学与科研有机融合，鼓励本科生参与科研的理念和实践对我国高校的人才培养具有一定的借鉴意义。以上各国创新人才培养都为我国的创新人才培养提供了可资借鉴的成功范式和宝贵经验，国内不少学者和办学者也开始注意到这一点，对于我国高校为什么还没培养出足够多的创新人才，中南大学党委书记李健曾一针见血地指出："我认为其中一个重要原因就是我们没有遵循创新型人才成长规律，教学与科研的融合不够，没有能够在科技创新中培养人才，在人才培养中创新科技。"

五、中国模式

（一）中国模式的界定

界定财经应用创新型人才培养模式需要明晰以下几点。

（1）财经应用创新型人才培养模式涉及不同的要素。财经应用创新型人才培养模式就是关于"培养财经应用创新型人才"和"怎样培养财经应用创新型人才"的问题，是在一定的培养理念和培养目标下对人才进行培养的过程，涉及人才培养的目标维度和策略维度，不是各个孤立项目的简单构架，而是实现培养目标的一种策略体系。

（2）财经应用创新型人才培养模式具有一定的结构样式和运行机制，是结构范畴和过程范畴的统一。也就是说，人才培养模式各要素在内部结构上按照一定的逻辑彼此配合，形成一个较稳定的活动形式或者运行状态。

（3）财经应用创新型人才培养模式是在一定的教育理念和教育理论的指导下，财经类高校人才培养的诸要素按照一定的方式相互结合、有效运行，最终实现人才培养目标的过程。

（4）财经应用创新型人才培养模式有一定的适用范围和使用条件。普遍适用的人才培养模式是不存在的。但是，适合一定条件的相对优化的模式是存在的。财经应用创新型人才培养模式具有一定的稳定性和标准性，可在财经类高校实践操作中推广。

（5）财经应用创新型人才培养模式是借鉴工业的说法，在新时代背景下财经应用创新型人才培养的新模式，代表了一种先进的概念。

（二）中国模式的内涵

财经应用创新型人才培养模式具体模式为动态自我优化人才培养模式。

一是模式的自我优化；二是注重学生的自我优化能力。

该模式由课程教学驱动集、"互联网＋"教学驱动集、实践教学驱动集、开放教学驱动集四大驱动集组成，创新创业教育寓于四大驱动之中，融入人才培养的全过程。四个驱动集在人才培养过程中是动态发展的，既自我优化，又相互促进优化，不仅能够提高财经应用创新型人才培养目标的效率，而且能极大提升人才培养目标实现的精准度。具有系统性、先进性、动态自优化性、精准性四大创新性。

学生的逻辑思维和形象思维在实践中形成碰撞与有机融合，促进创新能力的全面提升，动态自优化人才培养模式本身具有动态自我优化功能。四大驱动集在人才培养目标实现中各有侧重、各司其职、互相依托、不可分割、互为因果和互相检验，形成财经应用创新型人才反馈、动态、自优化、闭合系统。四大驱动集既能在实践运行中实现自身驱动集的本身优化，又能相互激发优化，最终有效促进知识向能力转化的效果和效率。课程教学驱动集和"互联网＋"教学驱动集的相互支撑与融合，能够为学生提供一个科学、完整、合理、有效的知识体系，培养学生的创新意识和创新思维，实现知识向能力的初次转化；实践教学驱动集作为使知识向能力高效转化的基础和平台，能够使学生在实践中通过感悟知识获取直接经验，通过感观体验塑造形象思维。实践教学驱动集和开放教学驱动集是对学生所学知识进行深化、拓展和验证，结合社会实际完成知识向能力的二次转化。

自知——清醒地认识自己；自律——切实地管理自己；自省——不断地反省自己；自强——持续地壮大自己。该模式还确立了动态自优化人才培养模式的组织构架、四个驱动集在财经应用创新型人才培养中的功能定位以及动态自优化人才培养模式在实现财经应用创新型人才培养过程中的运行机理。动态自优化人才培养模式，可以使学生通过四大驱动集的培养，借助实践、互联网、大数据能够更客观、更有说服力地实现自知；实现自律－自优化—更严格的自律；实现自省—他省—更优的自省；从道德境界、思维能力、专业技能、处世能力等各个方面持续壮大自我、优化自我，从而实现自强。动态自优化人才培养模式尤其注重学生的自我优化能力。财经应用创新型人才培养需要走出实验室、走进社会、走向实践。实践是检验知识的真理。实践是直接经验的获取，也是形象思维产生的源泉。动态自优化人才培养模式中的四大驱动集在人才培养过程中，通过培养学生的自知、自律、自省、自强，培养学生的自主学习能力、自主决策能力、自适应能力，从而实现学生的自我优化，做自我人生的雕刻师。

（三）财经应用创新型人才培养

一是通过教学方式的改革以及创新型师资的培养，提高知识的传授效率，实现知识向能力的初次转化以及学生的自我优化。通过绘制专业知识能力图谱和课程内容重构为学生提供一个科学、完整、合理、有效的知识体系，培养学生科学的世界观和方法论以及较强的逻辑思维、创新思维和创新精神；"互联网＋"教学驱动集在财经应用创新型人才培养中的主要功能为：起到催化剂的作用，加速提升财经应用创新型人才的培养效率。一是通过线上线下混合教学平台为学生提供一个科学、完整、合理、有效的知识体系，完成知识向能力的初次转化，培养学生泛在学习、自适应学习、自主学习的能力和互联网思维。

二是加速财经应用创新型人才培养目标的实现效率，确保财经应用创新型人才培养目标的实现精准度。基于网络学习痕迹的数据分析平台和基于学生学习和生活习惯的大数据分析平台进行教师和课程评价以及学习效果反馈，从而优化课程教学效果、优化学生学习效果。

培养学生的形象思维能力，提升学生实践能力和应用创新能力；三是检验和反馈培养效果，实践教学驱动集在财经应用创新型人才培养中的主要功能为：通过构建多模块三维立体式大实践教学体系，完成知识向能力的二次转化。

通过面向国际开放、社会开放、企业开放、校际开放、学校内学科专业开放，使学生走入社会、了解人文，一是达到世界观的强化、方法论的完善；二是培养较高的情商和自适应能力；三是提高应用创新能力以及综合素养，完成知识向能力的再次转化。

培养学生的创新意识和创新思维，实现知识向能力的初次转化，通过课程教学驱动集和"互联网＋"教学驱动集的相互支撑与融合，形成线上线下混合式学习平台，能够为学生提供一个科学、完整、合理、有效的知识体系。

实现创新能力的全面提升，使学生的逻辑思维和形象思维在实践中形成碰撞与有机融合，实践教学驱动集和开放教学驱动集是对学生所学知识进行深化、拓展和验证，结合社会实际完成知识向能力的二次转化。

（四）培养模式的组织构成

1. 课程模式

具有三大路径：课程建设驱动集，通过课程内容重构，创新课程体系，从教师教什么向学生应该学到什么转变；课堂教学驱动集，创新教学方式．从如何教好向让学生如何学好转变；师资培养驱动集，打造具有创新理念的师资队伍，从培养、提高师资自身能力向培养、提高师资育人能力转变。通过绘制专业知识能力图谱和课程内容重构为学生提供一个科学、完整、合理、有效的知识体系，培养学生科学的世界观和方法论、较强的逻辑思维和创新思维能力；二是通过不断创新教学方式、提高知识的传授效率，实现知识向能力的初次转化。实现该功能，需要解决教什么、如何教、谁来教的问题。

这是财经应用创新型人才培养的基础。模式课程建设驱动力——在课程内容重构中体现创新——从教师教什么向学生应该学到什么转变模式的课程建设目标打破了常规课程建设在目标设定中局限于通识课和专业课的单一模式，而是将知识、能力、素质、创新思想、创新思维、创新方法、先进文化、科学方法融为一体的综合性课程建设体系，要从教师教什么向学生应该学到什么转变。

首先要动态确立教学目标，在对教学内容实时更新的基础上注意教学内容之间的逻辑严密性，使学生实现由知识向能力的高效转化。专业和课程建设要确保人才培养目标的实现性。一是构建实现能力和素养的知识结构，确定培养方案、课程体系和课程内容。这就要求在专业和课程建设中进行课程内容重构，适时地做好课程内容取舍与替代更新，体现教学内容的先进性和时代性。

认知能力是以知识积累为基础的认知技能，而非认知能力则涉及学生的情感、适应性、人际交往沟通能力、合作能力和协调能力等。在这个过程中，通过绘制专业知识能力图谱和课程内容重构为学生提供一个科学、完整、合理、有效的知识体系，使学生在学习知识的过程中实现自我优化，并使学生的逻辑思维和形象思维完美结合。二是构建有利于创新意识、创新思维培养的知识结构。一方面将创新创业课程纳入人才培养方案，赋予创新创业课程学分，积极进行创新创业课程建设，培养学生科学的世界观和方法论、较强的逻辑思维能力以及创新意识与创新能力。另一方面将创新创业教育理念植入基础课和专业课，进行课程改造，开发能提高学生创新意识、培养创新思维的案例课、实验实训课、校本特色课程。大力推动案例课教学，提高实验实践课时比例，优化教育教学环境，加大实验室投入力度，提升实验实践课程效果。三是课程建设注重非认知能力的培养。

让课堂成为师生共同参与、探讨、交流的平台，充分调动教师和学生的积极性。模式的课堂教学中，教师首先要做的就是如何让学生学好。教师要更新教学理念、革新教学设计和行为、创新教学方法，实现教师由教书匠到编剧和导演的角色转变。这样，教师通过角色转变，将自己定位为学习问题的设计者、学习资源的组织和提供者。教师与学生的关系不再是施令的发布者和执行者，而是互为一体的合作学习者、平等对话者、学习过程的参与者和评价者。模式课堂教学驱动力——在教学方式方法改革中体现创新——从如何教好向让学生如何学好转变课堂教学关系到知识的传授效率、学生感悟的深度和广度、应用能力的培养和学生创新思维的培育，在财经应用创新型人才培养中起关键作用。

互动启发式、讨论式、案例式、辩论式、情景模拟式、虚拟仿真式、实践调研式等多种教学方式的创新和综合使用，会极大地调动学生的积极性，鼓励他们独立思考，实现从课程激发优化到自身优化。教师的课程设计要以学生为主体，设计启发学生、调动学生、激发学生发散思维和跳跃思维的场景、问题和氛围。

教师的教学价值不仅体现在"传道授业解惑"方面，教师的授课方式、行为举止、人格魅力等对学生人生观、价值观、方法论以及能力、品格的养成都有重要的影响。在课堂中运用什么样的教学方法，会直接影响课堂的教学效果。

教师应正向地引导、灵活地运用，杜绝极端、消极思想的传导，积极引入正能量的社会意识传导，注重知识的动态更新，将国际前沿学术发展、最新研究成果和实践经验融入课堂教学，灵活采取多种教学方式，注重学生研判性思维、创造性思维的养成，激发学生的创新意识。教师职业道德教育能够增强教师教书育人的责任感和使命感。有时候，教师在授课过程中会无意识地传导一些非教学内容，而这些无意识传导的内容也会潜移默化地影响学生的思维意识。

教师能力的提升还要关注三个方面。一是要提升专业能力和实践应用能力。财经应用创新型人才培养必须有一支财经应用创新型师资队伍。通过学历提升、国内外访学、挂职锻炼、双师培养等方式，提高教师的专业素养、业务能力和实践能力。二是要培养教师具有先进的创新创业教育理念。创新创业教育是我国高等教育的短板，创新创业教育关系到创新型国家建设和"两个一百年"目标的实现，要树立教师创新创业教育的责任感和使命感。教师先进的教育理念非常重要，有什么样的理念就会指导什么样的行动，创新创业教育理念直接指导着课程内容重构和教学方式的改革，关系到财经应用创新型人才培养目标的实现。三是要注重教育教学方法研究。

2."互联网"模式

在财经应用创新型人才培养中的主要功能为：一是通过线上线下混合教学平台为学生提供一个科学、完整、合理、有效的知识体系，完成知识向能力的初次转化，培养学生在学习、自适应学习、自主学习的能力；二是基于网络学习痕迹的数据分析平台和基于学生学习和生活习惯的大数据分析平台进行教师和课程评价以及学习效果反馈，从而优化课程教学效果、优化学生学习效果。实现这两大功能的主要驱动力有三个：线上线下混合教学驱动力、基于网络学习痕迹的数据分析驱动力、基于学生学习和生活习惯的大数据分析驱动力。"互联网 +"教学驱动集，无论是互联网思维还是"互联网 +"方式，本身就孕育着创新的内涵。"互联网 +"时代改变了人们生活、学习和思维方式，也极大地提升了教与学的效率、改变了教学方式，并深度启发了学生的创新意识和创新思维。"互联网 +"教学驱动集本身就是一个创新型学习的实践集，学生的创新型学习实践提高了自己的创新意识和创新能力，加速财经应用创新型人才培养目标的实现。

例如，开展翻转课堂等混合教学，实现课前预习的前置性，课堂教学的交互性、课后检测的直观性。基于"互联网 +"，建立线上线下混合教学平台。一方面，借助教育信息化改变学生的线上学习方式，基于网络大数据，课前预习评价工具，课中教学过程多样化，课后工具可以进行教学成果展示，实现模式基于网络学习痕迹的数据分析驱动力学习形式多样化、学习内容碎片化、学习兴趣浓厚化。另一方面，用互联网思维升级传统线下教育，改善教师的线下教学行为。

一方面，基于网络学习痕迹的数据分析，可以清晰地向教师呈现学生的学习行为，包括知识基础、认知能力等。这样就能够实现教师因材施教地为学生量身定做个性化的学习方案，并进行教学效果检测和预警，促进教与学。另一方面，教学大数据可以实现对学习者的学习习惯、学习方式、学习需求、学习特征等全面、系统的记录、跟踪和掌握。基于这样的数据分析，可以智能地向不同类型的学习者推送教学资源、优化学习路径，促进学生的自我优化。互联网时代，大数据已经成为新时代最具价值的宝藏之一。基于网络学习痕迹的数据分析平台，可以基于云计算提供大数据挖掘分析服务，对数据收集整理后进行教师评价以及课程评价，形成数据分析报告，并将其反馈至课堂教学，从而起到不断优化课堂效果的作用。

能够深入探究学习者的学习过程和情境，发现学习规律，根据模式基于学生学习和生活习惯的大数据分析驱动力，每一个学生的需求和能力为其提供个性化适应学习，能够通过数据的分析帮助学生反思自己的兴趣爱好、人格类型、价值观的变化。基于大数据分析生成的学生成长态势分析雷达图，其真实完备的数据支撑和直观的分析图表可以帮助教师及学生更好地了解其在品德发展、学业发展水平、身心发展水平、兴趣特长养成等方面的发展趋势，适时指导学生调整自己的生涯规划，提高自身综合素质。互联网时代，基于学生学习和生活习惯的大数据分析平台，可以实现全面的 记录、跟踪、掌握和可视化学习者不同的学习行为和生活习惯，形成数据分析报告反馈给学生，从而优化学生的学习习惯、生活习惯。

3. 实践模式

实践教学驱动集在财经应用创新型人才培养中的主要功能为：通过构建多模块三维立体式大实践教学体系，一是完成知识向能力的二次转化；二是检验和反馈培养效果；三是培养学生的形象思维能力，提升学生实践能力和应用创新能力。实现这三大功能的主要驱动力有三个：实验实训驱动力、实习实践驱动力、创新创业教育驱动力。

模式实验实训驱动力——实验实训融入财经应用创新型人才培养的全过程

建立实验实训平台，将实验实训融入财经应用创新型人才培养的全过程。

通过校企合作开发、行业支持建设等模式，建立专业综合实训平台、跨学科综合实训平台、仿真业务训练平台，通过开设独立实验实训课、设立集中实践周、开设设计性与综合性实验项目、增加理论课实践部分等方式提高学生的专业技术能力、业务综合能力、分析与解决问题能力。

模式实习实践驱动力——实习实践融入财经应用创新型人才培养的全过程

建立实习实践平台，将实习实践融入应用创新型人才培养的全过程。通过学校自建、校企合作、校地共建、校企共建等模式，建立校内专业实践基地、订单培养实习基地、社会实践基地、思政教育基地、校外实习基地，开展专业实践教育、订单培养、认知实习、专业实习、毕业实习、社会实践、社会调研等活动，提高学生职业素养、动手能力、实践能力和综合素质。

模式创新创业驱动力——创新创业教育融入财经应用创新型人才培 养的全过程

建立创新创业平台，将创新创业教育融入应用创新型人才培养的全过程。可采取学校自建、校地共建、校企共建等模式，创建创新创业知识学习平台、创新创业技能训练平台、创新创业孵化服务平台，通过开展创新创业课程、课外科技活动、学科竞赛、对原有课程进行创新创业内容重构等方式，提高学生的创新思维、创业意识、创新创业能力。

4. 开放模式

（1）运行机理

开放教学驱动集在财经应用创新型人才培养中的主要功能为：通过面向国际开放、社会开放、企业开放、校际开放、学校内学科专业开放，使学生走人社会、了解人文，一是达到世界观的强化、方法论的完善；二是培养较高的情商和自适应能力；三是提高应用创新能力以及综合素养，完成知识向能力的再次转化。实现这三大功能的主要驱动力有五个：国际开放驱动力、社会开放驱动力、企业开放驱动力、校际开放驱动力、校内开放驱动力。面向这五个驱动力，实现从国内校园单一培养向国内国际校园双向培养、向校园社会联合培养、向校企合作共同培养、向校际交流培养、向跨学科共同培养的五大跨越。

（2）国际开放驱动力——实现从国内校园单一培养向国内国际校园双向培养的跨越

高等教育的国际化要让教育面向全世界开放，不断学习、吸收世界先进教育思想和教育理念，借鉴和吸收世界先进教育教学优秀成果，吸收国外成功的办学理念、办学模式、办学体例。加大与国外高水平大学的合作，拓展跨国双校园巧目，不断拓展学生的国际化视野，通过开展中外合作办学项目、选派青年教师出国研修、招收海外留学生、项目交换生、建立海外研修中心等方式，实现从国内校园单一培养向国内国际校园双向培养的跨越。

（3）社会开放驱动力——实现从校园单一培养向校园社会联合培养的跨越

充分利用社会资源，通过校园文化建设、传统文化教育、社会认知、爱国主义教育、专业知识下乡、反面教育等形式，注重学生中国文化与价值观的培养、情商的培养，实现从校园单一培养向校园社会联合培养的跨越。财经类人才相比于理工类人才，需要更多地融入社会、与人打交道，因此需要充分向社会开放。通过让师生更大程度上与社会广泛接触，从而锻炼学生的实践能力、沟通能力、人际交往能力，实现从校园单一培养向校园社会联合培养的跨越。

（4）企业开放驱动力——实现从校园单一培养向校企合作共同培养的跨越

注重校企合作，邀请企业专家参与人才培养方案的论证和修订，聘请行业高管、企业主管担任兼职教师、行业导师开设专业课程和讲座，规划学生专业发展愿景，共同指导学生实习、毕业论文（设计），与企业在信息资源共享、实务课程开发、应用师资培养、实习平台建设等方面深入合作，共同培养人才。举办订单班、特色班、共振课堂，开展校友论坛，为学生提供技能学习、业务实习和就业选择的新平台。

（5）校际开放驱动力——实现从校园单一培养向校际交流培养的跨越

学校和学校联合建立教学联盟、在线开放课程公共服务平台，推进实现课程资源共享和跨校选课、应用数据共享，开展在线学习、在线学习与课堂教学相结合的多种方式的学分认定、学分转换，联合举办区域性、全国性教学经验交流、教学大赛，实现从校园单一培养向校际交流培养的跨越。

（6）校内开放驱动力——实现从学科单一培养向跨学科共同培养的跨越

增强专业之间的融合发展，实现学校内部的学科专业之间的开放。建立健全专业优化和更新机制，根据社会需求增设跨学科综合性专业，实现跨专业、跨学科之间的课程互选，着力培养跨学科专业的复合型人才。

第三节　财经应用型人才职业素养新方向

一、财经类应用型人才职业的创新发展

（一）财经类应用人才应与时俱进

互联网、云计算、大数据、智能机器人等现代技术深刻改变着人类的思维、生产、生活和学习方式，国际竞争日趋激烈，人才培养与争夺成为焦点。从国际视野来看，世界多极化、经济全球化、文化多元化、社会信息化深入发展，国际金融危机深层次影响在相当长时期依然存在，新一轮科技革命和产业变革蓄势待发。

一个国家的财政和经济问题关系着国家发展的命脉，不仅政府的各类各级部门需要高素质的财经类人才，银行和企业也离不开高素质的财经类人才。财经类高校担负着为国家和社会培养高素质财经人才的重任。社会的发展对财经人才的培养质量和培养规格正在提出新的更高要求，尤其是国际化程度要求越来越高，具体体现在人才培养目标的国际化和课程设置的国际化以及学生培养知识的国际化。如何

以最有效的方式培养出具有国际视野、能够适应国际竞争的财经应用创新型人才是当前我国财经教育和人才培养面临的重要课题。经济的全球化和教育的国际化,以及中国经济社会发展变革,需要财经人才培养突出国际性。从世界发展的趋势来看,国际竞争日趋激烈,人力资源成为各个国家和企业之间竞争的决定性因素,谁有大批高质量的人才资源,谁就能在未来社会的竞争中取得主动权。当前,国际化高水平财经人才短缺成为我国经济发展的瓶颈。高等教育是整个教育系统中最高层次的教育,它培养出来人才素质直接影响着国民素质的高低。从提高国民素质的角度来说,高等教育肩负着重大的历史使命。作为高等教育中重要组成部分的财经类教育,在整个教育体系中具有十分重要的地位。

(二)新时期财经类高校的特色定位

当前在人民群众生活水平和质量普遍提高,生育政策调整,学龄人口、劳动年龄人口规模结构改变,人口老龄化速度加快的背景下,教育需求也发生结构性的变化,对高质量、多样化的教育需求日益增长,教育体系、结构和布局面临深刻挑战。从国内看,统筹推动"五位一体"总体布局和协调推进"四个全面"战略布局,贯彻落实创新、协调、绿色、开放、共享的新发展理念,实现 2020 年全面建成小康社会目标,深化供给侧结构性改革,保持经济中高速增长,深入实施创新驱动发展战略,推进大众创业、万众创新,当前,国家创新战略的实施对创新型人才的诉求大大增加。创新型人才已经成为促进经济发展、社会进步和中国实现现代化建设宏伟目标的关键因素。在国家创新战略实施的新时代背景下,需要财经高校变革人才培养观念,重新界定创新型人才培养的内涵。

实施"中国制造 2025"和"一带一路"建设等倡议,迫切需要高等教育优化人才培养结构,加快培养应用创新型人才。

大学作为培养人才的主阵地,必须切实担当起培养创新型人才的重任,必须深化教育领域的综合改革,努力培养学生的实践能力、创新精神和创造品质,切实提高学校的教育质量。国家教育事业发展"十三五"(2015-2020 年)规划明确提出,构建现代教育体系,建设学习型社会,培养大批创新型人才,已成为人类共同面临的重大课题和应对诸多复杂挑战、实现可持续发展的关键。预计 2020 年,高等教育在学总规模达到 3850 万人,在校生规模达到 3680 万人,要求创新型、复合型、应用型和技术技能型人才培养比例显著提高,人才培养结构更趋合理。未来我国的各类大学要培养出数以亿计的高素质劳动者、数以万计的专门人才和一大批的拔尖创新人才。创新是国家发展战略的核心和提高综合国力的关键。

创新型人才不是少数人所特有的，不是"精英教育"，而应把培养学生的创新思维、创新精神、创新能力融入整个教学的全过程，培养不同层次的高素质创新型人才应该是面向所有学生的一项教育活动。在国家创新战略实施的新时代背景下，要对创新型人才培养的范围进行重新界定。在一流大学和一流学科建设的背景下，高校需要建立服务国家战略的创新基地和新型智库，全面提升创新服务能力。如果我们把创新型人才培养界定为"精英教育"或者针对少数人的教育，那么势必忽视对于大多数创新型人才的发掘，从而缩小了创新型人才的培养范围，国家创新战略实施的新时代背景需要扩大创新型人才培养范围。因此，对于高等教育来说，培养创新型人才并不仅仅是研究型大学的任务，而应涉及所有的高等院校。因此，对于财经类院校来说，需要变革人才培养观念，从培养创新型人才、培养应用型人才向培养应用创新型人才转变。

财经高校应根据自身的定位和特色，认清自己的历史传统和优势，合理借鉴国内外人才培养的先进理念，发掘出属于本校的特色，凝练出符合本校的特色和创新型人才培养发展需要能培养理念。财经高校应结合自身的定位和特色，凸显自身创新型人才培养的特色。目前，我国多数财经院校在人才培养目标中多是简单地提出"培养创新型人才"，而关于创新型人才培养的具体内容、特征、目标，以及如何培养等内容往往表述模糊。这种对创新型人才培养理念关键核心内容的模糊，造成了人才培养模式建构上的模糊。目前，财经类研究型大学对创新型人才层次的定位多呈单一化，不是"引领者"，就是"社会精英"，在追求人才培养卓越上显得有些盲目跟风，使得创新型人才的培养失去特色。而财经类教学型大学往往更多提的是应用型人才培养，尚没有提升到"应用创新型"人才培养的视角，部分在人才培养目标中提到了创新精神，但大多存在表述模糊的共性。

（三）新时期高等教育复合性发展理念

新时期的高等教育需要财经高校树立科学的教育理念、探索促进学生全面发展的育人模式，建立产教融合、科教融合的协同培养机制，注重学生创新创业能力的培养，增强人才培养的类型、层次和学科专业结构与社会需求的契合度，扩大教育对外开放的水平，全面提高教学质量。从教育领域看，当今世界教育正在发生革命性变化。教育与经济社会发展的结合更加紧密，以学习者为中心，注重能力培养，促进人的全面发展，全民学习、终身学习、个性化学习的理念日益深入人心。教育模式、形态、内容和学习方式正在发生深刻变革，教育治理呈现出多方合作、广泛参与的特点。

当前社会对于财经类人才的需求已经从单一技能型向综合化发展，"不能只培养专才，因为社会在变，工作岗位在变"。一专多能、综合发展是对财经应用型人才培养的新要求。更多的岗位需求从之前的技能岗位向营销管理综合岗位、运筹决策管理岗位倾斜，这些岗位迫切需要人文与自然交叉、专业与综合协调、一专多能的复合型人才。当代科学发展逐渐呈现出学科整体化的趋势。随着区域化、全球化的推进，已经不能从单一的地区、国别、学科、时域去理解和运用知识，而是更多地需要跨区域、跨国界、跨学科、跨时域去进行知识的整合。

（四）新时代创新型人才培养的发展趋向

工业时代，高等教育面临新的挑战、呈现新的趋势，大学的教学环境、教学对象、教学内容、教学形态、教学方式和手段发生了全面变化。优秀文化的发扬光大，虚拟经济、互联网经济的发展对财经类人才培养提出更高的、更富综合性的要求。新一轮的科技革命和产业变革对财经应用创新型人才培养提出了新的、更高的要求。进入21世纪以来，全球科技革命呈现出新的发展态势与特征，以智能制造为核心，信息技术、生物技术、新材料技术、新能源技术广泛渗透，几乎所有领域都发生了以智能化、绿色化、服务化为特征的群体性技术革命。这是新一轮的产业革命，人类由此进入了工业时代。工业时代的标志是数字化、网络化、智能化技术的应用及其催生的新的生产模式（以大规模流水线生产转向定制化规模生产）和产业形态（从生产型制造向服务型制造转变）。

二、财经应用创新型人才培养的特殊性

相比于理工科人才，财经应用创新型人才培养具有自身的特殊性：由于经济活动无法在实验室完全复制，人才培养必须通过社会和实践完成；需要更多地和人打交道，需要人文和科学并重；更依赖于思想性进取，成果多表现为非物质形态的无形资产；更加注重德育，注重社会主义核心价值观、道德情操及职业操守的培养。财经应用创新型人才培养要求认知能力与非认知能力并重，既要有大脑加工、储存和提取信息的能力，又要有较高情商、创新思维和创新精神、社会适应性和良好人际交往和沟通能力；走上工作岗位后，既能满足经济工作对技术和技能的要求，又能满足交流沟通、组织、管理、谋划、决策能力的要求。

（一）财经类人才培养的高效转化

财经类人才培养过程中，实践是创新的基础，相比于理论创新，更多的是基于实践的创新。财经类高校的人才所从事的工作，有很多是看不见摸不着的知识生产类工作，这就要求财经类人才具有从实际经济工作中概括总结问题的能力，发现社会经济活动的规律，并运用规律指导政府、企业、个人的经济决策。对于财经类高校而言，应用创新型人才培养首先应当结合其财经专业的背景，财经类高校的学科特点与现代经济发展紧密联系，财经应用创新型人才在实际经济生活中需要很强的理论联系实际的能力。财经类人才培养和理工科人才培养不同，由于经济活动涉及人们的心理和情感，大多无法在实验室完全复制，不能通过不断的物理性实验或技术的掌握与革新来认识事物规律，而是应更多地付诸实践、走进社会，在社会实践中完成对知识的汲取、感悟、提升和转化，完成知识向能力的高效转化。

（二）财经类创新人才的情商培养

需要培养财经创新人才分析问题、解决问题的能力，运用专业知识解决遇到的经济问题，更多情况下，分析问题、解决问题本身需要更多借助团队的智慧、配合、执行，这都离不开与人打交道。通常，知识是陈旧的，但问题是新的，创新性地运用知识解决经济生活的问题是财经人才必须具备的能力，也是财经高校培养应用创新型人才极为重要的特征之一。对于财经类人才创造能力的培养也应更注重情商的培养，只有在逻辑思维和形象思维的完美结合中得到提升。相比于理工类人才，财经应用创新型人才具有更明显的社会性，需要更多地和人打交道，需要更好地沟通、协调、组织、管理、处理人与人之间的关系，创新性地运用知识发现、分析并解决经济生活的问题。财经高校培育应用创新型人才，需要培养其发现问题的能力，即抽象概括能力，运用理论基础发现实际经济生活中潜在的问题，并予以归纳、表述、解释，向其他参与者和当事人说明问题所在。

（三）财经类人才的思维能力培养

财经工作人员不像技术人员，可以通过无数次实验得到结论。通常，一项管理工作或者一项经济工作是无法重复的，管理企业或出台经济政策无法通过传统意义上重复试验的方式论证其是否可行，一旦政策出错，其后果通常是非常严重的。这就要求财经类高校的创新型人才有坚实的知识功底，有对经济形势发展的敏锐的判断力，有果断把握机遇的决策能力。财经类高校应用创新型人才培养更注重人才思维能力的提高，希望用思想改变经济世界。财经类高校应用创新型人才培养与科技创新型人才培养相比，更少地依赖于物质性革新，更多地依赖于思想性进取。科技创新型人才侧重通过开发新的技术、产品提高生产力，而财经专业创新人才强调在管理、制度、组织、市场等层次的创新，其成果多表现为非物质形态的无形资产，如工作成果常常以某种思想、创意、技术发明、管理创新等形式出现，往往不具有立竿见影的可直接测量的经济形态。

（四）财经类人才的职业操守

巴林银行倒闭、华尔街金融危机、电视剧《人民的名义》中的腐败往往都是由于财经人员利用岗位之便为满足私欲而造成的严重后果。财经人员若不能严守职业规范和道德情操，将会破坏组织的正常经营，扰乱市场经济的正常秩序，后果不堪设想。财经人员从事的经济管理工作常常与其他学科紧密结合，多领域知识的结合，才能让财经人员更好地从事基础工作，以及更好地把握经济走势，合理预测经济形势，更好地发挥创造力，为国家、企业做出更大贡献。财经应用创新型人才培养应更加注重德育，注重社会主义核心价值观、道德情操及职业操守的培养。财经应用创新型人才培养还应不仅限于对专业领域内知识的传授，还要注重与学生专业或就业意向相关知识的传授，把学生打造成复合型创新人才。财经人才从事的工作通常为一个组织较为敏感的岗位，一方面，大部分财经人员的工作涉及本组织的商业秘密；另一方面，财经人员的工作性质决定了其工作往往与财务资金相挂钩。

三、财经应用创新型人才培养的新思路

财经高校应用创新型人才培养必须紧紧围绕全面提高教育质量这个主题，把立德树人作为根本任务，全面实施素质教育，积极培育和践行社会主义核心价值观，更新育人理念，创新育人方式，改善育人生态，提高教师素质，建立健全各级各类教育质量保障体系，实现从观念意识的革新到体制机制的革新，从整体着眼，全面提升育人水平。其中的关键环节就是围绕"如何实现知识向能力的高效转化"来确定财经应用创新型人才培养的基本框架，探索财经应用创新型人才培养新模式。财经应用创新型人才的成长过程将从注重技术技能性向注重组织、协调、沟通、管理再向注重创造性地开展过程演进。根据财经应用创新型人才培养的特殊性和新要求，结合人才成长的过程和规律，财经应用创新型人才培养需要通过重构课程内容、构

建科学合理的课程内容体系，改革创新教学模式、提高知识向能力的转化效率，借助社会、行业广泛开展社会实践活动，依托互联网技术等提高知识向能力的转化效率并实现学生的自我优化，从而更加高效、精准的实现培养目标。培养目标的确定，是培养路径的选择。财经应用创新型人才培养首先要明晰"培养什么样的人"，接着就要解决"怎样培养这样的人"的问题。

（一）财经类人才应具备的基本素养的构建

财经应用创新型人才应具有的知识、能力、素质至少包括：创新知识——"博+专"的知识储备和知识创新能力，创新能力——具有创新观察、创新思维、创造性实践的能力，创新人格——身心健康、人格健全、自我优化。

1. 知识体系的构建

财经应用创新型人才首先要掌握完整而系统的知识体系，理想的状态应该是科学与人文知识兼备、理论知识和实践知识并重，不仅知识面要宽，在财经领域还要有一定深度的完整的知识体系。其次是要有科学的理论，这种理论能够解释现实、预测未来。财经类学科是文理渗透的综合性、应用性学科，工业对应用创新型人才知识储备提出了新要求。要求财经类学生的知识面"博+专"、广阔而深入，善于把握各个学科间的内在联系，具备知识向能力转化的创新意识和创新能力。

这是发挥社会关系运筹作用的多种专门知识。一是要具有如创新学、科技发明等提高应用创新能力的知识。具体说来，二是要具有扎实、宽厚的财经类专业基础知识，在专业领域内，除了对知识认知能力的需求增加，对计算机、互联网的认识，社交能力等也变得越来越重要。因此还要掌握外语、数学、统计学、计算机科学等方面的知识。三是要兼有与所学专业相关或相邻的专业知识，如人文社会科学知识、自然科学知识等综合性知识。

既要有深厚而扎实的基础知识，又要了解相邻学科及必要的横向学科知识，并要精通各类知识的最新科学成就和发展趋势，财经应用创新型人才不但要有本专业的坚实基础，而且由于学科交叉渗透，必须综合运用多门学科知识。

2. 科学的工作方法

财经类活动多是和人打交道，无法像理工科人才培养一样在实验室就能进行，而更多要走向社会、付诸实践，在具体的实践活动中总结经验，运用科学知识和方法创造性地开展工作。财经应用创新型人才除了应该具备获取知识和应用知识的能力之外，还应该具备创新能力。在一个领域里，并在实践过程综合考量现实情况和环境因素，适时地进行调整和改进。

具体来说，财经应用创新型人才创新能力应至少包括以下能力：一是学习能力。财经应用创新型人才需要不断地进行自我调整和改造，以适应迅速变化的环境，求得自身的生存和发展。财经应用创新型人才要具有较强的专业基本技能和专业核心应用能力。二是创新性思维和敏锐的洞察力。财经应用创新型人才要具有创新性思维和敏锐的洞察力，要能将事物和已经掌握的专业知识结合起来，具备独创性和前瞻性的创新性思维，有对事物的独特判断能力，在探索未知的过程中能够积极地运用新颖独特的思维方式获得新方案与成果。三是决策能力。财经应用创新型人才必须具有收集、处理、分析信息的熟练技能，善于捕捉来自社会生活各个方面的信息以获得感知，经过科学分析，进而形成理性思维，根据客观情况做出决策，具有高瞻远瞩的能力。四是团队协作能力。财经应用创新型人才必须具备良好的心理素质、团队意识，以及具有良好的人际交往能力、协调沟通能力，具有配合奉献精神。

3. 应用人才的基本素养

创新素质是非智力因素，是与人的创造力密切相关的个性心理特征。创新人格通常表现为：具有强烈的创新意识和怀疑精神，敢于向权威挑战，不怕困难、挫折，坚持不懈，并在创新活动中能与他人精诚合作等。身心健康、人格健全是立人做事之本。特别是在当前社会转型时期，乐观向上的心态、健全的人格可以使人从容地应对所面临的难题、所遭遇的挫折，心怀善意去对待和帮助周边的人。

一是思想道德素质。包括政治素质、思想素质、法制意识、诚信意识、团队意识。二是文化观念素质。包括市场观念、竞争观念、效益观念、人才观念和文学艺术修养。三是财经类专业素质。包括敏锐的洞察力、创造性思维、科学研究方法、科学思维方法、创新创业意识等科学素质和思维观念、思维方式、价值取向、人格品质、审美情趣等人文素质。四是心理人格素质。包括富有理想、乐观与自信、紧迫感、勇于面对风险、坚韧的毅力等。综上，财经应用创新型人才培养目标应定位为：具备一定的专业素养、较高的情商、良好的发展潜质；具有清晰的逻辑思维和形象思维能力以及较强的学习和自适应能力；具备运用科学方法创新性地处理经济、管理、社会等各方面问题的能力。

（二）财经类人才培养模式分析

1. 财经类人才培养的新模式

理想的财经应用创新型人才培养的新模式应至少具有系统性和科学性、先进性、动态自优化性、精准性等特性。

（1）科学性和系统性

拥有多元素和不同的组成部分，各个组成部分各成体系，又相互交叉融合、互为依托、互相促进，构成一个全方位、全过程动态、自优化、闭合人才培养系统。财经应用创新型人才培养的新模式应具有系统性和科学性，它一定不是碎片化的、单一的、片面的，而一定是根据财经应用创新型人才特点、成长过程、成才规律设计的多功能、多维度、系统的、科学的财经应用创新型人才培养的完整解决方案。

（2）先进性

先进性主要体现在：第一，理念先进性。应注重财经应用创新型人才培养的社会责任和社会属性。财经应用创新型人才的培养不仅是高校的职责，也是企业、行业和全社会的责任。第二，设计路径先进性。根据财经应用创新型人才成长规律和成长特点设计培养过程和培养方式，应具有较强的自适性特点。第三，培养目标先进性。一是要注重认知能力和非认知能力的综合培养，财经应用创新型人才既是专业人才又是社会人，既注重专业素养的实现又注重文化、道德、情商等综合素养的培养；二是既要注重科学完备的知识体系构建，又要注重学生的自我优化能力的提升，即对未来适应社会和工作变化的自主学习能力、自适应能力的培养，更要注重学生创新思维和创新精神的培养、创新能力的提升；三是更加注重知识向能力转化的效率和效果，既有知识向能力的初次转化过程，又有知识向能力的二次转化过程。

（3）动态性

财经应用创新型人才培养新模式不应是固态不变的，而应该是一个动态的、先进的人才培养模式，可动态优化、调整、更新的系统。该系统会根据学生学习痕迹、学习兴趣、实践效果检验、学生校园活动大数据分析等反馈信息，实现模式的动态自优化过程，还应能促进学生的自优化能力。

（4）精准性

根据财经应用创新型人才的成长规律和特点及培养目标要求，调动可以调动的一切元素，确定功能和作用，保障人才培养目标的完全实现。不仅应提高财经应用创新型人才培养的效率，还应注重提升人才培养目标实现的精准度。

2. 财经类创新人才培养的几个要点

（1）创新人才培养的理念分析

财经类高校的创新型人才培养应当以科研带动教学，以教学促进科研，把学生的能力转化为推动经济社会发展的生产力。树立"以人为本"的理念，充分发挥教师的主动性，充分挖掘学生创造性的潜力，充分培养学生的自优化能力。革新教学方式，着重培养学生创造性思维，强调学生对学习过程的参与、对未知领域的探究、对问题的解决、对知识的运用，尊重学生的主体地位，尊重学生特点和自主性，培养基础扎实、知识面广泛、视野开阔、实践能力强、富有人文素养的人才，引导人才对社会经济理论和规律不断思考和探究，为社会经济发展提供重要的智力支持。财经应用创新型人才培养应紧跟时代步伐，不断更新教育教学观念，动态吸收世界最先进的教育理念，及时引进"大智移云"等先进的教育技术，全过程、全要素融入人才培养的全过程。在教育过程中，应坚持科学发展观的主导地位，促进学生德、智、体、美全方位的提升；注意对教师素质的培养，加强师资建设，加强教师教学能力的提升和先进理念的获取，从思想、道德、专业、人格等多方面健全教师队伍建设。

（2）财经类人才培养的课程模式的多元化

国家对财经类人才培养有着基本的要求，高校应当针对这些基本要求设置相应的基础课程，但同时应当结合高校的优势以及特定的教育理念，在完成基础课程教学的同时设置特色课程，体现多元化和个性化的教育模式。

应当分析财经专业课程的层次性、合理性、严密性，经专家论证构建合理的课程体系。课程设置一是要体现素质教育的思想和理念，学生的思维不能限定于财经思维，应当适当了解人文社科、自然科学、艺术、音乐、体育等领域，改变现有人才知识面窄、思维单一、系统性不强的缺点。课程体系建设是培养过程的核心要素。课程体系对学生的知识结构、能力结构、思维方式起着决定性的作用。二是要体现统一性和多样性的结合，利用学校的优势突出办学的特色。三是要尊重学生主体创造性的发挥，力求使学生的创造潜能得到最大限度的发挥。四是要体现课程体系的优化，课程内容更加关注知识以外的人本身。体现通识课程的整体性和综合性，提高实验、实训类课程比例，提炼专业核心课程特色，从理论学习、实践训练、素质扩展三个角度同时构建课程体系，应当在理论学习中充分体现财经高校课程设置的层次性，在基本的财经专业课程设置基础上加强外语能力、计算机能力、语言能力等方面的锻炼，在突出管理学和经济学教育的基础上加强特色课程教学、综合素质教学的衔接，形成完善的课程体系。在课程目标定位方面，应突出"社会与市场需求"，与经济社会的发展保持密切的互动关系。当社会需求发生变化时，与课程目标相应的课程结构、教学内容也要相应有所调整。

　　应加强与企业的合作、向学生展示实际经济生活中的企业运营状态，增加学生对实践的感性认识，也可以通过采用合作设立实习岗位等形式督促学生进行实际的体验，进而对自身不足进行自我完善，为学生自我教育提供方向。在素质扩展方面，要加强学生的道德教育、人文教育以及艺术体育方面的培养，全面发展学生的素质，培养学生触类旁通的能力。总之，在理论学习、实践训练、素质扩展三个领域的相互衔接和结合，能够提供财经应用创新型人才的综合素质，为社会主义经济建设输送更加优秀的财经类人才。

　　在课程开发主体方面，一是注重发挥教师的作用。对于理论课，采用多种教学方式提高学生的主观能动性；对于实践课，注重学生在实训过程中的主体地位，培养学生勤于动手、勇于实践的精神。二是充分发挥行业、企业的作用，使企业或者行业专家成为课程设置体系之一。

　　通过及时反馈听取学生的意见，通过与企业的座谈合作等方式了解现实中人才培养的要求。以中青年骨干教师的培养为重点，建立校际、国际合作、交流、探讨机制和双向培养机制，通过与国外学界的对话和合作机制的建立更新教师的人才培养理念，积极吸收国外优秀人才资源，增强自身体系的包容性，为学生提供广阔的国际视野。

　　健全教师教育理论与实践共进机制，推进教师理念的更新、知识结构的升级，使财经类高校的师资能够承担起培养合格的应用创新型人才的重任。

　　教育不仅包括知识的传授，还包括知识向能力的转化，直至人格的塑造、品质的养成。营造良好的校园氛围，需要充分地向校际开放、向校企开放、向社会开放、向国际开放。例如，深入推进校企合作，遵循"互利共赢"原则，逐步完善教学资源开发、师资队伍建设、应用项目研究、学生实习实训、学生创业就业等领域合作机制，一个创新的、开放的学习和实践的环境对财经类高校学生的影响是巨大的，有利于学生创新能力素养的养成，学生的态度、思维、知识、策略等内部因素的培养，以及实践能力的培养才能形成一个有机的整体。实现"合作育人、合作办学、合作就业、合作发展"，使校企合作贯穿人才培养全过程，提高应用创新型人才培养质量。

第三章

财经类大学生职业素养科研协调与发展趋势

第一节　大学生职业素养的评价标准

一、职业素养评价标准的界定

进入 21 世纪，面对知识经济的挑战，中华民族比任何时候都需要创新，科技自主创新已成为今后中国经济可持续发展的关键，也是建设创新型国家、提高我国国际竞争力的关键所在。建设创新型国家的关键在于人才，而人才的培养靠教育，培养职业素养成为 21 世纪我国实施人才强国、实现科教兴国的重大战略举措。作为人才培养的重要基地，我国高校肩负着职业素养培养的重要任务。在知识经济时代，创新决定着一个国家和民族的综合实力和竞争力，江泽民同志指出："创新是一个民族的灵魂，是一个国家兴旺发达的不竭动力，是一个政党永葆生机的源泉。"

就我国高校人才培养的整体状况来看，一些高校毕业生的质量堪忧，其中最为突出的是高校毕业生的科技创新能力和社会适应性明显不足。究其根源，高校中普遍存在的教育理念保守、教育体制僵化、教学内容陈旧落后、教学模式呆板传统、教师创新积极性不高、教学科研融合不够、教学管理与评估滞后、人才评价体系单一等问题已成为束缚学生创造性和主动性发挥的重要因素。这些都导致了我国高校在很长一段时期难以培养出一批拔尖职业素养，尤其是在一些高科技领域缺乏高层领军人才。自改革开放以来，尤其是从 20 世纪 90 年代末以来，我国高等教育实现了规模上的跨越发展和内涵质量的大幅提升，不同层次和类型的高等院校为社会各行各业输送了大批高层次急需人才，促进了我国社会经济的飞跃发展。

我们的科技创新指数属世界中下水平，在 158 个国际一级科学组织及其 1566

个主要二级组织中，我国参与领导层的科学家仅占 2.26%。这组数字以不争的事实说明：我国高层次科研人员虽然队伍庞大，研发经费充足，但创新性明显不足，缺乏拔尖职业素养和科技领军人物。这就是著名物理学家钱学森老人发出的世纪之问："为什么我们的学校总是培养不出杰出人才？""钱学森之问"成为关系我国教育事业发展的一道艰深命题，也是需要我国教育界乃至全国人民共同反思的问题。有专家在以"建设创新国家与高等教育的改革和发展"为主题的 2006 年"高等教育国际论坛"上提到了这样一组令人深思的数字：我国科技人力资源总量为 4200 万人，研发人员 105 万人，分居世界第一、第二位，研究和发展的经费也居世第六。

必须要"激发全民族创新精神，培养高水平职业素养，坚定不移地实施科教兴国战略和人才强国战略"。党的十七大报告指出，提高自主创新能力，建设创新型国家是国家发展战略的核心，是提高综合国力的关键。党的十七届五中全会提出了"深入实施科教兴国战略和人才强国战略，加快建设创新型国家"的战略任务，并对进一步建设人才强国做出部署。关于职业素养培养的问题也从 20 世纪 90 年代末开始引起我国政府的高度重视。1998 年 8 月颁布的我国《高等教育法》第五条规定："高等教育的任务是培养具有创新精神和实践能力的高级专门人才"，第三十一条又规定："高等学校应该以培养人才为中心"，《高等教育法》第一次以法律条文的形式明确了我国高校的核心任务是培育职业素养。教育部在 1998 年 12 月制订的《面向 21 世纪教育振兴行动计划》中明确规定："高等学校要跟踪国际学术发展前沿，成为知识创新和高层次职业素养培养的基地。"1999 年国务院在《关于深化教育改革全面推进素质教育的决定》中指出："对大学生进行素质教育的核心是创新教育。"2006 年 1 月 9 日，胡锦涛同志在全国科技大会上宣布到 2020 年要将我国建成创新型国家，使科技发展成为经济社会发展的有力支撑。他强调："科技创新，关键在人才。要源源不断地培养造就大批高素质的具有蓬勃创新精神的科技人才，直接关系到我国科技事业的前途，直接关系到国家和民族的未来。"2006 年 6 月，胡锦涛同志在两院院士大会上再次强调："世界范围的综合国力竞争，归根到底是人才特别是创新型人才的竞争。谁能够培养、吸引、凝聚、用好人才，特别是创新型人才，谁就抓住了在激烈的国际竞争中掌握战略主动、实现发展目标的第一资源。"

进行职业素养培养研究，探索职业素养培养途径，培养具有创新意识、创新精神和创新能力的高素质人才既是时代赋予我国高等教育的历史使命，也是我国应对新一轮科学技术革命和知识经济挑战的必然选择，这既有理论上的重要意义，也有实践探索的必要性。欲培养高素质职业素养，首先就要明确何为创新型人才以及创新型人才应具备的素质特点。

胡锦涛同志在 2011 年 4 月清华大学建校 100 周年大会上的讲话中强调，不断提高质量是高等教育的生命线，必须大力提升人才培养水平、大力增强科学研究能力、大力服务经济社会发展、大力推进文化传承创新。胡锦涛同志的重要讲话为我国高等教育在新的历史起点上科学发展指明了方向。2010 年 7 月在教育部下发的《国家中长期教育改革和发展规划纲要（2010~2020 年）》（以下简称《纲要》）重点提出要更新人才培养观念，职业素养培养模式，将突出培养造就创新型科技人才作为人才队伍建设的第一个发展目标。《纲要》特别强调指出，要"职业素养培养模式，适应国家和社会发展需要，遵循教育规律和人才长规律，深化教育教学改革，创新教育教学方法，探索多种培养方式，形成各类人才辈出、拔尖职业素养不断涌现的局面。"由此可见，具有开拓创新精神已成为知识经济时代对人才质量最突出、最本质的要求。

（一）创新领域的不断拓展

今天的创新涵盖着更广的领域，包括政治、军事、经济、社会、文化、科技等各个领域的创新。"创新"一词现在被广泛应用于各领域，但在 20 世纪 80 年代创新理论专指技术创新，包括原始创新、集成创新和引进、消化、吸收再创新。"创新"（innovation）一词最早起源于拉丁语中的 innovate，原有三层含义，包括更新、改变和创造新的东西。到了 20 世纪 90 年代以后，创新的概念不断扩大，包括思维创新、战略创新、管理创新、科技创新、文化创新、教育创新、制度创新、服务创新、分配创新等。

美籍奥地利经济学家、哈佛大学教授熊彼特认为那些对企业的发展具有远见卓识、对发明或新资源开发高瞻远瞩、对审度其经济潜力具有特殊天资的企业家群体是促进创新机制运行、推动及经济发展和社会进步的先决条件。熊彼特是最先把创新概念引入经济领域的学者。熊彼特（J.A.Schumpeter，1883-1950）是第一个从经济学角度系统地提出创新理论的学者。熊彼特 1912 年在《经济发展理论》一书中运用创新理论解释了发展的概念。第一次把创新引进管理领域的是美国管理学大师彼得·德鲁克（1909-2005），他认为创新就是赋予资源以新的创造财富能力的行为。他还说过，"创新贯穿于经营的每一阶段，有可能在设计上创新、在产品上创新、在销售技术上创新，有可能在价格上或对顾客的服务上创新，有可能在管理组织和管理方法上创新。"熊彼特的创新理论包括：创新活动、创新方式、创新者、企业家、创新是经济增长的动力、企业家精神等方面内容。他认为，"创新是新技术、新发明在生产中的首次应用，是指建立一种新的生产要素或供应函数，是指在生产体系中引进一种生产要素和生产条件的新组合。"包括生产新的产品；采用新的生产方法；开辟新的市场；获得原材料新的供给；实行新的企业组织形式，从而不断推动企业和经济发展。

（二）创造性才能的发挥

奥地利精神分析学家弗洛伊德将创造性才能视为性本能幻想的升华，注意到了人格、气质与创造性才能的个性，强调了人生物本能的一面，但忽略了人的社会属性。在19世纪中期以前，创造性才能被视为个体具有的一种神秘不可测的特性。英国人类学家高尔顿虽然第一次把创造性才能视为可以测定的人类特征，但又把它归于世代相传的某种遗传素质，使创造性才能的获得神秘化起来。

既是人与生俱来的一种潜能，一种智力特征，也是一种人格特征，一种追求创新的意识，一种积极探究事物本源的心理取向，一种不断提升自我、积极适应环境的应变能力，是智力因素与非智力因素的综合。对于创造性才能的理解有狭义和广义之分，狭义的是指在智力活动中表现出的思维品质，而广义的创造性才能除了思维品质之外，还包括创新人格构成。

（三）优质的人才资源

在知识经济时代，科学技术在人类社会生活中发挥着越来越重要的作用，科学技术的进步越来越依靠科技的创新，知识经济的发展越来越依靠知识的创新，而科技的创新和知识的创新，都离不开职业素养。进入新世纪，人才强国战略在我国稳步推进，已经成为我国经济社会发展的一项基本战略。就现阶段而言，我们的人才比较优势还没有发挥出来，我们只是人口大国、低端人力资源大国，而非人才强国，更非人力资本强国。我们的人力资源没有很好地、大批地转化为人才资源，也没有很好地借助于投资转化为人力资本，更没有很好地转化为强国的支撑。人才是指具有一定的专业知识或专门技能，进行创造性劳动并对社会做出贡献的人。人才资源，是人力资源中素质层次较高的那一部分人，指杰出的、优秀的人力资源。人力资源，又称劳动力资源或劳动力，是指能够推动整个经济和社会发展、具有劳动能力的人口总和。在知识经济时代，人力资源是最重要的战略资源，创新人才又是人力资源中最有价值的资源。

（四）具有创新意识的职业素养

国内从 20 世纪 80 年代中期开始倡导培养创新型人才，很多教育工作者推出了大量有关创新型人才培养的理论研究和实践探索成果。但对于什么是创新型人才，至今缺乏一个明确的定义，学术界一般把具有创新精神、创新思维和创新能力的人统称为职业素养。我国教育界主要是从创造性、创新意识、创新精神、创新能力等方面来界定创新人才。近年来，也有的专家定义、解释涉及基础理论知识、个性品质和情感等因素，但并没有形成主流。在世界高等教育发展史上，虽然各国在高等教育改革中都非常重视职业素养培养，但对于何为职业素养，国内外学者的观点不一，从心理学、教育学等角度给出不同解释和界定。其中代表性的观点有刘保存（2006）教授的定义："所谓职业素养，就是具有创新意识、创新精神、创新思维、创新能力并能够取得创新成果的人才。"冷余生（2000）对创新型人才定义如下："创新型人才是指具有创新精神和创造能力的人，它是相对于不思创造、缺乏创造能力的比较保守的人而言的。"吴松强（2010）从对社会发展的贡献角度界定为："从社会意义上讲，就是指在某一领域、某一行业以科学探究态度不断实现自我创新和超越，为社会发展做出创新贡献的人才。"王洪才（2008）等教授把勇于探索、善于创造的人才统称为职业素养，其根本特征是敢于向传统的价值观念、思想方式和行为习惯进行挑战，并不断尝试进行改进的方法和途径，而且创新性地认为"传统认识的差别在于职业素养最突出的特征是行动，而不仅仅是一种素质体现"。虽然以上学者对职业素养的观点各有千秋，但在职业素养的内涵本质上有着较为统一明确的观点。

20 世纪 50 年代末，美国心理学家吉尔福特（J.P.Guilford）在《创造性才能》一书中把富有创造性的人的人格特点总结为八个方面：有高度的自觉性和独立性；有旺盛的求知欲；有强烈的好奇心；知识面广，善于观察；工作讲求理性、准确性与严格性；有丰富想象力；富有幽默感；意志品质出众等。国外对职业素养的理解比我国要宽泛一些，他们大都是在强调人的个性全面发展的同时突出创新意识、创新能力的培养。

总体来说，人力资本理论认为接受教育是一种人力资本投资。美国经济学家 T.W. 舒尔茨从人力资本理论的视角强调人才培养的重要性，他认为人力资本是现代经济增长的主要动力和源泉，人的知识、能力和技术水平的提高对经济增长的贡献远比物质资本、劳动力数量的增加重要得多，对人力资本的投资能够产生递增的收益；卢卡斯通过建立起更为科学的"人力资本积累增长模型"使他对人才培养的实证研究更具说服力，他的研究表明，人力资本积累具有通过学校学习积累人力资本的"内部效应"和"干中学"积累人力资本的"外部效应"两个方面。

德国大学受洪堡的"完人"与雅斯贝尔斯的"全人"教育理念影响，注重完善学生的人格个性，培养学生的创造性、主动性，注重培养全面发展的学术人才与高级专门人才。英国大学教育培养目标是培养绅士型领袖和学者。19世纪教育家纽曼认为，绅士型领袖和学者就是"学会思考、推理、比较、辨别和分析，情趣高雅，判断力强，视野开阔的人"。

日本也是高度重视职业素养培养的国家。在2001年提出"21世纪大学改革工程"（即"COE计划"），重点解决如何培养丰富的人性（全面素质教育）、如何培养富有创造性的人才（创新教育）和如何建立新时代的新学校（现代大学制度）。美国在公布了著名的BOYER报告和三年总结报告以后，2000年又提出21世纪初教育战略五年计划，重点突出创新教育，旨在使美国的教育成为世界上最好的教育。

在雅斯贝尔斯看来，所谓全人具有以下几个特征：（1）基本的科学态度，即客观地认识和分析事物，具有怀疑和质问一切的精神，具有创造精神，实事求是，反复推敲，对相互的可能不断斟酌和自我批判，对事物进行谨慎而有保留的判断；（2）独立性和个人责任感；（3）广泛的知识，既包括"整体知识"，又包括专业知识和技能；（4）适宜的个性特性，如倾听争辩、理解力、从别人的角度考虑问题的能力、诚实、纪律和坚强等。时至今日，德国大学仍然强调大学的探究性，强调培养人才的创造性、独立性、主动性。德国大学的人才培养深受洪堡大学理念的影响。洪堡认为，大学教育的目的在于培养完人，即个性和谐、全面发展的人，这样的人不但具有丰富的想象力，而且具有深邃缜密的思辨能力。20世纪，德国教育家雅斯贝尔斯提出大学应该培养"全人"的理念。

日本临时教育审议会关于教育改革的第一次审议报告指出：创造性与个性有着密切的联系。大学要培养具有创造性的职业素养，就必须首先使他们成为一个作为人的人、真正自由的人、具有个体独立性的人，而不是成为作为工具的人、模式化的人、被套以种种条条框框的人。当代社会的职业素养，是立足于现实而又面向未来的职业素养，应该具备以下几个方面的素质：具有博、专结合的充分的知识准备；以创新能力为特征的高度发达的智力和能力；以创新精神和创新意识为中心的自由发展的个性；积极的人生价值取向和崇高的献身精神；强健的体魄。博采众长，我们可对创新型人才做出如下界定：具有创新意识、创新思维、创新能力和创新个性，能够取得创新成果且全面发展的人才。创新型人才通常表现出灵活、开放、好奇的个性，具有精力充沛、坚持不懈、注意力集中、想象力丰富以及富于冒险精神等特征。欲培养职业素养要求我们全面理解和把握职业素养的内涵和素质，还必须澄清以下几方面认识：（1）职业素养首先是全面发展的人才，是在全面发展的基础上成为创新意识、创新精神、创新思维和创新能力高度发展的人才。（2）创新型人才与通常所说的理论型人才、应用型人才、技艺型人才等概念不是截然对立的，而是相互联系的，他们是按照不同的划分标准而产生的不同分类。无论是理论型人才、应用型人才，还是技艺型人才，都需要具有创新意识，需要成为职业素养。（3）不要把职业素养培养简单地认为是为学生开设几门创造学、创造方法课程，而把所谓的创新素质与人的全面发展、特别是个性发展对立起来。仅仅掌握了所谓的创造知识、创造方法的人未必就能成为真正的职业素养。个性的自由发展是职业素养成长与发展的前提。个性的自由发展是职业素养成长与发展的前提。（4）无论是创新还是职业素养都是历史的概念，在不同的历史时期，人们对创新和职业素养的理解都会有一些不同。

二、创新素质的评价方式

通常，创新素质主要由三方面系统组成，即创新动力系统、创新智能系统和创新工作系统。具体来说，创新素质主要由三方面要素构成：一是创新人格，属动力系统，包括强烈求知欲、高尚的动机、不懈的追求、自立性、主动性、好奇心、挑战性、坚韧性等；二是创新思维，属智能系统，包括思维的敏锐性、流畅性、变通性、发散性、独创性等；三是创新技能，属工作系统，包括具备作为创造基础的基本知识技能，具有获取和利用知识信息的能力、操作应用能力和一般创造技法。

（一）人格标准

在人才的创新人格、创新思维和创新技能这三方面的培养中，其中以属于创新动力系统的创新人格的培育最为重要。这可以归纳为以下七个方面。

一是有可贵的创新品质。创新型人才必须是有理想、有抱负的人，具备良好的献身精神和进取意识、强烈的事业心和历史责任感等可贵的创新品质，能够有为求真知、求新知而敢闯、敢试、敢冒风险的大无畏勇气。

二是有坚韧的创新意志。创新型人才具有非凡的胆识和坚韧不拔的毅力，能够为了既定的目标始终不懈地进行奋斗，锲而不舍，遭到阻挠和诽谤不气馁，遇到挫折和挫败不退却，牺牲个人利益也在所不惜，不达目的誓不罢休，不自暴自弃，不轻言放弃。

三是有强烈的创新好奇心。创新型人才要对所从事的研究工作感到好奇，充满浓厚的学习兴趣，发挥自身天赋和个性特长，创新能力才能得以充分挖掘出来。

四是有敏锐的创新观察。创新型人才必须具有敏锐的观察能力、深刻的洞察能力、见微知著的直觉能力和一触即发的灵感和顿悟，发现事物之间的必然联系，及时地发现别人没有发现的东西。比如，壶水滚沸使瓦特发明了蒸汽机，苹果落地使牛顿创立了"万有引力"说，带细齿的野草划破了鲁班的手指而使其发明了锯。

五是有超前的创新思维。创新型人才具备思维方式的前瞻性、独创性、灵活性等良好思维品质，才能保证在对事物进行分析、综合和判断时做到独辟蹊径。

六是有丰富的创新知识。创新型人才既要有深厚而扎实的基础知识，了解相邻学科及必要的横向学科知识，又要精通自己专业并能掌握最新科学成就和发展趋势。创新型人才拥有的信息量越大，文化素养越高，思路便越开阔。

七是有科学的创新实践。创新型人才必须具有严谨而求实的工作作风，严格遵循事物的客观规律，从实际出发，以科学的态度进行创新实践。

（二）思维标准

恩格斯说："一个民族想要站在科学的最高峰，就一刻也不能没有理论思维。"这里所说的理论思维，既指正确的理论基础、指导思想，也包括运用理论的科学方法。

创新性思维主要指突破常规思路的约束，能够揭示事物的本质，提出建树性的独特意见，具有开拓人类认识新领域、开创人类认识新成果的思维活动。创造性思维是以感知、记忆、思考、联想、理解等能力为基础，以综合性、探索性和求新性为特征的高级心理活动。

一个成熟的创新型人才，其最显著的标志是具有卓越的创造力，而创造力的核心是能够并善于进行创造性思维。纵观世界科技发展史，任何一个创新型人才的思维无不具有这样的特点。

创造性思维具有强大的创造功能，它在社会生活的各个领域都能广泛地发挥作用。当民族矛盾上升的时候，毛泽东同志将联合与斗争联系在一起，创立了国共合作统一战线；邓小平把社会主义制度和资本主义制度联系起来，通过"一国两制"解决了香港回归问题。他把国家基本社会制度和体制区别开来，创立社会主义市场经济，解决了中国经济发展的模式问题，这是创造性思维在政治领域的经典应用。

把多种科学联系在一起能产生综合的科学，如环境学是创造性思维在科学领域的运用。把军事与生产联系在一起，既能减轻国家负担，又巩固了边防，是创造性思维在军事领域的运用。可见创造性思维的运用是极其广泛的，因此每个立志创新的人都应培养创造性思维的能力，这是开发创造力的最重要途径。

（三）知识标准

欲培养职业素养，首先就要明确职业素养需要具备什么样的知识结构。知识结构指的是一个人所具有的知识体系的构成状况与结合方式。所谓合理的知识结构，就是既有精深的专门知识，又有广博的知识面，具有事业发展需要的最优化的知识体系。合理的知识结构是人才成长的基础和构成要素。

创新是当代大学生内在素质的核心。不同职业人员的知识结构要求不同，高校学生要成为创新型人才，应当具备的知识结构主要包括以下内涵。

1. 哲学层面

哲学，是理论化、系统化的世界观，是自然知识、社会知识和思维知识的概括总结，是世界观和方法论的统一。科学的哲学知识，就是马克思主义的辩证唯物主义和历史唯物主义。之所以要具备科学的哲学知识，一是因为创新是对客观世界的认识和改造，必须从客观实际出发，不能从主观到主观，这就要具备唯物主义知识。二是因为客观世界是相互联系、对立统一、发展运动的，要想正确认识客观世界，必须具备辩证法知识。三是因为创新过程是主观作用于客观的过程，需要科学的思维，辩证唯物主义提供了科学的思维方式。只有掌握了科学的哲学知识，才能透过纷纭复杂的表象看到事物的本质，正确认识事物发展的规律，抓住起决定作用的主要矛盾，找出解决问题的最佳方法；才能解放思想，更新观念，培养创意思维，树立创新意识，不断取得创新成果。如果没有科学的哲学知识，就会形成思维定势，陷入唯心主义的泥潭，犯形而上学的错误，不可能成长为创新型人才。

2. 专业知识层面

创新通常是在某个专业领域中实施的。创新领域是一个广阔的空间，各专业领域又包括众多的专业门类，创新型人才的成长发展，必须具备专业知识。专业知识即本专业的知识体系及其背景知识和实际运用，主要包括所学学科的专业知识和开展学习所应具备的知识。

大学教育是定向教育，每个专业都有自己固定的必修课程和选修课程。大学生应该熟练掌握本专业领域的理论演进轨迹和学术渊源，熟悉学科的基本结构和各部分知识之间的内在联系，掌握扎实的专业基础知识，才能为向创新型人才成长发展奠定良好的基础，在面对创新挑战时揭示出未知的东西。

3. 邻近知识层面

控制论创始人维诺说，"在已经建立起来的科学领域之间空白区上，最容易取得丰硕成果。" 广泛涉猎其他方面的信息知识，吸收各邻近学科的研究成果，丰富和发展本学科内容，使之更为丰富和完善。近现代科学发展的历史表明，科学上的重大突破，新的生长点乃至新学科的诞生，常常是在不同学科彼此交叉、相互渗透的过程中形成的。学术上的重大创新成果往往是在跨学科知识的支撑下得以实现，往往是多领域知识交叉融合的结果。创新型人才除掌握所从事专业领域的知识外，还应拓宽知识视野，打破专业界限，通晓或熟悉与其相关的知识，重视其他学科尤其是邻近学科与本学科的相互促进与演化关系。

研究证明，有重大独创性贡献的科学家除了专业知识非常雄厚外，多半是兴趣广泛或者研究过多领域知识的人。达·芬奇是杰出的画家，他的《蒙娜丽莎》是世界名画。同时他思想深邃，学识渊博，多才多艺，又是寓言家、雕塑家、发明家、哲学家、音乐家、医学家、生物学家、地理学家、建筑工程师和军事工程师。他一面热心于艺术创作和理论研究；另一方面也研究自然科学，广泛地研究与绘画有关的光学、数学、地质学、生物学等多种学科。钱学森是我国航天科技事业的先驱和杰出代表，在空气动力学、航空工程、喷气推进、工程控制论、物理力学等技术科学领域做出了开创性贡献，在思维科学领域、人体科学、科学技术体系等方面也做出了重要贡献。同时，他又是音乐、园林艺术的爱好者。

4. 前沿知识层面

预测本学科知识发展的趋势，开阔视野、启迪思维、拓宽知识面，跟上时代发展的步伐，为取得创新性成果做好前期准备。不善于学习先进的学科前沿知识，知识就会老化，思想就会僵化，能力就会退化，就会无所创新、停滞不前。在现代科技竞争中，如果不具备学科前沿知识，就永远不可能先机制胜、创新争先。因此，创新型人才要有前瞻性的战略眼光，注意了解本学科本专业最前沿的发展动态，掌握本学科的最新发展成就和最新研究成果，广义的学科前沿，是指整个科技体系或学科群中居于主导地位，具有带动其他学科发展，并影响人们科学观念转变的学科。狭义的学科前沿，是指某一学科中最能代表该学科发展趋势，制约该学科当前发展的关键性问题及相应的学说。

（四）创新能力的构成要素

创新能力是由多种要素构成的，它包括观察力、注意力、记忆力、思维力、想象力以及操作能力等，也包括情绪、意志、兴趣、性格等非智力因素。因此，创新型人才在成长中，要构建适合自身发展的能力结构。

1. 学习能力的重要作用

自主学习是学生在教师的指导下自学教材，自己发现问题、提出问题、解决问题的一种教学模式，在学习的过程中学生可以学会观察，学会发现，自我反思。这种学习方式可以培养学生的自学能力和良好的观察能力。对于大学生而言，要坚持自主学习，尤其是课外自主学习。课堂上教师只是对某门课程或某个研究领域的基础知识、最新成果、发展动态作一个大致的概述，更深入的学习和探究主要依靠学生在课外自主完成。知识经济时代是应用思维创造财富的时代，思维的进步需要知识的积累与更新，知识经济时代的成功者需要更多的知识和更开放的思维。

创新型人才必须具备不断学习的能力，才有可能站在时代的前列，有所创新。自主学习是一种学习者在总体教学目标的宏观调控下，在教师的指导下，根据自身条件和需要自主地选择学习目标、学习内容、学习方法，通过自我调控完成具体学习内容并达到一定目标的学习模式。提高学习能力最根本的是注重自主学习。自主学习主要是把学习建立在人的独立性基础之上，其实质就是独立学习，要求学生能够不依赖教师和别人，自主地开展学习活动。因此，独立性是自主学习的灵魂。

2. 善于思考和质疑

调查表明，大部分学生习惯于被动地接受知识，不善于思索和怀疑，成了知识的"容器"；还有部分同学即使有问题也不敢质疑，怕受到嘲笑；还有不少大学生只关心与考试有关的知识，缺乏刨根问底的精神。这不利于职业素养的成长。古人说："学贵有疑，学则有疑。"有疑问才会去探其究竟，才会获得新知。生疑是创新的开始，解疑是创新的过程，答疑则是创新的结果。爱因斯坦曾经说过："提出一个问题比解决一个问题更重要。"

曾任浙江大学校长的竺可桢办学重分析批判、研究精神的培养，重探索真理、获得知识的方法的训练，反对填鸭式，提倡启发式。他说："大学能彻底地培养理智，于道德必大有裨益。"竺可桢先生说过，只重传授知识而不是训练智慧（理智），一味灌输，有一个很大的危险，就是培养出来的学生容易轻信和盲从。他尖锐地提出，一个民族内忧外患、贫穷落后并不可怕，可怕的是人民，特别是大学里培养出来的知识分子没有科学头脑，轻信、盲从。

在科学研究方面，既要注重全面的理论知识学习，也要重视实践环节及动手能力的培养，这样才能不断提高质疑能力。欲提高大学生质疑能力，首先，在教师"教"的方面，应通过各种手段挥发大学生的求知欲望，使学生以质疑为乐趣。教师积极引导大学生敢于质疑、善于质疑，引导学生在课堂上通过议论产生质疑，然后采用引导的方法释疑。同时也尽量采取科学的教师评估机制，使教师安心完成高质量的教学，主动营造一个有利于学生不断质疑的环境空间。在学生"学"的方面，学生应该抛弃那种被动的学习方法，采取自主学习法，不惧怕权威，敢于大胆提问题。

3. 发扬团队精神

培养团队精神，可以整合团队的凝聚力，形成强大的合力，将整个团队的作用发挥到最佳程度。协作能力是当今社会职业素养最重要的素质之一.随着社会的发展，越来越多的工作需要人们通过团队的合作来完成。任何一个人将来要在社会上立足并充分发挥自己的力量，就必须学会与他人合作，将自己融入集体中，用集体的力量和智慧去解决问题和战胜困难。所谓"团队精神"，即所有团队成员为了集体利益与目标而相互协作、尽心尽力的意愿和作风。

奋斗目标确立以后，还应该得到认真持久的贯彻执行，应该渗透到每个成员之中，得到团队成员的一致认同和接受。培养团队精神，具备团结协作能力，应该增强合作意识，形成心理契约。要培养忠诚度、归属感、互赖性，充分认识成员间相互依存、同舟共济、互敬互重、礼貌谦逊对于合作共事的重大作用，进而彼此宽容，尊重个性差异；彼此信任，待人真诚，重信守诺；相互帮助，互相关怀，共同进步。良好的合作氛围是提高团队能力的基础。共同的奋斗目标是培养和强化团队精神的核心，是统一意志、规范行为的标准，有了共同的奋斗目标，集体才会有明确的努力方向，才能使工作团体众志成城、团结一致、相互协作。

4. 提升实践能力

要将学生实践动手能力的培养贯穿于大学四年的修业全过程，将科研创新意识贯穿于课堂教学，以及学生在校内实验实训场所的训练和到校外参与社会实践的过程，促使学生在实践过程中发现问题、解决问题，在实践中学习运用知识，提高实际能力。创新型人才既要有强烈的探知欲望，又要有很强的实践能力。宋朝诗人陆游说过，"纸上得来终觉浅，绝知此事要躬行。"实践出真知，实践长才干，积极投身社会实践是提高创新能力最有效的途径。课堂教学不是大学生获得知识和培养能力的唯一途径，学校应创造条件加强实践环节，遵循实践—实验—创新的原则，在实践中注重由验证性实验向创新性实验转变，使学生通过实践获得比书本上更为重要的实践知识，为提高创新能力打下坚实的基础。

5. 观察力的培养

教育心理学的研究和实践表明，观察能力强的学生一般都是优等生。因为他们善于观察，能够发现问题，找到学习的新方法，从而提高了学习效率。对学生来说，没有观察就没有学习。观察能力是人类智力结构的重要组成部分，敏锐的观察力是创新能力的重要内容，只有通过对事物进行系统、周密、精确的观察，获得有意义的材料，才能探索出事物的规律。古今中外的科学家都非常重视观察力的作用。英国细菌学家弗莱明发明了青霉素之后说：“我唯一的功劳就是没有忽视观察。”

要养成作观察笔记的习惯，总结积累经验，提高观察能力。人的观察力并非与生俱来，而是可以通过有意识地培养，使它得到更好的发展和提高。培养观察能力，一是扩大知识领域，拓展自己的活动领域、爱好范围和知识视野，逐步形成敏锐的观察力。二是努力用各种器官去感知和体验，可以丰富情感，提高观察能力。三是处处留心，不放过蛛丝马迹，于细微之处，发现事物本质变化的特征。四是勤作观察笔记，外界事物千姿百态、千变万化，有些事物的特征以及观察者头脑中闪现的灵感等，都可能稍纵即逝。

（五）非智力因素的培养

与创新能力密切相关的非智力因素对于培养职业素养是至关重要的。创新能力是一个多维度、多层次的开放体系，包括智力因素和非智力因素两个方面。心理学研究揭示了一个事实：人的成才过程是智力因素与非智力因素相互影响、相互作用，以非智力因素起决定性作用的过程。智力因素只占20%，非智力因素占80%。

调查表明，杰出人才的优秀素质中大多属于非智力素质，非智力因素与创造力之间有密切关系。美国心理学家特尔曼，选出1528名平均智商为151的超常儿童，从1921年开始对他们进行了30年的追踪研究，结果表明，许多智商很高的孩子，长大后平平庸庸。他对其中300名男性中成就最大的150人和成就最小的150人进行比较，发现成绩最大的一组都有较强的进取心、自信心、事业心、坚持性和一丝不苟的精神，这两组人最明显的差别不是智力，而是个性和意志品质。国外有人曾经对1901~1978年获得诺贝尔奖的325人进行分析，发现他们具有以下共同素质，即：选准目标、坚定不移、特别勇敢、思路开阔、高度敏感、注重实践、富于幻想、大胆思考、坚韧顽强、勤奋努力、兴趣浓厚、无休止地好奇。

非智力因素对人的成才活动起到动力、定向、调节、强化的作用。创新型人才在成长发展中必须注意非智力因素的培养。目前尚无统一的定义，综合性的观点认为，非智力因素是指智力以外的与智力因素联合表现出来的，影响成就活动的意向性心理因素，其中最主要的包括动机、兴趣、情感、意志和性格等。

1. 动机的驱使

高尚的动机就是崇高的理想信念。动机是激励和维持人们为实现一定目标不懈努力的内在动力。一个人只有在动机的驱使下展开活动，才会对事物和活动发生兴趣、诱发情感，进而发展意志、毅力和性格等品质。

法国思想家、文学家罗曼·罗兰说："最可怕的敌人，就是没有坚强的信念。"宋朝丞相张载的座右铭："为天地立心，为生民立命，为往圣继绝学，为万世开太平"，体现的是儒学和儒学家的思想要旨、担当精神和抱负传统。科学家爱因斯坦说："每个人都有一定的理想，这种理想决定着他的努力和判断的方向。"美国前总统林肯说："喷泉的高度不会超过它的源头，一个人的事业也是这样，他的成就决不会超过自己的信念。"

高尚的动机能促进创新型人才的成长发展，保持成才的正确方向，不断强化成才的动力，决定成才的科学方法。而自利的动机，则妨碍创新型人才的成长发展，使成长过程偏离正确轨道，在困难面前弱化成才的动力，以投机取巧的方法把成才活动引向歪门邪道。创新成才的具体动机有很多，但归结起来不外乎两种，一是高尚的动机，即为了社会进步、人类幸福，为了探索科学奥秘而创新成才。二是自利的动机，即为了个人的发展前途，为获取个人的功名利禄而创新成才。

我国高校的人才培养要使大学生把自己的人生融入国家和民族的伟大事业，把人生追求同祖国的前途命运联系起来，树立为祖国繁荣富强不断揭示科学奥秘的远大成才动机，才能刻苦学习钻研，勇于探索实践，不怕挫折困难，通过艰苦磨炼，最终成为创新型人才，使大学生树立崇高的人生理想和远大志向。

2. 兴趣的激发

古今中外，凡有重要贡献的创新型人物都对自己的事业有强烈的兴趣，许多科学家的成功，除了天资、勤奋外，还与他们对自己的事业具有强烈兴趣密不可分。兴趣使他们对自己的事业充满激情，经常处于愉快兴奋的进取心境中，不断开发自身的智力和潜能，不断进行探索创造，并在探索创造中得到愉悦和满足。兴趣是人们力求认识探索事物的心理倾向，是人们行为的重要动力。凡感兴趣的活动就容易提高人们的积极性，使人集中注意力，积极愉快地投入某种活动。孔子说："知之者不如好之者，好之者不如乐之者。"

诺贝尔奖获得者丁肇中，经常在实验室连续工作几天几夜，当有人问他苦不苦时，他说："一点也不苦，我觉得很快活，因为我有兴趣，我急于要探索物质世界的秘密。"达尔文在自传中写道："当我回忆起我在学生时代的性格特点时，我感到，我当时唯一的素质是强烈的多方面的兴趣，竭尽全力去做我先前感兴趣的事，并从中得到高度满足，那时候我就期待着美好的未来。"兴趣在达尔文的一生中起着重要的引导作用。19世纪法国现实主义画家柯罗对绘画艺术如痴如醉，终身未娶，直到临终时还恋恋不舍地说："要是天国里也有绘画该多好啊！"

欲将大学生培养成为创新型人才，必须培养学生高雅向上的兴趣，与崇高的理想信念和民族复兴的奋斗目标结合起来，摆脱低俗消极兴趣的困扰，提升兴趣的道德基准点，使兴趣真正成为创新型人才成长发展的强大动力。兴趣有高雅积极和低俗消极之分。

3. 情感的体验

情感是人对客观事物是否满足自己的需要而产生的态度检验，包括道德感和价值感两个方面。创新型人才具备的情感至少应当包括三个要素。

一是热爱祖国、热爱人民的深厚感情。许多科学家不仅为人类创造出高价值的科研成果，而且表现出崇高的道德品质。比如我国"两弹一星"中的科学家，体现出"两弹一星"精神。江泽民同志将其概括为"热爱祖国、无私奉献，自力更生、艰苦奋斗，大力协同、勇于攀登"。其中"热爱祖国"排在第一位。"两弹一星"科学家，很多人在国外学有成就，拥有优越的科研和生活条件，为了祖国的强盛，他们依然冲破重重阻力，回到祖国，用高尚的爱国精神创造出人间奇迹。

二是淡泊名利、无私奉献的高尚品质。要先天下之忧而忧，后天下之乐而乐。为整个社会造福，为大多数人谋利益，树立强烈的责任感和事业心。不能斤斤计较个人得失，不能将个人利益置于集体利益之上，不能见利忘义、唯利是图。只有在这种道德感的激励下，才能从高尚的品质中获得创新的动力，不断克服艰难险阻，实现创新的目标。满脑子私心杂念，是不可能成为创新型人才的。

三是集体至上、团结协作的团队精神。人类早期的创造发明，常常由个人单独完成。进入20世纪以来，科学技术呈现出高度综合、迅猛发展的态势，决定了当今科学技术的任何重大突破都必须依靠多学科、多种科技人才的通力合作。团队精神至关重要，创新型人才要有强烈的团结协作意识，善于与其他人沟通交流、融洽相处、取长补短，能够严格遵守组织纪律，为实现团队共同目标而奋斗。

4. 意志的坚定

意志是决定达到某种目的而产生的心理状态，是克服困难实现目标的主观能动过程。创新就是走前人没有走过的路，充满着艰难险阻，伴随着挫折和失败，需要有百折不挠、顽强拼搏的意志。自古以来，许许多多伟人因为拥有了坚定意志，而最终走向成功。

司马迁在《史记》中说，"文王拘而演《周易》；仲尼厄而作《春秋》；屈原放逐，乃赋《离骚》；左丘失明，朔有《国语》；孙子膑脚，《兵法》修列；不韦迁蜀，世传《吕览》；韩非囚秦，《说难》，《孤愤》，《诗》三百篇，大底圣贤发愤之所为作也。"由此可见古之圣贤者，皆是拥有超常的生命力量，而最终谱写出生命的奇迹。

坚强的意志是一个人成功的必要心理素质，对自己选定的目标和方向，只有坚持不懈，持之以恒，才能取得最后的成功。一个人的志向越远大，他的上进心就越强，求知欲就越强烈，而奋斗也就更为努力。创新型人才必须培养和具备这种坚定的意志．以坚韧不拔的毅力和高度的自制力，不断地抑制自己的消极情绪，顽强地克服困难和挫折，用自己不懈的拼搏奋斗去创造人间的奇迹。

第二节　财经院校教学与科研关系现状与未来发展动态

一、财经院校教学与科研关系

从历史的角度看，教学与科研其统一性和矛盾性在不同的历史时期有不同的表现。通过对教学与科研关系历史演变的探究，我们可以更深刻地认识和了解教学与科研关系的现状。高校教学和科研的关系受到诸多因素的影响和制约。一方面，从历史上看，在不同的社会政治、经济、文化发展水平下，在高等学校发展的不同时期，教学与科研的关系是不同的；另一方面，从现实上看，在不同类型的高等学校中，教学与科研的关系也不相同，教学型大学和教学研究型大学，教学处于主导地位，科学研究处于从属地位；而研究型大学和研究教学型大学，科研则处于主导地位。教学与科研的关系是高校与社会的关系的集中反映，既受生产力发展水平、社会和国家宏观环境和宏观政策的影响，又受高等学校和教师自身行为的影响，它们的关系不是一成不变，而是不断发展变化的。

财经类院校属于非研究型大学，应以教学为中心，并辅之以科学研究，从科学知识、科学方法和科学精神等诸多方面促进教学质量的提高。根据对财经类院校在全国高等教育体系中的类型和定位分析可知，当前我国大部分财经类院校还是以服务地方经济发展的地方财经院校为主。

在对待教学与科研之间的关系上，目前我国部分财经院校和教师存在着误区，在处理二者的关系上，出现了较为严重的失衡：一方面，部分学校和教师存在惰性，固步自封于一成不变的教学，把自己等同于一个教书匠，没有锐意进取的科学精神，轻科研而重教学；另一方面，财经类院校中更为普遍的现象是重科研而轻教学。当前，随着我国科技的迅猛发展和市场需求的变化，近年来我国高校尤其是财经类院校取得了长足的发展，高校教学和科研被赋予了新的含义，高校教学与科研的关系变得更加复杂。尤其是当科研由传统的单一学科内、主要理论研究、以研究者兴趣为导向的科学研究模式向更为广阔的跨学科、面向社会和经济需求、以解决专门问题、满足用户需求为目的的科学研究模式转变，高校的教学与科研在不断协调基础上产生的新矛盾更加尖锐和激烈。由于财经类院校与经济发展和市场经济结合比较紧密，所以在经济发展和市场经济建立的过程中，教学与科研的矛盾在财经类院校中表现得尤为突出。这种情况主要体现在以下两个方面。

（一）科研工作开展的现状分析

对于以地方财经类院校为主体的财经类院校而言，随着社会经济的飞速发展，为地方政府提供高质量的财经决策支持和咨询服务，为企事业单位提供财经方面的智力支持，服务于地方经济社会发展，提高学校对地方经济的参与度与贡献率的同时提高学校的知名度和社会地位、获取更多的科研课题和经费支持已经成为很多财经类院校快速发展的重要举措之一。许多财经类院校专门制定了一系列科研奖励制度，对教师科研人员实行激励政策，从而大大激发了教师从事科研工作的积极性。部分财经类院校为了追求所谓的大学声誉及社会地位、为了获取更多的经费支持而过分重视科研工作。由于学校的教学水平以及毕业生的质量很难量化，尤其是教育效果具有滞后性，学校的科研项目、科研成果和科研奖励等科研指标成为高校评价的重要依据，高校的评比排名演变为科研的大比拼，科研被看作高校生存和发展的支柱。高校之间在科研项目和经费的申请、科研奖励的申报等方面进行着激烈的角逐。

教师为了获得学校及社会的认可，获取更多的科研经费，也极为重视参与科研工作。特别是在市场经济条件下，与经济联系比较密切的财经类专业教师，利用自己的专业特长，融入市场经济的大潮中，积极为地方政府及企事业单位提供专业服务，从事横向课题的研究工作，从而取得不菲的报酬，而对于学校正常的教学工作部分教师则采取一种敷衍的态度，这样就导致了较严重的后果。

因为研究人员关心的是科研成果的数量，而不是科研成果所具有的价值和存在的意义。在这种氛围下，产生了太多的科研垃圾。但它们仍然很有市场，因为生产者愿意生产，学术刊物愿意接纳。对科研的极度重视，导致了人们以急功近利的心态搞科研，产生了很多无价值的科研成果，甚至是科研垃圾。从本质上看，科研是一种创新的研究活动，是在前人研究成果基础上的发展和突破。但这种创新和突破是极其艰难的，需要付出非凡的努力，耗费大量的时间和精力。可是为了评上职称，快出成果、多出成果成了很多高校教师的普遍追求。显然，进行艰苦的探索、认真的研究，是不能很快达到此目标的。这就导致了低水平、无价值、重复的科研成果层出不穷。

但是，并不是所有的高校教师都愿意真正地、脚踏实地地进行艰苦的科学研究，也并不是所有的教师都具有这种较高的科研能力。于是，浮躁和投机的心理在教师中弥漫。学术界的各种不端事件和腐化现象，就是在研究人员这种浮躁和急功近利的心态驱使下产生的。高校教师对科研成果的狂热追求，使学术腐败日益加剧。根据现行职称评定标准，高校教师的水平和能力更多地体现在科研水平的高低。有了足够的科研成果、科研项目和获奖，不但能使高校教师获得更多的科研经费，还可以评上高一级的职称，而且能使教师本人在学校、社会中获得很高的声誉。因此，几乎所有的高校教师非常注重科研。而通过这种虚假方式产生的科研成果，常常能得到承认，能在职称评定、奖金发放时发挥明显的作用。这更是极大地扰乱了教师的心态，促使一些人丧失了做人的诚信，丢掉了最起码的学术道德，最终也加剧了学术腐败。

（二）财经专业科研发展的限制因素

对于财经类院校而言，财经专业的特点决定了高校本身存在着教学内容滞后于经济发展，理论研究滞后于社会经济实践，课堂教育又滞后于新理论、新成果等问题，而面对当今社会经济飞速发展过程中层出不穷的经济问题，如果教师忽视教学工作，不能及时将知识的前沿信息贯穿到教学中，教学工作的质量将难以保障，对培养合格的高质量高层次人才是非常不利的。部分财经类院校科研一线的投入远远高于教学一线，教学的力量难以与科研的力量相提并论，有些公共课和专业基础课教学任务由刚毕业的年轻教师来承担，而一些教学经验丰富的教授则忽视专业基础课的教学，将更多的精力投入到科研中去，很少与学生进行必要的交流沟通。一些学生和家长认为很难得到优秀教师的指导，抱怨他们都去搞科研而离开了教室。有些教师不重视教学甚至忽视教学工作，过分专注于自身科研水平的发展与提高，争取到了多少科研经费、发表了多少学术论文是他们关注的焦点，而对于教学任务却能推则推、态度消极，在教学中不思进取，讲义多年不做修改，更不会去进行教学方法的改进和教学技巧的提高，这些教师已经把自己等同于研究机构的科研人员而忘记了作为教师教书育人的根本职责。

二、财经院校教学与科研关系分析

不同历史时期教学与科研关系的发展过程正是对这种宏观因素的反映。当前，部分财经类院校中出现的教学与科研失衡，也就是重科研、轻教学的现象，既有国家和社会宏观背景和宏观政策上的原因，又有高校自身政策上的原因，还有教师在教学与科研工作中投入失衡上的原因。财经类院校教学与科研的关系，既受到国家和社会宏观环境和宏观政策的影响，同时又受到学校和教师自身行为的影响，是一个复杂的系统问题。其中，国家和社会宏观环境和宏观政策是教学与科研的平衡之源，对财经类院校的战略选择及教师在教学与科研中的投入具有决定性作用，是教学与科研平衡的关键因素。

从而为创新人才培养创造有利环境，这是今后相当长的时期内财经类院校所面临的重大课题。通过认真研究和把握影响教学与科研关系的主要因素，采取有效措施，调动广大教师的积极性，促进学校教学与科研的统一，使教学与科研相辅相成，从学校管理层面来说，造成财经类院校教学与科研失衡的主要因素表现在以下三个方面。

（一）思想

（1）要求管理者要转变观念，在学校管理层面上树立教学科研整合的管理思想，将教学与科研的管理融为一体，为教师创造良好的教书环境与科研氛围。同时，教师也要注意转变观念，把自身的科研工作与教学工作有机结合起来，将最新科研信息和前沿科技成果融入教学中去，注重采用现代化的教学方法和教学手段，使学生能够充分把握专业发展方向，培养学生的创新精神、创新意识和科学素养，使他们从单纯的知识学习者转变为科学探索者。

部分财经类院校管理思想比较落后，将教学管理和科研管理人为地割裂开来，忽视了教学工作和科研工作的协调统一。通常情况下，财经类院校的教学管理工作和科研管理工作分别由不同的行政管理部门来负责，不同部门间实现有效的交流与沟通是有一定难度的，这就容易形成各自为政的局面，把教学任务与科研任务的矛盾与冲突转移给了一线教师，尤其是教学任务繁重的年轻教师，往往顾此失彼，难以做到教学科研兼顾，从而影响教学任务的完成和教学质量的提高。

（2）财经类院校的教师与市场经济领域有着近距离观察和接触，教育系统内部与工商业领域收入的巨大差距也促使他们利用自身的优势投入到市场经济的海洋中，通过与企业的合作研究来获取科研经费的支持，从而减轻收入上的失落感。在注重短期效益的功利环境中，高校和教师热衷于短期见效的科研而忽视教学工作也就自然而然了。财经类院校的价值评价取向不断向科研角度倾斜，教学工作难以得到充分的尊重和重视。

教育是一个长期的过程，需要长期的投入与努力才能得到回报，急功近利的思想会扼杀教学甚至是科研所需的长期努力，对于高层次创新型人才的培养产生不良影响。

"十年树木，百年树人"，教学的成绩与效果往往需要十几年甚至几十年才能体现出来，而科研工作则能在短期内就取得明显回报。对于高校而言，为了学校的社会地位、声誉甚至高校排名，为了争取更多的经费支持，受到急功近利思想的影响，有些高校把工作的重点放到了科研上，制定了一系列规章制度对教师的科研业绩进行考核，鼓励和支持教师把主要精力放到科研上，教师取得的高水平科研成果和高层次科研项目可以得到学校的额外奖励。随着我国经济社会的发展，在市场经济的强大冲击下，高校包括财经类院校的功利色彩也愈来愈明显，学校价值取向明显向科研倾斜。对于教师来说，在当前的分配制度下，很难依靠仅有的工资收入过上体面的生活，他们不得不依靠自身具有的科学技术知识，通过参与科学研究，取得科研经费，或者通过兼职工作获取兼职收入。

（二）体制

教学管理体系由分管教学的校长、教务处、各个院系分管教学的院长主任以及教学秘书等管理机构和管理人员组成，科研管理体系由分管科研的校长、科研处、各个院系分管科研的院长主任以及科研秘书等管理机构和管理人员组成，两个管理体系同时运行，由不同的管理者分别对学校的教学和科研工作进行管理，遇到问题强调的是部门利益，难以从学校的大局出发协同合作，难以进行有效的交流和沟通。这样的管理体制分工明确、分权施政，教学和科研管理互相脱节，客观上造成了高校教学与科研的对立。当前，我国大部分高校包括财经类院校是以教学管理体系和科研管理体系两个并行的管理体系同时运作的。

由于教学管理和科研管理各自为政，难以对教师的教学工作和科研工作统一管理、统筹把握，在教学任务和科研任务的双重压力下，教师很难同时保证教学质量的提高和科研业绩的提升。在教学管理和科研管理相互脱节的管理体制下，教学与科研的矛盾与对立显得尤为突出，一系列问题显现出来，如教学条件与科研条件建设相互脱节甚至对立，仪器设备、图书资料、教学实验室与科研实验室不能实现资源共享，一方面造成经费紧张和投入不足，另一方面造成重复投入和资源浪费。

（三）评价

当前无论是社会对高校的价值评价还是学校对教师的价值评价，其评价的方式方法逐渐增多、评价的范围逐渐增大、评价的机制逐渐完善，但是我们不得不看到，即使是在高校价值评价日趋科学的今天，财经类院校的评价标准仍然集中在科研业绩评价方面，科研业绩的评价在很大程度上决定了学校的社会地位，成为衡量学校成功与否的关键指标甚至是唯一指标，而教学成绩的评价则被放在次要位置。这种评价模式直接导致了财经类院校对科研活动的重视，而对于教学质量和教学水平的提高采取了忽视态度。

造成教学和科研的价值评价导向失衡的主要原因在于以下两点。

1. 主观方面

科研工作的成绩，包括学术著作和学术论文等科研成果的数量、科研项目的数量及级别、科研获奖的级别和层次，是衡量教师价值的重要指标，会对教师职称的评聘和教师业绩的奖惩产生直接的影响。在这种价值评价的导向下，部分财经类高校和教师受利益的驱使，表现出了轻教学、重科研的不良倾向。财经类院校的价值评估往往是由教育管理部门施行的,在这种评估的实际过程中经常存在某些偏差,也就是重科研轻教学,这是造成财经院校及教师价值评价导向失衡的主观原因。

由于各种内在和外在因素的影响,教育管理部门在对财经类院校及教师的价值评价过程中往往过于重视科研工作而忽视教学工作——一般来说,争取了多少科研项目、产生了多少科研成果、获得了多少科研奖励等等科研指标是教育管理部门对一所财经类院校进行价值评价的主要依据。

2. 客观方面

在具体实施过程中,教师的教学业绩和科研业绩很难在评分标准中掌握平衡,这是由于教学和科研的不同性质造成的。目前,量化考核的方法已经成为大多数高校在教师职称评聘和业绩考核时采取的主要办法。一般情况下,学校根据教学和科研的特点分别制定具体的教学评分细则和科研评分细则。

(1)遇到的困难

第一,教学业绩的评价非常繁杂,教学业绩的评价包括教学过程和教学效果的评价,通常要有专门的评价人员、评价程序和评价指标体系,操作比较麻烦;

第二,教学业绩的评价具有很大的主观性,评价人员依据评价指标体系,通过特定的评价程序做出自己的评价,通常带有一定的主观性,其可靠性、真实性和客观性会受到某些质疑;

第三,作为教学的双主体之一,学生的素质和水平是影响教师教学业绩的不可忽视的重要因素之一,教学过程是教师和学生互动的过程,教师要认真教学,学生也要积极参与,不同的课程、不同的学生对教学业绩的影响也不同;

第四,教学效果的滞后性也给教学业绩评价工作造成了一定的困难,教学工作的效果不是在教学工作完成后马上就能显现的,而是具有严重的滞后性,要在一段相当长的时期后才能看出来,而作为教学对象的学生离开学校毕业后的发展情况,难以与教学效果直接联系起来。

这些因素的存在导致了教学业绩评价在实际操作过程中的困难。尤其是财经类院校,教师的教学工作具有很强的专业性,在教学业绩的评价中不可避免地存在外行评价内行的现象。当前,教学业绩的评价还普遍停留在简单的课时量的计算上,教学质量的评价还是我国高等教育管理中的一个薄弱环节,我们要尽快完善教学质量评价系统,不仅从数量上更要从质量上对教学业绩进行科学的评价,提高教学工作的社会地位,避免出现逆向选择的问题,让教师愿意把时间和精力用在教学上。

（2）操作方面

财经类院校科研工作具有很强的时效性和针对性，科研的即时效果显而易见，对科研业绩的评价也就直接而简单。这种易于量化的科研业绩受到评价人员的青睐，以科研业绩评价高校及其教师的业绩更易于操作，自然受到教育管理部门的重视。相对于教学质量来讲科研业绩的评价工作就容易多了。首先，科研业绩比较容易量化，通过一定的加权赋值方法建立一套完整科学的科研业绩评价指标体系，体系一旦建立完善就可以通过计算机来进行大量的操作运算，从而得到不同高校及教师量化的科研业绩；其次，科研业绩量化具有较强的客观性，科研成果的有无、成果的重大与否、科研项目的级别及经费的多寡等都是比较明显的量化指标，具有较强的客观性，一旦建立起通用的评价指标体系，就不会因操作人员的不同操作产生不同结果；最后，科研工作与教学不同，科研项目往往是为了解决实际工作中存在的问题或理论难题，具有较强的时效性，科研的发展标志着理论成果的取得或者实践的提高改进，尤其是财经类院校科研工作紧密联系地方经济发展，以服务地方经济、解决社会经济问题为己任。

总而言之，急需建立起一个科学客观的教学工作评价体系，以改善高校片面重视科研工作而忽视教学工作的现状，这是高等教育急需正视和解决的一个重大课题。现阶段财经类高校价值评价仍然是以科研业绩评价作为重点，可以说科研业绩的优劣在很大程度上决定了一所高校的社会声誉、社会地位、排名等社会的接受度和认可度。

三、财经院校教学与科研协调互动的未来

紧密结合现代科学技术的发展和社会对人才的需求，把教学与科研紧密结合起来，促使教学与科研共生共育，对高等学校教学质量和学术水平的提高、学科竞争力和社会影响力的提升以及学校的全面发展具有重要的意义。教学、科研和社会服务被认为是现代高校的三大基本职能，教学与科研既相互联系，又相互区别，是相辅相成和水乳交融的关系。

（一）必要性

1. 历史

教师把自己的研究心得讲给学生听，就是我们所说的教学；师生共同讨论，交替进行提问与答辩，也就具有了研究性质。此时教学与科研是浑然一体的，科学

研究并没有独立的地位。目前，世界正处在科学技术高速发展的时代，为了适应时代发展的要求，社会需要具备开拓能力的创新人才。在培养人才方面高等学校肩负着不可推卸的历史重任。追溯高等教育的历史，古代的大学既是传授知识的场所，又是研究和发展高深学问的场所。

欧洲最早的大学有意大利的萨拉尔诺大学、波隆纳大学，法国的巴黎大学，英国的牛津大学、剑桥大学等，这一时期大学主要职能是以教授知识为主要任务，主要目的是培养具有高深学问的专门人才，由于当时的大学受到宗教神学的控制，几乎没有真正意义上的科研，教师进行的有限的科研活动也是为教学而进行的，这决定了这一时期大学的教学与科研在形式上彼此不分、互为一体，在内容上受中世纪宗教神学和经院哲学影响，以神学为主，呈现出一体性、宗教性、自治性和保守性等特点。现代意义上的大学诞生于中世纪晚期，直到15世纪都被视为现代大学的萌芽时期。

16-18世纪末是现代大学的创建发展时期。科学发展和工业化使欧洲大学形成了科学研究的传统。但是此时的大学仍以教学为中心，主要进行古典知识的传授，科研功能较弱，科研主要在大学之外的研究机构进行，教学与科研开始分离，但同时也为二者相结合奠定了良好基础。

19世纪初开创了西方大学中教学与科研有效结合的先河，奠定了教学与科研相统一的良好传统，这一传统带动了德国大学的发展，培养出了一大批世界顶级科学家，使德国成为当时世界科技与文化中心，并对包括欧美各国及日本的高等教育的发展产生了深远影响。现代大学进入了重建与繁荣时期，德国教育学家威廉·洪堡1810年在柏林大学创建时确立了"学术自由"与"教学与科研结合"的原则，倡导"通过研究进行教学"和"教学与科研统一"的办学理念。

至今对世界高等教育仍然产生着重要影响，尤其是本科阶段的导师制能够有效培养起学生的创新能力、促进学生个性化发展。美国在独立战争后借鉴柏林大学"教学与科研统一"理念，创立了研究生教育制度，首次以制度的形式，确立了教学与科研作为大学的两大基本职能。此后的欧洲各国大学纷纷效仿柏林大学，将教学与科研有效结合起来，在人才培养效果和科学研究方面取得了令人瞩目的成就，西方大学的发展获得了历史性突破。英国牛津大学和剑桥大学沿用至今的导师制和学院制就是经实践证明通过教学与科研有效结合进行创新人才培养的成功运作模式。

第二次世界大战以后，大学发展更加注重产学研的密切结合，为社会发展输送了源源不断的高科技产品和强大的人才智力支持，但由于对科研的功利化追逐，导致了教学与科研关系失衡，矛盾凸显，从而在一定程度上束缚了大学的发展。国外大学发展的成功经验告诉我们，只有克服教学与科研之间的对立矛盾，实现教学与科研的有机结合，才能更好地履行大学的基本职能，培养出高素质人才，实现大学的跨越式发展。19 世纪六七十年代，威斯康星大学的范·希斯在"教学与科研统一"的基础上提出了"服务社会"的职能，使得教学、科研和服务社会成为现代大学三项主要职能，形成了大学的产学研密切结合的办学思想。

在近百年的现代高等教育发展历史中，教学与科研相结合的传统由于近代中国的命运多舛、坎坷迂曲并未得以顺利传承和发扬，其后的中国大学历经民国政府的更迭、抗日战争和解放战争的洗礼，在战火纷飞、物质奇缺的条件下，大学生存尚难自顾，更无从兼顾教学与科研的统一。在 1958 年的"教育大革命"和1966~1976 年"文化大革命"等特殊时期甚至出现了明 显缺失与断层。我国的大学有着教学与科研相结合的优良传统。在我国现代大学中，最早倡导教学与科研相结合的是著名教育学家北京大学校长蔡元培先生，他在 1917 年就提出"思想自由、兼容并包"办学原则，倡导"教学与科研相结合"的办学理念。清华大学校长梅贻琦也很重视"教学与科研相统一"，他指出："凡一大学之使命有二：一是学生之训练，一是学术之研究。"正因如此，清华教学与科研之风盛行，人才辈出。

总的说来，这种教学与科研分而设立的体制使得大学的教学与科研处于分离状态，导致了大学中"重学轻术"的办学倾向。这种办学理念钳制了大学的进一步发展，也引起了业内学者的质疑和争论。在新中国成立后，我国大学全面仿效苏联高等教育模式，建立起一批以单科为主的院校，其主要任务是培养人才，在高等院校之外设立了独立于高等教育体系的科学院，主要承担科学研究任务。虽然当时国家仍强调"综合大学虽主要是一个高等教育机构，但同时也是一个研究机构"。

此后，国家在 1956 年制定科研规划时也将大学的科学研究列入其内，但是大学的科研始终未得到应有的重视，在当时政治色彩极浓的社会环境中，教学与科研相结合的办学传统难以为继，大学难以在二者的结合中建立自身发展特色。我国大学又经历了 1958 年的"教育大革命"。在 1966–1976 年的"文革"中大学又遭受灭顶之灾，一些大学被迫停办，校园一片荒芜，连正常教学都难以保障，更谈不上任何科学研究，教学科研相结合的传统的缺失与断层可想而知。及至改革开放之前，中国的高等教育已元气大伤，再加上计划经济体制的教条和束缚，大学中的教学与科研相结合的传统已消失殆尽、难觅踪影。

1978 年召开的全国科学大会上国家明确提出高校要以"两个中心"来办学的思路，即高校既是教育中心，又是科学研究中心，虽然学术界对"两个中心"的提议产生歧义和质疑，但教学与科研相结合的传统还是重新在我国高校生根发芽，促进高校走上良性发展道路。改革开放三十多年来，社会经济的迅速发展与国家对高等教育的高度重视使得我国大学获得了空前的发展速度和规模。自 1977 年冬天恢复了高考制度，大学秩序恢复正常，我国高校开始走向复苏和发展之路。1978 年以后，经教育部批准，一些高校陆续增设了符合社会经济发展需要的新专业，高校的教学和科研发生了实质性的变化。

有学者在研究中指出了这一变化："从 1978 年到 2002 年，我国部分大学完成了、部分大学正在经历着从教学中心向教学科研两个中心的转变"。在此转变过程中我国大学获得了前所未有的跨越发展，取得了良好的人才培养效果。但由于高校之间的竞争往往将重点放在科研实力的增强上，以及实用主义的影响和高校在办学理念、教学科研激励机制、政策导向的不同，高校教学与科研关系日趋多样化、复杂化。到 80 年代，科研的重要地位在高校中获得认可，高校逐步建立起教学与科研协调共生关系。2000 年，全国高校进行了一次大规模的合并重组，这次重组从根本上改变了 1952 年以来形成的以单科学院为主体的高等教育体制，建立了以多科和综合大学为主体的高等教育体制，从根本上扭转了"重学轻术"的办学倾向，完成了大学向教学科研两个中心的转变，我国高等教育进入大众化快速发展时期。

当前，教学、科学研究、社会服务和文化传承创新成为我国高等教育的四大职能，而教学和科研又是其中的重中之重，已成为高等教育健康发展的"两翼"。因此，高等教育中心的转移与科技中心的转移是密切相关的，高等教育的发展能够促进科学技术的进步，而科学技术的领先也能推动高等教育的发展。在社会发展进程中，高校承担的社会职能随着经济、社会、文化的变革而不断增加。

2. 自身

"大学教学已经不再仅仅意味着高深的理论知识或文化修养，而且在很多时候还意味着实践性的复杂技能"。在高等教育进入大众化阶段，高校科学研究与社会实际需求的联系越来越紧密，它承担起了促进科学技术进步和改善人民生活水平的历史重任，在经济发展和社会进步中的作用得到了更充分的发挥。现代意义上的大学科研与传统意义上的大学科研相比，主要目的不再仅仅是学者思考、学习的手段和方式，也不再仅仅是把人的发展作为其自身的目的，而是已经成为传播知识、发展科学以及为社会做贡献的重要手段，是发现、探究、创造知识的过程。因此，在高等教育大众化背景下大学教学应是将高深学问传递和科学知识创造紧密结合起来的，向学生传授知识，形成技能，发展智力，养成对学习、生活工作的积极态度和信念，是师生交往、积极互动、共同发展，以培养高级专门人才为目的的活动。在这个活动中，高深学问和科学知识创新都离不开科学研究。在精英高等教育时期的大学里，大多数学生对自己的未来职业预期主要是指向学术性的研究所或政府部门、国家企业、事业单位的领导层的工作。进入大众化阶段，大学毕业人数的成倍增长，迫使大多数学生不得不在学术性的研究机构或领导职位以外，寻找自己的就业出路。加上知识更新的加速和社会的迅猛发展，企业雇主在重视学识修养的同时越来越关注知识以外的各种技能和能力，除了基本的职业操作能力和技能外，还包括社会交往能力、解决问题的能力和创新能力等。与此同时，团队合作、思维能力研究的方法与技能等在科学发现中的重要作用，也越来越显露出来。正如安吉拉（Angela）认为的教学和学习的目的是为了组织学生们的思维，形成一套完整、系统的思维框架，锻炼学生的思维能力，这就意味着教学和学习不仅仅是记忆和应用，更重要的是学会系统思考。面对社会的新要求，高校培养的人才不仅要有"高深学问"，而且还要有"高深技能"。

在那些纯粹只有学生占据主导地位，或者只有教师占主导地位的大学，或者在那些将教学和科研截然分开的国家，许多的创造潜力根本发挥不出来。当然，在强调教学与科研协调互动的时候，我们不是也不能要求教育和科研"绝对的一体化"。"协调互动"是指两个不同主体的密切联合，但是各自还保留原有的功能、品格以及行为的独立自主性，只是因为有了这种协调互动，可以做到优势互补，功能能够更充分全面地发挥。"绝对的一体化"是使两个行为主体合二为一，不再具有原有的独立自主性，"绝对的一体化"抑制了各自原有的能动性，不利于教育、科研两大社会领域的健康发展，也不符合经济社会的科学发展原则。教育和科学，都是探索未知、面向未来的事业，其本质特征是开明、开放、理性。因此，无论是教育还是科学，必须按照其自身发展的规律和特点进行，从事教育和科学的人，如果没有科学、教育事业一样的心胸与视野，就会扭曲这个事业，推动不了科学、教育事业的发展。斯坦福大学荣誉校长杰拉德·卡斯帕尔教授曾经有过这样的论述：科学和学术的目标只有通过综合教师和学生双方的行动才能够最有效地得以实现——教师的心智更为成熟，但是在发展中也有或多或少的偏向，变得没有激情。学生的心智可能能力有限、专注精神不够，但是对任何可能性却是更加开放并更具回应性。

（二）辩证统一性

科研与教学的关系可以用"源"和"流"的关系来比喻：一方面，前人的研究成果经过总结、概括形成了各种理论体系，成为今天的书本知识，成为各个专业的教学内容；另一方面，要进行科学研究，又必须以已有的知识作为基础，而知识只有通过学习才能获得。也就是说，任何发现总是以已有的知识作为基础的，否定这个基础自然不会有创造，从这个意义上说，教学是科研的基础，科研是教学的发展和提高。教学与科研之间的协调互动机制分析详见本书第六章财经院校教学与科研协调互动机理分析。科研，是指人们根据已经取得的知识和已经具备的条件，对研究对象的客观规律进行探索，并在此基础上获得新的知识。教学，主要是指教师有计划、有系统地向学生传授已有的知识成果或经验，以一种理论知识体系充实学生的头脑。虽然这两种活动的对象和任务均不同，但这两种活动是紧密相连的。

（三）培育创新型人才的必然要求

财经院校是以培养时代要求的高素质创新型经济管理人才为目标，融传授知识与创新知识于一体，包含了培养创新人才的教学需要催生的科研和科研反哺教学促进教学这两个方面的内容，教学工作与科研工作是相辅相成的、缺一不可，都是为培养创新型人才服务的。我国高等教育法明确规定："高等教育的任务是培养具有创新精神和实践能力的高级专门人才，发展科学技术文化，促进社会主义现代化建设。"教师应具有教育教学能力和科学研究能力。面对知识经济的挑战，高校的教育功能正在从注重传播知识，单纯强调教学职能，转向教书育人，培养德、智、体全面发展，基础扎实、知识面宽、能力强、素质高、富有创新精神的人才。教育思想的转变，导致了高校教育模式、教学方式等一系列的变化，这些都对高校的教学与科研提出了更高的要求。

1. 环境

当今，人们对知识的概念有了新的理解，知识是不断更新的。知识首先产生于具有科学研究能力的高校和专业研究机构，产生于少数科学家的创造，随着时间的推移和教育的作用，由少数科学家掌握的知识转化为公共知识，真正推动历史进步和人类文明发展的是它所具有的强大的生命力和创造性，而知识的生命力在于它的鲜活和创造性，科学研究是创造知识的源泉。培养人才是高校一切工作的中心，培养人才的主要手段是教学。教学的功能侧重于系统地传播科学知识。当今世界，科学技术突飞猛进，知识的更新给高等教育带来巨大的压力，对教学内容要求之广度和深度，对教学方法要求之灵活，都是前所未有的，教师怎么教，学生怎么学，是教学改革的首要课题。传统的教育思想是以教学为中心，重知识继承，轻知识创新、教学方法；重课堂学习，轻实践锻炼。现代教育思想以素质教育为中心，强调全面培养人的综合素质，使受教育者的知识、能力、素质全面得到发展。因此，教师要传授知识，必须要研究两方面的问题：一是要研究知识，即所教学科的基础知识和前沿学术动态；二是要研究教学的效率，即研究学生心理，研究教给学生的学习方法和工具。

在激烈的竞争面前，使高校既保持特色，又拓展领域，构建一个良好的高校整体环境，让教学与科研协调互动成为高校发展的主旋律。因此，对高校来说，教学与科研是手段，培养人才和创造知识是目的，应通过受过教育的人才推动科学研究，再通过科学研究创造的知识反过来支持人才的培养，也就是说理顺教学与科研的关系，明确其定位，以此形成一个内在的良性循环。

2. 能力

知识可以分为两部分：显性的书本化知识只是人类文明结晶的一部分，而大部分未知世界等待青年学生去发现探索。爱因斯坦曾经说过，发现问题远比解决问题重要。学生参与科研实践，可以让他们接触到当今世界本学科领域最新的发展动向，促使学生突破原有的理论束缚，多角度多方向地考虑问题，巩固和认识自己所学的知识；学生还可以通过科研实践把抽象的理论知识变成看得见、摸得着的东西，在继承、总结前人经验的基础上获得直接认识，开启学生的求知欲望和创造冲动，从而培养学生获取知识、运用知识、创造知识的能力。我国高等教育法明确规定本科教育的目标是培养学生"不仅要掌握扎实的基础知识，还要具有学习新知识的能力、创新能力和实践能力"。从1995年开始，教育部制定了一系列政策，从《面向21世纪教学内容和课程体系改革》，到"创新人才工程"等，其核心都是提高教学质量，为21世纪培养创新型人才。创新型人才不仅应具有渊博的知识和合理的知识结构，而且应具有创新能力、开拓能力、应变能力和竞争能力。为了给学生打下具有这些能力的基础，仅靠课堂上学习前人积累的知识是不够的，学生还必须学会自学，即知识的自我更新。

这种把科研引入教学的做法不仅可以开拓学生视野、扩大学生知识面，加深学生对本专业知识的进一步理解，而且可以培养学生的独立思考能力，发展其创造性思维，增强学生的学习兴趣，从而有助于潜移默化地培养学生的创造精神和实践精神。由于新知识层出不穷，课本中一些陈旧的知识需要由新的知识及时补充进来。因此，作为教师，对课本内容的修改与补充具有不可推卸的责任。通过科学研究活动，教师可以及时把科研成果充实到教学内容中去，编写出新教材，并注意对科研成果进行理论上的概括和体系化的加工，在此基础上创建新的学科及边缘交叉学科，开出新的课程。从教师方面来看，为了培养具有创新能力的人才，教师的科研水平也是不可忽视的。任何学科的知识都是随科学技术的发展而不断丰富和发展的，只有用国内外的科研成果不断丰富和更新教学内容，才能提高教学质量。因此，一个经常从事科学研究的教师总是能够比较深刻地了解社会对本学科人才的需要，并结合有关教学内容，把本学科的发展动态、最新的知识融于教学之中；同时还可以把自己的科研成果、科研过程、科研思路方法以及自己在科研中获得的新认识，直接或间接地传授给学生。

由此可见，要培养 21 世纪需要的具有创造能力的人才，必须通过教学与科研的协调互动才能实现。如果大学没有科学研究环境，学生从来不接触科学研究，他将永远不会获得创造性地解决问题的方法和能力，也无法达到高校人才培养的目标。

3. 发展

通过参与科学研究能使学生在没有走出校门之前，就已经接触到了本领域处于国内乃至国际最前沿的某些研究和成果，极大地提高了学生的自信心，激发其成就动机。高等学校的根本任务就是通过教学来培养人才，而科研工作则是高等学校工作的重要组成部分。教学和科学研究是高校的"两翼"。科研工作与教学工作相辅相成，互相促进。

高校的科学研究事业给他们提供了更大的平台、更多的选择，尤其是参与教师主持的学术界普遍关注的重大项目。现在的学生是数字化的一代，大学应该是允许其生长过程中的自我选择和自我满足的独立生态系统。他们想象力丰富，求知欲强，喜欢互动性，迫切希望能融入教师的科研中，通过实验来主动参与，拓宽知识面，了解和掌握更深的东西。

研究的具体过程充满着艰辛与快乐，只有亲身参与其中，亲自做研究，才能深切感受研究者的思维方法、心路历程，从书本上是不易领悟到这些隐含在过程中的经验、情感和智慧的。尤其重要的是，超然于知识之上、体现科学文化最高境界的科学精神及科学思想，更是只有在科学实践的过程中，才能得到真传。学生在科研工作气氛中耳濡目染，培养严谨求实的科学作风和不断进取、不断探索的精神。教学与科研有机结合，有利于学生感受鲜活的研究过程。一方面，学生通过参与科研项目初步掌握科研的方法，养成科学的创造精神，培养实际工作能力，为今后在学术道路上的探索、创新奠定基础；另一方面，通过参加科研，学生开阔了视野、思路。通过科研训练能够促使学生主动去查阅最新文献，弥补课堂知识的不足，亲身体验"科研"的真正含义，从实践中体验"创新"实质。

适时组织学生参与科研活动，把学生所学的理论知识与实践相结合，培养学生的分析和解决问题的能力以及动手能力，是培养大学生全面发展的需要。一流的人才，不是仅能传承知识之人，一定还要在知识传承的基础上，在某一问题或某个领域内，有所创新，有所发现，为人类的知识宝库或经济社会进步做出自己的贡献。因此，一流人才的培养造就，仅靠知识传授是不够的。学生参与科学研究，既能进一步坚实学生的理论基础，也能拓宽学生的知识面；既能培养学生灵活的应对能力和实践能力，还能锻炼学生的协作能力和最终的表达能力及书写能力。

（四）提高教师水平的必然要求

教学与科研协调互动是高校教师在科学领域里不断创新不断发现的优势所在，也是高等教育发展的必然趋势。高等学校的教师大多数既从事教学又从事科研，他们既区别于单纯搞教学的中学教师又区别于单纯的科研机构研究人员。我国著名科学家钱学森说过："不会搞科研的教师不是一个合格的教师。"

1. 基本途径

只有教学与科研并重的教师，才能在教学中把丰富的知识、创新的思维、严谨的科学态度传授给学生，培养出创新人才。从理论上讲，大学教师的教学和科研是相辅相成、互相促进的关系。教学是大学教师从事科研活动的基础和原动力，而科研则是提高教学质量的重要保证。高质量的教学，往往是高质量科学研究成果转化为教学资源的产物。所以说，大学教学应该是一种创造性的学术活动，其教学内容应该反映科学研究的最新成果。

教师是教学与科研两项中心任务的直接执行者，是把教学与科研结合贯通起来的关节点，是把学校和学生联系起来的枢纽。从实践上讲，教师的教学水平与学术水平直接影响着教学质量的优劣，而教师教学水平和学术水平的提高，除了对书本知识的掌握情况、对教材的理解程度以及对教学手段教学方法的运用外，更重要的体现在其科研实践上。

从某种意义上来说，没有高水平的科研就不可能有高水平的教师，没有高水平的教师，就不可能支撑高水平的教学，当然也难以培养出高水平的创新人才。现代科学技术的飞速发展，要求教师要不断更新自己的知识，学习并掌握相关学科的知识，教师通过听课、读书所获取的知识是间接的，往往难以掌握学科的精髓，教师通过对本专业及有关学科的科研活动，促使他们更好地了解现代科技发展的趋势，加深对专业学科的理解和认识，从而获得最新、最先进的科学知识，由此丰富教师的知识结构，提高教师对新事物的认识能力，从而提高教师的学术水平和创新能力。

提高指导学生进行科研的能力，才能从根本上提高教师的素质。教师通过科研可以掌握本学科发展的趋势，改善知识结构，提高学术水平，促使教师在教学过程中开阔思路，深刻了解教学内容，站在新的高度对教学内容进行取舍更新，进一步丰富教学内容，对学生进行生动的、灵活的教学。

科研过程潜移默化地培养学生的创新精神，使学生获得真才实学是一个艰苦的脑力劳动，可以培养教师的开拓创新和顽强拼搏精神，提高教师的逻辑思维和表达能力。积极进行科学研究的教师，把自己在科研中获得的新认识新方法新手段传授给学生，不仅可以开拓学生视野、扩大学生知识面，加深学生对专业课程的进一步理解，而且在教学中用科研所必要的实践精神和创造精神感染学生，可以培养学生独立思考能力，发展其创造性思维，增强学生的学习兴趣。

2. 有效途径

大学开展科学研究，实行教学与科研协调互动，能够提高教育质量，促进科学的发展和社会的进步，从一定意义上说，科学研究促使高等教育拓展了职能，推动了科学技术的迅速发展。教师自我素质的提高是保证教学质量的基础。加强科学研究是提高教师素质、保障教学效果的有效途径。没有高水平的科学研究，高校就无法建立一支高水平的师资队伍，没有高水平的师资队伍就没有高水平的教育质量和科学研究。教学和科研是高等教育的核心内容。教学是进行理论传授和教学实验的活动，即普通教育和专业训练，是高校培养学生的重要途径，只有搞好教学、提高教学质量，才能体现高等学校的重要作用。科学研究是人们在科学信念的支配下，采用一定的方法，遵循一定的规范，探究事物的性质和规律，以便发现新事物，获取新知识的活动。科学研究可以让教师更准确地把握教学内容，更好地把科研的方法贯穿到教学实践之中，是培养学生的创新思维和创新能力的重要途径。

历年的招生表明高水平的研究型大学依然是广大莘莘学子的首选。教学和科学研究紧密相连、互相促进，是高校区别于科研院所之所在，更是高等教育成功的关键。高等教育质量的提高与科学研究是分不开的。科学研究能够提高学校的学术水平和声誉，好的声誉能吸引一流人才，产生一流的科研成果，争取到更多的经费支持，从而有能力给学生的培养提供更好的条件，提高学生受教育的附加值。

本科阶段是创新人才培养的关键阶段，科研是培养本科生的创新能力的重要途径。科研做得好的教师给学生上课，可以结合科研中最新的知识，将问题融会贯通、深入浅出地表达出来，能提高学生学习的兴趣，也能提高他们参加科研的兴趣。通过参与科学研究培养学生的创新能力，使学生终身受益。提高自主创新能力，构建创新型国家是我国在"十一五"期间的战略选择。自主创新的核心是要有一流的创新型人才。

（五）财经院校教学与科研协调的未来

1. 学习连结

教学与科研在它们被学习连结的地方具有相关性。无论对学生还是教师而言，高等教育必须具有探索性、研究性、批判性。而学习是教学与科研两种活动的一部分，教学与科研活动是学习的两种不同的表现。

学生不仅仅通过课堂上的听课和思考才能学到东西，主动地发现、研究和应用知识也同样是学习。教学主要是传播知识、学习知识的活动，科研主要是发现知识、创造知识的活动，知识的传播和发现是两种不同的活动。然而，如果把科研看作一个学习的过程并且是学生学习的过程，那么教学与科研就共同分担了发现的作用。

学习是不可能脱离原有传统知识的，传统知识主要来源于前人或别人从事科研等实践活动获得的成果。同时，学习的过程同研究一样也是一个探究的过程，都是一个由"已知"探求"未知"的过程，在一定意义上学习也带有科研的性质。学习的过程也是创造知识的过程。学习者通过教师课堂呈现的知识，与其他人的讨论，以及个人的经验获得了一种对某种知识的个人理解，这种理解对个体来说是独一无二的。可以说，学习者以这样的方式创造了知识。

2. 人才培养目标连结

从这一定位出发，就能把高等学校的教学、科研连结到人才培养这个目标上来。高等学校的人才培养目标，与中学和职业学校的一个重要区别就是：高等学校培养的是高素质、创新型的高级专门人才；高等学校的科学研究，与一般科研院所相比的一个重要特点就是：高等学校不是纯粹的研究机构，它是结合人才培养的科学研究机构，其科学研究的重要目的就是为了培养人才。

学生在潜移默化中获得并掌握了科学研究所奉行的一套思维方式和操作程序，这比被动地接受事实更有效，并为其在未来相关的专业领域内从事复杂的创造性劳动提供了基础，进而为社会创造出比简单劳动更多的价值。大学教学最重要的方面就是鼓励学生探求真理，批判知识。对知识的探求对社会的变化和发展是必需的，因为毫无质疑的知识就会成为教条。只有教师主动地研究才可能有效地逐渐灌输一种质疑的、批判的思维方式。因为只有通过研究，不断地充实教学内容，无论多复杂的知识才能够被正确评价。这样，教师的任务就是在其教学中完成一种微妙的平衡，在发现知识时描述其复杂性，又不使学生混淆，也不采取过度简单化。

学生在参与科研项目的过程中，加深了对课本知识的理解，及早了解学科前沿，保证了所学知识、能力能够跟上时代的发展。正如雅斯贝尔斯所说，"只有自己从事研究的人才有东西教别人，而一般教书匠只能传授僵硬的东西"，"最好的研究者才是最优秀的教师"。大学教师只有使自己首先成为具有创新能力的人，才能具有培养创新人才的资格。而且，如果教师不从事科学研究，他们就不能站在其学科的前沿，因此他们的学生也无法掌握最新的知识。因为在学生的眼里，一个教师渊博的知识远比指导技巧更重要。当前社会竞争激烈，就业形势严峻，社会对人才的需求不仅仅是要具有丰富的知识储备，还必须拥有创新和实践的能力，而培养这样的人才仅靠课堂上教师的讲授来积累知识是不够的，学生还必须在教师的指导下进行各种相对独立的工作，如讨论、实验、调查探究等，这些只能在具有教学与科研的环境中养成。学生希望所在大学拥有高质量的教学，使其掌握本专业的知识和技能，希望和有思想的长者们（那些能够帮助他们发展个性的教师）进行有意义的接触，从中能够得到获取信息的能力和学习知识、综合知识、创新知识的方法论指导，最终成为富有个性的成功者。学生不仅需要理解知识是复杂的，而且他们也需要正确评价，知识经济时代的信息量激增，知识更新速度的加快，极大地丰富了教学的内容，而如何及时地在教学中反映科学研究的最新动态，只有那些在处理知识有第一手经验的教师能真正把这点传达给学生。教师只有通过参加科研活动，不断汲取新知识，扩大自身的知识储备，积累科研实践经验，进而在课堂教学中，将自己的科研成果与所讲授内容结合起来进行的教学，才能激发学生的兴趣，活跃学生的思维，提高学生分析问题、解决问题的能力。

从事科研的教师具有：热情、激情、敏锐、好奇、活力等品质特征。他们对知识充满兴趣，对探求的事物好奇，喜欢学习和发现。因此，教师通过科学研究丰富他们的教学，激励并鼓励学生，为学习提供一个良好的氛围，对培养学生的观察能力、研究能力、实际操作能力、组织能力、表达能力具有直接和间接的教育作用。大学除了帮助学生养成对知识的质疑、批判精神，还有责任帮助学生养成对知识的正确态度和培养自信心，以及对待工作的责任心。对大学生而言，大学生活是其走上工作岗位前的最后学习阶段，在这个阶段里，他们不免会对未来的职业生涯进行设计和规划。如何精彩地度过自己的人生，这是他们常常要思考的问题，而老师的表现就是他们最鲜活的榜样，这同样需要已经具备这些品质的教师完成。

要培养高素质、创新型人才就必须将教学与科研统一起来。在这一点上，两者具有一定的相关性。可见，大学教学要处在知识发展的前沿，要不断地与时俱进，要培养知识经济时代所需要的高水平、高素质的创新型人才，仅仅依靠课堂教学是不可能的，科学研究也应成为重要的育人方式。

总之实现教学和科研工作综合水平的提高，教学是立身之本，科研是强身之源；教学是科研的基础，科研是教学的延伸和提高。教师只有把教学和科研有机地结合起来，协调互动。

四、财经院校教学与科研的发展

当前的财经类院校大多属非研究型大学，由于种种原因普遍存在着重科研、轻教学或是重教学、轻科研的现象，严重影响了高校的人才培养。建设高水平的财经类院校需要依靠高水平的科研和教学成果的支撑，围绕这一目标，高校办学者、管理者和教师要把教学与科研进行有机结合，正确处理教学与科研之间的关系，科学地认识教学与科研的协调互动。财经类院校的发展与社会的经济发展水平相适应，它与政府经济主管部门、金融和工商企业联系紧密，学科特色鲜明，为金融、保险、工商、财政、会计、统计、经济信息管理等行业和职业服务，致力于培养适应社会发展的应用型经济管理人才。高质量财经人才的培养离不开教学与科研的相互协调，科研和教学是辩证的统一体，相互促进，相辅相成。

（一）科研对于教学的正向效应

许多学者对教学与科研的相互作用在理论和实践层面做出的大量研究表明，科研是提高办学水平和教学质量的关键，教师通过教学与科研紧密结合，能够使科研对教学的促进作用得到更好的发挥人才培养、科学研究、服务社会和引领文化是高校的四大职能，教学水平和科研能力成为评价高校实力的重要指标，开展科学研究可以为财经类院校的教学提供良好的培养创新型人才的环境：

1. 团队建设

通过对科研项目的研究，接触大量新的知识、信息，可以使教师的知识得到改善、丰富和更新，分析、解决实际问题的能力增强，并逐渐培养起创新意识、实践精神、独立探索和勇于质疑的精神。通过把科研工作的思维方法及最新成果融入教学中，可以提高教师的理论教学和实验教学水平，有效避免教师照本宣科的现象，进而促进教师业务水平和素质的提高。科研是具有高度创造性的一项工作，它不但需要科学的思想方法，而且需要谨严审慎的治学态度，细致缜密的研究程序，实事求是的工作作风，养成全面思考问题的好习惯。财经院校教师要引导学生开展财经问题、财经理论的研究和学习，提高学生的科研能力，自己首先必须重视科研，使自身具有较高的理论功底和较强的科研能力，才能提高自己的教学能力和教学水平。

教师与学生共同参加科研，讨论科研成果，有助于加深学生对教师课堂教学的理解与掌握，从而使学生能够及时了解研究课题并适应研究环境，增强团队的协调性。教师与学生在长期科研合作中形成良好的工作默契，可以迅速就某一问题达成一致意见，提升团队工作效率、促进科研成果的产出、建设高水平的科研团队。科学研究需要团队合作，尤其是由教师与学生共同组成的团队，通过从事科研活动过程当中明确的分工、讨论、争辩与集思广益，可以培养团队的合作默契，有助于营造一种和谐互助的团队协作氛围，形成团队凝聚力，提高团队合作能力与整体的科研水平。

2. 改革的进程

教师可以根据自身的科研工作，发现原有的课程设置中不合理的地方，并对此进行思考和调整，反映学科的新发展，优化课程体系改革。在财经院校，学科分支越多，学科分类越精细，进行综合性的研究、边缘科学的研究越有利，越容易出重大成果，越有利于培养富有创造精神的科学技术人才。科研工作促进教学内容的更新。经常参加科研工作的教师接触大量新的信息，敢于质疑，探索性较强，能够及时、主动的发现经济管理领域里面最前沿的知识，并且将科研当中获得的新知识、新技能、新方法运用到教学中，不断更新教学内容，通过课堂授课将教学中的理论与学科发展的前沿有效的结合，为学生提供解决问题的新思路新方法。亲自参加过科研的教师知识面广、基础知识扎实、专业知识系统，对讲课内容有着独到的见解且更具有启发性，会带动学生就某一问题讨论进而激发学生的研究兴趣，最终使教学质量得到提高。

教师在教学中同时进行科研，以教学中出现的问题作为科研的出发点，并与现代科学技术和文化发展最新成果结合，对经济发展过程中层出不穷的热点难点问题进行深入细致的探索研究，进行广泛的知识的涉猎，深层次的信息收集，逐步地完善和深化教学内容，实现教师在教学中的价值。继而高校教师就可能使讲授的知识体系既有深度，又有广度；既避免老化，又不断推陈出新；既有扎实的基础，又不乏尖端性的信息。就目前的形势来看，我国部分财经类院校存在着教学内容陈旧的问题，教学内容往往滞后于社会经济的发展。

3. 人才

教师从事科研，能培养自己开拓进取的精神，勇于探索，不墨守成规，这样，他的求异思维、发散思维都会通过言传或身教有形无形地影响学生，引导学生不迷信权威、善于从理论与实践中发现事物的本质，有助于培养学生可贵的创新精神。教师如果缺乏科研创造的切身体验和独创精神，就很难做到这一点。科研是培养创新人才的重要手段。培养高素质高水平的创新型人才依靠的不仅仅是课堂教学，科学研究已成为重要的育人方式。纯粹的知识型人才不能适应市场经济的发展，应该着重培养其创新能力。学生参与科研活动，自己查阅资料、主动思考、研讨问题解决的办法，通过讨论与交流激发学生对所研究领域及现实经济问题的思考，产生创造性思维，从而能够充分发挥他们丰富的想象力、创造力，培养创新意识，提高创新能力。

另外，学生可以根据自己的兴趣爱好及专业需要找到合适自己的课题项目，更加深入的思考自己喜欢的经济领域的问题。随着科学技术的发展和社会的进步，社会分工也越来越细，从学生的兴趣和爱好出发，培养个性化人才有利于学生的择业和就业。科学研究还为培养专业化人才提供了切实有效的途径。经济社会发展过程中，新的经济管理问题不断涌现，因此财经类院校科学研究的课题面广泛，与现实经济生活结合紧密，有助于学生拓宽知识面，掌握更为广泛的知识领域，增强自我的学术修养。

4. 能力

在科学研究的过程当中教师会对学生产生潜移默化的影响，学生会学习到教师在常年科研教学中形成的勇于探索和质疑、不迷信权威的创新精神。教师运用丰富的经验，结合他们所做的课题，在指导大学生进行社会经济课题调研、整理资料、进行科学的研究之后可以锻炼学生进行独立研究的能力。大学生在完成科研活动的过程中必然会遇到一些问题，教师会引导学生发现问题、提炼问题，通过自己独立思考或是师生相互的交流讨论，使其解决问题的能力得到很大提高，在此过程中学生改善了知识结构，扩大了视野，逐渐形成自己的研究习惯，收获了满意的科研成果之后会对科学研究产生浓厚的兴趣，更加深入思考自己喜欢的相关领域的问题，增强了自身解决问题的主动性和积极性。

除此之外，整个过程的实践会激发学生主动进行研究性学习的兴趣并不断提高学生的科研学术水平，使得课堂教学能更加有效。学生在从事科学研究的过程当中针对研究领域的问题发表各自不同的见解，吸收学习他人的先进理念的同时努力说服他人接受自己的意见，改正自身对知识及能力的不足，在思与辩中又提高了自己的沟通能力和处理人际关系的能力。美国俄亥俄州辛辛那提大学教授赫尔曼·施奈德认为，每一个专业领域都有许多内容是课堂上学习不到的。科研工作帮助学生将其课堂上的理论学习更好的应用于实践，并在实践中获得更多书本上所欠缺的东西，获得更多步入社会需要的各种技能，从而提高学生的社会适应能力。

5. 资源

学校的科研开展得好，自然可以提高学校的科研学术水平和社会影响力，良好的学术声誉又可以吸引更多的资金投入和扶持。科研可以改善高校教育的物质条件，主要表现在科研带来的大量研究经费，有力地支持教学条件的改善。这些都影响着高校办学条件的改善，教学资源不断丰富，科研必然会带来新知识新信息，这些有利于教学实验仪器设备的改善和更新，图书资料的充实，教学参考书目的丰富及环境的改善等。除物质上的改善外，科研水平高的院校在社会上享有较高的声誉，可以吸引优质生源，科研提高了学校的学术地位，这是优秀学生择校的关键标准之一，而且高质量的科学研究还可以吸引更多校内校外的优秀科研人员来校学习交流，既充实了科研队伍，又丰富了教学资源。具备这些资源就能进一步改革教学、优化整体教学环境、全面提高教学质量。

另外，这个过程会使高校产生极大的凝聚力和影响力，在推动高校科研发展的同时促进学校教育教学资源的整合优化，能进一步改善教学质量。由于经管学科之间的交叉综合导致开展科研活动需要了解多个相关学科的知识，从而促使各学院之间相互合作，实现科研成果的交流共享，促进共同发展。在某种程度上这有助于科学研究与教学过程的创新。

6. 文化

教师参加学术交流活动，对某一研究课题的研究方法和内容可与其他高校科研团队交换意见，学习借鉴其他高水平财经大学先进科学的研究方法，通过交流合作加快科研成果的产出，并将其转化为系统的知识从而更好地指导教学。现如今高校之间的学术交流合作日益紧密，尤其是要建立高水平的财经大学，高校间的互相学习交流是必不可少的，尤其是与高水平大学之间的学术研讨、教学与科研合作。

学校的科研活动开展得好，学术繁荣，就会激发学生强烈的进取心和竞争意识，促使学生主动去钻研、积极搞研究，从而形成良好的科研氛围，创设一种愉快、宽松、民主、和谐、平等、合作的科研教学环境，对学校文化、师生的价值观念产生深刻影响，促进校园文化建设，这些又有力地支撑了学校科研工作的开展。高校及高校间的科研互动不可避免的影响校园文化。当高等财经院校的科学研究开展得十分广泛、学术繁荣、学术风气浓厚时，将对学校文化、学校观念产生深刻影响。众多研究与实践表明，全面的高水平的科学研究极有利于高等财经院校积极的更富生命力的隐性文化建设，营造出平等、融洽的师生关系，而这种观念文化又是靠繁荣的科学研究活动支撑的。

（二）教学对于科研的正向效应

通过科研成果反哺教学，使教学与实践有效的结合，从而不断提高教学质量，培养高素质的创新人才。教学是高校培养人才的重要途径，要搞好教学，提高教学质量，就要求高校教师必须不断地探索和实践，了解学科前沿，获取丰富的学科信息，掌握学科最新科研成果和最新科研方法，提高自身科研能力。

1.基础

首先，梳理并传授科学知识的过程是教师整理并反思科研工作的过程，在教学中能更容易发现现有知识及相关科学研究在理论与方法上的不足，以指导科研活动的开展。教师借助于教学活动对科学知识进行梳理。当教师在课堂上要把自己学习过、研究过的知识或是最新研究成果传授给学生，或是把它编著成教材时，需要理清思路、组织连贯的语言并用科学系统的方法表达出来。

其次，要向学生讲授专业课知识，介绍学科前沿的研究状况，这不仅需要创新的教学方法，也为教师的科研选题和从事科学研究打下了基础。教学实践活动是科研创新的源泉并指导科研的发展。教学的任务不仅仅是在课堂上传授科学的理论知识，还要实现方法和理论的创新，更要推进科研的进一步发展。教与学是相辅相成的，是教师与学生之间一个互动的过程，在与学生的交流过程中教师会发现其感兴趣的存在研究价值的新的想法、新的研究课题，这就会迫使教师去了解科研前沿动态。

2. 动力

教师需要通过科研实践，寻求在教学中遇到难题的解决方法，并不断把最新的研究成果和相关的知识研究引进教学中去，用实践检验其研究成果是否可靠完善，这样才能逐步从知识的零散化走向系统化。认真从事教学的教师在教学互动过程中会发现更多自身在理论知识与实践中的不足之处。教师在讲授其专业领域的基础理论的时候，需要更加认真细致地思考许多未曾深入思考过的问题，比如要预见到在讲课过程中学生会提问到现实的经济问题、自己在与学生的讨论争辩过程中激发出的新思想等，并针对此类问题寻找解决方法；教科书中的不足、知识体系的不完善、学科的建设及课程改革等，这类教学过程中积累起来的问题都会驱使教师产生从事科研活动的念头和动力。

除此之外，教师更加有效地指导学生了解和把握本学科发展的最新动向和趋势，以顺利完成研究活动及论文写作。高校教师要指导学生参加科学研究及其他实践活动，因此高校教师必须亲自参加科学研究，积累丰富的科研经验，及时准确地把握学科最新前沿，并在某一领域范围内取得相关科研成就。

3. 途径

通过课堂教学、学术交流或是定期开展学术讲座把科研知识传播给更多的学生或学者，帮助他们深入了解经济社会领域的科研信息、学习掌握先进的科研方法，这有助于财经院校教师与学生整体素质的提升，使之对接收的知识能融会贯通，举一反三，做到活学活用。多数财经类院校以教学为中心，课堂教学是知识传播的主要途径。教师在科研中获得研究领域的最新成果，而后为了能够发挥科研的价值，将其应用于教学时需要把成果转化为系统的知识，丰富了教学内容，

教学与科研紧密结合，使科研成果以知识的形态，在教学中得到进一步传播和证实，进而通过教学相长创造新的知识并继续传播。教学作为传播科研成果的重要途径，在科研知识传播的过程中发挥着对科研的积极作用，不断提高财经类院校的科研水平。教师通过将科研成果应用于教学，充实和优化了教学内容；又可以传播并创新已有的科研成果；教学实践能使教师了解和反思自己的研究活动，探索科研成果是否有效的反哺教学，这是教学有效顺利开展的必要条件，从而产生更宽广的思路，而学生在教学中产生的活跃思想也有利于科研的发展。

4. 环境

教学还为各种形式的科研创新活动培养相应的后备军，通过课堂教学激发学生对于知识的探究兴趣，营造一种互动学习的氛围，引导学生创新思维，创新人才

的培养为科研增添了新力量,这些都需要科研活动做支撑。高校教学环境是学生成长、教学与科研发展的重要土壤,积极向上而又浓厚的学术文化氛围会影响教师和学生潜在的研究学习意识。由于现代高校对教学的高要求,加之愈来愈激烈的竞争,教师必须保证教学内容的丰富和教学方式的创新,如何吸引学生积极参与教学、主动与教师互动、活跃课堂气氛,这也需要教师在教学中更加灵活,根据学生的个性差异,生成并及时更新教学资源,制定并适时调整适合学生实际情况的教学目标,真正做到让教师与学生教学相长。

现代高校就是这样一个平台,通过大力弘扬科学精神,营造创新氛围,建设创新文化,使高校教师带领学生,在一种和谐宽松、积极向上的教学环境中实现创新性科研活动,这不仅可以形成良好的科研学术氛围,还能够有效加强竞争。在现代财经类院校,科研水平与科研成果已逐渐成为教师评价的主要考核指标之一,积极参与科研活动的教师能在高校竞争环境中收获所需知识、理念、能力与荣誉。高校还不定期举办科研竞赛、学术研讨活动等,为科研活动开展创造良好的条件。

5. 参与

科学研究能够使学生自主选择感兴趣的经济问题进行研究,从而汲取书本上无法获得的前沿理论知识,这在某种程度上弥补课堂教学无法达到的学习目标,因此学生总是对科研领域里已得出的成果和未知的知识都充满了好奇心,且科研能激发学生主动学习的积极性。在大多数的财经类院校中,学生在学习的同时参与科研活动已经屡见不鲜。财经类学科是一门实践性很强的科学,学校要培养出适应经济实践的应用型人才,培养出在国民经济各部门和企业事业单位胜任工作的优秀人才,就必须积极地引导学生参加和开展各种科研活动,如学术交流大会、科研比赛活动等,将理论与实践相结合,借以向学生传播符合我国国情和经济发展规律的财经知识,同时激发学生进行科研的积极性,以弥补课堂教学的不足。课堂教学是使学生获得知识的最重要的途径,学生在课堂上吸收丰富的理论知识积淀了一定程度的理论基础,教师在课堂上组织学生针对某个问题某个点进行讨论,使学生敢于质疑并发表独立见解,而后在参加科研过程中可以灵活的把学到的知识应用于实际研究从而形成自己的研究风格。但传统单一的按教科书或讲稿来完成教学任务的教育模式太过局限,教学内容是确定的,学生的主动选择不多,已不能满足学生对新知识的渴望。

（三）教学与科研协调互动情况

1. 因素

（1）政策

首先，要求高校教师在工作过程中既要重视教学工作又要重视科研工作，这在制度上为教学与科研的协调提供了保证。国家的政策有利于促进教学与科研的相互协调。如《中国教育改革和发展纲要》中明确提出：教师职称的评定"既要重视学术水平，又要重视有实用价值的研究成果和教学工作、技术推广应用的实绩"。

其次，为教学与科研的相互促进协调发展提供了政策支持。各类高校的科研发展状况不同，高校要根据自身发展的实际情况制定相关政策。多数重教学的普通高校认识到科研的重要性，在以教学为中心的前提下重视发展科学研究。

政策导向很关键，政策的制定出台必须对学校有一个清楚的认识，否则会导致教学没有自己的特色，科研又出不了有说服力的成果。教学与科研能否相互促进，关键是政府和学校的政策。以教学为中心的同时，不能忽视科研的重要性，在重视科研的同时，也不能丢弃学校的教学这一根本，而都应是一所学校某一发展阶段的政策，可以有所侧重，但不能偏废。

（2）定位

要想进一步发展，学校就必须有明确的定位，为高校的发展指明方向，应当确立以教学为中心、以科研促发展的目标，注重科研与教学齐头并进，以教学带动科研，科研促进教学，引导高校真正发挥教学相长的作用，致力于将财经类院校建设成高水平教学研究型大学，发挥科研教学的作用，力求实现教学与科研的有效结合。现在高校主要划分为研究型、研究教学型、教学研究型和教学型四类，而普通财经类院校多属非研究型大学，更加注重的是教学，科研相对落后，存在科研与教学失衡的现象。

（3）教师

教师具有能动性和主动性，除了完成教学外，他还有时间和精力去做一些与教学相关的研究，但这需要一个良好的氛围以及相关机制上的压力和督促。要保障教师既重视教学，又勤于钻研，必须有内在要求和外在动力。无论政策与学校定位如何，教学与科研相互促进的主体是教师，教学要与科研和谐发展，必须靠教师去贯彻执行，教师在教学 的过程当中发现自身理论的不足从而去从事科研，科研产生的成果又可以丰富改善教学，这些教学与科研活动的相互过程都是需要教师去完成的，教师在这样不断循环的过程中深入探索并受益于教学与科研的相互作用从而带动二者的协调互动。

（4）激励

精神激励比如国家级、省级教学名师、学科带头人等的评选，教师的职称晋升，年终考核，著作论文奖励等。适当的激励能使人们对所从事的工作有激情和热情，这些政策的实施极大地提高了教师从事教学与科研的积极性，促使教师更加深入到教学与科研工作中。任何人在得到适当的激励后会以更加饱满的热情投入工作，这种激励既可以是物质上的也可以是精神上的，对高校教师来说亦是如此。为调动广大教师的积极性，高校制定了多种激励政策，物质激励包括教材、图书、科研设备、电脑网络、科研经费等，这些物质因素是教学科研的必备条件，也是促进教学与科研正常开展的基础。

（5）学生

学生的积极参与是高校教学与科研能够协调发展的重要推动力量。无论是教学与科研，要使他们相互促进不能不考虑学生这一重要因素，学生有时既是教学与科研的直接作用对象，有时又是教学与科研的推动者。学校是培养人才的地方，科研主要是由教师来承担，许多科研是由教师带着学生一起做，教师科研成果往往使得学生从中收益。学校的教学活动直接面对的是广大的学生群体，教学活动就是为了培养学生成为创新性的专门人才，学生通过有效互动参与教学，激发起主动学习的兴趣，实现真正意义上的教学相长。另外，在教师的指导下参加科学研究，学生的科研能力得到提高。

（6）竞争

学校如何在激烈的竞争环境中求得生存并且能够占据有利的地位，这是现代高校面临的现实问题。其中一条重要的解决之道就需要高校自身在不断提高教学质量的基础上开展有价值的科学研究，实现教学与科研的协调互动，以期能在激烈的竞争中立于不败之地。现在高校之间竞争日益激烈，生源的竞争、师资力量的竞争、毕业生就业率的竞争以及学校排名的竞争起到很重要的引导作用。这些不仅仅是单纯的教学的改善就可以应对的，而是更加依赖于学校强有力的科研水平。

2. 情况

一方面，科学合理的人才培养目标和办学定位为高校的发展指明了方向，通过实现科研教学相长合理配置学校的教育教学资源使高校朝向既定目标发展。人才培养目标是基础，办学定位是关键。无论高校定位为研究型抑或是教学型，教学与科研作为两大基本职能都发挥着重要作用，而当前大部分财经类院校都定位为教学型高校，以为社会培养应用型创新经管人才为目标，为此，突出以教学为中心，同时科研并重发展是财经类院校的大势所趋。了解了学校这一准确定位，教师结合学校实际专注于自身的教学工作，选择合适自己的益于改善教学质量的科研立项从而带动教学方法、体系的改革，同时科研工作的相继开展可以提升高校的科研水平，加快高校迈向更高水平研究型大学的步伐。

另一方面，教学交流和科研团队合作增强了高校的凝聚力，有益于学校整体的办学水平的提高。合理的激励机制是内在动力。合理的激励机制能充分调动教师和科研工作者的积极性和主动性，结合我国财经院校的实际，主要的激励机制包括薪酬、福利、职称评聘等，而且近年来，科研课题立项作为教师绩效考核的一个方面受到越来越多的重视。另外，现代高校更加注重对教师精神层面的激励如工作环境、工作的满足感和成就感及个人荣誉等。作为高校教学与科研工作的主体，教师在受到激励后产生努力工作的动力，会更加积极主动地投入教学与科研工作中以期取得高质量的教学科研成果，不仅高校教学与科研两大职能得到充分发展与提高。

因此，学校应结合自身发展的实际准确把握教学与科研的关系，促进教学与科研协调发展。肩负着为国家为社会培养专门人才的高等院校，尤其是财经类院校，单纯的重视发展科研或是教学都是不可取的，必须充分认识教学与科研之间的关系，一方面利用科研对教学的正向促进作用鼓励科学研究，加快高质量科研成果的产出，更好地为教学服务；另一方面围绕教学这一中心职能深化教学改革如改变教学思想、课程体系以及管理模式等。

第四章

财经类大学生创新型职业素养

第一节 财经类创新型人才的理念解构

一、财经类创新人才培养的学科发展路径

在第四届中外校长论坛上，美国耶鲁大学校长理查德·莱文认为："中国的教育体系要鼓励毕业生能够进行创造性独立的思维，而目前中国大学的本科教育缺乏两个非常重要的因素：第一，就是缺乏跨学科的广度；第二，就是对于批判性思维的培养。""现在中国没有完全发展起来，一个重要的原因是没有一所大学能够按照培养科学技术发明创新人才的模式去办学，没有自己独特的创新的东西，老是冒不出杰出人才。这是很大的问题"。钱学森之问，也引发了全社会对拔尖创新人才培养问题的关注和思考。进入知识经济时代以来，世界各国都将培养创新型人才作为改革的主要目标之一。21世纪召开的第一次全国教育工作会议也把"创新人才培养模式"确定为教育改革的重要任务之一。

高等院校在创新型国家建设中，担负着重要作用，而培养适合创新型国家建设需要的人才，是高校人才培养模式改革的落脚点。最近十多年来，一批高水平大学不断探索培养拔尖创新人才的模式，在素质教育理念的引导下，在改革人才培养模式上，进行了有益的尝试，比如北京大学的元培计划，清华大学的清华学堂等。本章在总结人才培养模式的基础上，探讨财经创新型人才培养模式的基本内涵，以便寻找共性和规律性的问题。我国的高等教育已经从精英教育阶段进入到大众化发展阶段，大众化阶段的高等教育在追求数量增加的同时，更应注重教育教学质量的提高。我们认为，高等教育的大众化并不是一个简单的办学规模扩张问题，它实际

上是高校人才培养模式的改革，触及大学的人才培养理念、培养目标的重新定位和培养模式、课程体系改革、教学评价体系改革，以及大学的学科专业设置、学科专业结构重新调整、资源重新配置等问题。

（一）人才模式

1. 人才的界定

《国家中长期人才发展规划纲要（2010-2020 年）》明确了人才的含义：人才是指具有一定的专业知识或专门技能，进行创造性劳动并对社会做出贡献的人，是人力资源中能力和素质较高的劳动者。这个概念有以下两层含义：

（1）人才与一般劳动者的区别在于人才所进行的劳动是创造性的劳动。可见，这里所说的人才指的是创造性人才。创造性人才可以通过三个层面来理解：第一个层面，创造是相对模仿而言，是"前所未有的事物"的活动，其结果是一种新概念、新设想、新理论，也可以是一项新技术、新工艺、新产品。第二个层面，创造性思维是人在创造活动和创造过程中产生新的、前所未有的思维成果的活动，主要由发散思维和集中思维两种形式构成，其中前者是更为主要的；创造性思维具有流畅性、灵活性、独特性和缜密性四个品质。第三个层面，创造性人才是指具有较强创造能力和习惯于创造性思维的人才。

（2）从人力资本的角度看，人才是人力资源中能力和素质较高的劳动者。也就是说，人才是人力资源中有较高的专业知识和专门技能的劳动者，在价值创造过程中起关键或重要作用的那部分人，是人力资源的一部分，即优质的人力资源。据统计，到 2008 年中国人才资源总量已经达到了 1.14 亿人，我们劳动力资源是 10.6 亿人，占比大约是 10.8%。因此，加强对人才的培养，是实现我国从人力资源大国向人力资源强国转变的有效途径。

《中华人民共和国高等教育法》明确规定："高等教育的任务是培养具有创新精神和实践能力的高级专门人才，发展科学技术文化，促进社会主义现代化建设。"高校的根本任务是培养人才，培养创新人才不仅是理论问题，更是重要的实践问题。而教育是知识创新、传播和应用的主要基地，也是培养创新精神和创新人才的重要摇篮。

创新型人才培养，既是高等教育培养目标的客观要求，也是高等教育的根本任务。可见，高校作为高层次创新型人才培养的重要基地，在创新型人才培养中发挥着不可替代的作用。《国家中长期教育改革和发展规划纲要（2010-2020 年）》

也明确指出："牢固确立人才培养在高校工作中的中心地位，着力培养信念执着、品德优良、知识丰富、本领过硬的高素质专门人才和拔尖创新人才。"以上规定进一步明确了高等教育人才的培养目标，即培养具有创新精神和实践能力的高级专门人才。

2. 角度

（1）专业模式

一般认为，现代化专门人才的最优化知识结构应当具有比较宽厚的基础知识；有一定深度的专门知识；掌握主要学科及相邻学科的动态、趋势，也就是所谓的前沿知识以及必要的横向学科知识和科学方法论知识。这些概括起来，就是'通'与'专'的结合。这种模式沿袭苏联的做法，按专业培养人才，以培养专才为主。其优点是在计划经济体制下，为国家建设培养了大批专门技术人才，其缺点是专业划分越来越细，口径越来越窄，课程设置过专过深，不太重视学生个性的发展。按照这种模式培养出来的学生，知识结构单一，综合能力较弱，不适合经济社会对复合型人才的需要。著名教育学家潘懋元先生认为：从科技发展看，'专'而不'通'的确在高度综合的科学发展面前难于取胜，但如果'通'而不'专'，缺乏足够的专门知识与技能，恐怕在高度分化的科学发展面前也难有所作为。现代化的高级人才，应当既专又通，在通的基础上有所专，掌握专门知识又能融会贯通。

（2）需要模式

社会需要人才培养模式有两种截然不同的观点：

其一，美国芝加哥大学前校长哈金斯指出："我们错误的进步观念把经典著作和人文学科排挤出大学课程，而过分强调经验科学，最终把高等教育变成当代任何社会的奴仆，且不管那些潮流多么肤浅。""如果商业发达，商学院就应运而生……"以市场为导向调整专业设置让高校远离了大学精神，高校成为市场经济的附庸，不利于创新型人才的培养。

其二，注重对学生创新意识和创新能力的培养。学生只有具备了创新素质，才能适合实际工作岗位的需要，在工作中创新。高校培养出的学生应适应社会的需求，社会需要人才培养模式是以社会需求为导向，在充分了解社会实际工作岗位需求的基础上，有针对性地进行教育教学体制改革，制定适合社会需求的人才培养模式。按照社会需求调整学科专业结构，培养市场需求的应用型人才，是实现高校服务社会功能的具体体现。这也是培养创新型人才的有效途径之一。我们认为，社会需求人才培养模式与创新型人才培养并不矛盾，关键在于要实现学校、学生、社会三者之间的良性互动，通过信息交流，达到三者共赢的目的。学校应深入了解社会实际岗位对学生创新素质的要求；用人单位也应主动和学校联系，帮助学校制定适应社会需求的教学计划，调整课程设置，从而引导学生逐步调整知识结构。

（3）通识模式

以浙江大学为例，该校本科生的培养模式是在现有 12 个学科大类课程打通培养的基础上，进一步推进按文、理、工科大类综合交叉培养，将 110 个本科专业分为文科类、文理科类、理科类、理工科类、工科类、艺术设计类等 6 个大类，实施前期通识课程与大类基础平台课程教育，后期宽口径专业教育和跨学科学习的模式。通识教育既是一种大学理念，也是一种人才培养模式。这种模式适应现代社会对人们知识、能力、情感以及心理素质的要求，是区别于专才教育的一种人才培养模式。这种模式重视培养和发挥学生学习的主动性，尊重每一个学生的个性发展，锻炼学生的自主选择能力。教学培养方案在学分结构和课程设置上力求为学生自主选择课程与专业提供可能。这种新模式体现为前期实行通识教育课程，中期实行以大类平台课程为特点的专业培养，后期进行个性化分流培养。通识教育模式首先关注的是"人"的培养，其次才将学生作为职业人来培养。

3. 内涵

（1）概念

2010 年颁布的《国家中长期教育改革和发展规划纲要（2010–2020 年）》对人才培养模式的改革提出了三大目标：提高教育质量、培养人才的创新精神和创业能力。人才培养模式是 20 世纪 90 年代开始在我国普遍使用的一个新概念。从国家层面来看，1994 年原国家教委颁布实施了《高等教育面向 21 世纪教学内容和课程体系改革计划》。其中提出，《高等教育面向 21 世纪教学内容和课程体系改革计划》所设研究项目的主要内容是：未来社会的人才素质和培养模式。

关于人才培养模式的定义代表性的观点主要有以下两种。

一种观点集中地体现了人才培养的目的性、计划实施性、过程控制性、质量保障性等一整套方法论体系；是教育理论与教育实践得以发生联系和相互转化的桥梁与媒介。魏所康则认为："人才培养模式是一定教育机构或教育工作者群体普遍认同和遵从的关于人才培养活动的实践规范和操作样式，是直接作用于受教育者身心的教育活动全要素的总和与全过程的总和。"杨杏芳将人才培养模式界定为："是在一定的教育思想和教育理论指导下，为实现培养目标而采取的教育教学活动的组织样式和运行方式。"是以人才培养的目的性为出发点，龚怡祖认为："培养模式是以某教育思想、教育理论为依托建立起来的既简约又完整的范型，可供学校教育工作者在人才培养活动中据以进行有序的实际操作，能够实现培养目标。

另一种观点把人才培养模式理解为各种要素的组合强调人才培养的整体性。潘柳燕认为："人才培养模式是指在一定教育思想指导下，培养目标、教育制度、培养方案、教学过程诸要素的组合。"俞信则认为："人才培养模式是为实现人才培养目标而把与之有关的若干要素加以有机组合而成的一种系统结构。"郭欣认为："人才培养模式是指学校为造就德才兼备的人才而采取的范型或样式，包括培养目标、培养制度、培养过程、培养评价等内容要素。"

分析以上观点可以看出，人才培养模式的实质是教育理念与育人过程的统一，是培养目标和操作程序的统一。学者们对人才培养模式的定义并不冲突，其本质是一致的，只是分析的视角不同。基于以上的分析可以得出，人才培养模式是指在一定的教育理论和教育思想指导下，为实现特定的人才培养目标而形成的较为稳定的育人机制，以相对稳定的教学内容和课程体系，管理制度和评估方式，实施人才教育的方式。

（2）构成

第一，比如，北京大学将"世界一流大学"作为发展目标。北京大学人才培养的总体目标是为国家和民族培养具有国际视野、在各行业起引领作用、具有创新精神和实践能力的高素质人才。他们应当具备道德高尚、学识渊博、体魄健全、意志坚定的基本素质，具有良好的人文素养和科学精神。中央财经大学的发展目标是：把学校建成以经济学、管理学和法学为主体，文学、理学、工学、哲学、教育学、历史学等多学科协调发展的，有特色、多科性、国际化的研究型大学。其人才培养的总体目标是培养适应国家经济建设和社会发展需要，富有高度历史使命感和社会责任感，具有深厚理论功底、精湛专业能力、良好综合素质、优秀人格品质和国际视野的创新型人才。培养目标是人才培养的规格和标准，是人才培养模式中的决定性要素。它回答的是"培养什么样的人"的问题，是教育理念的具体化。一般来说培养目标的确定多与高校定位相关。

第二，比如，浙江大学在本科教育上确立了"以人为本，整合培养，求是创新，追求卓越"的教育理念，将课程体系设置为通识课程、大类课程、专业课程、个性课程四类。清华大学对本科生的基本定位是"通识教育基础上的宽口径专业教育"，课程结构为人文社会科学基础及文化素质课、数学与自然科学基础、专业相关课程、集中实践（含科研训练等个性课程）。培养过程是培养目标的具体实施过程。包括教学内容、课程体系、实践教学环节以及教学方式和方法等。其中，课程体系建设是核心要素。因为课程体系是一所大学的教育思想、教育目标的具体体现，是一所大学全体教师主流价值观的反映，它对学生的知识结构、能力结构、个性品质的形成具有决定性的作用。

第三，基本制度有学分制和学年制两种模式。日常教学管理制度是为了维护正常教学秩序而制定的教学管理规章、规定等制度体系。培养制度是为保证培养过程的实施而制定的一整套管理制度，是实施培养目标的保障。包括基本制度、日常教学管理制度等。

第四，培养评价是对培养过程的评价，不仅包括对学生所达到的知识、能力、素质等方面的客观判断，也包括对教育教学质量评价，以及用人单位对人才的评价。培养评价是人才培养的最终环节。是依据一定的原则建立与培养目标、培养方案、培养过程、培养策略相适应的评价方法与标准，以保障培养目标的落实、完成。

（二）创新内涵

1.创新的内涵解读

（1）创新

培养创新型人才所指的创新，是在对现有教学模式、教育理念的反思和扬弃的基础上，将学生的创新能力从"潜能"转化成"显能"的过程。按照《现代汉语词典》解释，"创新"有两个含义，第一个是"抛开旧的，创造新的"；第二个是"指创造性；新意"。"创新"一词首先由美籍奥地利经济学家熊彼得提出，他在《经济发展理论》一书中，从经济学范畴对创新进行了表述：创新就是建立一种新的生产函数，是企业家对生产要素的新的组合，其中任何要素的变化都会导致生产函数的变化，从而推动经济的发展。创新包括：开发新产品或改良原有产品、使用新的生产方法、开辟新市场、发现新的原料和半成品、创建新的产业组织。现在创新扩展到科技、政治、文化、社会等方面，出现了如科技创新、文化创新，教育创新、人才创新、体制创新等概念。我们认为，创新是人们为了实现一定的目的，按照事物发展的客观规律，对事物的整体或部分进行变革，使事物得到更新和发展的活动。

（2）创新型人才

应用型人才应该以应用为导向，具备创新人才的所有能力，同时有一个特别强的实际目标；而对理论型人才来说则有所不同，特别需要潜心研究，甚至"与世隔绝"，学校要有相应的激励机制。近年来，高校对创新人才的培养越来越重视，也引发了大学校长更加深入的思考。原中国人民大学校长纪宝成认为："创新"的含义应当大大拓展，即具有创新性思维，在任何工作岗位上都能创造性地开展工作、创造性地解决问题、开拓工作新局面的人才，都是创新型人才。北京师范大学校长钟秉林认为：所谓创新型人才，就是具有创新意识、创新精神、创新思维、创新能力并能够取得创新成果的人才。培养创新型人才关键是看学生毕业参加工作后的创新成果，要为他们将来形成创新成果打下基础。不可否认的是大学是创新型人才培养的关键阶段，在大学期间所形成的批判思维和问题意识是非常重要的。北京大学常务副校长柯杨认为：创新人才应该具备的品格，包括探究问题的好奇心、发现问题的激情、追求真理的执着、开放的思维能力以及具体实施的技能。对于创新人才不能一概而论，其中一部分是应用型人才，另一部分是理论型人才，这两类创新人才的品格不完全一样。

国外文献对创新人才的研究一般从心理学的角度出发，研究创造性思维、创造性人格的特点。如美国心理学家吉尔福特（J.Guilford）把富有创造性的人的人格特点总结为八个方面：①有高度的自觉性和独立性；②有旺盛的求知欲；③有强烈的好奇心；④知识面广，善于观察；⑤工作讲求理性、准确性与严格性；⑥有丰富想象力；⑦富有幽默感；⑧意志品质出众。

创新型人才既包括理论型人才，也包括应用型人才。创新型人才培养涵盖不同层次，就高等教育来说，涵盖本科生和研究生层面，这里定位在本科生层面上谈创新型人才。国内外教育家关于创新型人才定义，尽管视角不同，提法不一，但都具有共性。都强调创新型人才应具有创新意识、创新精神、创新思维、创新能力和创新人格等基本素质。我们认为，创新型人才是指拥有正确的社会价值导向和人生价值观，具有专博结合的、系统的知识架构，掌握科学的学习与研究方法，具备以创新精神、创新意识为核心的自由发展个性以及国际视野与国际竞争力，能够正确发现人类社会有待改进的问题，并通过有效应用所学知识提出建设性解决方法的人才。

2. 特征

创新思维是基础，创新意识和创新精神是动力，创新能力是保证。创新人格是创新人才的心理特性。通过对创新型人才概念的分析，我们认为创新思维、创新意识、创新精神、创新能力、创新人格是创新型人才的基本特征。

（1）创新思维

创新思维就是不受现成的常规的思路的约束，寻求对问题的全新的独特性的解答和方法的思维过程。所有人都具备创新思维，一方面需要宽厚的知识基础，不仅要掌握本学科的专业知识，还应具备相关学科的知识准备，以及自然科学知识和人文素养；另一方面要有科学的思维方法，要对创新型人才进行批判性思维的培养。思维是人脑对客观现实的概括和间接的反映，它反映的是事物的本质和事物间规律性的联系。思维所反映的是一类事物共同的、本质的属性和事物间内在的、必然的联系，属于理性认识。

（2）创新意识

主要包括高度的社会责任感、使命感和事业心；自信和独立的个性，勇于挑战传统观念，挑战权威，具有探索精神；具有强烈的好奇心和求知欲；具有沟通和协调能力，有团队合作意识；具有国际视野和国际竞争的意识等。创新意识和创新精神是创新型人才的内在动力，属于非智力因素。

（3）创新能力

创新能力是洞察力、注意力、记忆力、想象力和思维力的组合。前三种能力的综合运用使个体主动摄取单一、片面、零碎和偏重理论的知识，扩大知识的覆盖面，是发现和捕捉机遇的重要因素，这是创新的基础。而后两种能力构成个体有效地利用和运用信息的能力，通过对知识的筛选分类、交叉整合、拓展升华，创造性地提出新思想、新方法。但创新能力绝不仅仅是智力活动，更是一种追求创新的意识，是一种发现问题、积极探求的心理取向。是知、性、意的统一。

（4）创新人格

创新人格是人的非智力因素的有机结合和高度发展，是创新人才表现出来的整体精神风貌。创新人格也称创造性人格，是美国心理学家吉尔福特较早提出和使用的概念，具体表现为：对创新活动的热爱，有强烈的创新欲望和目的意识，在创新活动中勇于克服困难，具有执着、不屈不挠的奋斗精神以及独立自主的个性。在创新过程中，良好的创新人格是创新的内在品质和动力，一旦缺失，创新活动就失去支撑，创新过程就没法完成。创新人格的养成，应注意三个方面：①保持好奇心，善于发现问题；②具有坚忍不拔的意志力；③有良好的团队合作意识。

2. 实践

查阅文献资料，国内外学者有关创新人才的阐述较多，但对创新型人才培养模式的阐述较少。归纳起来有以下观点：

刘冠华，东晓明将创新型人才培养模式定义为：是在现代大学人才培养理念的指导下，以获取知识为基础，以开发智能为手段，以发展创新能力为核心，以提高综合素质为目标的大学人才培养的"范型"。一种观点以大学人才培养理念为指导，认为创新型人才培养模式是以培养具有创新能力的全面发展的复合型人才为基本取向的教育。如吴宝贵认为：创新型人才培养模式是在新的思想和新的教育理论的指导下，以培养具有创新能力的、全面发展的复合型人才为基本取向的教育。秦军、王爱芳则认为：创新型人才培养模式是在新的教育思想和新的教育理论的指导下，以培养具有创新能力的全面发展的复合型人才为基本取向的教育、教学内容和方法体系，也就是要树立正确、先进的创新教育理念，全面推行素质教育，转变办学模式，改变高等教育的教学方法和教学手段，全面加大教师创新意识培养和大学文化建设。

另一种观点是从创新型人才培养模式的构成要素和作用机制出发，认为创新型人才培养模式主要包括课程管理系统，社会实践系统，毕业设计（论文）系统，就业培训系统。

国内外的著名高校也结合自身的办学优势和传统，积极探索人才培养模式的改革，尤其是决定创新人才培养质量重要基础的本科人才培养模式的改革，努力为学生的成长提供更大的空间和更多的选择，取得了有益的经验和成效。本书认为，如何培养创新人才，并没有一个统一的、固定的模式可循。近20多年来，世界各国政府都把培养创新型人才作为高等教育改革的主要目标之一。

（1）国外创新实践

从国外有关大学教育的培养目标的阐述中可以看出，国外大学的培养目标在强调人的个性化全面发展的同时突出创新意识、创新能力的培养。

例如，斯坦福大学为低年级开设的"斯坦福导读"课程，麻省理工学院的"实验研究小组"课程等，其目的是激发学生对某一专业的浓厚兴趣，鼓励学生将学到的理论与实际相结合，调动他们创新的欲望。美国大学非常重视课外学习的作用，认为"课堂外的学习活动特别是在宿舍以及课外活动（比如艺术活动）中发生的学习行为，对学生来讲至关重要，统计数据表明，所有对学生产生深远影响的重要的具体事件，有4/5发生在课外。"无论在课内还是课外，美国高校非常注重科学与人文相结合，教学与科研相结合，注重学生的科学素养和人文素养的培养。美国的大学教育尤其是本科生教育有着自由教育的传统。自20世纪90年代以来，美国大学不断进行教育创新，逐渐形成了以学生为中心，课内与课外相结合、科学与人文相结合、教学与研究相结合的创新人才培养模式。美国大学给学生以充分学习自由的学分制，集中体现了"以学生为中心"的办学理念。以斯坦福大学为例，该校有6000多名本科生，开设了6000多门本科课程，平均每个学生可以享受一门课程。给学生以充分的选课空间。课内与课外相结合，是美国大学的一大特色。美国大学为低年级学生设置研讨班课程，以激发学生的求知欲和培养学生研究性学习的习惯。

如剑桥大学和牛津大学，就深受纽曼教育思想的影响，实行学院制和导师制教育模式，在大学内部设立两种平行的学院：从事教学、研究及社会服务与科技开发等学术活动的学院，以及进行本科生人才培养教育活动的学院。这种教育模式为不同专业背景的大学生提供了相互交流、相互学习的成长环境，建立了专业教师深入学生学习、成长过程进行全面指导的强大纽带，搭建了以人为本、因材施教、个性发展的育人平台。英国的大学深受纽曼大学理念的影响，把培养绅士型的领袖和学者作为大学教育的培养目标。英国 19 世纪教育家纽曼认为，绅士型的领袖和学者就是"学会思考、推理、比较、辨别和分析，情趣高雅，判断力强，视野开阔的人"。

1990 年，日本发表了教育白皮书《建立新的高等教育体系，向 21 世纪迈进的教育方针》提出："在当前动荡变化和复杂的社会及学术活动向新的方向发展的形势下，应该重视培养学生的适应能力，对学生进行独立思考、独立判断的教育，并且加强基础能力的训练。" 2002 年开始，日本实行了"21 世纪卓越研究基地计划"，目的是培养一批世界顶尖科技创新人才。日本政府投入 3000 亿日元实施"世界尖端研究强化"，力图创建世界最高水平的卓越教育基地。从 20 世纪 80 年代开始，日本进行了第三次教育改革，1985 年，日本临时教育审议会第一次审议报告指出："面向 21 世纪，能够适应社会变化的需要，所必备的素质和能力就是指创造性独立思考、有主见和进行各种活动的能力，为了使我国的学术研究工作对世界有所贡献，今后就要特别注意培养这些方面的能力。"

（2）国内创新实践

2007 年，北京大学在元培计划实验班的基础上，组建了元培学院。进一步推进拔尖创新型人才的培养。元培学院实行弹性学习年限和导师制，采取分阶段的教育模式，在低年级实行通识性的大学基础教育，在高年级实行宽口径的专业教育。学生入学时不分专业，按文科、理科大类招生，入学后先学习通识教育选修课和学科大类平台课，一般情况下，在第三学期期末确定专业，学生可在全校范围内自由选择专业，也可在元培学院内选择跨学科的专业，如"古生物学"，"政治学、经济学与哲学"等专业。国内高校以多种方式和途径开展创新型人才培养模式改革，尤其是本科生的培养模式改革与创新。

北大"元培学院"、浙大"竺可桢学院"、南大"匡亚明学院"等一批独立的创新实验班规模化、规范化培养基地建立起来，形成了文科大类、理科大类、工科大类三大类培养方向实施实验班创新人才培养。一些高校积极推进产学研用相结合，与企业联合创办创新实验班，收到了良好的效果。

2000 年浙江大学在以培养工科拔尖创新人才的教改试点班、工程教育高级班以及创新与创业管理强化班的基础上，成立了以老校长命名的荣誉学院——竺可桢学院，在拔尖创新型人才培养模式和规模上有了较大幅度的拓展。在人才培养上，竺可桢学院有两条主线：第一条主线是从新生中选拔，不分专业，按文、理、工三大类培养的主体平台。这是实行厚基础、宽口径的前期教育和自主型个性化的后期专业培养相结合的培养模式。第二条主线是与其他各专业学院共同建立起交叉复合型本科人才培养平台。这是一种面向全校优秀学生的专业外辅修的培养模式，建立了创新与创业管理、公共管理、高级工程教育等特色课程体系和项目，采用团队合作、案例教学、社会实践、参与竞赛等方式，为交叉复合型本科人才的培养提供了更广阔的途径。

2009 年 9 月开始，南京大学在一年级新生中启用新的教学模式。即实行"三个培养阶段"和"三条发展路径"。"三个培养阶段"是指本科生在 4 年当中要经过大类培养、专业培养和多元培养三个阶段；"三条路径"是指学生在完成专业教育阶段规定的学分之后，可以在"专业学术类、跨专业学术类、就业创业类"三条发展路径中自由选择其中的一条发展路径，执行个性化的课程计划。校长陈骏认为，"三三制"模式背后的原理，概括来讲，就是"通识教育与个性化培养融通"的教育思想。

2009 年的 3 月份，该校与深圳华大基因研究院共建"基因组科学创新班"，为优秀学生提供个性化培养平台。首批创新班学生来自华南理工大学生物、计算机、软件、数理等专业大二、大三年级，在华大基因研究院各平台上边学习边从事科研项目。短短的 1 年多时间里，本科生先后在 Science 和 Nature 等著名学术期刊发表论文，引起了国际同行的关注。《自然》杂志专门刊登了《当科学家是否还需要博士学位》的评论文章。文中说，中国深圳华大基因研究院的青年科学家们放弃传统的博士教育，而直接参与重大科研项目。这是否将成为未来的科学研究途径。文章认为，这可能为教育和培训体制带来的一场革命。

（3）国内外比较

从培养创新型人才的角度来看，我国高等教育与世界发达国家相比还存在着差距，主要表现在以下几个方面。

相对于国外大学生而言，我国大学生虽然基础知识、基本技能比较牢固，但是动手实践能力明显薄弱，创新思维、创造能力不足。在人才培养模式上，尽管国内高校积极探索人才培养模式的改革，也取得了一些成功的经验，但与世界一流著名大学的人才培养模式相比，整体而言，我国高校的人才培养模式比较单一，基本上是"应试教育"的培养模式，注重学生的知识积累，忽视了对学生创新素质的培养。

在教学方法上，我国高校普遍采取"灌输式"的教学方法，其特征是以教师为中心、以课堂为中心、以教材为中心开展教学。具体表现为：一是课堂教学所占比重较大，有的学校课堂教学周学时多达 30~40 学时，学生忙于上课，缺少自学时间和思考时间。二是在课堂授课中，重"灌输"轻"引导"，忽视了对大学生想象、判断、分析、认识、运用等方面能力的培养，学生长期处在被动接受知识的状态。三是考试方式单一，注重对知识的考察，考试试题分为主观题和客观题，答案唯一，考题中创造性的题目不多，不利于激发学生的创造性思维。

在人才评价标准上，我国高等教育还没有从根本上改变知识化、分数化的人才评价标准。考试成绩的高低成为评价人才质量的刚性指标，虽然能暂时分出上下高低，优良中差，但相对于创新人才培养的长远目标而言，可能是背道而驰的。

3. 模式内涵

（1）机遇

专业布局发生了较大变化。20 世纪 90 年代中期以前，本科专业点主要分布在财经类院校和综合性大学。2004 年，在全部本科专业点中，理工类院校占 33.88%，综合大学占 21.74%，财经类院校占 18.74%，农医类院校占 6.59%。四大类院校共拥有 2320 个专业点，占 80.95%，形成了专业分布的新格局。财经类高校面临着来自综合性高校的激烈竞争，也面临着财经高校之间的竞争。财经类高校面临着激烈的竞争，财经院校原有的优势在衰减。我国高等财经教育从 1978 年恢复招生以来，伴随着国家经济改革和发展的不断深入，高等财经教育得到了快速发展。据统计,我国普通高等学校经济学类和工商管理类本科专业人才培养规模越来越大，专业点由 1998 年的 1276 个猛增至 2004 年的 2866 个，500 多所本科院校开设了经济学类和工商管理类本科专业，占全部本科院校的 80% 以上。

（2）束缚

长期以来，我国的高等教育尤其是高等财经教育受传统教育理念的束缚，人才培养目标同质化，人才培养过程趋同化，注重培养学生的专业素质和专业技能，忽视了人文科学和自然科学对全面提高学生素质的重要作用，结果是学生的学术视野不宽，也制约了高等财经教育的发展。理念，是人们对客观世界的深层次思考，是人们以理性形态对自身认识世界和改造世界总体思路的科学定位。教育理念是人们在长期的教育实践中所形成的对教育的理性认识。它代表一个国家教育发展的基本方向。

（3）变化

经济社会发展对财经人才需要变化主要反映在两个层面：一是需要具有扎实的经济学、管理学专业基础及相关学科知识，创业能力和实践能力强，具备全球战略眼光和社会责任感的复合型、应用型创新人才；二是以培养学术精英为目标，培养学术型创新人才，为国家培养一批经济学理论创新人才、马克思主义经济学理论家、中国经济学学科未来领军人物和经济、金融机构中的高级经济学家。当今世界正处在大发展、大变革、大调整时期。世界多极化、经济全球化深入发展，综合国力竞争和各种力量较量更趋激烈，世界范围内生产力、生产方式、生活方式、经济社会发展格局正在发生深刻变革。随着社会经济的发展对人才需求也正在发生变化，人才需求正转向高层次、国际化、复合型人才。

（4）挑战

经济的高度发展对高等财经教育的国际化程度要求越来越高，具体体现在人才培养目标的国家化和课程设置的国际化以及学生培养知识的国际化。财经教育如何面对经济全球化，教育国际化的挑战，财经人才的培养规格、财经教育的课程设置等是否需要国际化？如何处理国际化与本土化的关系？在经济的全球化和教育的国际化背景下，中国财经教育的使命是什么？这些问题给我们的理念和教育教学实践提出了新的挑战。经济的全球化和教育的国际化，以及中国经济社会发展变革，对财经教育来说，既是机遇也是挑战。对高层次财经人才的培养质量和培养规格正在提出新的更高要求，如何以最有效的方式培养出具有国际视野、能够适应国际竞争的财经拔尖创新人才，是当前我国财经教育和人才培养面临的紧迫课题。财经专业是国际范型的学科，经济理论、金融学、国际贸易等是高度西方化的、国际化的专业学科。

4. 特色

按照教育部招生目录分类，目前我国全日制普通财经类本科院校 52 所，它们分别属于中央和地方两种管理体制，按名称又划分为财经、经济、经贸、商业（工商）几类。财经类大学是我国普通高等院校中一个比较特殊的群体。

下面以中央财经大学、上海财经大学、西南财经大学为例，分析财经院校开展人才培养模式改革的特点和特色，以期对建立创新型财经人才培养模式有所启发。近年来，国内著名的财经院校为适应经济社会的变革，采用多种途径和多种形式开展了人才培养模式的改革，取得一些成功的经验，值得借鉴和学习。

（1）中央财经大学模式

校长王广谦教授在接受中国网记者采访中指出："围绕培育什么样的人和如何培养人这两个核心问题，在 60 多年的发展中，中央财经大学形成了自己的鲜明风格和特色。一是培育的人才特色。培养出了一大批具有时代气象、推动经济社会向前向上发展的建设者和领导者。二是人才培养的特色。培养'五种能力'，即创新能力、实践能力、自主学习能力、交流与合作共事能力、适应与引领未来能力，使学生能够具有良好的素质和优秀的品质，能够扩展国际视野、在东西方两个文化平台上自由转换，能够着眼于中国社会未来发展以及未来全球化趋势，能够担当国家发展、社会发展责任，能够从小事做起、仰望未来。围绕'五种能力'培养，学校搭建了优质课程教学、创新实践教学、个性化教学、国际化教学、文化素质教育、高水平讲座等'六大平台'，构建起了创新型人才培养体系。"建校 60 多年来，中央财经大学秉承"求真求是、追求卓越"的办学理念，不断探索人才培养模式的改革，形成了鲜明的人才培养特色。

学校参加了周边 12 所高校组成的"中关村教学联合体"，实现了优质课程共享，教学资源互补。学校建成了精品课程教学资源库和辅修专业在线课堂，扩大了学生的知识受益面。优质课程教学平台。学校从促进学生全面发展出发，发挥学科优势，整合全校的优质教育资源，从学校和学院两个层次制定课程建设规划，优化本科课程体系。

2003 年起，学校开设了具有创新教育特色的"新视野与健康成长"专题系列课程讲座 43 门，5489 名本科生参加，开阔了学生的学术视野。创新实践教学平台。学校注重将创新教育与课程体系建设、课堂教学改革相结合。在教学计划中根据各专业特点开设具有创新教育特色的课程。个性化教学平台。学校在本科教育中贯穿着个性化教学和分类教学的理念，建立了模块化、菜单式的自主选课、转专业学习、辅修专业学习、本科生导师制、读书会等一系列教育教学制度，引进个性化教学与实践项目，搭建了个性化教学平台，使学生的个性得到充分发展、学习兴趣得到充分满足，促进不同类型的学生成长。开设讲座课程，邀请权威人士用4.6课时介绍学科发展最新成果，把教师课堂讲授和专家讲座有机结合，让学生了解现实，培养学生解决实际问题的能力。

如2005年，学校设立了数理经济与数理金融实验班，借鉴国外先进的教学模式和课程设置，引进国外著名高校原版教材，采取国际一流的教学体系，全面采用现代西方最新的英文版教材和英文授课模式，直接与国际接轨，以训练学生熟练掌握英语、直接和外教交流的能力，使学生初步具备用英语进行专业研究和国际交流的能力。让学生学习掌握基本的经济学理论、方法论和研究工具，培养既能分析解决中国经济改革中的实际问题，又具有一定国际视野的经济学理论研究人才。国际化教学平台。学校通过打造国际化师资队伍、开展国际合作办学、国际学术交流、招收留学生等多种形式，搭建了国际化教学平台。

文化素质教育平台。学校以"国家大学生文化素质教育基地"为依托。从组织建设、课程建设、教材建设、校园文化建设等方面加强对大学生文化素质教育的规划和管理。采用"全员育人、全方位育人、全过程育人"的"三育人"方式，初步构建了融创新教育、科学教育、人文教育、素质拓展为一体的文化素质教育体系。形成了倡导主流、崇尚高雅、健康向上、和谐融洽的校园文化氛围。

高水平讲座平台。学校充分利用地处北京的地域优势和校友资源，搭建了一个层次高、主题广、内容新、视野宽的学术讲座平台。每年举办近200场学术讲座。一是邀请海内外知名专家学者来校开坛设讲；二是利用"经济学与公共政策优势学科创新平台"，邀请一批有海外教育背景的中青年学术精英来校进行学术交流；三是充分利用学校社会资源和校友资源，举办"部长论坛"、"校友论坛"、"名人名家讲坛"等；四是开设前沿讲座课程。通过以上四种方式，有效地延伸了课堂教学，拓展了学生的思维空间，增强了创新意识，也拓宽了教师的教学和研究视野。

如会计学院以厚实的学科基础，一系列高水平的学科建设成果为依托，从全面拓展学生学术创新素质发展、专业实践能力发展和职业素质发展出发，结合各阶段学生身心特点，在人才培养理念、课堂教学方法、学生考核评价方面不断创新，将第一、第二课堂进行有效衔接，立足全球化、拓宽国际交流合作平台，通过应用型专业人才国际化培养项目，"行动学习"教学模式改革项目，"两班一营"课外教学体系建设项目（科研创新实验班、行动学习会计实验班、会计职业素养训练营），基地"产学研"一体化实践教学项目，学术科研创新项目、本硕博连读培养项目等项目的开展，构建会计学专业应用型本科创新人才培养体系。2010 年，学校成为国家"财经应用型创新人才培养模式改革"项目试点学校。学校确定会计学院、保险学院、税务学院作为首批三个试点单位，推进人才培养模式改革。已初见成效。

（2）上海财经大学模式

近年来，在课程和教材建设上，学校坚持"宽口径、厚基础、重素质"的原则，进行课程和教材建设。学校本科教育形成了普通共同课、学科共同课、模块限选课、专业课和任意选修课五大课程平台。上海财经大学通过优化人才培养方案和专业建设，加强课程与教材建设，加强实践教学，依托国家经济学基础人才培养基地和优势学科创新平台建设，大力推进创新型财经人才培养的改革，收到了良好的效果。在人才培养方案和专业建设上，上海财经大学依托财经优势学科，完善专业结构，以培养创新型人才为目标，优化培养方案。强调"专通结合"和"复合型"的教育，注重学生专业素质、人文素质和科学素养的培养，减少必修课的数量，增加选修课的数量，为学生自主学习创造了条件。在教材的选用方面，学校坚持自编教材与选用国内外同类先进教材相结合的原则，鼓励教师选用国内优秀教材，大力提倡教师使用国外先进的原版教材。在实践教学上，上海财经大学建立了实验教学体系、实践教学体系，强化财经专业的实习环节。学校规定，大学四年，学生必须在假期参加累计 7 周以上的社会实践。学校重视第二课堂对创新型人才培养的作用，通过第一课堂拓展类、科技活动类、学术报告类、社会实践与调查类、支体社团类、知识竞赛类、公益活动类、勤工助学类等八类活动，培养学生的创新素质，收到了良好的效果。

（3）西南财经大学模式

近年来，西南财经大学的通识教育贯穿本科教育的全过程。一年级学生以基本教育（通识课程教学）为主，渗透学科（专业）基础教育；二年级以后以专业教育为主，在专业教育中渗透和深化通识教育，使通识教育贯穿本科阶段全过程，以实现通识教育与专业教育的完美结合。西南财经大学围绕培养方案修订、课程设置改革、课程建设、教学内容与教学方法改革，强化教学实践和教学质量监控环节，在构建"宽口径、厚基础、强素质、重应用"的人才培养模式方面进行了有益探索。2006 年开始，西南财经大学按照各个专业"基本教育 + 专业特色"的创新型财经人才培养模式，深化课程体系和教学内容改革，全面推行通识教育改革。学校以"入主流"、"办特色"的理念来重新构筑专业教育，依托经济学、管理学等财经学科优势平台强化通识教育，彰显了浓郁的财经特色。

在课程体系构建上，增设了文理基础课程模块，重点打造了十二门通识教育核心课，为学生拓宽了学科学术视野，熟悉和掌握多学科认识世界和改造世界的思想与方法，这些核心课程覆盖社会科学、人文科学、思维科学、自然科学等领域，其中经济学通论、管理学通论、经济法律通论等课程突出体现了学校的财经文化特色。同时，西南财大还完善了通识教育课程体系，建设了近200门全校选修课程，要求学生按模块至少修读8个学分。学校重新构建了"五个层级＋个性化模块"的课程结构体系，包括公共基础课、文理基础课、大学科基础课、专业课、自由选修学分模块。

经过几年探索，学校构筑了第一课堂、第二课堂、第三课堂（潜在课程）有机结合的通识教育培养体系：在第一课堂，主要完成财经人才基本规格的培养；在第二课堂，主要培养学生的情趣，张扬个性；在第三课堂（潜在课程）主要通过环境育人和精神濡染。抓住这三个课堂，实现两个转化，即知识转化为素质，素质转化为形态。

（三）财经内涵

近年来，财经类院校为适应经济全球化和教育国际化的新形势，进行了人才培养模式的改革，取得了成效。但仍存在着一些问题，来自教育部高教司和经济学教学指导委员会的调查显示，高等财经院校教学和人才培养存在的主要问题是：培养目标定位过于泛化，专业口径不宽，适应性不强；课程体系和课程设置不完全符合人才培养目标；核心课程建设和教材建设的指导思想还不甚明确；教学内容陈旧、教学方法单一，忽视个性化培养；许多课程过于理论化，理论与实际脱节，实践环节缺乏；教师队伍的素质及教学科研水平亟待提高，教师的教学投入还需要制度保证。作为高等教育重要组成部分的高等财经教育，在创新型国家建设中发挥着重要作用。

1. 财经创新型人才

近年来，国内经济学家和财经大学的校长围绕培养什么人和如何培养人的问题，对财经创新型人才的内涵和特征进行了深度思考。中央财经大学校长王广谦在接受中央电视台《今日观察》采访中，阐述了对财经高层次人才的观点：所谓高层次的财经人才至少应具备以下三点。第一，应该有科学、完整、宽厚、扎实的专业知识。现在市场细分，岗位细分，越是细分，就对人才的要求更综合，就更需要具备综合知识做好细分后的工作。第二，需要有比较强的技术能力，能够做好本职工作。在市场越来越复杂的情况下，挑战越来越强的情况下，对技术能力的要求越来越高。第三，要有全球国际化的视野，这一点需求越来越明显，不光是我们的国家融入全球化，国内市场和国外市场完全融为一体，不光是外资的公司企业以及合资的公司企业，就是纯粹的国内市场和企业的发展也已经和国际市场密切相关。国际市场影响国内市场，所以国际视野是必须具有的一种基本的素质。上海财经大学副校长孙铮认为：创新型财经人才是具有财经专业背景的创新型人才，财经学科专业特点与现代社会经济发展决定了其内涵和特征。一方面，财经学科是与社会经济发展互动性很强的社会科学，要求创新型财经人才必须具备很强的理论联系实际的能力。对于创新型财经人才而言，不可能像理工类人才或技术型人才那样，通过纯粹的实验和技术手段等来研究经济活动规律。创新型财经人才必然需要理论联系实际，从社会经济活动中发现、认知和掌握经济规律和经济理论，反过来又用从实践中取得的经济规律和经济理论指导经济活动。另一方面，财经学科和专业的特点决定了创新型财经人才有别于科技创新人才，后者侧重的是新产品的开发、新技术手段的革新等，而前者则更加侧重于组织创新、制度创新、管理创新、市场创新等，其创新成果 更多地表现为非物质形态的无形资产。

我们认为财经创新型人才应具备以下三个特征：第一，具有宽厚的文化积淀和文化修养；第二，具有高深的财经专业知识和技能；第三，具有较强的实践能力和沟通能力；第四，具有国际视野。

2. 财经型内涵

在高等教育大众化阶段，由于人才需求的多样化和学生个性的差异，在制定培养目标时应采取分层次的原则。在本科阶段，主要以培养财经应用型创新人才为目标，硕士研究生阶段以培养专业硕士和学术研究生为目标，博士研究生以培养学术精英为目标。通过对人才培养模式的界定及人才培养模式四要素的分析，我们认为财经创新型人才的培养，应树立"关注和促进每一个学生发展"的教育理念，培养目标的定位应从 21 世纪人才素质特征和财经学科特点人手 0 21 世纪是知识经济的时代，相对于工业经济时代而言，知识经济时代对人才培养提出了更高的要求，就是要加强素质教育，提高学生的创造力和国际适应力。从财经学科的特点来看，财经学科是理论性和实践性较强的学科。因此，培养具有深厚理论功底、精湛专业能力和实践能力、良好的人文素质和科学素养、优秀人格品质和国际视野的创新型人才，是财经创新型人才培养目标的核心内容。

深化培养就是在基础培养之上，拓宽学生分析问题的思路以及解决问题的新方法和见解，使其具备更为扎实的财经专业基础，如开设研究性、实验性、方法论的课程。提高能力就是通过各种实践教学活动，增强学生的社会责任感和适应社会的能力。在社会的锻炼中提高自身素质及对专业课程的理解，发扬创新精神，加深自己对财经学科的理解。课程体系建设是培养过程的核心要素。课程体系对学生的知识结构、能力结构、思维方式起着决定性的作用。在课程体系建设上，应坚持"强化基础、拓宽口径、深化培养、提高能力"的原则。强化基础就是加强对基础课程的教学，一方面，加强外语、计算机、数学等工具课程的教学；另一方面，加强专业基础课的教学，如开设导论性课程等，扩大学生的专业知识面。拓宽口径就是开阔学生的视野，从更广阔的领域观察和思考财经问题。如开设财经大学科基础课、专业课程、自由选修课、案例教学课以及交叉学科的课程等拓宽学生的学术视野。

以及建立本科生学术导师制度，本科生社会实践制度等，为财经创新型人才培养创造良好的制度环境。培养制度是实现培养目标的保障，培养财经创新型人才必须完善现有的教学管理制度和人才培养制度。如建立完全意义的学分制度，给学生一定的自由选课的空间。建立本科生科研培训制度，鼓励学生参与教师的科研项目研究，并规定一定的学分。

应改变以考试成绩作为评价的唯一标准，建立符合财经人才培养的多元化评价体系。培养评价是对培养过程的综合评价。包括对学生的综合评价、教学过程的总体评价以及用人单位对学生的评价等。

培养财经创新型人才是一项复杂的系统工程，国外著名大学经过几百年的实践探索，才形成了相对稳定的创新人才培养模式，相比之下，我国的大学尤其是财经类大学起步较晚，因此，财经创新人才培养体系还需要一个完善和成熟的过程，在不断发现问题和解决问题中逐渐完善。

二、国外财经类人才培养模式的借鉴

培养具备充分的知识储备、厚实的人文底蕴、科学的创新观念、理性的创新思维、积极的人生态度、良好的心理素养等品质的创新型人才具有重要的战略意义。人才培养模式是在一定教育理论和思想的指导下，构建培养学生的知识、能力、素养结构，以及包括人才培养目标、专业课程设置、课程体系及教学内容、人才培养途径、教育运行机制在内的人才培养实现方式。当今时代的竞争很大程度上是人才资源的竞争，尤其是创新型人才资源的竞争。

目前，许多发达国家的高校都在积极开展创新型人才的培养，实施高等教育的教学改革。对这些国家的创新型人才培养模式进行总结，对中国创新人才的培养、"质量工程"的实施以及高等教育改革具有重要启示作用和借鉴意义。

（一）国外典型人才培养模式分析

1. 美国人才培养模式

美国《国家教育目标报告》指出："培养学生对学术领域问题和现实生活问题的批判思考能力不仅是教育的重要目标，这对在当前复杂多变的世界培养会思考的公民和有能力的劳动者，进而维护民主社会都意义深远"，"应培养大量的具有较高批评性思维能力、能有效交流、会解决问题的大学生"。在这种理念的引导下，美国建立起了较为成熟的创新型人才培养模式。在人才培养方面，美国一直致力于建立完善的培养体制，培育具有个性化和创造性的人才。

20世纪中叶，美国教育家赫钦斯（Robert Maynard Hutchins，1899–1977）指出，美国高校的教育过于专业化以及非智力化，前者将导致人才培养工具化，后者将导致高校培养模式缺乏对人才智力方面的关注，使人才逐渐失去主动性、独立思考的能力和独立判断的能力。他提出，高校教育的目的应该与人才教育目的保持一致性，最终要做到培养人才的理性思维，培养人才美德，实现一个人最高的智和善。美国高校的培养模式历来奉行自由教育的传统，在人才培养方面重视人才的创造性。在20世纪初期，弗莱克斯纳（Abram Flex-ne，1866–1959）提出高校的教育应当以培养社会精英为目的，使得培育出的人才在知识经验、探索能力、适应能力、推动事物发展的能力等多方面有着优异的表现。

20世纪80年代，美国发起一次高等教育的改革运用，在该运动中，美国把创新型人才的培养作为培养人才的主要方向。同年代，美国高等教育研究小组发表了题为《投入学习：发挥美国高等教育的潜力》的一份研究报告，要求美国的公民应当具备知识、创造性、开放性，美国高等教育应当"为未来的最好的准备，不是为某一具体职业而进行面窄的训练，而是使学生能够适应不断变化的世界"，使培养的人才"具有批判性思维的能力、综合大量新信息的能力以及掌握语言技巧、批判性阅读、有效写作、语言清晰、虚心听取意见的能力"。1998年，博耶研究型大学本科生教育委员会发表了《重建本科生教育：美国研究型大学发展蓝图》的研究报告，明确提出"探索、调查、发现是大学的核心，大学里的每一个人都应该是发现者、学习者"，"研究型大学应通过一种综合教育"，"造就出一种特殊的人才，他们富有探索精神并渴望解决问题，拥有代表其清晰思维和熟练掌握语言的交流技巧，拥有丰富的多样化的经验。这样的人将是下一个世纪科学、技术、学术、政治和富于创造性的领袖"。

学生可以选择加入教师的科研项目，也可以根据兴趣主动设计相关项目，并请教师指导，自主选择的空间较大。在课程的设置方面，美国高校主要采用以下措施来提高学生综合素质。首先是跨学科选课，例如，很多美国高校要求本科生中，理科专业的学生必须选修一定数量的人文、社科类基础课，人文、社科类专业的学生必须学习一定数量的科学、计算机、数学、统计学等课程。其次，美国高校重视文理教育的结合，尤其重视人文、社科学科的建设。众所周知，文、史、哲以及工商管理类专业排名在前的高校几乎都在美国，其人文、社科类学科健全，可供学生的选择多。美国高校对人文素养的普遍重视，使得人才能够走出专业层面的限制，从哲学、管理学、经济学等多种角度思考，培养学生多样化的思维模式。最后，美国高校课程设置更加具有时效性、系统性和综合性。其课程总能随着最新研究成果进行相应改进；课程层次完整，配套知识补充及时；注重学科间的联系，注重跨学科方法的运用。在学生科研能力的培养上，美国顶尖的高校十分重视对学生科研能力的培养，要求教师、学生不断参与科研课题和活动，使学生从被动性地接受知识转变为主动性地运用知识，学生的创新能力、探索能力、实践能力、知识敏感性等方面得到了锻炼。美国高校为在校生科研能力的提高提供了很多良好的平台，包括充足的科研资金、科研项目、教师指导等。

此外，美国高校注重培养学生的竞争意识以及创新能力，鼓励学生不断努力，奋发图强，并充分利用丰富的想象力，提出并验证各类大胆的创意，将创造性运用于学术研究或者实践操作，引导学生形成属于自我的核心竞争优势。在高校环境的营造方面，美国高校注重培养学生的使命感，尊重学生的个性和独创性，鼓励学生用批判、质疑的眼光看待问题，鼓励学生与教师探索性地讨论问题，在相互交换意见中推进学生对知识的理解，使得学生从更深层次上领会研究过程和学术精神，进而推进学术的发展。美国高校的这种包容性体现了充分的学术自由，体现了对于知识的尊重，对于人才的尊重，塑造了轻松、自由、良好的人文环境。

2. 英国人才培养模式

牛津大学校长 C. 鲁卡斯要求高校培养的人才应当具备"较高的技术水平、广阔的视野，很强的责任意识、创新能力和灵活性"。英国人才培养始终坚持着以培养绅士型人才为目标。按照 19 世纪的英国教育家纽曼的说法，就是要培养"学会思考、推理、比较、辨别和分析，情趣高雅，判断力强，视野开阔的人"。正是在这种目标下，英国高校把挖掘学生潜能、激励学生的创造性作为教育的宗旨，不断培养高素质人才。

在英国高校，学生永远作为学校的核心，教师扮演着"帮助者"的角色，与其说教师向学生教授知识，不如说教师引导学生提升自我能力，包括学生的独立学习能力、检索信息的能力、独立判断的能力、质疑和解答能力等。英国高校的教学以培养学生独立自主、善于思考、充满自信为目的，注重培养学生的生存能力和创造性。英国学者格雷（Gray）认为，传统的英国高校"应当具备两个功能：一是通过原创性的探索来扩展知识边界；二是以课程体系的形式传导这些知识给在校生，用于一般教育发展和特殊技能的培养"。前者作为英国高校人才培养的核心，深深地影响着其教学模式和教学活动。

此外，在创新型人才培养方面，英国高校重视方法论的教育，给予学生基础的分析工具，再结合学生个人特点，创造性地分析问题、解答问题，发挥学生自我优势和特点。英国在其独特的教育理念下，施行综合培养的宽口径教育模式，加强人才创造能力的培养，提高人才的整体竞争能力，以满足于国家对人才的需求。简言之，在目标上，英国高校着重培养学生开阔的视野和知识系统、独立的判断分析能力；在实践上，英国高校着重培养学生理论联系实践的能力、独立运用知识的能力、多角度看待问题的能力。

在选择研究方向上，英国学生也可以进行自由选择，从选题、设计到撰写、完成，每一步都要学生主动探索、独立完成，英国教师并不像国内教师一样给学生提供选题范围、告诉学生适用的方法、帮助学生反复修改，而是引导学生自主搜集资料文献，以此培养学生的独立研究能力。在英国高校人才培养理念的引导下，英国人才培养机制也极具特色。从学生专业选择的角度，英国学生具有更为自由的选择权。每一所英国高校可以自由决定本校需开设的专业，在校生可自由选择，如果学生对自己所选专业不感兴趣，可以转换专业。英国学生学习的最大特点也是极为自由，高校不设立班级，不设立班干部，一门课程可能由来自多专业的学生共同学习，学生必须督促自己主动找寻与自己兴趣点、研究方向相一致的课程并及时选课。英国高校采用的模式虽然松散，但学生自主学习的意愿和热情提高，学生的积极性、主动性也有所提升，为学生养成良好的学习习惯打下了坚实的基础。

小组式教学将学生小组为单位分开，每一组为一个基本单位，共同完成文献收集、问题分析及解答等任务，最后由其中一人陈述观点，组与组间进行深入探讨。

以上形式主要强调学生在教学过程中的参与情况,在教学过程中提高学生的主动性,使学生成为学习的主导者,利用积极的氛围、志同道合的伙伴关系促进学生的学习,使学生在不断沟通、探讨、合作中完成学习任务,既锻炼了学生对知识的掌握,又锻炼了学生人际交往能力,对学生自主思考、主动探索态度的培养也起到积极的作用。在教学组织形式上,英国高校表现得更为多样,并且都以培养学生综合能力为目的,常见的教学组织形式包括:团队式教学、研讨会式教学、小组式教学。团队式教学主要有两种方式,即正式教学和互动式教学,前者主要是传统的"教"与"听"型教学,后者增加了更多的互动,教师扮演引导者的角色,更多地利用启发式问题,引导学生逐渐步入深层次的学习、探讨。研讨会式教学主要是针对某些专题开展,以讨论为主,通常教师选好主题,学生进行充分的准备,即阅读搜集大量资料并准备好陈述重点,会上每个学生陈述自己的观点,最后由教师对学生的观点进行总结和评价。

教师鼓励学生创造性地学习,学生只有在各个学习环节中阅读大量资料并创造性地提出自己的观点才能得到较理想的评价。这种评价制度有效地避免了单纯的考试成绩评价制度带来的弊端,引导学生积极进行拓展性思考,认真参与学习的过程。值得一提的是,与之相对应的是,英国高校在对学生的评价方面也有相一致的制度,并非死板地按照闭卷考试卷面成绩评价学生学习能力的强弱。通常,学生对学习过程的参与,教师都有记录,而且都会运用到学生评价中,包括学生的发言、分析、展示、讨论等。

各高校需要与实业界不断探讨人才需求问题,共同分析人才现状及发展方向,使得课程设置与实业界的需求相吻合,减少了学生知识过时、课程不合理等现象。与实业界紧密联系,还能引导学生进行更加实务性的研究,增强学生对专业的了解,培养学生的职业意识,为学生将来走向工作岗位打下了良好的基础。在教学与实践相联系的环节,英国高校的课程显示了强大的生命力。由于英国高校可以自主设置专业和课程,使得高校可以根据经济与市场的变化及时调整课程内容和方向,使教学内容更具灵活性和时效性。

3. 日本人才培养模式

为了充分发挥科技创新带来的巨大效能,日本着重于创新型人才的培养,鼓励学生的创新意识,提高创新型人才的储备,实现科技兴国战略,以此获得持续的竞争优势。从 20 世纪 90 年代开始,随着日本经济增长方式的转变,其对科学技术的重视也日益加强,明确提出"通过科技创新重振日本"的口号。

20 世纪 90 年代，日本教育白皮书中指出，在新形势下，日本高校要在加强学生基础学习能力的基础上，培养学生的适应能力、创新能力，并着重对学生个性化培养。在日本日后的教育改革中更是显示了日本教育理念的转变。日本不断进行教育改革，日本大学审议会提出了日本高校改革的四个基本观念：一是培养学生的学术研究能力，提高高校教育质量；二是增加高校教育机制的弹性；三是建立决策责任制度；四是建立多样化的评价系统。

例如，京都大学校训为"自重、自敬、自主、独立"，庆应义塾大学的核心价值观是"独立自尊和实践精神"，名古屋大学的目标是"丰富的人性，探究性，创造性，身心健康"，立命馆大学的教育宗旨为"把理想建立于自由和革新之上"，早稻田大学则是"学问独立——批判精神和进取精神"。在这种理念的引导下，日本高校的教育模式也以培养学生独立自主创新的能力为目标和出发点。目前，日本高校的教育着重于学生创新能力和探索能力的培养，日本很多高校的教育理念中体现着追求"学问自由、独立、探索、批判、创新、实践"等核心理念。

日本"产学官合作"模式已经颇具规模，并形成了一套完整的体系，配有相关的法律保障，以最大限度地发挥其在人才培养上的作用。在日本，最独特的人才培养模式当属"产学官"模式。很多国家奉行"产学研合作"的人才培养模式，而日本的"产学研合作"被称为"产学官合作"，官方在教育中起到了主导地位。"产学官合作"的具体含义是，通过全社会的共同努力培养下一代人才。在机构设置上，日本组建了"产学官合作委员会"，由文化省、劳动省、经济产业省组成；在制度建设上，委员会建立了合作研究制度、委托培养制度、委托研发制度、奖学金制度、研究中心制度、捐赠制度、经费制度、知识产权保护制度等，全面规范了"产学官合作"的运行。该模式的有效运作，为日本培育了大量经济建设的人才，是日本教育模式下的重要经验。

日本高校具有一定的自由性，可以自主制定培养方案，根据本校的教育理念和校训自由规定课程设置，并大量开展专业外课程的选修、辅修制度，鼓励学生辅修双学位或第二专业，校际间甚至可以相互选课，增加了学生知识的广度。这种富有柔性的人才培养模式使得学生具备综合研究和跨学科研究的能力，带动了多种学科交叉领域的发展，促进了复合型人才的培养。在人才的个性化培育方面，日本高校的教育理念和教育机制体现着人才培养多样性、灵活性的特点，重视人才的个性化特点和需求，而非采用统一的"流水作业式"培养。从数量上而言，日本开设跨学科课程的高校占日本高校总量的 90% 以上，为提高高校办学特色，增强学生知识的时效性和学生竞争力，日本一些高校专门开设了特色课程，如"援助行动论"、"福利学"、"国际志愿服务"等。在这些课程中，学生根据兴趣选课，并可以直接参与社会上与之相关的各项实践活动，实际操作能力得到锻炼。通常，选修这些特色课程的学生具备该方面独特的爱好，通过对相应群体的学生进行专业化培训，能够使这些学生在相关领域获得更专业的知识，帮助学生打造更个性化、更独特的竞争能力。

通常，校际间的合作形式主要有：允许学生跨校选择专业，允许学生跨校辅修双学位，校际间组织联合教学、联合授课，共同开设专题研究、交叉学科研究等。各大高校以最小的成本为学生提供了尽可能多的学习资源和研究平台，合作教育的成本优势得到发挥。此外，日本高校善于利用合作形式培养学生，在发挥本校资源的基础上吸取其他高校的优势。日本高校各具特色，优势不一，校际间开展合作能够进一步吸取各校资源优势，培养学生跨学科的知识架构和研究能力。

日本政府在此方面制定了一系列鼓励国际人才培养的措施，例如，实行国内外高校的学分相互转化、学历学位相互承认制度，开展共同研究类的课题，引入外国留学生、外教和外籍学者，承办国际科研课题和培训班，提高教育内容的通用性。日本政府一直积极主导各类国际活动，如实施"留学生计划"等。近年来的日本留学生一直保持较高的比例，通过对国外人才的引入和国内人才的送出，日本教育更为开放，具备国际化视野。除了国内高校间的合作外，日本的人才培养也极具国际视野，注重国际人才交流，避免故步自封的教育模式。日本很多外籍教师曾在大型跨国企业、国际金融界或联合国等部门有过从业经历，这些教师为学生传授国际组织的知识体系和工作经验，并为学生带来广泛的社会关系网络，为学生开拓更广泛的视野。

（二）国外人才培养模式的借鉴方式

在美国，创新型人才培养始终以"精英化教育"为目的，力求培养完善的人，追求人才的独立人格、自由思想，而不是培养技术型工具这种"精英化教育"的理念始终贯穿着美国高校教育，使得美国高校成为高素质创新型人才培养基地。近半个世纪以来，美国一直是获得诺贝尔奖项数量最多的国家，并且就数量而言一直远高于其他国家和地区。美国创新型人才的储备为美国各行业输送了大量生产力，是美国经济持续发展的重要保证。英国高校创新型人才培养始终以培养绅士为目标，秉承其自有教育的传统。在英国学者看来，绅士型人才应该能够独立思考、判断、分析，并具有高尚的情操和开阔的视野。英国很多知名高校，如剑桥、牛津等将"开发学生潜能，激励学生创造性"作为指导思想，培养出一大批优秀的创新性人才。在日本，教育审议会将创新型人才培养作为教育改革的重要目标，力求培养具备"健康的体格、丰富的创造力、公民精神"的人才，日本教育重视学生思维训练和创新能力，鼓励学生参与创新型课题、创新型研发。总之，以上国家和地区虽然在教育目标的具体表述上有所不同，但实质都体现了对创新能力的重视，对创新精神和品格的强调和培养。在激烈的国际竞争之下，世界各国意识到创新型人才培养的重要性，意识到创新型人才是国家未来竞争力的保障，因此各国纷纷制定创新型人才培养的目标和措施，保证本国创新型人才的供给。

近年教育部提出，"培养数以千万计德智体美全面发展的高素质专门人才和一大批拔尖创新人才"，"坚持传授知识、培养能力、提高素质协调发展，更加注重能力培养，着力提高大学生学习能力、实践能力和创新能力，全面推进素质教育"。我国优秀的高等院校纷纷以此为出发点进行人才培养，如复旦大学提出"通才教育，按类教学"的原则，充分发挥跨学科研究优势，加强不同学科的交互、渗透，以文理为大类进行全校级别的基础教育，改变对专业的过分依赖和限制，尊重学生的个性化，鼓励学生参与实践活动，提高动手能力；北京大学本着"因材施教、加强基础"的原则，对低年级实行通才教育，对高年级实行专才教育，并建立了自由选课机制。可见，国内高校人才培养目标逐渐与国际接轨，变得更注重对创新型、复合型人才的培养。就我国而言，人才培养目标随着国家人才战略而变化。20世纪末，教育部发布的《关于深化教学改革培养适应21世纪需要的高质量人才的意见》指出，"高等学校的培养目标是使受教育者在德育、智育、体育等方面得到全面发展，成为符合社会主义建设实际需要的高级专门人才"，但"由于高校毕业生的大多数将直接到社会主义建设第一线从事各种实际工作"，高校层次培养出来的人才并不就是"高级专门人才"，而是"未来高级专门人才的基本来源"。

总之，国外教育始终将"人"作为创新型人才培养的目的和基础，注重对学生个性的尊重，注重学生心理品质的提升。我国高校逐渐与之接轨，在复合型人才方面取得较大进展，也开始逐步实施更为自由的教育机制。

模式即在创新型人才培养机制中，由政府做主导，并将市场机制引入高校教育中，将教学、科研、实际生产联系起来，为学生提供全面的学习平台，学生的知识储备和实践能力都得到提高。国外高校在创新型人才培养模式上有着许多相似点：首先，在创新型人才的培养途径上，许多国家以实践教学为核心，从多角度构建了人才培养的完整体系，并建立了从政府到高校、企业的合作机制。尤其是欧美的一些工科院校，其实际研究与实业界有着紧密的合作，有的高校结合实业界的实践活动编制课程体系和内容，使得学生的学习和研究更具实践意义；另一方面，政府积极主导高校人才的培养，为创新型人才培养提供必要的政策支持．从制度层次帮助学生打好科研基础。

其次，在这个过程中，创新型人才所具备的各项素质得到了充分的锻炼。另外，有些国外高校推行小班制，教师有充足的时间和精力关注班上每个同学的发言和表现，能够根据学生性格和知识基础的不同给予不同层次的教育，对学生而言则能够收获更贴近自我水平的知识能力，获得更快的进步。在培养方法上，国外高校打破传统的"讲"与"听"式教育方法，注重运用新的形式进行教学。在目前的实际教学中，国外高校通常采用交互研讨的方式或者以案例为主的"思辨"模式，通过思想的相互交流、碰撞，锻炼学生认识问题、解决问题的能力。在这种方式下，教师必须做好充分的课程设计，在学生的引导、观点的总结方面对教师提出了较高的要求；而学生必须打破原有知识的局限，不迷信专家观点，敢于提出自己的意见，发表自己的看法，积极参与讨论过程。

最后，通过对多门学科的了解、认知领悟学科内涵，以此为载体将价值观传递给学生。这种跨学科教学和复合型人才培养模式结合了中心课程与辅助课程，使学生突破专业思维的局限性，在跨领域的知识中寻找新的突破点，使学生更容易找到兴趣点和创新点，目前已被国外各顶级高校所采用。在课程设置方面，国外高校强调"开拓学生思维"。课程体系是创新型人才培养的途径，完善合理的课程体系能够引导学生构建合理的知识架构，发挥自身创造力。通常，国外高校将通才教育与专才教育相结合，同时又不局限于此，配合学生身心发展的规律，设置更为自由的选课机制，鼓励跨学科的学习。

通过组织学生参与课程设计、企业实践、创业实践等活动，增加学生对于实践工作的体会和感悟，通过组织大学生科技竞赛、大学生创业能力大赛等活动充分挖掘高校学生的创业潜质。在这种培养模式下，我国高校学生根据自身对科研或实践的兴趣对自己做好定位，然后利用高校平台进一步发展。随着我国教育改革的发展和反思，我国创新型人才培养模式有了新的发展。总体而言，我国创新型人才培养平台得到拓展，人才培养与实践的结合更加紧密。具体地，我国高校为学生提供了多样平台，例如，以综合性高校中的多学科交叉培养和课程选修制度为基础的多学科学习平台能够培养学生的跨学科知识思维和体系；以开放的实验室、专业的课题、充足的研究基金为基础的师生合作科研平台为学生提供了参与科研的机会；以案例讨论、实践参观等新型课程模式为基础的创新型课程平台为学生提供了更为开拓的思路；以"引进来、送出去"为基础的国际交流平台为学生提供了与国际学术界接触的机会；以研究型人才重点培养为基础的拔尖创新人才培养平台为具有研究爱好或特长的学生提供进一步研究的资源。对于实践型人才，高校同样提供了实践教学资源。

在教师评价方面，高校开始注重教师是否对学生的创新意识、独立思考能力进行鼓励和开发，对学生课堂参与能否予以积极的引导。在学生评价方面，虽然各高校主要的评价依据依然以考试为主，但考试内容已经逐渐向开放型、探索型问题发展。从配套政策方面，我国高校的创新型人才培养也取得了一定进步。首先，在教育体制上，各高校正努力改善体制中曾经出现的弊端，例如，一些高校正在实施的"校董事制度"、"行政教授分离制度"、"去行政化"等改革，实现了行政尽量少地干涉教育，保证了教育的纯粹性。在评价机制方面，我国高校正逐渐对单一的考试评价制进行改革，建立合理科学的教师教学评价体系和学生学习评价体系；把学生对学习的参与过程和创新能力作为评价的指标，引导教师对学生从单纯的"记忆"、"背诵"型评价到创新型评价转变。

同时，学生平时对科研或者实践活动的参与、课堂表现、课题及论文成果也纳入评价的指标体系中，与原来的评价相比，现行的评价更全面、更能鼓励学生参与实际的科研、实践活动，学生利用创新能力进行探索的积极性提高。此外，从师生关系角度，国内高校也发生了一些改变，从原来的学生一味听从老师讲授变为学生与老师共同探讨，学生不一定局限于教师讲授的内容，可以与教师通过共同参与科研课题、教师指导学生参加实践活动等方式共同进步。教师开始使用启发性方法教授学生，学生的思维模式也发生了转变，在这种循序渐进的培养模式下，学生探索能力、独立思辨能力得到锻炼和提高，创新能力有所增强。此外，一些广泛推进的教育模式，如产学研模式的运用，为高校带来更多的教育资源。

随着现代科技的发展，国内外交流的增多，我国高校也借鉴国外高校教育的优势，不断推进自我体制的完善和发展；通过引入外籍教师、留学生以及建立顺畅的留学通道，使学生视野得到拓展，思维得到开拓，有利于学生长远的发展。通过开发实验室、增加教育资金、增加与企业的合作，高校教育的实践性增强，时效性得到保证；通过产学研结合有效地利用社会资源，能够培养学生对社会的适应能力，培养学生理论联系实践、在实践中发现问题、解决问题的能力。

从总体上看，我国已经意识到创新型人才培养的必要性，并在此方面进行逐步的改进。综上所述，国外创新型人才培养模式与国内人才培养模式依然存在差异，虽然国外高校很少建立创新型人才培养平台，但其人才培养模式中已经将对学生创新能力的培养理念融入课内、课外之中。我国高校近年来开始追求创新型人才培养的平台、措施和形式，但在实际实施的过程中还存在着不足之处。

通过比较国内外创新型人才培养模式，对我国创新型人才培养有如下启示和借鉴：

其一，人才的培养，应当先培养"人"后培养"人才"。正确的培养目标是创新人才培养的前提和基础。以培养"创新精神、创新能力以及创造性品格"作为人才培养目标，教学活动紧紧围绕着培养目标而展开，为培养高素质创新人才奠定基础。对于学生的培养应以提高综合素质为目标，首先培养学生高尚的道德情操、良好的心理素质、较强的适应能力、积极的探索精神、乐观的生活态度，其次注重学生思辨、创新、逻辑能力等方面的提高。

其二，我国高校在创新型人才培养过程中应当加强学习和交流，也更应当结合自身高校的资源优势开设具备特色的课程，培养个性化的创新型人才。创新型人才培养的实施过程应当体现高校的办学特色。随着国家对创新型人才培养的重视和政策的不断实施，高校创新型人才培养的形式和实施过程也逐渐多样化，但在实施过程中大多相互参考，不能形成高校自己的办学特点，来自各方的质疑声也逐渐增多。相比之下，国外许多高校在其创立时期就坚持着独立特色的理念，利用本身的优势和特长，提供极具特色的课程设置和教育模式。

其三，学校应当将具有核心竞争优势的学科进行整合形成优势学科群，将此与国家相应的支柱产业对接，形成具备核心优势的技术群。在深入科研投入力度的同时，应当避免行政的干涉和限制，实现科研与行政分离。应加强对学生科研方面的训练。科研训练是创新型人才培养的有效途径，是学生运用所学知识进行创新性分析的路径，能够督促学生主动学习基础知识，锻炼学生的创新能力。我国高校应当加大科研投入力度，创办开放的实验室或研发中心，鼓励学生参与科研课题，加快科技成果的转化，在学科与产业的对接中培养创新人才。教师应积极支持学生自由选择科研课题，在此基础上对学生予以合理的引导，注重培养学生对交叉学科的兴趣，建立跨学科研究平台，引导学生充实多学科领域的知识内容。

其四，要根据学生的个性进行个性化培养，注重学生个体之间的差异，给学生提供充足的选择空间和发展空间，改革传统模式中"机械化生产"式的教育，结合学生的兴趣爱好，让学生自由选择可与其专业交叉的学科领域，积极引导学生利用自身兴趣特点进行研究，做到因材施教，提高学生的自主创新意识和能动性。进一步加大交叉学科创新型人才的培养力度。当今经济发展日新月异，对于创新型人才的需求不仅限于某一领域，更需要通才型的创新人才。高校对于人才的培养应当顺应社会发展需要，加大对学生跨学科知识、跨专业思维的培养，打破学生专业思维的禁锢，加强高校内不同学院的合作、不同高校的合作，整合资源，构建更加全面的课程体系，提高学生的综合素质。

其五，高校应当把握发展机遇，在课程设置、教师素质、教学技术开发等多方面提升教学水平，并引入合适的师生评价机制，建立合适的激励机制，鼓励教师对学生进行引导式教学，鼓励学生参与课堂讨论。要深入推广探究、研讨形式的课程。目前，我国一些高校已经逐渐实施运用探究、研讨的形式引导学生对知识的探索，但目前实施范围有限，实施效果有待于进一步考证。探究、研讨式授课，能够为学生提供轻松自由的学习氛围，增强学生对知识的主动探究能力。我国高校应该从教师理念到配套设施进行进一步的改革使创新型人才培养理念深入到教学过程中。

我国高校应当加大对高校创新型人才培养的重视程度和投入力度，积极借鉴其他国家的先进理念和先进经验，营造良好的学术氛围，塑造尊重学生个性、培养学生爱好、开发学生潜质的人才培养体系，深入人才培养机制的改革，完善人才培养的配套设施，探索出一条适合我国高校特色、符合国际化创新型人才需求的人才培养途径。与国外高校创新型人才培养模式相比，我国创新型人才培养正处于起步阶段，培养的速度和深度远不能满足我国经济社会发展的需求。

（三）财经类高校人才模式的选择

财经高校的学科特点与现代经济对财经人才的需求决定了财经类高校人才培养的内涵和特征。对于财经高校而言，创新型人才培养首先应当结合其财经专业的背景。

首先，财经高校培育创新型人才，需要培养其发现问题的能力，即抽象概括能力，运用理论基础发现实际经济生活中潜在的问题，并予以归纳、表述、解释，向其他参与者和当事人说明问题所在；同时需要培养财经创新人才解决问题的能力，运用专业知识解决遇到的经济问题。通常，知识是陈旧的，但问题是崭新的，创造性地运用知识解决经济生活的问题是财经人才必须具备的能力，也是财经高校培养创新型人才极为重要的特征之一。财经高校创新型人才培养的重点在于对人才理论联系实际能力的培养。财经类学科与社会经济发展紧密联系，创新型财经人才在实际经济生活中需要很强的理论联系实际的能力。财经高校的人才不像理工类高校或者技术类人才那样，通过不断的物理性实验或技术的掌握与革新来认识事物的规律。财经类高校的人才所从事的工作，有很多是看不见摸不着的知识生产类工作，这就要求财经人才具有从实际经济工作中概括总结问题的能力，发现社会经济活动的规律，并运用规律指导政府、企业、个人的经济决策。

其次，通常，一项管理工作或者一项经济工作是无法重复的，管理企业或出台经济政策无法通过传统意义上重复试验的方式论证其是否可行，一旦政策出错，其后果通常是非常严重的。这就要求财经高校的创新型人才有坚实的专业知识功底，有对经济形势发展的敏锐的判断力，有果断把握机遇的决策能力。在财经高校创新型人才培养更注重人才思维模式和能力的锻炼与提高，用思想改变经济世界。财经高校创新型人才培养较科技创新人才相比更少地依赖于物质性革新，更多地依赖于思想性进取。财经学科专业有别于科技创新型专业，导致财经专业学科的创新型人才有别于科技创新型人才。科技创新型人才侧重通过开发新的技术、产品提高生产力，而财经专业创新人才强调在管理、制度、组织、市场等层次的创新，其成果多表现为非物质形态的无形资产。财经工作人员不像技术人员，可以通过无数次试验得到结论。

再次，对财经人才的培养，不仅限于对专业领域内知识的传授，还要注重与学生专业或就业意向相关知识的传授，把学生打造成复合型创新人才。多领域知识的结合，才能让财经人员更好地从事基础工作，以及更好地把握经济走势，合理预测经济形势，更好地发挥创造力，为国家、企业做出更大贡献。财经高校创新型人才培养更注重多学科领域的结合。财经人员从事的经济管理工作常常与其他学科紧密结合，如对一家生产性企业进行财务管理时，只有了解企业基本生产流程、原材料需求和市场需求等信息，才能更好地计算其成本，更好地从财务角度对成本控制，提升企业绩效。又如，财经人员从事税务管理时，应当通晓法律相关知识，做到依法纳税、合理避税，这样才能在遵法守法的条件下为企业创造最大化的价值。

最后，财经人员若不能严守职业规范，将会破坏组织的正常经营，扰乱我国市场经济的正常秩序，后果不堪设想。因此，保持基本的财经人员工作素质，做到公私分明、廉洁奉公，是财经高校创新人才培养最重要的内容。财经高校创新型人才培养更加注重财经人才道德素质的提高。财经人才从事的工作通常为一个组织较为敏感的岗位，一方面，大部分财经人员的工作涉及本组织的商业秘密；另一方面，财经人员的工作性质决定了其工作与企业的金钱利益相挂钩。巴林银行的倒闭、华尔街金融危机，都是由于财经人员利用岗位之便为满足私欲而造成的严重后果。

首先，财经类高校的创新型人才培养应当尊重学生特点和自主性，培养基础知识扎实、知识面广泛、视野开阔、实践能力强、富有人文素养的人才，引导人才对社会经济理论和规律不断思考和探究，为社会经济发展提供重要的智力支持。应当以科研带动教学，以教学促进科研，把学生的能力转化为推动经济社会发展的生产力。我国财经高校创新型人才培养必须实现从观念意识的更新到体制制度的更新，从整体着眼，建立合理完善的培养机制，才能培育出能够为社会主义现代化建设服务的财经创新型人才。在人才培养理念上，财经高校创新型人才培养应当树立"以人为本"的理念，教的过程以教师为主体，充分发挥教师的主动性；学的过程以学生为主体，充分挖掘学生创造性的潜力。财经类高等院校应当以启发式教育为主要形式，着重培养学生创造性思维，强调学生对学习过程的参与、对未知领域的探究、对问题的解决、对知识的运用，尊重学生的主体地位。在教育过程中，应坚持科学发展观的主导地位，促进学生德、智、体、美全方位的提升；同时注意对教师素质的培养，加强师资建设，加强教师教学能力的提升和先进理念的获取，从思想、道德、专业、人格等多方面健全教师队伍建设。

其次，总体上，对财经高校创新型人才培养应当贯彻落实"多样、柔性、多元、开放、创新、综合"的理念，加强学生把握经济发展方向的能力、分析经济走势的能力、剖析经济现象的能力、解决经济问题的能力。同时，在基础教育方面，围绕经济发展的要求做好专业课教育的同时加大数理课程的教学比例，给予学生模型构建、实证分析、实际应用等方面的技能训练，给予学生分析工具，授之以渔，并组织学生参与科研课题和科研实践，让学生有能力独立探索。在人才培养目标上，应当对财经高校创新型人才培养目标进行准确定位。我国完成了从计划经济体制到市场经济体制的转型，但我国的市场机制还不够成熟，存在很多漏洞，加上目前国际竞争的日益加剧、国际形势的不断变换，决定了我国对财经人才知识层次、知识结构、个人能力等方面的需求不断变化，社会对财经人才的评价标准、使用标准也发生着改变，财经高校创新型人才培养面对着新的挑战。为适应这种变化，财经高校必须构建多元的人才培养目标，探索个性化的人才培养方式，注重人才培养内容的时效性，突出人才培养的特色，对不同层次的人才采用不同的培养策略。对于重点财经高校而言，应当突出科研实力的优势，培养学生的探索能力；对于一般性财经高校而言，应当注重人才的实用性，培养学生的操作能力。

再次，在实践训练方面，应加强与企业的合作，向学生展示实际经济生活中企业的运营状态，增加学生对实践的感性认识，也可通过采用合作设立实习岗位等形式督促学生进行实际的体验，进而对自身不足进行自我完善，为学生自我教育提供方向。在素质拓展方面，要加强学生的道德教育、人文教育以及艺术体育等方面的培养，全面发展学生的素质，避免出现"书呆子"型学生，打造学生触类旁通的能力。总之，在理论学习、实践训练、素质拓展三个领域的相互衔接和结合，能够提升财经高校创新人才的综合素质，为社会主义经济建设输送更加优秀的财经人才。在课程设置方面，应当分析财经专业课程的层次性、合理性、严密性，经专家论证后构建合理的课程体系。第一，课程设置应当体现素质教育的思想和理念，学生的思维不能仅仅限定于财经思维，应当适当了解人文社科、自然科学、艺术、音乐、体育等领域，改变现有人才知识面窄、思维单一、系统性不强的缺点。第二，财经高校课程设置应当体现统一性和多样性的结合，利用学校的优势突出办学的特色。国家对财经类人才培养有着基本的要求，高校应当针对这些基本要求设置相应的基础课程，但同时应当结合高校的优势以及特定的教育理念，在完成基础课程教学的同时设置特色课程，体现多元化和个性化的教育模式。第三，财经高校课程设置应当体现课程体系的优化。应当从理论学习、实践训练、素质拓展三个角度同时构建人才培养的方案。在理论学习中，充分体现财经高校课程设置的层次性，在基本的财经专业课程设置基础上加强外语能力、计算机运用能力、语言能力等方面的锻炼，在突出管理学、经济学教育的基础上加强特色课程教学、综合素质教学的衔接，形成完善的课程体系。

最后，应当积极吸收国外优秀人才资源，增加自身体系的包容性，为学生提供广阔的国际视野。建立校际、国际的合作、交流、探讨机制和双向培养机制，健全教师教育理论与实践共进机制，推进教师理念的更新、知识结构的升级，使财经高校的师资能够承担起培养合格的财经高校创新型人才的重任。在师资队伍的建设方面，要不断吸取国外师资队伍的先进经验，敢于改革弊端，实现师生共同进步。师资队伍的建设应当以中青年骨干教师的培养为重点，为其提供更多的交流机会、探讨机会，通过与国外学界的对话和合作机制的建立更新教师的人才培养理念，通过及时的反馈听取学生的意见，通过与企业的座谈合作等方式了解现实中人才培养的需求。

总的来说，财经高校的创新型人才培养应当结合其专业特点，在确立正确的培养理念、准确定位培养目标的基础上，合理设置培养课程及体系，开放视角，吸取其他国家培养的优势和长处，为未来的社会主义市场经济输送高素质的创新型财经人才。

第二节　财经类创新型职业素养的建设

一、财经类创新型人才的师资建设

对于高校师资队伍建设，《国家中长期教育改革和发展规划纲要（2010—2020年）》特别强调："以中青年教师和创新团队为重点，建设高素质的高校教师队伍。大力提高高校教师教学水平、科研创新和社会服务能力。"可见，教师队伍建设已成为国家教育改革与发展战略层面的重要议题。师资队伍的规模与结构、高校教师的学术水平及职业道德直接决定了一所高校的学术层次，影响到高校人才培养和服务社会的质量。为厘清财经类高校师资队伍的现状，分析财经类高校师资队伍建设存在的问题，探讨财经类高校师资队伍建设对财经 创新型人才培养重要作用，我们以国内有代表性的财经院校——中央财经大学、上海财经大学、西南财经大学为样本，分析师资队伍建设与财经创新型人才培养的关系，以期得到比较客观、科学的结论。一所大学的师资力量在一定程度上反映了这所大学创新人才培养基础的厚度。高水平的师资队伍是培养高素质创新型人才的关键和保障，也是全面提高高等教育教学质量的重要保障。

（一）现状

1. 规模与结构

近年来，财经类高校为适应财经创新型人才的需要，以规模发展和优化结构为主线，完善了师资培养、使用和激励制度，采取人才强校政策，重视教师队伍的培养和引进工作，加大了海内外高层次人才的引进力度，为财经创新型人才的培养提供了坚实的保障。

（1）高校师资队伍规模与结构举例

第一，中央财经大学师资队伍总体规模与结构。全校事业编制教职工 1446人，其中专任教师 963 人。教授 214 人，占专任教师总数的 22.220/0，副教授 348

人，占专任教师总数的 36.13%；具有博士学位者 574 人，占专任教师总数的占 59.61%。学校现有全日制学生 13646 人，其中，本科生 9072 人，硕士研究生 3537 人，博士研究生 594 人，留学生 443 人。

第二，上海财经大学师资队伍总体规模与结构。学校现有专任教师 1055 名，其中教授、副教授 544 人，占专任教师总数的 51.56%。有各类在校生 23141 人（全日制 13544 人），其中研究生 6570 人（学术型 2372 人，专业学位型 4198 人），本科生 7659 人，留学生 1045 人。

第三，西南财经大学师资队伍总体规模与结构。学校现有专任教师 1355 人，其中，有正高级职称教师 268 人，占专任教师总数的 19.78%，副高级职称教师 425 人，占专任教师总数的 31.37 010，博士生导师 98 人。学校现有全日制在校学生 23951 人，其中普通全日制本科生 16492 人；硕士研究生 5993 人，博士研究生 1103 人，留学生 363 人。

（2）师资队伍水平的建设

作为教育部直属财经类高校，三所财经院校依托国家继续实施的"海外高层次人才引进计划""长江学者奖励计划""新世纪优秀人才支持计划"等人才发展战略，加强高水平师资队伍建设。

2. 引进

近年来，学校着力在全球范围内平台式引进大批海外优秀人才，聘请了一批国内外著名学者担任学院领导和学术带头人，例如，诺贝尔经济学奖获得者劳伦斯·克莱因、约瑟夫·斯蒂格利茨、罗伯特·恩格尔、埃里克·马斯金、罗杰·迈尔森等担任学校学术委员、名誉教授、客座教授和兼职教授，为学生授课。又如，上海财经大学经济学院从 2007 年开始向全国高校教师和研究生推出"现代经济学全国高校教师暑期进修班"，为各高校培训现代经济学高级课程师资。西南财经大学一直十分重视师资队伍的引进和培养，近几年来该校加大了海内外高层次人才的引进力度，引进了包括美国芝加哥大学、宾夕法尼亚大学沃顿商学院、加州大学伯克利分校、斯坦福大学、康奈尔大学、俄亥俄州立大学、英国剑桥大学等世界著名大学以及清华大学、复旦大学等国内知名高校博士等 280 多名海内外优秀人才担任全职教师，100 余名海外学者任讲座教授、课程教授。学校实施"人才强校战略"，加快引进和培养学术领军人物，启动了"151 工程"，即重点培养 10 名左右国内中青年学术拔尖人才、50 名左右中青年学科带头人、100 名左右中青年教学骨干。为财经创新型人才奠定了扎实的基础。加强对现有教师的培训和高层次人才的培养与引进是提高师资水平的有效途径。近年来，特别是高校扩招以来，国家出台了一系列政策，促进高校教师的培养和引进。如在教师培训上，《中华人民共和国教师法》规定："各级人民政府应当采取措施，加强教师的思想政治教育和业务培训，改善教师的工作条件和生活条件，保障教师的合法权益，提高教师的社会地位。"1996年颁布的《高等学校教师培训工作规程》，对高校教师的培训目的、原则等做了详细的说明。1998年颁布的《中华人民共和国高等教育法》明确规定："高等学校应当为教师参加培训、开展科学研究和进行学术交流提供便利条件。"在教师发展与引进上，国家制定了《面向21世纪教育振兴行动计划》，提出通过实施"高层次创新性人才工程"，促进高校科研工作的进一步发展。针对实施"高层次创新性人才工程"的要求，教育部先后出台了一系列措施，包括"海外高层次人才引进计划"、"长江学者奖励计划"、"新世纪优秀人才支持计划"等，对高校教师的培训与引进工作进行了具体规划。

由此具备国际学术交流能力，能够开设双语教学的教师越来越多。该校还建立了中财"121人才工程"青年博士发展基金、建立教师学术休假制度，加强对教师的培养。各高校也加大了对教师的培训与引进力度，尤其是财经类高校为适应教育国际化的发展，采取一些有效措施，进一步加强对教师的培训与引进工作。取得了明显成效。如中央财经大学十分重视对教师的培训工作，重视教师队伍的"国际化"，全面实施"青年骨干教师出国研修计划"，支持教师出国进修访学。

中央财经大学会计学院，作为学校"国家财经应用型创新人才培养模式改革项目"试点单位之一，为更好地适应国家经济社会发展对高层次、应用型人才的需要，调整优化研究生教育类型结构，完善研究生教育培养体系，推动硕士研究生教育从以培养学术型人才为主的模式向以培养学术型人才和应用型人才并重发展的模式转变，中央财经大学会计学院实施了一系列的举措。其中一项措施就是在研究生教育中实行双导师制，即每一名研究生配备一名校内导师和一名校外客座导师。128位业界精英受聘为会计学院研究生客座导师。为强化实践教学，财经类高校还加大对实际部门专家的引进力度。如西南财经大学聘请了400余位国内外经济学家、银行家、企业家为兼职教授和客座教授，充实师资队伍。

师德，可以统称为教师的职业道德。高校教师是一种特殊的职业，在社会上有着特殊的地位，他们不仅要"传道、授业、解惑"，而且还要用先进的思想、高尚的道德情操和扎实的专业知识去教育培养学生。其职业精神和思想观念直接影响到教师的教学、科研工作的态度，从而影响到教师教学和科研工作的质量和水平，影响到整个高等教育教学水平的提高。

高校教师的科研诚信直接关系到学术共同体的可持续发展，关系到国家科技创新能力的提高。我们曾经以教育部学风建设委员会编制的《高校人文社会科学研究工作者学术道德与诚信状况调查问卷》为依据，采取问卷调查和教师访谈的方式，对某财经大学教师学术道德和科研诚信的现状进行了调查分析。高校教师的职业道德最引起社会关注的还是学术诚信问题。近年来，我国高校科研事业发展迅速，成果数量大幅增加，科研队伍不断壮大。但与此同时，涉及高校教师学术腐败事件层出不穷，学术造假、论文抄袭一直是社会关注的焦点和热点问题，这不仅事关教师个人事业的发展，而且还关系到高校的名誉乃至国家的形象。

在调查对有关科研诚信的规章制度了解的程度，如教育部颁布的《关于加强学术道德建设的若干意见》、《高等学校哲学社会科学研究学术规范（试行）》、《关于进一步加强和改进师德建设的意见》、《关于树立社会主义荣辱观进一步加强学术道德建设的意见》等文件是否知道和了解其主要内容，结果并不乐观。其中，"不太了解和不了解"文件内容的比例达到 34 010，"一般了解"文件内容的占 21.3 010，"了解一些"文件内容的占 36.2 010，仅有 8.5% 的教师认真学习过文件内容。在调查"当教师本人的科研成果被他人剽窃，首先采取的处理方式"时，40. 4010 的教师采取不予理睬的态度，27. 7% 的教师采取与当事人协商解决的方式，29. 8% 的教师采取向有关部门反映的方式，仅有 2. 1010 的教师诉诸法律。在对目前教师学术道德与诚信状况最严重的群体调查中，从年龄结构上看，青年教师占比例最高达 53.2%，中年教师比例为 44.7%；从专业技术职务来看，主要集中在中级专业技术职务的教师中为 51. 1%，副高级专业技术职务的教师为 27. 7%。在"对治理严重违反学术道德与诚信的行为立法必要性"调查中，85.1% 的教师认为国家很有必要和有必要立法惩治学术腐败问题。在对"违规教师在专业技术职务评定等方面实施'一票否决'的看法"时，91. 60/0 的教师表示赞成和基本赞成。调查统计结果不容乐观，教师对学校学术道德和科研诚信整体状况的满意程度有待提高，其中"学校学术道德和科研诚信整体状况"整体满意度为：比较满意和一般满意占 42.6%，不太满意的占 38.3%，不满意的比例为 19.1%。有关"教师学术道德与诚信的整体发展趋势"情况是：略有好转的比例为 40.4%，认为没有变化的占 17.1%，认为略有下滑和明显下滑的比例达到 42.5%，看来学校对教师的科研诚信教育需要进一步加强。

从影响教师科研诚信状况的外部因素分析，按影响程度划分，影响程度最高的是：“科研评价体系不完善”，占 48.9 010；排在第二位是“社会腐败、浮躁和不正之风等因素的影响”，占 44.7%；排在第三位的是“惩机制不健全，奖罚力度不大”，占 34.1%。从影响教师科研诚信状况的内部因素分析，排在第一位的是“急功近利思想严重”，占 38.3%；“受某些投机取巧反而名利双收人员影响”，排在第二位，占 27.20/0；“学术道德方面的自律意识薄弱”，占 12.7%，排在第三位。

可见，学术诚信问题已经影响到教师的职业发展，也影响到人才的培养质量，因此，加强教师的学术诚信教育，建立学术诚信监督机制，成为非常急迫的任务。

（二）师资建设存在的问题

通过对财经类高校师资队伍现状的分析，我们认为财经类高校师资队伍的结构明显改善，为财经创新型人才的培养提供了坚实的基础和保障。但是从创新型人才培养的角度看，师资队伍建设仍存在着一些问题。

1. 教师总量

比如，耶鲁大学生师比约为 5:1，而我国大学生师比平均约为 16：1，财经类高校生师比平均超过 17：1，西南财经大学生师比超过 20：1。其结果是大班授课，老师无法因材施教，限制了对学生的个性化培养。与国外大学相比，我国高校由于受扩招的影响，师资队伍总量不足，生师比过高。生师比过高意味着每名老师培养的学生越多，虽然降低了培养学生的成本，但培养质量难以保证。

2. 师资队伍的结构

财经类高校的师资队伍的学缘结构有待优化，根据顾海兵等学者对国内外 23 所知名高校财经类院系的专职教师来源进行的调查，结果显示 17 所内地高校在职的 987 名教师，其中有 62% 的教师毕业后直接在母校任教。教师队伍的学缘结构是指一所学校、一个学院或一个教学单位全体教师成员完成最终学历（学位）教育的毕业高校、所学专业等在类型、分布、层次等方面的构成情况。而与此相比，海外高校极少有本校毕业生留校任教的，如哈佛大学经济学院 47 名教师中只有 1 人毕业后留校执教，而耶鲁大学与伦敦经济学院则没有教师是毕业后直接留校任教的。与世界一流大学的经济学院相比，我国财经类高校师资队伍学缘结构的“近亲繁殖”程度仍然很严重。

3. 教师教授水平

聘请了 20 世纪最伟大的思想家之一——卡尔·波普等几十位著名学者，使伦敦政治经济学院迅速崛起，成为世界著名的经济学院。从国内财经院校的总体情况来看，"长江学者"基本上在个位数，有的学校还是空白，国家杰出青年基金获得者更是少之又少，高水平的学术带头人不足，已成为制约财经类高校发展的瓶颈问题。"大学者，非谓有大楼之谓也，有大师之谓也。"与世界一流的财经大学相比，我们最大的差距是有国际影响力的学术领军人物和高水平的学术带头人缺乏。世界著名的财经院校——伦敦政治经济学院，非常重视师资的引进工作，在招聘教师上，学院在全球范围内招聘教师和科研人员，一直都在和北美和欧洲的大学竞争教师。

4. 教师能力

岗前培训和教师资格培训不能弥补这些教师的不足。而学校对教师的培训多以提高学术水平为目的，对教师教育教学能力的培养不太重视，从教师自身来看，对个人专业能力的关注也多于对教学能力的关注。导致教师教育教学能力的发展呈现边缘化趋势。一个教师无论其学术水平再高，如果不能采用恰当的教学方法，把自己的知识传授给学生，就称不上是一个合格的教师。财经类高校有相当一部分教师毕业于非师范院校，没有受过系统的教育教学相关知识、技能和教育方法的训练，加上师资紧缺，新教师到岗不久即上讲台授课，没有经历助教环节，没有老教师的传、帮、带，只有教师自己在教学中摸索。

财经类高校担负着为国家培养经济管理人才和为国家经济建设提供智力支持的任务，高等财经教育一个突出的特点是理论和实践密切结合。这就要求教师有较强的实践能力和实际部门工作的经验，然而，财经类高校的教师大多是从校门到校门的硕士毕业生、博士毕业生，缺乏在实际工作部门工作的经历，不了解实际部门的工作流程，讲课时缺乏实际部门的案例，在进行实践教学中，只能照本宣科，纸上谈兵。

5. 教师水平的提高

"走出去"就是鼓励教师积极参加国际会议、到国外进修、访学，以提高现有教师的国际视野。但从执行情况看，效果并不理想，具有国际化背景的教师依然缺乏，具有海外博士学位的教师比例不高，具有 3 个月以上出国短期培训的教师不足 30%。有些老师的学术水平、外语水平还没有达到和国外学者交流的水平，难以开展实质性的合作与研究，因此，大力提高教师的国际交流能力和学术水平尤为重要。推进财经类高校教师的国际化是建设高水平财经院校的必然要求，也是培养财经创新型人才的重要保障。近年来，财经类高校采取"请进来、走出去"的方针，积极推进教师的国际化。"请进来"就是加大对海内外高层人才的引进力度，通过聘请海内外学者来校短期讲学、聘请全职教授为学生授课，促进教师的国际化。

财经类高校教师的整体素质还不能适应创新教育和创新型人才培养的需要。虽然启发式教育、以学生为本、以学生为中心的教育新理念早已提出来了，但是许多教师仍然抱着以教师为中心、灌输式的传统教育观念，有碍于创新教育、创新人才的培养。

教师没有集体归属感，教学、科研还处在"单打独斗"的状态，不利于教师的发展。近年来，财经类高校采取措施，探索营造适合教师发展的教师文化，如中央财经大学实施青年创新团队计划，开展"中财双周学术沙龙"，搭建跨学院、跨学科的学术交流平台，促进学科交融的科学研究。但总的来看，涉及面还不宽，惠及不到全体教师。因为教师文化建设是一项系统工程，需要学校各部门的通力合作，营造一个适应教师发展的教师文化环境。教师文化是指在学校教师群体内形成的独特的价值观，共同的思想、作风和行为准则、规范等。教师文化属于教学职业文化的范畴，是学校文化的一种亚文化，也是教师成长的"小环境"、"小气候"。财经类高校由于历史的原因，学科相对单一，虽然财经类院校也朝着多科性大学发展，设置了文、理、法等学科，但相对于综合性院校来说，还是在学科设置上略显单薄，加之财经类高校院系划分过细，不利于教师之间的沟通，也不利于学科间的交叉与融合。

（三）对策

1. 引进

引进高层次人才是改善师资队伍结构、实现学校跨越式发展的有效措施。就财经类大学而言，引进人才工作的重点有两个方面：一是引进国际一流的学术大师、创新团队和中青年拔尖人才；二是针对财经教育的特点，引进同行业实际工作部门的专家做客座教授或兼职教授充实师资队伍，以增强师资队伍的竞争力。

（1）原则

第一，联合原则。坚持国际化与本土化相结合。高等教育的国际化决定了高校在引进高层次人才时要坚持国际化的理念，因为教师的国际化程度的高低直接影响到一所高校的办学质量。哈佛大学名誉校长陆登廷认为，只有教师的绝对质量达到了国际化水平，一个大学才能称得上是优秀的大学。引进具有国际背景的一流学术领军人物、创新团队和中青年骨干，带来的是教师来源的多元化，先进的教育理念，课程体系的国际化。凝聚了高水平的学术队伍，促进了学校学科建设与发展，也提高了高校国际竞争力和声誉，为创新型人才培养提供了高水平师资队伍。高等财经教育的特点，决定了财经类高校在引进高层次人才上还要坚持本土化的原则，以满足实践性教学的需要，通过引进同行业的专家做客座教授或兼职教授充实教师队伍，是建立"双师型"教师队伍的途径之一，也为培养学生的创新能力奠定了基础。

第二，统筹的原则。坚持促进学科建设与发展。引进高层次人才，要根据学校的学科发展规划，立足于学校专业建设、学科建设的需要，要有利于学校人才资源的整合。在高层次人才引进中，不仅要保证重点学科、特色学科的需要，同时也要兼顾新建学科、交叉学科的需要，做到重点突出，统筹兼顾。

第三，优质的原则。坚持择优录用、保证质量。引进高层次人才要把好入口关，高校应加强对拟引进高层次人才的思想政治素质、职业道德、学术水平、教学科研成果等方面的考核与考查，严格按程序和要求办理，确保引进人才的质量。

（2）制度

人才引进工作是一项长期而复杂的工作，需要制定一系列的配套制度，来积极推进人才引进工作的开展。

为实现人才强国的战略，国家启动了"千人计划"，教育部实施了"高层次创造性人才计划"，各地区也纷纷出台引进高层次人才的计划，这些人才支持计划，规定人才引进的层次、条件、待遇和制度保障等措施，为高校引进高层次人才提供了良好的条件和制度环境。对于高校来说，应充分利用这些人才引进平台，吸引高层次人才来校工作。

高校在利用好国家人才引进计划外，也应制定政策加快人才的引进力度，提高自身的竞争力。近年来，财经类高校实施人才强校战略，制定了一系列政策。积极推进人才引进工作。如上海财经大学在"十二五"规划中明确提出：在充分利用国内、国际两方面人才资源，进一步加大引进优秀人才的力度；着力引进和培养一批学术领军人才和高水平创新团队。入选千人计划、长江学者、新世纪百千万人才工程、国家级教学名师、上海市领军人才等国家和地方高层次人才计划的人次数取得显著增长。中央财经大学为确保人才引进的质量，出台了《中央财经大学聘任外籍专家来校任教暂行办法》和《中央财经大学引进优秀留学人才工作暂行办法》。明确人才引进的机制，一种是不进入学校事业编制，采用合同聘任管理，实行年薪制的人员；另一种是进入学校事业编制：实行岗位绩效工资制，并附加一次性补贴或海外优秀人才特殊津贴的人员。学校设立了引进优秀人才专项经费，保障人才引进工作的实施。

在引进实践型教师时，要明确实践型教师的岗位职责，在专业技术职务聘任上，应与学术型教师有区别，重点考核实践型教师的专业素养和实际能力。

（3）形式

学者吴俊培教授在总结复旦大学的人才引进模式时，提出了四种人才引进模式：一是"团队引进"模式；二是"柔性引进"模式，以双聘形式引进多名院士；三是"哑铃方式"引进，允许国内国外两头兼顾，采取讲席教授的方式，实现海外高智力人才的国内共享；四是"链球方式"引进，为加强薄弱学科建设，从国内著名高校和科研院所引进学科带头人和一批中青年学术骨干，实现"补缺攻坚"。引进人才要采取灵活多样的形式，坚持"不求所有，但求所用"的原则，拓宽引进人才的思路。

（4）措施

高水平的师资队伍是打造一流高等财经教育的关键，近年来，财经类高校积极引进人才取得一些成绩，但是一流的人才队伍、学术领军人才仍然不足。为此，财经类高校要创新用人机制，不仅为创新型人才培养提供保障，也为国家经济建设和社会发展提供智力支持。

学术大师引进计划。财经类高校因根据自身的特点，围绕学科建设的需要，积极探索学术大师引进的有效途径。采取"大师＋团队"的师资管理模式，构建学术梯队。通过引进学术大师，带动学术团队和教学团队的发展，发挥整体大于部分之和的团队效能。

海外人才引进计划。财经类高校因结合学校人才强校战略，解决高层人才不足的问题。采取海外平台式引进的方式，创新人才引进机制，采取"年薪制"与"岗位绩效工资制"的用人机制，大力引进海外优秀人才，提高学校教师的国际化程度，为培养具有国际视野的创新型人才打下基础。

师资人才储备计划。为使师资队伍可持续发展，财经类高校可根据学校的发展规划和学科建设需要，采取"订单式"的模式，有计划、有目的地储备师资人才。如选拔高校在读博士生作为教师队伍的储备人选，有针对性对他们进行教育教学理论和实践的培训，使他们尽快成长。

2. 培养

引进人才是解决教师队伍的燃眉之急、迅速改变师资队伍结构的有效措施，而师资培养则是一项基础性、长期性的工作，虽然见效慢，但对师资队伍的整体发展，有着不可替代的作用。从高校的发展来看，对现有教师的培养和高层次引进人才同样重要，是师资队伍建设的两翼，不得偏废其中任何一个方面。

没有针对教师职业发展的整体培养规划，教师普遍对现有的培训制度不满意。因此，学习借鉴国外高校的先进经验，设立教师发展中心，全面规划教师的职业生涯是一种有效的形式，有利于建立教师长远发展、终身学习、以能力建设和素质培养为核心的培训、学习长效机制，提升教师整体水平，推广教育教学创新，全面提高学校教育教学质量。把学校事业发展与人才自身发展结合起来，推进师资队伍的可持续发展。在我国高校对教师的培养工作，基本上由人事部门兼管，没有专门的教师培养机构。对教师培养重视程度不够，缺乏总体规划，仅限于人职培训、学历培训、短期进修、出国访学等。

（1）关系

从教师培养的角度，促进教师的专业化发展，应处理好以下几方面的关系：

第一，校内培训与校外培训的关系。校内培训是校外培训的必要补充。高校应充分利用校内资源开展教师培训工作。如教学基本功比赛、教学观摩、教学名师精彩一门课等，促进了青年教师的成长，也加强了教师之间的沟通与联系。同时，既降低了培训成本，又提高了培训的效益。

第二，教师个人发展与学校发展的关系。学校的发展取决于教师个体的发展，而学校的发展也为教师个体的发展提供了空间和保障。高校教师作为教学、科研工作的主要承担者，其发展主要取决于自身的发展需求，这是教师发展的内在动力。因此，学校有关部门要注意培养教师的发展意识，了解其在教学与科研等方面的不足。为教师制定发展规划，将教师的发展目标统一到学校发展的大目标上来，实现双赢。

第三，教师教学能力和科研能力提高的关系。在教师培养上要处理好教学能力和科研能力的关系，目前高校针对教师科研能力提高的培训和进修较为重视，而针对教师教学能力的培训仅限于国家规定的培训内容，对于没有接受过师范教育的教师，显然不能弥补他们的不足。因此，学校在制定教师培养规划时要寻找科研与教学的结合点，促进教师的教学能力和科研能力都得到提高。

（2）措施

对教师的培养要根据学校的发展目标，兼顾教师个人的需求，采取有步骤、分层次的方式，促进教师队伍的整体发展。

建立发展中心。在高校设立教师发展中心，加强对教师发展的全面规划工作，全面提升教师的综合素质和业务水平。教师发展中心整合校内外师资培训资源，通过开展针对性的专题培训、促进教学与科研交流、为教师提供咨询指导和推广教育教学改革创新成果等手段，把新教工培训、青年教师岗位培训、教学科研能力培训、出国行前培训等结合起来，拓宽和更新教师知识结构，切实提高教师教学能力和学术创新能力。逐步完善研修内容，提高研修效益，拓宽培训渠道，实现国内培训与国外学习相结合、在职培训与脱产学习相结合、专业提高与心理培训相结合、短期培训与持续学习相结合，尽可能全方位满足教师的自我发展要求。

支持计划。实施青年创新团队计划，有效整合校内学科学术资源，培养一批学术骨干，以科研促进教学，形成科研与教学的良性循环。在这方面中央财经大学已经走在了前面。该校为顺应人文社会科学跨学科研究与发展的新趋势，促进科研体制改革，推动科研团队建设，满足国民经济和社会发展的需要，引领学科发展前沿，加快培育科研创新人才，促进标志性成果产生，以科研团队建设带动教学团队的建设，加强跨学科学术资源的整合，在对校内外科研组织模式及科研机构管理模式进行调研的基础上，提出推进科研体制改革、设立青年科研创新团队支持计划。该校"经济体制改革与包容性增长"青年科研创新团队，在团队学术带头人李涛教授的带领下，在相关课题研究中，提出了"十二五"期间北京市转变经济发展方式需要注意的重要问题，引起了北京市有关部门的重视。并将最新研究成果以讲座的形式传授给学生，实现了科研成果向教学成果的转化。

挂职锻炼。针对高等财经教育的特点，建立教师到实际部门挂职锻炼制度，在经费和制度上，保证教师到实际部门挂职锻炼工作落到实处。鼓励中青年教师积极参与社会实践，提高教师实践教学能力。

二、推进科学与教学的有机结合

要实现培养创新型人才、更好地发挥为社会服务的功能，必须依赖科学研究功能的作用。培养高层次、高素质的创新型人才不能仅仅依靠课堂教学，而要发挥科学研究的育人功能。从人才培养的角度看，科学研究是"源"，而教学是"流"，教师通过科学研究将最新研究成果引入到教学活动中，才能使教学更有深度，更有广度，而且通过教学活动，才能使科学研究更有活力，更有灵感。可见，实现科学研究与教学的良性互动，对培养创新型人才具有重要作用。人才培养、科学研究、服务社会、文化传承与创新是现代大学的四大职能。培养符合社会需要的创新型人才，产出推动社会经济发展的优秀科学研究成果，推进文化传承与创新，最终目的是更好地为社会服务。

对财经类大学来说，积极推进科学研究与教学有机结合，在财经创新型人才培养上有着重要的作用。作为国家高等教育体系重要组成部分的财经类大学，担负着培养国民经济管理人才和为国家经济建设提供智力支持的重要任务。财经学科由于自身的特性，与社会前沿、经济实践、社会应用联系紧密。

（一）重视科研

通过科学研究，对学生进行研究方法、研究习惯和研究能力的训练，是学生创新素质养成的条件之一。从建设创新型国家战略高度出发，胡锦涛总书记在清华百年校庆大会上提出"要积极推进协同创新"战略。对高校而言，协同创新首先要求科学研究与教学有效协同，高校的根本任务是人才培养，培养创新型人才更需要科学研究的支撑。将科学研究与本科教学有机融合，是培养大学生科研能力、创新精神、开拓精神的重要举措。

开展社会服务为国家创造财富提供支持，从中得到社会对科学研究、各类人才培养的新需求。大学的这些特性决定了其在国家创新体系中的核心地位，承担着培养创新型人才的重要职能。因此，大学就需要高水平的科研工作，高质量的科研成果，以培养创新型人才。从高等教育的发展来看，随着柏林大学的建立，柏林大学坚持教学与科研密切结合的办学理念，以发现新知识为目标的科学研究成为大学重要职能。大学集知识的创造、加工、传播、应用为一体，可以产生强大的聚合效应，成为发展知识经济的动力和源泉。通过科学研究发展基础理论和探索科学前沿，丰富和更新本科教学内容，带动和推进人才培养。

学校的竞争力和特色优势与科学研究特色密切相关，作为学校办学特色重要组成部分的科学研究特色，以特色的研究方向、研究成果发展特色专业，以特色科学研究培养创新型人才，科学研究发挥着重要作用。从高等学校的发展来看，创新型人才的培养，需要高质量的科研成果的支撑。首先，研究型大学的重要标志是拥有处于学科发展前沿，能够推动该学科理论研究的科研成果。研究型大学较高的科研水平引导学科发展方向。其次，相对于一般院校来说，研究型大学学科门类比较齐全，学科之间互相依托、互相支撑，形成了良好的学术环境和育人环境。而科学研究是学科发展的基础，科研成果的质量决定着学科建设的质量，高水平的科研成果是促进学科的繁荣与发展的关键因素。

2009年度，高校获得国家科技进步奖通用项目151项，占通用项目总数的68%。高校作为第一完成单位，2005-2008年，获得的国家科技进步奖奖项占总获奖项目数的62%，显示了高校强大的科研实力。从国外一流大学的发展看，科学研究成为世界一流大学的重要职能，科学研究成为一流大学提高办学水平和学术声誉的基石。一流的大学有一流的师资队伍，充足的科研经费，为教师从事科学研究提供了良好的条件。世界一流大学的科学研究始终处在世界科技发展的中心地位，一些重要的科学技术、学术思想也出自世界一流大学，据统计，诺贝尔奖获得者大多来自世界一流大学，如剑桥大学迄今已产生了81位诺贝尔奖获得者。一流的科研成果为创新型人才的培养提供了良好的基础，一流的科研成果带来的是良好的社会声誉和一流的生源，也为培养出优秀的拔尖人才提供了保证。从国内著名大学的发展来看，高校由于学科门类齐全、拥有一批优秀人才，因此凭借着这些优势站在科学研究的前沿，在创新型国家建设中发挥着重要作用。有关资料显示，高校获国家级重大科技奖励中数量最多的重要奖项是国家科技进步奖。

通过科学研究，产出高水平科研成果，促成新的学科体系的建立，通过科学研究，使传统学科及其他新兴学科向纵深拓展，派生出具有较强生命力的应用学科。因此，高校的科学研究和学科建设的协同发展对于高等教育的发展有着非常重要的作用。从学科建设的发展来看，学科建设的水平反映了一所学校的办学水平，科学研究是学科建设的核心因素，传统优势学科的发展，需要科学研究的支撑，新兴交叉学科的发展，也离不开科学研究成果的支持。

（二）优势学科的建设

1. 优势学科建设的具体体现

优势学科的建设和鲜明的科研特色是建设特色专业的基础，而特色学科、特色团队、特色成果是科研特色的具体体现。一所高校的学科建设水平是科研实力的重要指征和体现。以科研特色促进教学质量提升，一个重要的载体和抓手就是学科建设。学科建设是专业建设的基础，因为学科建设为专业建设提供了高水平的师资队伍、教学与研究基地、包括学科发展最新成果的课程教学内容、大学生自主研究性学习的机会等。专业是人才培养的基本单位，处于学科体系与社会需求的交叉点上，是学科承担人才培养的基地，是学科建设的有机组成部分。专业建设与学科建设是相互联系、相互促进的。特色专业体现了高等学校专业结构的优化程度，特色专业的建设是提高人才培养质量，强化专业特色的重要措施。

有分量的科研成果和教学成果为学科建设和特色学科建设起到了支撑作用。近年来，财经类高校以财经优势学科为依托，优化现有的专业结构，积极推进特色专业的建设，提高了财经创新型人才的培养质量。例如，中央财经大学发挥学科优势和人才优势的作用，结合科研特色和科研成果的优势，加强重点学科、博士点和硕士点的建设，注重特色研究和特色成果向专业建设的转化，积极建设本科特色专业。以科研项目和成果为基础，加强对传统优势学科金融学、会计学、财政学、统计学、保险学的建设，产生了一批标志性、特色性的研究成果，专业内涵得到了进一步拓展，专业特色更加明显。2002年，该校金融学专业被评定为国家级重点学科，2007年，金融学科顺利通过国家重点学科评估；2007年，该校金融学专业被评为第二批"高等院校特色专业"。在金融学专业建设中力图做到基础理论研究与教学研究相结合，现实研究与参与改革实践相结合。一方面加强专业的基础理论研究，在理论教学中，跟踪前沿；另一方面，密切关注现实的发展，引导中青年教师积极参加教改研究，促进科研成果与本科教学相结合，形成了鲜明的科研特色和优势，取得了丰富的科研成果。

近5年来，该校金融学院的教师出版学术专著20部，译著5部，研究报告6篇，在核心期刊上发表学术论文300余篇，承担省部级以上科研项目20余项。《货币银行学》作为金融学专业核心课程被评定为首批国家精品课程，《证券投资学》被评为北京市精品课程；《中央银行学》获得全国优秀教材一等奖、《国际结算》获得全国优秀教材二等奖．有多本教材入选为国家精品教材，3本教材被教育部列为全国推荐优秀教材，6本教材入选北京市精品教材，《金融学》等12本教材已成为国家"十一五"规划教材和北京市规划教材。使金融学专业在巩固传统的货币金融、银行管理、证券投资与国际金融等专业领域的优势的同时，在金融风险管理等领域形成新的优势和专业特色，目前该校共有8个高等学校特色专业建设点，形成了中央财经大学独特的特色专业，为培养创新型财经人才打下了基础。

又如，上海财经大学在特色专业的建设上，坚持立足我国经济社会发展的实际，依托会计学、金融学、财政学、经济学等传统优势学科，瞄准国际同类学科专业的先进水平，设计专业计划和课程体系。该校会计专业经过长期的积淀，国际会计特色显著，分别与英国ACCA、加拿大CGA、美国会计合作，建立了ACCA专业、CGA专业和美国会计专业，每年培养中外合作国际会计专业方向本科生150多人，提高财经创新型人才培养质量。

2. 学生加入教师科研团队

电子商务教学团队注重科研成果向教学成果的转化，鼓励学生加入教师科研团队，参加科研项目研究，对电子商务与电子政务的理论和实践问题进行深入的研究。在2007年该校获得了"电子商务名校"和"电子商务名师"称号。经济信息管理专业被评为北京市交叉学科重点学科，2010 年该专业成为"高等院校特色专业"。第三次科技革命后，科技发展呈现出既高度分化又高度融合的趋势，学科之间相互交叉、相互融合，产生许多交叉学科和应用学科，为科学技术的发展带来了活力。国内外高校也在抓住机遇，面对挑战。进入 21 世纪以来，财经类大学抓住机遇，主动适应国家及全球经济结构调整和社会发展的需要，依托传统财经优势学科和科学研究特色，促进财经学科与文理法学科的交叉与融合，设置了一些新兴交叉专业，提高学生综合素质和办学综合实力。例如，中央财经大学以国家重点学科为依托，以交叉研究、特色研究推进交叉专业、边缘专业的建设，依托金融学学科优势，根据现代金融发展的需要，增设了金融工程专业，根据市场发经济展的需要，注重财经学科与文科、理科、法学等学科的交叉融合，设置了经济法专业、电子商务专业、体育经济专业、物流管理专业、社会学专业、应用心理学等专业，经过几年的发展，这些新专业已在国内产生了较大影响。该校依托国家重点学科应用经济学一级学科建立的电子商务专业，充分利用该校在工商管理、公共管理和信息管理等学科上的优势，实现了电子商务与工商管理、公共管理和信息管理等学科的融合，形成了鲜明的特色。毕业生受到用人单位的青睐。近年来，电子商务教学团队承担了国家社科基金、国家自然科学基金等多项国家级课题、承担了教育部哲学社会科学研究重大课题攻关项目以及 10 余项省部级课题。

又如，上海财经大学积极发展文科、理科、法学等学科，促进文法理学科与财经学科的有机结合，建立了经济法、经贸英语、经贸日语、经济新闻、对外汉语、数学与应用数学等新兴交叉专业。新兴交叉专业的建设，带来的是校园文化实力的提升，促进了学生综合素质的提高。

3. 科研团队的建设分析

（1）科研团队的组件

科研团队是为顺应跨学科研究与发展的新趋势，加强跨学科学术资源整合的一种新型的科研组织形式。教师们在长期的科研、教学合作中，凝炼了学术方向，汇聚了一批中青年骨干教师，为科研团队和教学团队的形成奠定了基础。教师学术水平的提高，丰富的专业理论知识和实践经验的积累，都离不开科学研究工作。以科研团队的建设带动教学团队的建设，使科研团队与教学团队产生良性互动，进一步推进科研与教学的结合，发挥科研与教学的相互促进作用，促进了研究型教学团队的成长。

在教学方面，加强对新教师教学能力的培养，主要以课题组制度为载体，通过互相听课、集体备课、教学研讨等形式进行"传、帮、带"，及时发现和解决教学过程中的问题。让老教师担任青年教师的教学科研导师，促进青年教师的成长。对中青年教师则采取重点指导和激励的措施，提高他们的专业素质和业务水平。研究型教学团队是在各学科科研团队建设的基础上，组建的跨学科、跨学院的群体。研究型教学团队通过合作科研项目，发挥各学科的优势互补作用，进一步凝练学术方向，强化科研特色，以特色形成优势，从而进一步优化了团队教师梯队的知识结构、年龄结构和学缘结构，通过实施"请进来"和"走出去"并重的战略，邀请知名大学的学者到团队做访问学者，选派团队成员到国内外重点名牌大学进行学习和进修，研究型教学团队的形成，增加了团队成员之间进行教学与科研交流的机会，进而提高了团队的整体教学科研水平。团队通过举办系列讲座、学术沙龙、研讨会等多种形式，加强对教师科研素质、科研能力和教学能力的培养。促进校内外研究型教学团队的合作与交流，在科学研究方面，团队成员之间相互合作尤为重要。这样可以发挥团队的合作互补优势，组织团队成员参与重大科研项目的研究，不仅锻炼了青年教师科研能力，促进了青年教师的学术成长，而且在科研合作的过程中，团队成员之间相互学习、取长补短，发挥互补优势，提升团队的整体科研能力。

吸收本科生加入课题组进行科学研究，培养学生的科研素质，提高了学生的专业素养，将科研过程与学生创新能力培养过程相结合，加强对学生科研能力、科研方法的训练，强化学生科学精神的熏陶，弥补了传统教学的不足。教师开展教学研究，开展以学生为中心、以问题为导向的研究性教学活动，以培养学生的研究性学习能力。团队成员之间的合作和交流，为研究型教学团队内部营造了良好的学术氛围和教学环境，促进了教学与科研的融合与发展，使教师在提高教学能力的同时，也锻炼了科研能力，成为科研骨干和教学骨干，团队成员通过承担本科生专业导师，实现了课堂教学与个别辅导的结合。导师负责指导的学生学业和品行，对培养学生的创新能力和创新意识有积极作用。研究型教学团队鼓励学生参与导师的课题研究，通过科学研究帮助学生了解学科前沿，知道什么是科研，怎样做科研。培养学生发现问题、观察问题、解决问题的能力，增强了学生的创新意识。

李建军教授主持完成的《中国地下金融规模与宏观经济影响的测度方法研究》国家自然科学基金项目，采用了金融统计分析方法和统计调查法测算地下金融的流量规模和存量规模，其中的方法及其测算与验证，已经直接转化为金融统计分析课程的部分内容。该团队其他成员的科研成果大多以《金融学前沿》等专题讲座的形式，面向全校学生。近年来，财经类高校积极推进科研团队与教学团队的融合，收到了良好效果。例如，中央财经大学国家级金融学专业教学团队，在李健教授为带头人的带领下，特别注重科研和教学的结合，多年来利用教师承担的不同层次的科研项目，鼓励和吸收学生加入科研项目组，促使学生带着科研项目进行学习与研究，既调动了学生研究的积极性，又拓宽了学生的知识视野，还能够及时了解和学习教师的最新研究成果，对学生的自学能力和科研能力的提高有积极的作用。该团队已有多项科研成果转化为教学内容，李健教授主持完成的国家自然科学基金项目《国有商业银行改革的宏观管理研究》中有部分基础理论的研究成果已经转化为《货币银行学》、《金融中介学》等课程的教学内容。

学生们通过切实参与课题研究培养自己的科研能力，并在老师的指导下取得了初步成果，小组成员参与了《老年人健康的跨学科研究》一书的编写工作；部分小组成员参与了"深圳市急救体系的管理体制和运行模式"的研究项目；还有部分小组成员参与了"世界主要国家公立医院薪酬体系调查研究"，撰写了相关研究报告。又如，中央财经大学"医疗卫生改革政策评价与老年人健康保障跨学科研究"青年创新团队，在团队带头人王俊副教授的带领下，以科研项目为载体，以该校"未来经济学家"创新人才培养教改项目为依托，积极探索创新型人才培养模式，挖掘有学术潜力的学生参加课题研究。教师通过指导学生科研创新团队活动和学生课题研究，吸纳学生参加教师的科研活动，促进了学生科研能力的提高。团队成员组织中央财经大学来自金融、税务、统计、财政四个学院的20余名学生组成研究小组，在全国25个省区进行调研工作，引导学生进行科学研究。

（2）教师前沿问题的引领

高质量的教材由于融入科学研究的前沿问题，教师在授课时，围绕前沿问题与学生共同探讨，强化对学生学习思维能力的培养。因此，及时将研究成果及在研究过程中获得的最新科研信息融入到日常教学的组织和实施中，使教学活动具有前沿性、动态性和延展性。教学是立校之本，科研是强校之路。传统的课堂教学主要是依据课本的内容将知识传授给学生，这种课堂教学模式已经不利于创新型人才的培养。因此，有必要改革现有的课堂教学模式，改变灌输式的教育方法，采用启发式、研讨式的教学方法，在教学内容上，及时把科学研究的新成果、新思想引入到课堂教学之中，不断充实、更新教学内容。将科学研究与课堂教学紧密结合，对培养学生的创新素质起着重要的作用。实践证明，科研成果除了可以用于发表论文、申报专利、申报奖励、指导研究生，以及通过不同途径实现产品转化（一次转化），直接为社会经济建设发展服务外，还有一个非常重要的作用，就是将科研成果转化为教学成果，运用到教学实践中去，实现二次转化。高水平的科研成果，为教学提供了学科发展的最新信息，有利于引导学生掌握学科动态，探讨学科前沿问题，解决了学生所学知识与现代科技前沿、社会实践相隔离的弊端。将科研的最新研究成果及时补充到教材的编写和修订之中，有利于教师在编写教材中更好地分析阐述较难理解的概念和理论，体现了专业知识的前沿性和专业知识研究的过程性，丰富了授课内容。

只要科研做到"顶天立地"，教学内容也能随着"顶天立地"，这样既能增加教学的理论含金量，及时把握学科发展的理论前沿，同时也能直面实践教学，凸显教学育人的实践性、针对性。将科研成果转化为教学成果，一方面提高了教师的自身素质和教学视野，使教师在教学的设计和组织上、教学内容的安排上更加灵活与高效，专题教学、研讨教学加深了学生对本学科知识的理解，激发了学生的学习兴趣。另一方面通过教师讲授科研成果和师生之间讨论科研问题，强化了学生的教学参与和课堂互动的积极性，激发了学生课后延展学习的热情，大大提高和巩固了课堂教学的效果。

大学教师必须进行科学研究，特别是结合教学和课程需要的科学研究。形成以科研促进教学，以教学带动科研两者相得益彰的局面。教学过程的科研化，科研过程的教学化，是高校教学与科研积极互动的集中表现。致力于提高教学和学术水平是大学教师的职责，科学研究活动的全面开展是保证大学教学内容始终反映本学科的最新研究成果前提，是教学始终站在学科前沿的基本条件之一。科研活动、科研成果越多，教学内容就越丰富，更新速度就越快，教学与科研相结合有利于开阔学生的视野，培养学生思考和创新的能力，这样的教学才是有着实际内容的"授之以渔"式的教学。

（3）科研与教学的实践

科研与教学相结合的研究性学习不仅改变了教学方式和教学内容，而且改变了传统的师生关系，使教师主导的课堂成为师生共同探究问题的场所，教师成为学生学习的促进者、合作者，在学生学习知识的同时，又训练了创新性思维，培养了研究能力和创新能力。现代科学技术的快速发展要求高等教育培养的人才不仅具有精深而广博的知识体系，而且必须具有积极地探索精神，高度的创新精神，丰富的想象力和尖锐的批判思维能力。对学生进行研究方法、研究习惯和研究能力等方面的科研训练，这是培养学生探索精神和各种能力的重要手段之一。高校将科研实践引入大学教学过程，是培养大学生科研能力、创新精神、开拓精神的重要措施。大学教师的授课不仅要向学生传授知识，重要的是讲精髓，指点学生如何去获取知识，激发学生自主学习、研究性学习和有创造性的学习。

科学研究对教师自身知识领域的开拓和学术水平的提高有着重要作用，开展科学研究工作，使教师不断探索本学科前沿问题，不断提出新思想、新观点，产出新成果，并将最新研究成果应用到教学实践之中，引导学生去思考、去探索、大胆设想，认真求证，把科学研究变成学生的第二课堂。科研活动对培养学生创新精神和实践能力有重要作用，培养学生创新精神和实践能力离不开科研活动的开展。高等教育的目的不仅是向学生传授现有的知识，进行知识积累，更重要的是培养学生的创新精神和实践能力。

学生参加老师的课题组，得到了研究方法等方面的训练，通过开展各种大型国际、国内学术会议、学术报告会、研讨会，科研成果展览等学术交流活动，为师生提供一个更加广阔的学习、交流空间，各种学术思想、观点交相辉映，启迪智慧，形成浓厚的学术氛围。充分地调动了广大学生的学习积极性、主动性。如西南财经大学举办的"光华讲坛"，中央财经大学评选"榜样中财"人物和"学术新星"等活动，营造了崇尚创新、参与创新的良好学术氛围。科研活动有利于形成良好的学术氛围和学习氛围。良好的学术氛围和学术气氛建设离不开科学研究活动的开展，培养创新型人才需要科研活动的浸润。在科研活动中，鼓励学生参加老师的课题组，运用所学的知识探讨新问题。

启发学生思考现实和前沿问题，旁征博引帮助学生掌握学科的最新变化和动态，并根据教学内容要求学生阅读相关的参考文献，针对一些观点展开课堂讨论，提出跟踪学术前沿思想和观点的题目，使学生参与到科研活动中来，鼓励学生申报或参与教师的科研课题，主动进行学术文献搜集整理，并在科研实践中善于结合现实问题进行调研、分析和动脑动手解决，既丰富了师生的教学情景、实践内容，又训练、提升和发挥了他们的科研能力。依托实践教学引导学生参与科学研究工作，克服了课堂教学与实践环节脱节的弊端。一方面，教师在授课过程中，注重结合课本内容，将自己从事课题研究过程中形成的前沿性专业学术思想、观点以及目前专业领域最新的学术理论和实践动态融入课堂教学中。另一方面，高校将研究基地建设、科研项目研究与学生研究能力培养结合起来，充分发挥研究基地和科研项目培养人才的作用，鼓励老师积极带领本科生积极参与科研活动，充分发挥大学生创造性科学思维能力，进一步提升本科生教学和培养质量。

随着近年来高校人才培养模式的转变，高校本科生创新群体建设成为高校最具活力、最为活跃的科研创新单元，它不仅是高校开展科研创新活动的重要基础力量，而且也是培养高层次人才的沃土。第三次科技革命以来，科学发展的分支化趋势和综合化趋势日益加强，各学科之间的交叉性和渗透性达到前所未有的程度，科学问题的研究越来越社会化，强调协作和开放，科研成果更多的是集体智慧的结晶。高校科研活动的实施主体是具有一定知识层次水平的学术梯队，教师作为科研活动的组织者，主要统筹科研活动的整体开展，其中作为科研活动主力军的本科生，发挥着越来越重要的作用。他们具有思维活跃、动手能力较强的特点，在搜集课题研究资料，进行文献综述，调研数据采集等方面发挥独特作用。

中心在给学生完成作业点评的同时，选择了其中思路清晰，分析合理的报告对学生进行进一步的指导，完成后推荐在国内知名经济类刊物上发表，学生们先后在《上海证券报》、《农村金融研究》等核心刊物上发表80余篇行业分析报告、公司分析报告及相关文章，极大地激发了学生的科研活动热情。中央财经大学刘姝威研究员非常重视科学研究与教学实践的结合。以学校校级重点研究基地——中国企业研究中心为依托，把财政学院、金融学院、保险学院、商学院等学院的百余名本科生组织在一起，以承担的科研项目为依托，着重培养学生的科学研究能力。在学生阅读完教材和熟练掌握资料的收集整理的基础上，中心在寒假布置给各小组对部分知名企业进行分析的作业，这些企业与中心科研方向有相同或相近之处。

学校为此专门成立了"科创中心"和"学生科研人才库"，为本科生科研项目和课外学术科技竞赛提供服务，为从事科研活动的师生搭建一个网络交互平台，有利于促使不同专业背景的学生联合组建团队，逐渐实现科研活动无纸化流程。又如西南财经大学在鼓励本科生学好本专业课程的基础上，实施本科生科研项目训练计划（SRTP），帮助学生及早开展科研训练活动，培养学生科研精神、团队意识和创新能力。

（4）学校组织开展学术活动

在财经院校有目的的开设人文科学和科学素养的讲座，举办拓宽专业知识的财经高层次讲座，是对课堂教学的有益补充，对拓宽学生的视野，培养健全的人格，具有积极的作用。第二课堂作为第一课堂的延伸，泛指除老师在讲台上授课的第一课堂教学以外的其他一切活动的总称，包括学生为主体的科研活动、科技发明、社团活动、社会实践、社会调查、咨询服务、公益活动、勤工俭学等形式多样的课外实践活动。这里重点谈谈学术讲座对创新型人才培养的作用。

学校开展学术讲座等学术活动，组织学生有目的、有目标、有计划的积极参与，对提高学生的综合素质和促进学生的全面发展具有积极的作用。作为高等院校的一种教育方式，学术讲座是高校课堂教学的有益补充，具有陶冶性情、提高境界、拓宽视野、活跃思维、培养健全人格的功能。

学术讲座一般包括学术前沿的研究和进展讲座、有关研究方法的讲座、提高学生人文素质和科学素养的讲座等多种形式，学术讲座也是提高教学和科研水平的有效手段之一，它有助于教师和学生及时掌握科研动态，帮助老师及时更新、充实教学内容。高水平、高水准的学术讲座对大学生的综合能力与创新思维的培养具有重要作用。高水平学术讲座对拓展大学生综合素质的意义。

高水平的学术讲座增强了学生的学习兴趣，激发了学生强烈的创新欲望。作为课内教学的延伸，学术讲座可以让学生开阔思路.增加知识，增强创新意识，也给课程改革注入新鲜血液。学术讲座通过学者、专家介绍各领域的前沿科技成果及发展态势，学生的思维空间得到了拓展，增加学生前沿知识信息储备，对提高学生综合素质，适应未来发展有积极的作用，在课堂教学中引入专题讲座的教学方式，可以加深学生对重点、难点问题的理解，高水平的学术讲座开展的目的是为学生提供一个与著名学者、企业精英、社会名流和政府官员的交流学习的平台，鼓励学生踊跃发表自己的见解和看法，与讲座者共同探讨问题，激发学生的科研兴趣，也是对传统课堂教学方法和课程学习的有益补充，促成学生在"学习"过程中"研究"问题的习惯的养成。对锻炼学生的理性思维能力有促进作用。

学校将学术讲座定位于"培育创新能力，提高综合素质"，并始终坚持这一定位，将提高学生的自觉学习精神和满足学生的求知欲望作为开展学术讲座的目标，使课堂学习与课外学习产生互动：既让学生带着学习中的问题在课外学习中寻求答案，又让课外学术讲座成为促进课堂学习的有效途径之一。拓宽教学途径，精心打造知识学习的第二课堂。我们以中央财经大学为例，探讨高水平学术讲座对提高学生综合素质，培养财经创新型人才的积极作用。

中央财经大学充分利用地处北京的地域优势和校友资源，搭建了一个层次高、主题广、内容新、视野宽的学术讲座平台。

一是学术大师们和学生进行学术交流、分享人生感悟，使学生感受到学者的魅力和做学问、做人的态度。这些主题演讲突出"务实、领先、问题"，重在揭示中国经济运行中的特殊性、存在的亟须解决的经济社会问题，为学术研究提供问题和为问题提供解决方案。以北京雄厚的文化底蕴为依托，聘请政府官员、金融机构要人、学术界知名经济学家为全校师生解读最新的财经热点问题，介绍中国经济改革和经济转型过程中悬而未决的问题，探讨最新研究领域，拓宽学术研究氛围。近年来，学校先后开辟了"诺贝尔奖获得者讲座""名人名家讲座""华尔街论坛""部长论坛""校友论坛""国情大讲堂""企业家论坛"等系列讲座，邀请到了埃里克·马斯金等7位诺贝尔经济学奖获得者来校进行学术交流，著名经济学家茅于轼、海闻等学术大师来校举办讲座。

二是在这种学术交流制度中，学校的其他教师和研究生也参与其中，经过一定时间的磨合和交流以后，师生已从这种国际化的学术交流制度中受益，并且改变了学术观念，学术习惯以及知识结构，促进了学科之间的交融。利用学校"经济学与公共政策优势学科创新平台"的优势，推动建立了一套与国际惯例接轨的学术交流体制。创新平台根据研究进展不定期举行"Workshop"，并定期举行"Seminar"，邀请一批崭露头角的青年经济学者和知名的经济学家参与。

三是这些对于改革国内硕士生培养和学术交流模式、提高研究生学术水平和独立研究的能力具有重要的辅助作用。发挥学生的主体作用，学校每年举办"研究生学术节"和"本科生学术节"，鼓励学生参与到活动中去，学术节期间举办研究生学术沙龙，拟定研讨主题，聘请校内的研究生或者校外的研究生做主题讲座，在学术沙龙中宣讲个人的学术论文。

四是拓宽了教师的教学和研究视野。在课堂教学中开设课程讲座，邀请权威人士用4~6个课时来介绍学科发展最新成果，把教师课堂讲授和专家讲座有机结合起来，使学生了解现实，培养他们解决实际问题的能力。

一系列学术讲座营造了浓厚的学术气氛，充分发挥了学术精神的育人功能，有效地延伸了课堂教学，拓展了学生的思维空间，增强了创新意识，成为学生获取知识的第二课堂。

（5）素质教育理念的落实

素质教育的特质，集中体现了科学与人文的统一，知识、能力与人格素养的统一，做人与做事的统一。素质教育是一种全面的、和谐的教育理念。在内容上，它涵盖了政治思想素质、科学文化素质、业务（专业）素质、身体素质和心理素质等几个方面。在素质教育中，科学文化素质教育是基础，创新精神与实践能力培养是重点，道德素质教育是方向，身体素质养成是前提，心理素质是动力。

北京师范大学中文系教授、90岁高龄的杨敏如先生，北京师范大学艺术与传媒学院副院长于丹教授等著名学者，做客"国学大讲堂"，用古人的智慧指导人生，让优秀传统文化滋养学生们的思想成长。"国学大讲堂"的举办，为提高该校师生的国学修养，增强师生的民族自信心与自豪感，营造文明和谐的校园氛围提供了一次难得的契机。中央财经大学非常注重将素质教育的理念寓于教育情境的人性化设计中，使学生在校期间能在精心设计的教育情境中体验学校给予学生充盈的人文关怀和细致周到的学习、生活服务，使学生始终处于一种健康向上、主题鲜明、形式多样的文化熏陶之中。2006年，该校以国学教育作为切入点，以增强学生的爱国主义精神与民族自豪感为核心，以加强学风建设，塑造和谐校园的良好氛围为主旨，强调了传承数千年的国学对于当代大学生在立业、成才等方面有着重要的启示作用，举办了"国学大讲堂"系列讲座。

中央财经大学著名校友李金华，一直非常关心该校的建设和发展，时刻关注着母校的同学们，并多次为该校广大师生演讲。李金华以坚定信念执着精神在领导岗位上做出了突出的贡献，赢得了全国人民的尊敬和爱戴，更是中央财经大学广大学生学习的光辉榜样。学术讲座让学生在感受学术魅力的同时，更进一步领略了大师风采，感动于大师卓越的人格力量，对其人生规划和个人发展产生潜移默化的影响。

在两个校区实现实时直播或点播，实现了学术讲座在时间和空间上的多维覆盖，将学术讲座从局部拓展到整个校园乃至更大的范围。中央财经大学还针对两个校区的特点建立了优质学术讲座资源共享平台。平台最大限度使用该校各单位组织的优质学术讲座资源，收集并整合现有及未来的优质学术讲座资源，使资源能够重复使用、反复使用，提高了优质学术讲座资源的利用效率。

中央财经大学讲座平台有效地整合了广泛的社会教学资源和校内资源，它们相互呼应，各有侧重，构成了一个潜在的人才培养体系，在学生健康人格的养成、道德素养的提升、科学的知识架构与正确的思维方法的形成、政策水平的掌握、创新精神和实践能力的塑造等方面发挥了重要作用。

三、财经类创新型职业素养的教学管理分析

（一）教学管理的内涵

1. 教学管理的定义

《教育大辞典》中将教学管理作为学校管理的重要组成部分，是按照教学规律和特点，对教学工作进行的计划、组织、控制和监督过程。教学是大学的主要工作，教学管理是大学管理的核心。

结合上述及以往对教学管理的定义，将教学管理的含义总结为以下三点：第一，教学管理是确保教学系统有序高效运行的管理措施和管理行为，它兼有行政管理和学术管理的双重职能；第二，教学管理具体指管理者通过一定的管理手段，使教学活动达到学校既定的人才培养目标的过程；第三，该过程包括教学计划管理，教学运行管理，教学质量管理与评价，学科、专业、课程、教材、实验室、实践教学基地、学风、教学队伍、教学管理制度等教学基本建设管理，以及教学研究与教学改革管理。

2. 教学管理的主要内容

教学管理主要包括教学过程管理、教学业务管理、教学质量管理、教学监控管理等。

（1）过程管理

教学过程是按照一定的社会要求、教学目的与学生身心发展的特点，由教师教学和学生学习共同组成的双边活动过程。该过程由教师、学生、教学内容、手段方法等要素组成。教师是教学过程的主导因素。学生是教学过程的主体因素，教学内容和手段是教学过程的客观因素。教师教学过程是由备课、上课、课外辅导、作业批改、成绩考评五个基本环节构成；学生学习过程是由课前预习、听课、复习巩固、考试、掌握和运用五个基本环节构成。教学过程管理，是指根据教学过程规律来确定教学工作程序，设计相应方法，通过计划、执行、检查、总结等措施来实现教学目标的管理过程。

（2）业务管理

教学业务管理是对学校教学业务工作所进行的有计划、有组织的管理活动。教学业务管理是学校教学管理的重要组成部分，它决定着学校教学管理的水平。

（3）质量管理

教学质量管理是按照培养目标的要求安排教学活动，并对教学过程的各个阶段和环节进行质量控制的过程。学校教学管理的中心任务在于提高教学质量。

教学质量管理是对学校整个教学活动所进行的质量监督和控制，它与教育质量管理一样，具有全面性、全员性、全程性、规范性、动态性等特点。

按照全面质量管理理论，教学质量管理体系构成及其要素包括：一是教学管理职责系统，如教学质量方针和目标、教学管理者代表、教学质量管理机构和教学管理评审等要素。二是教学资源管理系统，如教师引进招聘和晋升、教师进修与培训、教师绩效评价、教学仪器设备采购与利用管理、图书设施场所与藏量等。三是教学输入系统，如培养方案、招生与注册、开学、教材、课本等。四是教学过程系统，如教与学、班级管理、教务管理、课程开发、科研活动、考试与考查等。五是教学输出系统，如升学、毕业等。六是教学质量测量、分析与改进系统，如教学检查、教学评价、顾客投诉处理、教学资料统计技术、纠正及纠正措施、顾客满意度调查和教学督导评价等。

教学质量管理体系需要受教育者、教育者、家长、社会、学校和政府共同参与实施，通过教学质量管理评价机制、监控机制、激励机制的创新，运用高效的领导决策体系、健全的组织保障体系、全面的管理制度体系、灵活的信息反馈体系、严密的过程监控体系和严格的考核评价体系等整套运行机制实现预期的教学质量管理目标，然后再确定新的教学质量管理目标。这种方式是持续的、逐步地优化升级，犹如朱兰（J. M. Juran）螺旋模型，只有这样才能促使教学质量管理体系日臻完善，管理质量不断提高。体系中教学质量保障十分重要，如保障指挥、监测评估、支持保障以及信息收集、处理与反馈等。

（4）监控管理

教学监控分为教学质量监控和教学过程监控。其中，教学质量监控，是指按照课程对教学工作的要求，对教学过程和具体情况进行了解和检查，找出反映教学质量的资料和数据，指出教学中存在的问题，分析问题产生的原因，提出相应问题的解决办法及建议，以提高教学质量、深化学生学习、促进教师队伍的专业发展，从而在一定程度上保证课程实施的质量，保证素质教育方针的落实。监控是过程，评价是结果，目的是促进。教学过程监控即对教师教学和学生学习双边活动过程的监控，与教学质量监控相辅相成，形成监控管理的整体。

3. 教学管理的工作任务

教学管理工作的目的在于保证教学目标的实现，具体任务包括以下 5 点。（1）制订学校教学工作计划，即管理者对将要实现的教学目标和应采取的执行方案做出选择及具体安排，保证学校教学工作按部就班地完成。（2）建立和健全学校教学管理系统，设计组织结构、建立管理体制、明确职责范围、构建有效的信息沟通网络，发挥管理机构及人员的作用。（3）加强教师的教学质量和学生的学习质量管理，一方面深入教学第一线，加强检查指导，及时总结经验，选择最有效的沟通渠道解决矛盾冲突；另一方面，积极调动教师学生的潜能和积极性，促进其团结协作，使教育教学活动统一和谐。（4）组织开展教学研究活动，促进教学工作改革，以不断适应内外环境及条件的变化，对教学的目标、管理结构及组成要素适时有效的调整和修正。（5）加强教务行政管理工作，将实际工作绩效与预先设定的标准进行比较，及时纠正超出一定限度的偏差，以保证教学管理工作在正确的轨道上运行。

4. 教学管理的微观层面

高等学校本科教学管理从微观层面，可以定义为：遵循教学活动客观规律的，以高等院校本科教学全过程为对象的，对教学工作进行计划、组织、协调、控制的管理活动。本科教学管理是高等院校教学管理工作的核心组成部分，主要功能是使教学过程的诸要素有机结合，协同发挥作用以实现教育目标。

按照教育部颁布的《高等学校教学管理要点》（教高 [1998]33 号）规定，高等学校本科教学管理的内容包括教学计划管理、教学运行管理、教学质量管理与评价以及学科、专业、课程、教材、实验室、教学基地、学风、教学队伍、教学管理制度等教学基本建设的管理等方面。

5. 教学管理体制

本科教学管理体制是指与高等院校本科教学管理的内部组织系统、构建原则与功能规定相关的机构设置、责职分工、权力分配及其相互关系等一系列重要且具体的方面。教学管理体制是高等院校教学管理功能的静态体现。

6. 教学管理的运行机制

本科教学管理运行机制是指用以有效保证高校本科教学工作运行为主要目标的基本程序与手段，具有维持、推动、反馈、调控、保障及促进工作系统合理运作和发展的功能。教学管理运行机制是高等学校教学管理功能的动态体现。

（二）国内外教学管理的经验分析

1. 国外教学管理经验

美国的大学均实行董事会制度，校一级设董事会、校长及其助手、评议会。董事会是学校管理的最高权力机构，其主要职责是选举校长和对学校重大问题的决策。评议会由教师代表组成，主要讨论学校的教学及相关组织管理工作等事务以及人事聘用等问题，提出建议后交由董事会决定。校长是学校管理的最高领导者，执行和负责学校管理的全面工作。

美国大学的权利结构模式综合了教授控制、院校董事管理与行政管理等形式，董事会和行政官员以行政权力为主，而在院系层次，教学和科研人员保留着较大的相对独立的学术管理权。大学组织是一种矩阵式结构，学术管理与行政管理在矩阵结构的交叉点上运行，在解决二者的冲突时，必须从管理体制、组织机构设置和制度建设等方面全面着手。美国大学的管理机构包括董事会、行政机构和教授会，教授会作为正式机构在学术事务上享有最高决策权。

在教学制度及教学管理运行机制方面，美国大学实行学分制和选修课制度。学分可以在规定年限内储存、累积，并能够在各学科领域甚至高等院校之间相互转移，学分的流通促进了大学间的交流、竞争与合作。大学新生前两年可以选修大学文理学院课程，以发挥文理互补的协同作用，强化交叉学科的融合，强调学科内容的渗透性与前沿性，并且学生根据自己兴趣和特长选择的余地很大。

美国人才培养模式规格按学位制度进行，完全由学校独立制定和管理，没有政府参与。其特点是应用性学位种类较多，本科阶段，学生在主修某个专业的同时，还有充分的精力选择其他一两个专业作为辅修。在教学过程中积极采取开放式、讨论式、启发式的教学方法，不断改进学生成绩的评价机制。强调因材施教，鼓励多样性，尊重特殊性，培养学生的个性品质。目前美国几乎所有的研究型大学均设有本科生研究计划，并开设相关的科研管理机构，具体为学生提供研究机会，积极开展关于方法论的讲座、向学生传授如何撰写项目申请书、拟订预算等与从事科研相关知识。

与此同时，大学创业已成为美国校园文化的重要元素。鼓励教师和学生创业，积极培养造就教授企业家和学生企业家。许多学校设置专门机构来为师生创业提供便利条件，如协助他们办理专利申请手续、设立大小不等的创业基金，让学生通过创业计划竞赛等方式获得创业资金，或由企业直接购买创业计划帮助他们孵化企业等。

综上，可以看出美国大学教学管理体制呈现出以下特点。

（1）自主权

政府一般不直接干预学校内部事务，而是通过立法和制定政策法令规范学校行为。这种情形与美国对高等教育本质和特殊性的认识有关，也与美国历史文化传统相联系。学校赋予学院较大的管理自主权，促使其积极探索和完善学术自律与学术监督、学术自由与学术责任相结合的有效机制，努力营造追求真理、献身科学、鼓励创新、宽容失败的文化氛围，提倡理性怀疑与批判，使师生员工在良性互动的同时，充分享受民主、开放、竞争、和谐的校园环境和学术氛围。

（2）发言权

教授集体在学术问题上有较大的发言权，学术管理的重心在基层。学术权威与官方权威、政治权威并列，教授集体在选举校长、聘任教师、开设课程、颁发学位等方面受到尊重和重视，拥有不容置疑的权力。

（3）管理原则

大学通行"小机关、大社会"的管理原则，行政人员和教辅人员队伍精干，分工合作，职责清楚，关系明确，照章办事，赏罚有度，工作效率较高。

（4）民主权

学生在选课、完成课业方面发挥了较大的自主权，关注个性专长的发展，美国大学在高等教育改革过程中，把培养学生具有能力到承担责任作为大学本科生教育改革的方向和目标，学校在向学生传授大量现行的知识、原理的同时，引导学生探索尚未形成定论的问题，鼓励他们尝试解决悬而未决的问题，着力提高学生的学习能力、实践能力和创新能力。努力为师生的教与学开发获取知识、运用知识的渠道，创立发现问题、解决问题的平台。与此同时，不忘加强人文精神与科学素养的教育，以提升学生的综合素质，使学生成为能与社会和谐相处、关心人类命运、全力实现人生价值的人。坚持知识、能力、素质的辩证统一，遵循的实践—认识—再实践—再认识的发展规律，考核方式方法体现了对于能力、素质以及创造性思维的培养。

2. 国内的教学管理经验

长期以来，随着教育改革的不断深入和发展，我国高等院校教学管理形成了一些自身的特点。主要表现在：其一，高等学校兼具有上层建筑和经济基础的双重属性，我国高等学校管理上实行党委领导下的校长负责制，中国共产党高等学校基层委员会按照中国共产党章程和有关规定，统一领导学校工作，支持校长独立负责地行使职权。其二，高等学校既是一个行政事业单位，同时又是一个专家、教授荟萃，从事教育、科研的学术团体。一方面作为一个行政事业单位，主要沿袭行政管理体制，套用政府机关行政级别，实行行政长官负责制；另一方面作为教育科研的学术团体，按学科专业门类、科研项目等从事学术活动，形成学科带头人、课题负责人和首席教授等学术领导群体，兼具有行政事业管理和学术管理的双重特性。其三，高等学校管理体制受到社会经济体制、政治体制、高等教育管理体制的影响和制约，其管理体制必须与国家的政治体制、经济体制相适应。我国高校现行教学管理机构的设置大体有两种类型：一是直线—职能制；二是学院制。

教学管理工作中过于注重管理，忽视了培养服务意识。通常是共性管理多、个性管理少，低层次管理多、高层次管理少。管理人员一般凭经验管理，管理简单化，维持现状。管理人员在认识上停留在教学管理属于学校或学院的行政行为，广大师生的参与程度较低。教学计划中专业培养目标较笼统，公开性差，执行过程有些松散，改动较为随意，与现实发展脱节。教学管理队伍整体素质有待提高，缺乏专业背景，经验不足，管理手段单一，深入一线与教师学生的沟通较少，不利于教学管理的深入研究和及时总结，影响了教学管理的力度、效率和效果。

在培养创新型人才的理念提出后，教学管理工作在上述方面逐步得到了一定程度的改观，教学管理改革发展道路上仍存在一些困难。主要表现在：

（1）我国一些大学的教学形式与中学基本无差别，即要求学生按规定的时间和地点上课，出勤率与学生平日成绩以及奖学金评选挂钩等，教学形式仍以"填鸭式"讲授为主，不注重发挥学生的主动性。第四，考试制度过于僵化。在考试制度上，学校一般要求统考，强调必考和闭卷考试，使得部分学生难以承受考试的压力，例如，大学公共外语考试在某种程度上已成为了学生入学和升学的令牌以及毕业和取得学位的关卡，为了应付外语考试，很多学生不得不将前两年的大部分时间用于学习外语，到后两年才有时间和精力学习专业知识。难以有效激发学生学习兴趣，提高学生学习的自主性。造成此困难的原因是多方面的：第一，学生难以选择自己感兴趣的专业。学生在上大学之前对专业信息了解较少，填报专业较盲目，许多学生在入学之后发现所学专业不适合自己，或者根本不感兴趣，而学生转专业面临较多的限制。第二，学生选课难以做到真正的自主。虽然很多高校已经实行选课制，增加了选修课的数量和权重，但是学生所能自由选择的课程比重仍较小。虽然有的大学规定学生只要修满自己专业的学分就可以毕业，但对学生每学期应修的学分数仍然有"上限"和"下限"规定，使自主选课难以真正实现，此外，学生所能选择的课程总数也是有限的，学生喜欢的课程往往难以开设，或者开设了但只能满足少数人的需要。第三，教学形式不够灵活。大学的教学过程是激发灵感、开阔眼界的过程，应当追求教学形式的多样化。

（2）教学管理中的问题不能得到及时解决，致使教学管理部门和教学单位之间产生冲突。教师的建议得不到很好的回应，很多不合理的制度束缚着他们的教学，抑制了他们的积极性。对教师的管理过于行政化和集权化。在高校，教师和行政人员之间存在矛盾的现象很普遍，教师和行政人员是教学管理的主要参与者，但是他们从事的工作和看问题的角度却不同。教师在教学中发现了问题，要求修改相关的规定，以解决存在的问题，但是修改相关制度需要征得行政人员的同意。教学管理部门的权力有限，不能根据实际情况进行决策并采取有效措施及时解决，必须上报最高决策领导解决，而最高决策领导成员没有亲临问题产生的现场，以及某些人为因素和各自见解不同，这样在决策的过程中就会有很大的偏差。

积极推进依法治校，建立健全一整套科学规范的规章制度；深入推行学分制，树立以人为本的教学管理理念，充分发挥师生参与工作学习的积极性和创造力，形成有利于培养创新型人才的教学环境和人文氛围。目前，我国大学教学管理体制的改革着重在调整内部党政管理机构，改革和调整教学、科研组织方式，以促进教育资源的合理配置和有效管理，从而营造有利于优秀人才脱颖而出和发挥才干的制度环境。具体做法包括不断坚持和完善党委领导下的校长负责制；调整内部组织结构，激活各级组织活力；不断深化用人制度改革，推进教师聘任制和全员聘用合同制。

（三）新世纪的人才管理模式

1.创新型人才培养的重要意义

我国第一次全国人才工作会议指出"新世纪新阶段人才工作的根本任务是实施人才强国战略"，要"努力造就数以亿计的高素质劳动者、数以千万计的专门人才和一大批拔尖创新人才。"培养创新人才是我国高等教育的重要目标，《中华人民共和国高等教育法》规定："我国高等教育的基本任务是培养具有创新精神和实践能力的高级专门人才。"

创造性是人与动物的本质区别，也是人的本质属性的最高表现。教育是培养人的活动，教育的目标在于促进人的自由、全面发展，而全面发展的核心则是使人类蕴藏的无限创造力得以解放，使得人的创造性得到发挥。培养创新人才的目标不仅是教学管理对"知识经济"的积极反应，也是对以人为本理念的全面落实。

培养创新人才与高校教学管理功能转型有着紧密的关系，一方面，高校教学管理功能转型的目的在于培养创新型人才，所以转型成功与否，成功程度直接关系到创新人才培养的质和量；另一方面，为创新人才培养而实施的各项变革也在影响着高校具体的教学管理工作，从而对高校教学管理的功能转型产生影响，具体来说两者的关系表现在以下方面：

第一，以创新人才培养为目标，高校在教育、科研和社会服务领域中都将有许多革新的措施出台，目标的明确也保证了改革方向的正确。强调创新人才培养有助于明确高校教学管理功能转型的计划和目标。要培养创新人才，就要从创新人才的概念出发，要确定创新人才的基本特征，深入研究高校在过去人才培养方面存在的经验和不足，提出改革的方案，在高校办学实践中边实行边检查分析改革的效果，并不断修改完善。

第二，当我们提出高等教育功能转型要以培养创新人才为目标时，这就明确了四大功能间彼此的从属关系，使得"科研"与"社会服务"功能的发挥或扩张朝着更加有利与"培养人才"的方向发展。强调创新人才培养有助于消除高校人才培养、科研、服务社会、文化传承与创新四大功能间各自张力所形成的相互制约。高等教育四大功能在不同历史阶段和不同类型高校中所受关注的程度是不一样的。由于高校自身资源的有限性，某一职能的过度扩张可能会影响其他职能的发挥。

第三，人才培养模式要改革，需要在教育过程中注入更多的书本外的知识，课堂外的经历和专业外的能力，这些资源恰好是"科研"与"社会服务"可以提供的。让本科生有机会参与科研，让学生能够真题真做、工学结合，在扩充高校服务社会的能力、培养创新人才方面将发挥重要作用。总之，创新人才培养是高等教育功能转型的关键着力点。高等教育四大功能转型应相互协同、形成合力才能保障创新人才培养这一目标的实现。我国高校以往在人才培养方面效果不佳，效率不高，其关键原因在于人才培养模式问题。远离生活实际、灌输式的课堂教学方式，缺乏内部有机联系的教学内容，推崇记忆力的学生考核方式，教师绝对权威的师生关系等都成为创新人才培养中的掣肘因素。

2. 创新型人才培养的灵活性与可操作性的特征

从创新型人才的内涵和实现途径来看，本科教学管理应注重灵活性和可操作性，其特征主要表现为以下几点：

（1）在这一教学管理理念中，教师成为培养学生形成科学精神、掌握科学方法、养成科学品德的主导，学生成为参与实践、科学创新的主体。从教学管理理念的重构出发，逐渐改变教学管理模式。强调因材施教，教学管理理念更加科学化、人性化。创新型人才培养的一个显著特征在于学生不仅仅是传统意义上的知识接受者，也是知识的探索者与构建者，教师也从传统的教育者转变为培育学生创新精神和创新能力的研究者与创造者。在教学的实践过程中，教学管理理念的重构包括对教学目标的重新界定，教师、学生以及师生关系的重新定位。

（2）教学管理工作的规范化体现为客观的原则、规章、制度，包括健全的规章制度、合理的权责划分、科学的考核机制等。教学管理程序的规范化在一定程度上保证了教学活动的有效运转，有利于创新型人才培养目标的实现。面向多样化需求，教学管理程序更加制度化、规范化。教学管理程序的规范化是通过建立科学的规章制度来实现的。其根本目的在于监督教学管理实践，提高教学管理水平，完善教学管理体系。教学管理工作的制度化、规范化首先是指整个管理工作必须设有健全的管理环节，即围绕创新型人才培养总体目标，全面开展计划、组织、领导、控制等关键环节工作；其次是指在具体的教学管理工作中明确管理层次，处理好宏观与微观、长期与短期的关系。

（3）将教学管理人员从繁杂的事务中解放出来，有更多时间的研究、思考，完善教学管理工作。统筹各类教学资源，教学管理手段更加系统化、现代化。创新型人才培养离不开学校及社会多种教学资源的积极参与，为实现各类资源的优化组合、协同管理，必须运用系统论、信息论、控制论等现代管理手段对相关信息进行科学化整理、调度和处理，并积极运用计算机、网络技术等高科技手段提高管理效率，保证管理质量。

3. 创新型人才培养的教学管理

以创新型人才培养为目标的教学管理是一项长远任务和系统工程，在管理体制、考核机制、队伍建设等各方面尚需进一步的完善与提高，这就为现代教学管理工作提出了新的要求。在创新型人才培养与教学管理模式改革的实践过程中，我国许多高校进行了积极的尝试，取得了一定的成果。

（1）培养方案的设计和执行体现理论与实践相结合、科研与教学相结合、课内学习与课外学习相结合的理念，在保证正常教学秩序的同时，通过课时搭配、地点转换、形式变化、内容调整等方式增加教学形式的灵活性，加强对学生科研能力、创新能力、实践能力的培养。完善教学管理体制。学校层面，统筹校内外办学资源，形成宏观教学管理体制，校级教学管理体现在调查研究、政策指导、协调服务、督导评估等方向性、智囊性、服务性职能。具体包括开发和利用广泛的教学资源，为促进创新型人才培养服务；制定研究型教学的鼓励性政策，组织学校层次创新型人才培养的推进和实施；引导教师、学生、教学管理人员参与创新型人才培养过程，分别赋予其职责和任务；制定教学规范与评价标准；组织教师培训，提升教师的研究型教学能力等。学院层面，强调学院教学管理的主体地位，根据实际情况，建立独具特色的创新型人才培养体系，以培养学生创新能力和提高学生综合素质为核心，将教学理念融入人才培养方案。

（2）创新型人才综合性、合作性、开放性的特征要求打破学科界限，使学生围绕某一问题进行主动学习与研究，在此过程中，教师由传统的单一学科向综合化方向转变，进而要求实现个体教学向合作教学方式的转变。创新教学组织形式。首先，要求教师在系统介绍本学科经典理论的基础上，应及时将前沿研究成果带人课堂，引导学生讨论和质疑，并在学习过程中建立新思维、形成新观点。在教学内容上，教师应始终站在学科前沿，引导学生进入由已知到未知的探索过程中，从而培养学生的科学意识和探索精神。其次，在教学组织形式上，重视实践性教学。增加设计性、综合性实验，减少验证性、演示性实验，结合课程实践环节或课题研究，带领学生走出书本，参与实践，投身社会现实问题。

（3）评价目标强调对学生所掌握知识的运用、加工、组合能力的评价；评价标准由知识本位转向学生发展本位，关注学生发展潜能，着重培养学生的科学精神和健全的人格，评价主体由单一的教师主体转向教师、学生本人、同学等多元化评价主体，重视学生在学习过程中的自我评价和自我改进，使评价成为学生发现自我、欣赏别人的过程，评价方法由"一考定全局"的结果评价转变为过程评价与结果评价相结合的综合性评价；评价制度特别是考试制度，由单一、封闭转向多元、开放，强调考试的灵活性、自主性、有效性、综合性，形成激励学生积极进取、勇于创新的氛围，建立必要的考核规范和激励措施，如设置创新性学分等。其次，教师教学绩效评价的目的在于帮助教师提高业务素质与专业水平。评价主体应体现多元化，重视教师自我反馈、自我调控和自我完善，鼓励教师积极、主动地参与评价，从而实现学校、教师、学生的共同进步、协调发展；评价模式由奖惩性评价转变为发展性评价，以促进教师的专业发展为目的，注重教师的未来发展，提高全体教师的参与意识和积极性；评价指标体现教师教学的个性风格、改革创新，实现评价指标的多样化；评价方法人性化，调动评价者与被评价者的主观能动性，充分发挥评价的激励作用。建立和完善教学效果评价考核机制。与传统的教学效果评价体系相比，基于创新型人才培养的学生学业评价、教师教学绩效评价应实现如下转变。首先，学生评价应体现全面性、导向性、实效性、过程性和发展性的特点。

（4）建设一支了解教学、能上能下、具有行政管理经验和学术风范的职业化、专业化教学管理队伍，将研究理念、学术思想、创新思维带进管理活动，不断推动教学管理创新和发展。重视和加强教学管理队伍建设。教学管理者要成为教育教学的学习者与研究者。通过教学管理人员管理水平的提升，使管理者以实践性、创新性、发展性的视野重新认识教学管理活动的目标、途径和方法，推进教学管理工作的具体落实。

（5）对院系聘请的国内外知名教授、学者、企业家来校讲学提供经费支持，建立和完善教学激励与保障机制。首先，建立有利于教师积极开展创新型人才培养的激励机制。在教师职称聘任、岗位聘用时充分考虑教学因素，在工作量考核、岗位考核等方面为教师开展创新型人才培养提供条件保证；设立教学研究与改革基金，资助教学研究与改革试验项目，鼓励教师进行教学研究和创新，探索构建大学本科教学的新思路；完善教学成果奖励制度，充分激发教师参与教学的积极性和创造性，推动学生实践能力与创新意识培养。其次，逐步完善促进本科生积极参与研究的教学激励和保障机制，在制订教学计划时，为有意愿从事科研实践的学生开设相关课程，设立创新实践学分，对于参加科学研究或相关实践活动提交的研究成果进行评定，成绩合格者将获得相应学分；指导本科生拟定科研课题申请计划，由学生自行立项，获得资金资助后独立完成项目研究；为研究型教学的深入展开提供条件保障，加大对实验室建设、仪器设备维护、网络建设、图书资料建设等方面的投入，扩大相关实验室的开放范围，为学生提供研究、学习的条件与环境，活跃学术氛围。4.财经类人才培养的课程体系分析

目前，财经专业是比较热门的专业。办好财经类专业，除了要以本专业为依托、利用其优势资源以外，还要研究财经创新人才自身的特点，要具备哪些方面的知识、掌握哪些方面的技能，以便准确制定财经创新人才培养方案，构建其知识结构，设计其课程体系。

（1）综合化人才。综合化是财经专业有效解决实际经济问题的保障，正因为综合了多种学科的知识，特别是工程技术和现代信息技术，才使得经济管理方法的开发、设计、创造有了可行性和有效性。财经专业有着极其丰富和繁杂的内容，财经知识的变化和发展又无比迅速，所以财经专业有着十分显著的知识综合化特点。这就要求财经创新人才除了运用现代数理知识以外，还要掌握尖端的信息技术、自动、及系统工程、仿真技术、人工神经元等前沿技术，并且还要掌握与系统科学决策有关的知识和工具。现代自然科学和工程的方法已向经济管理专业全面渗透，使得经济手段更加丰富多彩，增强了财经专业解决实际问题的能力和效率，也对财经创新人才的培养提出了更高的要求。

（2）实用性人才。实用性是财经专业的目的所在，财经创新型人才必须能够有效地解决实践中存在的问题，面向市场、面向客户，根据市场状况和客户需求，运用财经知识和技术，为有不同需求的客户制定一个个具体的、个性化的解决方案，更好地满足客户的需求，圆满地解决财经实际问题。

（3）创造性人才。创造性是财经创新人才实现最优化、解决实际问题的手段，通过经济管理领域中思想的跃进和新型工具的创造，或者对已有的观念提出新的理解和应用，或者对已有的产品和手段进行改造，以适应某种特定情况来实现最优化。

他们可以根据不同的情况来为客户设计出最令其满意的解决问题的最优方案。这一过程就是运用各种先进技术，根据客户收益／风险的偏好进行定量、分解、选择、削弱或加强、再组合的创造性过程。

（4）定量化人才。定量化是财经专业的工具，财经创新人才运用现代数理知识和统计技术来进行定量化，通过创新达到最优化解决实际问题的目的。财经创新人才在产品设计、提供服务以解决实际经济问题的过程中，要对资产进行定价，对风险和收益进行度量，对经济手段进行创新，对经济问题进行分解、重新组合等，这都需要准确的定量分析。因此，财经创新人才要能够广泛地运用现代数理知识——统计工具，如数学建模、数值计算、网络图解等技术手段，对经济问题进行定量分析，数理知识的运用已经成为财经创新人才的一个突出特点。正是因为他们把数学工具和现代经济原理有机结合起来，才使得他们提供的产品、服务和解决问题的方案有了坚实的科学基础。

（5）最优化人才，最优化是财经专业的导向，财经创新人才对实际问题的处理不仅要解决实际问题，而且还要在现有的约束条件下，找到最优的解决办法，要体现最优化特点，最好地满足客户的要求和市场的需要，对实际问题提供完备的解决方案。最优化是财经创新人才的思维核心，是解决各个现实问题、为客户进行个性化服务的本质体现。财经创新人才根据不同客户的风险／收益偏好以及其他具体要求，运用经济手段提供给客户最满意的产品和服务。

第三节　职业素养的保障体系与运行方式

财经创新型人才培养与本科教学质量保障体系建设是同一个问题的两个不同的侧面。首先，这二者是基于一个共同的主题提出的，即教育质量。财经创新型人才培养的目的是提高人才培养的质量，而建设本科教学质量保障体系也是为了提高教育质量。因此，这个问题的提出是在当代高等教育大众化背景下的一个重要课题。

但是，财经创新型人才培养并不是没有指向性的，它主要是向财经高校提出。在此，教育质量并不是泛泛而谈，而是主要针对我国财经院校的人才培养模式而言的。

一、教育质量的保障体系构建的重大意义

教学质量保障主要是为了缩小人们对于高等教育期望值与现实值之间的差距，使高等教育获得更快的发展速度，为社会主义现代化建设培养更多、更好的人才。不可否认，任何教学体制下都会有与之相应的质量要求，进而产生相应的教学质量保障体系。因此，从这个意义上讲，教学质量保障体系的提法在内容上并不新颖。那么，为什么在现阶段尤其要强调它的重要性？这主要是由于质量问题的客观存在而引起的。有部分人感觉到的"教学质量下降"可能并不是一种真实的情况，即它并不是与过去相比而言的，而主要是指与我们所追求的目标相对照，教学质量需要有更大的提高。

在这种体制下，人才质量就某一些指标或单项指标考核也可能是高水准的，但是这种质量水准是一种不能够体现人才本身应有的潜能和特点，且适应社会环境能力相对单一的状况。随着经济全球化、国际化时代的到来，教学质量被赋予了全新的含义。传统教育体制下，本科教学质量保障体系并不健全，而且主要是以保障教学活动的正常进行为条件的。在这种体制下，由于社会对人才的需求并没有提出过高的标准，专业较少、需要的技能较为简单，因此人才差异化程度并不明显。这样的社会发展阶段。教学质量保障的标准与要求相对较低，而且也容易实现。涉及教学质量保障方面，除了一些硬件设施需要符合要求之外，更多地体现在书本、管理制度等软环境方面。

财经创新型人才主要是指人才素质方面有了更高的标准，同时具有创新思维与创新精神。这样的人才不仅能够善于从学校获得所需要的知识，而且更善于把所学知识与社会实际结合在一起创造性地开展工作。在经济全球化时代，随着经济的飞速发展，人们对于通过教育获得知识给予了更大的期望。尤其是家庭规模小型化和产业结构多元化特征变得越来越明显时，完全培养专业人才已经并不能够满足经济和社会发展的现实需求，为社会培养大量具有相应知识技能的创新型人才，成为财经高校面临的新课题。

在世界经济一体化加速进程中，经济现象变得更为复杂，实行市场经济和开放经济的国家，很难把自己的事务与国际市场分割开来，这就更需要能够把世界经济研究非常透彻的人才结构。从这个意义上讲，财经应用型人才的培养，具有创新精神的财经人才的培养，在我国现阶段具有重要意义。在中国特色社会主义建设的新时期，经济和社会生活领域都会出现大量新的问题和新的矛盾，按照以往的学习

方法和工作方法是没有办法解决这些大量的问题的，因此，需要大学生在掌握必要知识的基础上，创造性地适应现实环境，创造性地开展工作。

二、高校的教学管理的规范性分析

许多高校从这种教学规范化要求与考核中，提高了对于高等教育应当具有的功能和属性的基本认识，也就是在这样一个强调质量与规范的教育发展阶段，许多高等院校确实是把教学质量作为高等教育的生命线来对待，尽管在具体发展教育的措施方面可能有所不同。在"十五"、"十一五"时期，我国教育主管部门始终把提高教育质量放在十分重要的位置上思考，并推动了对高等学校教学实践具有重要意义的"本科教学水平评估"。

继续抓好教学质量工作，不断提高教学质量监控水平，是"十二五"时期及其之后一个相当长的时间段内推进高等院校各项教育教学事业的重要举措。在高等教育日趋大众化的今天，提高教学质量不仅直接关系到各个高校的办学前途．而且会从长远影响到整个民族素质的提高。尤其是教育部直属的一些重点院校，比如"211"院校和"985"平台院校，这些高校在我国教育改革与发展中扮演了十分重要的角色。在这批院校中，有一部分是财经类院校，它们在我国财经事业的发展中起着十分重要的作用，在制定国家经济发展方针政策方面，是重要的参谋机构。

学校的整个教学管理活动包括了计划、组织、领导、控制等主要内容。本科教学的管理工作是整个学校各项教学管理工作的重中之重。从管理的角度来看，教学质量监控是教学管理四大职能中的第四个职能"控制"的一部分。如果把教学管理工作按规范的管理理论进行划分，那么就应当包括计划、组织、领导、控制四个方面。

（一）提高教学质量的运行方式

提高本科教学质量，首先要抓好教师"教"的质量，其次要抓好学生"学"的质量，最后是抓好管理部门"服务"的质量。三个质量中，教师"教"的质量是核心、是关键，它直接关系到高校的品牌建设和办学形象。学生"学"的质量也很重要，好的学习风气、学习传统，能够使教学相长，增强校园文化的凝聚力和吸引力。管理部门"服务"的质量，与教师和学生的工作、学习直接相关，它是有效开展各项教学工作的基本条件和物质保障。从本科教学质量的内容来看，主要可以分为三个基本方面：教师"教"的质量、学生"学"的质量和管理部门"服务"的质量。这三个部分"三位一体"，共同构成了教学质量的全部内涵。

1. "教"的内容

创建自由的教学氛围并不意味着教师可以脱离实际、背离社会基本价值观进行授课。因此，教师"教"的质量，可以从教学内容和教学方式两个方面进行规范和考察。在现行高等教育管理体制下，大学教师的教学内容有较大的自主权。大学是一个讲求学术自由的地方，教师基本可以按照自己的理解对一门学科进行描述，阐发自己的学术观点和主张，并在较大程度上可以按自己喜欢的教学方式进行知识的传授。这也是大学区别于中、小学的主要方面。

应当说两种情形都不是正常的教学状态，其结果就是导致教学质量的下降。从内容来看，教学过程中可能会再现两类问题：一是知识的老化、内容的陈旧、学术的平庸；二是观点的偏激、内容的浮华、学术走极端。

两类问题都存在于课堂教学环节中，并在一定程度上影响到了教学质量的提高。从方式上看，教学过程中也可能会出现两类问题：一是方式过于保守，比如教学手段落后，讲课缺乏吸引力和感染力；二是方式过于灵活，没有规律可遵循，讲课随机性大。

只有将"教学内容"和"教学方式"有机地结合在一起，高校的教学质量才能够得到根本的提高。从以上两个方面来看，"教"的质量问题的主要原因在于，作为教师本人，可能并不清楚"教什么"和"怎么教"。前者是教学内容的问题，后者是教学方式的问题。

2. "学"的内容

从高校办学的角度来讲，所谓"大学"，就是要能够做到学生想学，就可以学到，而且能够学好。尤其是对于一些前沿的理论知识，更要如此，要保护和增强学生们学习的热情和自觉性，使他们更加主动地提出学习要求。"学什么"看似是学生自己的选择，但是，它在很大程度上取决于学校的课程设置和教师的配置。同时，也在很大的程度上受制于高校的软件、硬件条件。这里主要涉及两个重要的问题："学什么"和"怎样学"的问题。

现代大学的教育理念，较之过去已经有了很大的变化。其中非常重要的一点，就是在大学校园文化中，比较强调学生的自主学习。教师在课堂上传授知识，仅仅是把学生引领到了知识的殿堂，要想更多地获得知识的丰富营养，还主要取决于学生的学习兴趣和学习能力。"学什么"一方面受教师的影响；另一方面，受周围同学的影响，有时还受社会思潮的影响。

古人云："独学而无友，孤陋而寡闻"，讲的也是这个道理。学校开展教学工作，尤其要重视学生的学。现在来看，许多高校在这个方面的重视程度不够。这些高校把更多的精力放在了教师"教"的上面，仅仅投入少许精力去研究学生的学习状况。这与建设创新型校园文化的要求是不相吻合的。"怎样学"主要讲的是学生获得知识的方式。比如，被动地听课是一种学习方式，主动地提问，又是一种学习方式。相比之下，哪一种方式更好呢？显然是后一种。古人云："敏而好学，不耻下问"，讲得就是这个道理。又比如，一个人独自学习是一种学习方法，与他人在一起学习，也是一种学习方法，显然后一种学习效果更加有助于知识的掌握。

3."服务"的内容

在高校校园中，特别是涉及学生的学习和生活的事项，管理部门更加要树立起服务的意识。当然，在涉及学生健康成长、树立正确的世界观、人生观、价值观等一些重大的问题上，学校有必要对学生进行系统的、科学的管理。管理部门是指导下属"做什么"和"怎么做"的机构。一般来讲，管理部门并不具有服务的职能。但是，在现代社会中，我们需要强调这些部门的"服务意识"。倡导它们能够更加有效地开展工作，使管理工作能够被大多数人理解和接受。因此，将"管理工作"理解为"服务工作"，也是有一定的条件约束的。

现在来看，服务质量低、服务不到位，或者说服务意识差，是不少高校面临的一个老大难问题。"门难进、脸难看、话难听、事难办"，还在一些领域中普遍存在着。高校的教育教学改革尤其要重视这个曾经被认为是"不太重要"的环节。这里讲的管理部门的"服务"，主要是指管理部门要为学生的学习营造好的学习环境，而不是指主观的或者是意识形态领域的事项。好的环境能够提高学生的学习效率，有助于他们培养学习兴趣。干净的教室、清洁的桌椅、清新的空气、优美的环境、文明的言语、热忱的态度，等等，都会激发出学生热爱校园生活，努力学习，为国家、为民族自强不息的信念。

（二）构建有效的教学基础设施的保障机制

1."教"的保障机制的构建

如何把高校的现有资源充分利用好，让这些资源在其可利用时间内为教学工作提供服务，这是一个非常重要的课题。有些高校尽管有许多闲置的资源，但是都并没有向这个方向去考虑，有的甚至是多年不用，造成了资产的严重浪费。为了使教师能够安心地从事教学工作，高等学院应当提供必要的保障措施。这些保障应当包括必要的办公条件、图书资料、薪酬待遇等。在办公条件这个方面，又包括是否有单独的教师工作室和实验室，有的学校甚至还为每一位教师提供了教师休息室。教师的办公条件越好，则其工作的投入力度就会越大，工作效率也就越高。有一些学校把教师放在一个办公室集中办公，而且场所相当有限，这严重影响了教师工作的效率，同时也使一些针对学生的个别辅导工作无法开展。

讲授同一门课程的教师如果都去购买同一类书籍，这会导致资源的重复占用，并不会提高整个学校的信息总量。比较好的做法是在每个专业教室（系）设置一些图书资料，建立与之配套的阅览室，使教师在课余时间能够在这里去查找资料，做一些与课程相关的研究工作。当然，如果整个学校的资金充分的话，可以建设一个大型的图书馆，使每一个专业的老师都能够找到自己感兴趣的书籍，在一个相当轻松的环境中去做课外工作。图书资料也是教师提高教学质量的重要条件。教学是需要有一定的知识信息量作为基础的，图书资料的丰富程度及可获得程度，是影响教师教学效果的重要因素。有许多教师是通过自购图书的方式来搞好教学工作，其实这种做法有一定的局限性。

通过学科或专业带头人把教师团队建设好，同时围绕所授课程来整合教学单位的各种资源，充分发挥每一位教师的专业特殊特长，让教师尤其是青年教师在这种良好的团队氛围中迅速成长。在许多大学中，通常的教学思维是过于注重学生团队的建设，因而往往忽略了教师团队的建设，这就导致了不少教师在授课之余经常做一些与教学无关的事务，有的甚至于把本职工作慢慢地放在了次要的位置上。这不能不说与高校不重视教学团队建设有一定关系。为了保障"教"这个环节能够发挥有效的作用，高等学校还应当重视教师团队的建设，使不同学历背景的人才汇集在一起工作，形成思想交流、学术探讨的工作环境。良好的教学团队建设是吸引教师努力工作的组织条件。在这种教学型或学术型教师团队中，通常需要有一个具有影响力的人作为带头人。

一些完全不依靠社会的纯粹理论的教学工作，可能对此要求并不是十分强烈，但是具体到那些与经济社会活动联系非常紧密的教学活动，则应当鼓励教师积极参与经济和社会工作，这样才能真正了解与理论相关的实践活动的发展状况，在授课时就会有丰富的素材来支撑自己所讲的知识。从目前许多高校的办学情况来看，对于这个方面并不是特别强调，因此教师如果想要把理论与实践紧密地结合在一起，可能就需要自己去想办法或找机会去与企业或其他类型的组织进行合作，进而获得经济、社会、文化生活领域的最新的素材。这种由教师本人所做的努力和尝试，通常并不是一种完全可以推广的模式，因为不同的教师由于个人的兴趣和能力，往往并不一定会在这个方面都做得很成功。这时，由高校进行安排教师去与社会接触，就会变得特别重要。这也是一些学科和专业保持质量或竞争力的重要条件。教师教学工作质量除了需要个人的努力之外，也需要社会的帮助。这是非常重要的一个观点。在传统教育思想中，教师作为一种道德人格，似乎与社会的一些要求是不兼容的，有的甚至倡导让教师去特立独行，去思考、去探索，甚至去批判社会。应当说传统社会对于教师这种职业、教师这种人格的理解，并不是完全错误的，它有其存在的价值和适用的空间。但是，如果过于强调教师与书本之间的关系，则可能使教学工作与社会需求之间的矛盾越来越尖锐。因此从这个意义上讲，教师教学质量就要在一定程度上取决于教师对社会生活的理解和对社会实践的掌握程度。

2."学"的保障机制的构建

在一种良好的校园文化中，教师与学生之间的关系是非常融洽的，管理人员与教师之间的关系是和谐的，服务人员与学生之间的关系是值得信赖的。这种不同于一般社会组织环境的校园环境，是保证整个学校学习活动的正常开展的基本条件。一所高校为学生能够提供的学习效果保障措施可能包括很多方面。具体来讲，也是硬件和软件两个方面。在硬件方面，高校应当提供起码的学习环境，如教室、运动场地、图书馆等。在软件方面，高校应当提供学生学习时必要的制度和政策，以及能够影响学生成长的校园文化气氛。好的大学与差的大学之间的一个重要的区别，就是前者比后有更好的教学软环境，比如文化气氛、校园制度、服务精神等。一般而言，硬环境可能通常一两年的时间就能建立起来或者得到完善，但是软环境的建设，尤其是校园文化环境的建设则是一个长期的过程。

学生通过自己的努力从校园中获得知识，或者从校园之外的领域获得知识，这应当是保证学生学习质量的重要条件。现阶段许多高校在这个方面还做得不够。具体表现为：学生可以利用的教学资源比较有限，信息获得渠道的有限性、对于学习方式的限制性、图书资料的缺乏以及强调考核结果的应试教育模式，等等，都使学生学习的环境得到不同程度的破坏。因而如何来保障学生的学习质量成为当今社会面临的一项重要课题。学生学习质量一般取决于四个方面的因素：一是学生本人的学习天赋，即本人对于知识的掌握能力和理解能力；二是学生对于知识的渴求程度；三是教师的教学水平以及教师与学生之间的沟通能力；四是学生从间接渠道获得知识的能力。在传统教育体制下，一般强调前三项，即要办一所高水平的大学，必须有好的生源、好的师资和好的校风。好的校风既包括了教风，也包括了学风。

而第四个因素则往往被许多高校所忽略。强调从课堂上或教师的讲授直接获得知识的重要性，而不重视学生通过自己的方式来获得知识，这是高等教育教学质量很难上到一个新的水平的重要原因。

一般而言，在大学生这样一个群体中，尽管他们对于专业、学科等方面的认识还很不足，甚至不是很清楚未来究竟应当怎样发展，但是他们通常会不去考虑一些职业和技能的学习活动。因此，好的教学环境中就要强调学生学习过程中对于非必要知识的选择权。这个方面的工作做得越好，越有利于不同学生的成长，越有利于学生学习到更多的知识。保证学生学习质量并不是强调学习的时间越长越好．或者学习的内容越多越好。正确的理解应当是，学习的时间保持合理，学习的内容符合时代要求与学生个人健康成长的需求。随着社会经济文化的不断前行，人类为自身学习积累了大量的知识，这其中有些是精华，有些已经是糟粕，如果不加鉴别地全部学习，则会把学生宝贵的时间都花费在无用的知识的掌握和理解上，这事实上等于间接地剥夺了学生的学习自由权和选择权。教育部门和各个高校应当认真地研究哪些知识才是学生应当学的，而不应当把自己部门或者自己院校的意志强加于学生身上。当然，在高校学习的学生有时并不一定会清醒他们究竟需要掌握什么类型的知识，但是，这并不意味着他们并不清楚他们不需要掌握的知识。

理论教学脱离实践工作这是导致学生学习质量不高的重要原因。限于体制机制的制约，不少高校在争取社会资源支持方面显得力不从心，特别是经济管理类专业的学生，由于实践环节岗位的针对性并不是很强，有的虽然具有一定的针对性，但是考虑到经营管理的安全性，企业通常并不是特别愿意接受本科生前往进行实践锻炼。与教师完成教学工作一样，学生完成学习工作也需要一定的社会资源的支持。实践教学基地和实验室环境就是学生获得对于所学知识具有感性认识的重要途径。现阶段，高等教育中不少教学环节距离社会生活很"遥远"。有时，一些学习经济专业的学生，可能学习了四年时间的证券期货理论，但实际上却没有一次机会走进股票交易场所。在知识的理解与掌握过程中，没有完整的实践教学环境相配套，这是目前许多高校面临的主要问题。同时，现行体制下许多企业不愿意承担高校学生的学习环境的建设也导致了在与之相关的环境资源配套方面资金严重不足。

3. 管理的保障机制构建

保证管理部门有效地开展工作，首先要有一个素质和能力都比较强的干部队伍；其次要有一整套行之有效的制度；最后，就是要有必要的办公经费作保障。这是一个比较复杂的命题。一方面，管理部门应当为教师的教学工作和学生的学习工作提供基本的保障；另一方面，管理部门作为高校的一个非常重要的组织类型，也需要高校乃至社会其他单位为其提供必要的帮助和支持。

（三）构建教学管理的有效监控机制

1."教"的监控

对教师的"教"进行控制的部门主要有教务处和督导组，教务处侧重于从保障教学活动正常进行的角度来管理教师的"教"，而督导组则是从专业知识传授的角度来指导教师的"教"。按照控制的"三要素"来理解，教师教学质量的提高，首先需要有科学的评价标准，其次是教师教学质量的衡量，最后是教师教学质量的信息反馈。首先，从控制标准来看，主要涉及"由谁制定标准和修改标准"和"控制标准的主要内容有哪些"两个重要方面。一般说来，评价教师"教"的标准，应该由学校的教务管理部门参照教育部制定的标准来制定。这些标准并不是一成不变的，有时需要根据特定的形势和任务做出必要的调整。

2."学"的监控

衡量学生学习质量的标准，除了课堂考核外，还应当加入在实践中对知识加以应用的能力。现在来看，大学生尤其要加强语言表达能力、社会实践能力和团队合作能力。学生处和督导组是学生学习质量的主要监控者。在学生质量监控上有着重要的作用。学生学习质量的高低需要有具体的衡量标准。高的学习质量不仅体现在学生成绩的提高，同时也需要体现在学生综合素质的提高。单纯地追求高的成绩是非常功利的，并不一定有利于学生的全面发展。那些"学得快、忘得快"的同学，虽然课程成绩取得了高的评分，但是并不能够有效地加以领会和应用，其实就是学习质量不高的表现。

3.管理的监控

如果不强调"服务"，又可能导致学校的许多工作在低水平上进行。因此，针对管理部门"服务"质量的监控，必须是"管理"与"服务"并重，在强化服务意识的同时，不断提高管理工作的能力和水平。主要控制部门包括学校、学院的各个职能部门，主要环节包括与教师的工作、学生的学习紧密联系的领域。针对管理部门"服务"质量的监控，应当主要关注下级管理部门的服务态度和服务意识，教学服务设施是否到位，教学服务质量能否达到国家规定的标准，等等。管理部门的

"服务"搞得越好，越能够体现出学校对于广大教师和学生的人文关怀。事实上，广大师生对于学校的管理"服务"水平，并没有过高的要求。这主要是由于学校并不是单纯的服务单位，而是提供教育公共产品的组织。如果过度地强调"服务"，就可能使学生们的认识进入一个误区。

三、高校改革管理结构与运行方式

在改革过程中坚持统一的改革路径和一致做法的结果必要就是"千校一面"和"千人一面"，难以出现有风格的办学模式和具有时代精神的高素质人才。在中国，尽管每一所大学都有其相应的管理结构，但是这些管理结构的运行机制并没有根本的差异。这也是现阶段不少大学必须进行改革的根本原因所在。大学之所以相同或者功能相似，其重要原因在于大学的所有制及其办学目标和目的。以公有制为主体的中国现代大学，主要目的并不是盈利，而是为社会主义现代化建设培养高质量的人才。这就决定了大学管理者并不特别在意他所在的管理环境，由于缺乏竞争力，因而导致对管理效率的追求并不是十分迫切。因此，现今的大学改革尽管备受关注，但是并不是所有大学都能从提高教学质量的角度来认真地思考这个问题，负责任地进行改革。许多大学并没有形成自己的办学理念和办学思想，而只是在按照上级的精神进行改革，或者模仿其他高校的办学模式进行一些象征性的改良。这就必然导致一方面是积极地投身于教学管理改革，另一方面确实可见的改革成果少之又少。

1. 保障权利落实到位

把权力由上往下放，不仅是整个教育体制改革层面上需要认真研究的一件事，也是每一所高校在其内部管理体制上需要认真研究的一件事。因此，保障权力的落实到位、保障经费的正确投向、保障制度建设的可操作性，这是从管理方面提高教学质量需要重点考虑的问题。在这种办学体制下的高校，其教学质量保障体系中的管理结构一般也是分为三个层面，即高层或者称之为决策层；中层或称为执行层；基层或称为操作层。为了保障高校的教学质量，三个层次之间应当保持一定程度的协同作用，即在行为方向上是一致的。高层主要负责教学战略层面的事务，例如本科教学应当向什么方向发展？有哪些重大的事情需要解决？等等。中层主要是执行层，即为教学质量的提升提供执行保障，负责把高层的战略思维落实下去。基层单位则是教学的主要运营单位，按照高层所确定的方向和中层所制定的具体措施把教学工作做好。现在来看，这种高、中、基三层的管理运行模式对于提高教学质量还是起到一定的保障作用的，但是随着教育教学改革的向前推进，权力向基层倾斜是一种必然趋势，这就要求基层教学单位应当有更大的教学运营决策权，充分发挥各自的积极性，把本单位的教学工作做好。

严格的教学管理固然是必需的，但究竟在哪些方面应当严格，在哪些方面应当宽松，这可能需要认真地思考。许多高校对于学生的管理不可谓不严，但是这种严格的管理体制之下，真正的人才似乎并没有大量的涌现，这就说明管理努力的方向可能出现了偏差。要改变这种管理制度，就必要围绕提供教学质量来进行管理，把有利于质量提升的方面加强管理，而对一些可能影响教学质量的方面，则尽量采取一些稳妥的方式处理。此外，还有一点就是对于高校管理的度的问题。究竟是把高校管理严了好，还是松了好？对于这个问题，可能更多的人倾向于走一条"中道"，即既不过于严格，也不过于宽松。但是，从治学的角度来看，它并不等同于制造产品，因而过于严格，可以适得其反，相反有一定的宽松度才可能培养出真正意义上的人才。现今不少大学对于学生都有非常严格的考核办法，学分制、综合测评，等等，使学生把大量精力应对这些考试方面，为了能够使每一门课程都过关，本科生可能需要花费大量的时间和精力于考试准备中，因而很少有时间能够看一些与课程相关的书籍，甚至拿出一点闲暇时间来思考一些深层次的问题。

现代大学由于与就业、升学等指标挂钩，因此或多或少地受社会上功利色彩风气的影响。高就业率和高升学率是否就意味着高等教育的高质量，这并不一定。但是，除了就业或者升学能够作为硬性指标来考核高校的教育质量以外，其他指标尤其是一些在很长时间才能体现出效果的指标，似乎并不能够作为经常性指标进行考核。管理出效率，对于高等教育也是这样。中国现代化建设如果还会有新的动力源的话，那么提升管理效率可能就是其中之一。管理思想、管理思维、管理手段、管理方法的落后已经严重影响了在一线从事教学与科研工作人员的积极性。由于教学活动的效果具有长期性，并不是通过短期的考察就可以发现一种管理方式的好与坏，这就使一些不是很好的管理思想与方法有充分施展的空间。根本上扭转管理思想与管理方式落后的局面，主要还应当从教育的功利化角度去思考如何提高教学质量这一问题。

2. 管理变革中存在的问题

一般而言，为了保证本科教学的正常进行，高校一般都会把其优势资源集中于教学工作开展方面，甚至在教师配备、管理队伍、服务人员的构成方面，都会体现出一定的政策倾向性。但是，随着本科教学规模的持续扩张，是否能够把一所学校重要的教学资源用于本科教学方面，这成为提高教学质量所面对的重要问题。本科生人数的过快增长，如果没有相配套的教学资源的投入作为保障，比如教学设施、教学经费、教学队伍、管理队伍、服务水平等，就会导致本科教学质量的下降。从教学质量保障运行体制来看，高校的不同管理部门都承担了一定的职责。应当说，教务处和学生处是高校本科教学质量管理的两个最为重要的部门，尤其是前者，在培养方案、课程体系设置、课程教学内容以及教学方式考核等方面都具有重要的导向作用。由于本科教学在高校教学中处于基础地位，因此它是评价一所高校教学质量的最为重要的指标。

还有一个经常被人们所忽略的问题，就是大量本科生进入高校，而社会上对于本科生毕业以后的就业岗位尚未做好相应安排，这就导致了毕业生供给与毕业生需求之间的缺口。这种客观现象的存在，一方面使学校的教学工作更多地围绕着如何使学生能够找到工作，另一方面也使不少学生在学习生活中体现一定的功利色彩。因此，教学行为短期化与学习行为的功利化导致了教学质量的下降。从这个意义上讲，提高高校教学质量似乎并不是一所高校就能够完全解决的事情，它需要整个社会环境的改善。教学规模扩张是否一定会导致本科教学质量的下降，这个问题目前还存在较大的争议。正如前面所分析的那样，如果教学资源投入能够跟上本科生增长的数量，再加上教学管理方式的革新，那么教学质量还应当是有保障的。但是，现阶段许多高校将更多的教学资源投向了基础建设方面，而在教师队伍建设、教学内容建设等方面投入严重不足，这就形成了教学资源投入结构的失衡，加上许多高校仍然在沿用以往的教学管理模式，这就使管理变革的滞后严重影响了教学质量的提高。

四、财经类人才培养的教学保障要求

1. 财经类人才培养应理论与实践相结合

从教学这个环节来分析，培养这样的人才应当把理论与实践紧密地结合在一起，既重视理论教学的重要性，同时也强调实践教学的重要性，把理论知识的应用与实践工作的理解结合在一起，这样才能培养出财经创新型人才。财经创新型人才培养教学质量保障体系的建立，从本质上看，它应当属于整个高等教育教学质量保障体系中的一个比较特殊的领域。财经创新型人才的基本含义应当包括如下几个方面：第一，应当具有对财经现象较为深刻的理解能力；第二，对于财经规律有基本的掌握，并能够运用这些规律来分析财经活动；第三，对于所从事的财经工作有创新性思维和解决问题的办法。

财经创新型人才培养一方面需要理论知识的大量积累，另一方面需要对于经济发展状况的完整的把握。财经创新不同于其他领域的创新，除了在理论上进行创新之外，更多的可能需要在实践领域进行创新，即把所学知识应用于具体工作方面，推动财经改革发展进程。因此，从这个意义上讲，财经创新型人才的培养更多的是一种基本素质和基本能力的培养，这其中包括了思维能力和创新精神的培养。同时，财经创新型人才的培养还需要学生大量了解现实状况，即对于中国国情和世界经济形势变化的情形的了解。可以说，没有全部地掌握这些数据信息，就很难得出正确的结论。

还有一个问题就是，财经创新型人才的培养，很难从高校的短期的教学中体现出来，而是需要大学生走上社会工作岗位之后通过多年的工作实践才能够体现出来。一般说来，这种创新型人才除了学生本身具有一定的素质之外，还需要有工作机遇等外在因素的支持。从理论上讲，高校并不一定能够保证一名本科生在毕业之后就能够成为财经创新型人才，而是能够保证一批学生通过不同的管理体制和培养体制受教育之后，能够比之前的培养模式更具有创新精神、更容易取得创新型成果。

2.财经类人才培养的管理与教育保障机制

财经创新型人才的培养一定要有一种不同于传统培养模式的特点，这样才能够使学生在一种新的学习体制下发挥充分的创造能力。如果仍然沿用传统的管理体制和教育机制，则可能使一些创新的政策主张并不能够完全落实下去。更为重要的是，创新并不是一种短期的功利性行为，而应当是一种从长期而言有利于学习者本人和整个受教育群体的教育行为。这就要求每所高校的最高管理者、中层执行机构和基层教学单位都能够把目标放得长远一些，而不把主要的精力用于各种短期化的教学行为上。只有这样才能够形成一种财经创新型人才的培养环境，进而有利于提升全民族的创新能力。从财经创新型人才质量保障体制这个角度来考察，高校的教育教学体制改革任重而道远。第一，改革的主要任务就是要围绕培养方案进行重新设计，把能够培养创新思维、创新能力的课程加入到培养方案之中；第二，就是要加大实践环节的比重，通过让学生大量参与社会实践活动，提升对于财经活动的认知能力；第三，就是要保证学生有足够的时间去自主学习，通过学习理论知识和社会知识，扩展对于创新的认识和理解；第四，就是要把中国国情与世界经济发展趋势结合在一起，能够因地制宜地思考中国社会主义现代化建设所面临的财经问题。

财经创新型人才的培养模式改革，首先，要对知识体系与知识结构进行改革，对财经专业的学生在大学期间应当掌握哪些基本知识，有一个比较明确的范围；其次，应当让学生从个人的兴趣出发，尽量去选择一些能够与本人的特长相结合的知识，这样才利于把每一位同学的天赋发挥出来；最后，就是要改变考试考核方式，重点体现对学生创新素质的培养。应当尽可能改变完全靠记忆的学习方式，而主张把理解与记忆有机地结合在一起。培养财经专业学生的抽象能力与想象能力，把握事物主要发展趋势的能力。创新思维还需要学生不局限于现有的各种条件约束，而是大胆地提出改革的措施。现阶段，经济和社会中的问题与矛盾比较多，可以说许多创新型思考都是源于对这些问题与矛盾的解决方案的设计过程之中。因此，创新型思维和能力的培养重点在于把理论知识与现实问题结合在一起进行研究。现有的教学课程与教学内容中更多地强调理论的理解与公式的记忆，而对于现实问题的关注比较少，有许多教师本人甚至也很少有这些方面的基本素质与能力，这就造成了考核形式的简单化和能力培养的不足。改变这种状况的主要措施就在于加大对于教师参与经济实际工作的力度，同时让学生更多地与教师一道来开展经济现象的研究工作。围绕现实问题进行创新思考，这是本科这个阶段应当能够完成的工作；而纯粹地进行理论探索，客观地讲，本科这个阶段还不完全具备这样的能力。因此，应当倡导由教师为主要负责人的学生创新团队的建设工作。财经创新型人才培养应当让学生具备独立思考的能力。既要掌握经济理论知识，又要熟悉现实经济生活中的一些具体问题。按照目前的应试教育这种教育模式，规定每一个问题都必须有正确的答案，显然是很难培养出具备创新思维能力的人才的。

五、"产学研合作"模式的应用

（一）"产学研合作"模式的内涵

1. "产学研合作"模式的界定

目前，我国相关机构对高校产学研合作的形式给予了高度的重视。《国家中长期科学和技术发展规划纲要（2006-2020）》明确提出，"要把建立以企业为主体、产学研结合的技术创新体系作为国家创新体系建设的突破口"，产学研合作的模式被提升到了国家战略高度，可见产学研合作的重要地位和重大意义。产学研合作，作为一种独特的人才培养模式，逐渐发挥着越来越重要的作用。

国家教育部在《面向21世纪教育振兴行动计划》中指出，"产学研合作"是指"企业、高等学校和科研机构三方面本着优势互补、互利互惠、共同发展的原则开展合作与交流"，也指"教育与　生产劳动、科学研究在人才培养、科技开发和生产活动中的有机结合"。也就是说，产学研合作主要是企业、高校、科研院所的合作，通常这种合作以市场为导向，以技术创新为目的，通过各种形式的可做实现产品研究或科研成果产业化，将科研、技术开发、产品制造与销售相结合，形成一个有机的体系。

2. 产学研合作的特征表现

一般意义上的产学研合作具有以下特点：

第一，能够在尽量短的时间内将科技研究与产业的开发相结合，打破科技研发的各种制约条件，减少成果转化的阻力，实现理论与实践的良好结合，以最大效能推进企业的发展和生产力的提高。现代市场的竞争，归根结底是产品的竞争，具体而言是成本、质量、科技含量方面的竞争，因此利用高科技指导产品的生产具有积极意义。产学研合作的模式恰好可以帮助企业快速获得并运用最新的科技成果，节约了企业亲自研发的成本和时间，获得合作的效益。而对于科研所，则能够迅速检测科研成果的可行性，极大增加了科研成果向生产力转化的效率。

第二，产学研合作强调创新能力的运用，注重将最先进的科技成果运用到企业运营中，实现企业产品生产的高科技性，为企业带来高附加值的经营收入，缩短了产品更新换代的实践，提升了产品的性能，降低产品的成本和生产时间，从而使得企业获得竞争优势，推进企业进一步发展。因此，这种高科技的迅速转化和运用为企业带来较大的价值源泉和提升产品的科技含量是产学研合作的意义所在。

第三，对于企业而言，高科技带来高效益是毋庸置疑的，通过企业的价值传导机制和利益机制，更好的产品往往带来巨大的市场潜力，是企业打造自身品牌、提升竞争能力的基础。企业带来的巨大经济利益又反馈至高校和科研单位中，为高校进一步的科研、科研单位进一步研究工作带来了资金资源，促进了二者研究能力的提升。

产学研合作的思想恰好弥补了这方面的不足，体现知识对实践的指导过程，核心是以市场为导向，以科技成果的迅速转换为关键点，着力解决产品开发和产品生产环节的技术难题，整体提高企业的科技创新能力和企业竞争力，增加企业的市场占有率，促进企业战略目标的实现。产学研合作的最终目标是实现知识向实践的转移，对于高校而言，当前的教育模式以传统的"讲"与"听"为主，学生一味接受知识，对知识指导实践的过程感受不深刻。

3. "产学研合作"模式的意义

在当今创新能力和科技能力决定竞争力的社会中，产学研合作的意义尤为突出。

第一，利益整体的形成产生彼此间相互激励的机制，促进了合作的成功。产学研合作，能够有效激励合作各方，实现共同进步。在残酷的市场竞争中，优胜劣汰的巨大压力促使产学研合作主体为了维持自身的稳定与生产，充分利用可获得的资源，激发科研动力和创新动力。产学研合作将企业、高校、科研机构连接为一个利益共同体，三者以产权组合为基础进行联合，依照费用最小化的原则安排产权，实现产权明晰，在节约交易费用的基础上保护知识产权，又能最有效地利用知识产权。

第二，通过资源的聚集，三方各自资源的不足得到弥补，分散的资源得到进一步的整合，对彼此优势资源的相互利用使得合作方以最低成本获得最需要的资源，产学研合作变成了一种各方都能受益的体系，最终合作方也都能分享经济利益，形成"集聚经济"。产学研合作有助于"集聚经济"的形成。事实上，产学研合作使得合作方形成一种契约关系，这种关系促使三方的有效资源集聚到一起，共同完成某种任务。

第三，产学研合作方分别提供和运用各自的优势资源，减少资源的浪费，减少资源获取的困难，激活科技创新带来的效益，通过资源与配比资源的共同使用，优化资源使用效率，实现资源的优化配置。产学研合作有利于实现资源的优化配置。通过产权的形式配置资源，改变科技资源的运用效率，是产学研合作带来的改变之一。

第四，企业以最低成本获得最先进的技术，把握市场机遇，增强竞争力，实现企业战略目标；高校在此过程中获得经济回报，补充科研经费的不足，同时对学生的教育提供了现实的机会，为培养创新型人才提供契机和帮助；科研所在进行技术开发、转让的同时进一步提高科研水平，并获得科研经费，以协助其进行更深层次的科学研究或探索。产学研合作是社会发展趋势的要求。高校、科研机构充分发挥人才优势、智力优势，大力开展技术创新工作；与企业的联合恰好可以将科技创新成果等潜在的生产力转化为现实的生产力，这是社会发展的要求，是市场经济的要求。

第五，一个民族若要振兴经济，必须具备能与其他民族竞争的自主产权、创新能力，产学研合作能够快速形成新的经济增长点，形成技术密集的产权，增强参与者的创新能力，增强产品对市场的适应能力。一个国家，若要在科研能力以及科研成果的转化能力方面获得优势，就必须推进产学研合作模式，在创新中谋发展，在创新中形成经济发展的推动力。产学研合作促进民族经济的发展。江泽民同志曾指出，"采取多种形式，推进产学研结合，争取在一些重大的高新技术项目上取得突破性进展，更好地为国家的经济建设服务"。

（二）"产学研合作"模式种类

1. 校办产业型

校办产业型产学研合作主要指高校与自己创办的实践基地或企业进行合作，将高校的研究成果投入到校办产业中指导生产，实现产学研结合。这种校办产业型合作目的主要在于培养学生的科研创新能力，以及获得科研成果带来的经济收益，许多高校创办的知名企业都参与到产学研合作中，如北京大学的方正集团、北大青鸟等企业，正是依托北京大学先进的科研成果和优秀的科研团队，即为北京大学提供了实践基地，又创造了良好的经济效益，进而进一步促进科研的发展。

2. 技术入股型

技术入股型产学研合作是指高校以专利技术、非专利技术等无形资产为出资，企业以实物或现金等有形资产为出资，双方共同组建公司，由组建的公司实现科技能力的运用、产品的产业化。例如，天津大学焊接研究所自主开发了一项具有市场潜力的科技产品药芯焊丝，通过技术入股型产学研合作，天津大学与天津科技发展有限公司、天津信托投资公司等多家企业组建了天津三英焊业有限公司，天津大学以药芯焊丝为技术入股，并取得了良好的受益。这种企业以实物入股、高校以"科研能力"入股的方式能够避免企业在科研方面的不足和高校在流动资金方面的不足，充分发挥二者的优势，取得良好的经济效益。

3. 联合共建型

联合共建型产学研合作是指高校充分发挥自身人才优势，通过与企业共建实验室、研发基地等载体进行合作。双方共同派遣人员参与研发，双方由单纯的优势互补逐渐转变为人才和技术上深层次的交流，在这种模式中，高校带来的技术和知识受到充分的尊重。联合共建型产学研合作形成研究成果的知识产权由双方共享，企业的研发能力、创新能力得到提高，高校中参与研发课题的师生对企业也增加了了解，尤其是对学生而言积累了实际工作经验，对知识向实物的转化形成了感性认识。

4. 科技园区型

科技园区型产学研合作主要在高校集中、工商业发达的地区建立，并需要政府的政策支持，是高校科技企业的重要根据地。科技园区内，各高校技术与创新思维不断竞争与碰撞，增强了高校的创新能力和创新意识，加速了信息的传播和利用，科技成果向生产力转化的速度大大提高，资源集聚带来的规模效应得到显现。同时，在人才培养方面，相关科研人员或学生的交流与沟通促进了其对于知识的理解，提高了人才操作技能。

5. 人才培养型

人才培养型产学研合作主要是高校和企业联合培养高素质人才，提升学生的实践能力、创新能力等而进行合作。通过产学研合作，学生能够参与到实际的理论运用、技术创新、产品生产中，能够深入企业了解企业的运行状况，对学生动手能力的提高有所帮助。从学校角度讲，产学研合作给学生提供了更开阔的视野和更实际的训练，从企业角度讲，产学研合作让学生观察到企业的用人需求，观察到自我能力不足之处，鼓励学生从知识架构、技能操作到人际交流方面的自我发展、自我完善。

6. 博士后工作站型

从 20 世纪 90 年代开始，我国就开展企业与设立博士后流动站的单位联合培养博士后的试点工作。开展联合培养工作，主要目的是通过联合招收与培养研究人员的方式，充分发挥站点单位资金充足、设施完备、技术先进、信息畅通、与实际联系密切等优势，培养具有独立操作能力、研究能力的高精尖人才。能够参与博士后流动站联合培养的企业，通常是技术实力强、市场份额大、研究条件好的大型企业或者高新技术企业，企业管理规范，拥有专业的、先进的研发队伍，能提出实用性强、市场前景好、技术含量高、学术价值大的科研项目，经费充足，容易出科研成果，并转化成高新科技的产品投放于市场，获得可观的经济收益。

（三）"产学研合作"模式经验

产学研合作在生物工程、材料开发、制造技术更新、信息技术革新等领域形成了高价值含量的科技成果、具有自主产权的核心技术和具有市场潜力的核心产品，形成了经济增长点，推进了传统行业的革新，增强了企业的竞争能力和创新能力，增加企业的市场占有量，促进了产业结构的优化，培养了大量高科技人才和具备创新能力、科研能力的人才，无论是社会效益还是经济效益都获得明显的成果。通过实践，我国产学研合作已积累了众多宝贵的合作经验。从 20 世纪 50-60 年代开始，我国就出现了产学研合作，如"两弹一星"的研制工作就是典型的产学研合作的成果。此后，随着国家对科技越来越重视，产学研合作也逐渐得到推广。多年来，在政府的指引下，各地企业、高校、科研院所开展了以技术研发、专家参与、共建技术中心、共建科技实体等方式的产学研合作，形成了风险共享、利益共担的利益群体，推进了技术的革新、教育水平的提高，促进了科技与经济的密切结合，推进了经济发展。

第一，我国市场经济体制还不够完善，企业的自主意识不够强，企业反哺教育的观念还没有形成，这就需要高校以主动的态度积极开展产学研合作，脱离封闭的、与实践脱节的教学，发挥自身特长和优势，解决实际的、现实的技术和生产问题，帮助企业实现技术的革新，在促进企业获得经济收益的同时取得自身能力的提升和经济的补足。高校应当建立与企业的相互信任，考虑与学校层次和类型相一致的企业，帮助企业建立产学研合作的意识，推广产学研合作的适用范围。高校应以主动的态度做好产学研的服务，结合自身情况积极推进产学研合作。高等学校的优势在于雄厚的创新能力、科研能力，在于人才储备，企业正式技术人才的需求者，二者存在着供需结合点。

第二，通过产学研合作，教师能够把握企业对人才的实际需求，调整教育模式，更新教育理念，丰富教学内容，提高教学质量；学生能够切实体验知识指导实际生产的过程，锻炼学生实干精神，培养学生在实际工作中发现问题、解决问题的能力以及创新意识和创新能力，能使学生获得课堂上无法获取的操作经验，有助于培养面向高科技的具备创新能力、实践能力的实用性人才。产学研合作应以提高人才的能力为中心。高校最基本的职能是培养符合社会发展需要的人才，高校开展产学研合作最重要的初衷正是对人才的培养。因此，高校参与产学研合作，经济收益 不是最终要求，必须坚持教育为本的原则，以培养人才为首要目标，将人才培养、发展科技、获得收益有机地结合起来，促进理论教学与实践教学的结合。

第三，产学研合作最终的最大受益者是国家，通过产学研合作，人才素质得到提升，企业生产能力提高，在此过程中，政府应当做到积极的倡导、支持。一些企业不具备产学研合作的意识，或者不具备对产学研合作的信任，这就需要政府凭借信用，推广产学研合作的实际应用，并制定措施保障产学研合作的规范、高校运行。政府应当根据当地产业规划，以政策和经费支持的方式，引导科研项目，分散压力风险，实现产学研合作多方受益。政府应当予以及时、必要的支持和导向，应当积极引导产学研合作，使其规范化。

第四，高校开展产学研合作是一个循序渐进的过程，不同阶段有不同层次的课题，高校应当坚持学科建设的主线，形成一定的课题选择的原则标准，实现资源的最有效利用。以学科建设为基础，选择有意义的课题。目前，我国高校的课题研究主要分三种：一是纵向的、为国家经济建设直接服务的课题；二是横向的、为新兴产业奠定基础的技术研究与创新型课题；三是探索规律、训练人才、获取知识型课题。产学研合作可以结合三类课题分层次开展，但开展产学研合作的原则是一定要围绕高校的学科建设进行，做与本学科相关课题，做能够使学生专业素质得到提高的课题。

第五，在市场机制下，高校、科研院所的研究应当注意技术的市场前景，以市场为导向积极探索产学研合作的多种形式，力求在诚信合作的基础上，增加产学研合作的效益，增加技术的实用性，使市场成为技术发展的指向标。产学研合作应重视市场导向。产学研合作使合作方形成利益共同体，企业获得的经济利益由三方共享，高校、科研院所的技术进步也由三方共同使用。

（四）"产学研合作"模式人才培养

毋庸置疑的是，高校产学研合作与传统的高校教学相比能够挖掘人才潜质，锻炼人才的操作技能，丰富人才的知识技能，全面提升人才素质，在人才培养方面发挥着不可替代的作用。目前，通过产学研合作培养具有创新能力的人才已经被广为接受。

第一，人才不仅应当有丰厚的知识储备，更应当具备良好的品质、与人良好沟通的能力、较强的学习能力、合理的知识架构、勇于创新不怕失败的品质、勇于前进的潜质、对市场发展方向具备感知能力。这些素质更多基于后天培养形成，而青年时期正是培养这些品质和素质的关键时期。高校应当意识到肩负的重任，摆脱过去仅仅依靠"讲"与"听"为模式的讲授，摆脱过去单一的考试考核机制，利用产学研合作为学生提供锻炼自我、充实自我的平台，在实践中培养学生发现问题、提出问题、解决问题的能力，促进对学生科研能力的培养，促进学生实际操作能力的提升，培养适合社会需要的高素质人才。产学研合作有助于培养操作能力强的应用型人才。我国社会的快速发展与人才素质的提高是密不可分的，而当今的竞争归根结底也正是人才的竞争。随着社会的不断发展，科技成果的日新月异，创新型人才的需求量增加，并且对人才综合素质的要求提高。

第二，产学研合作要求学生不仅要掌握相关知识，更要运用理论知识解决实际问题，这就在补充知识的基础上增加学生对理论的感性认识，增加操作体验，拓展视野，锻炼理论与实际相联系的能力，这些都是在课堂教学或阅读的方式无法获得的。因此，产学研合作以其独特的优势，培养学生实际运用知识的能力，培养学生对知识转化的感知力，增加学生的学习兴趣，增加了学生的知识储备。产学研合作有助于学生知识与实践的转化，有助于学生知识的充实。传统的课堂学习，能够为学生带来大量的间接、理论层次的知识，学生获得知识的速度快，但采用这种形式传授知识，学生只能被动地接受知识，将知识保留在认识层面，不能对其加以运用，有的学生甚至不对其加以思考，容易形成思维定式或迷信专家观点等情况，学生学习的积极性主动性不高。产学研合作正打破这一僵局，学生若要真正参与到产学研合作中，就需要有一定的知识积累，这就督促学生不断增加自我的知识储备，丰富知识的积累，主动搜寻相关知识解决问题，学生的主动性得到提高。

第三，在产学研合作过程中，学生之间能够进行专业运用方面的交流，促进学生对专业知识的掌握和思辨能力，能够为学生赢得帮助其不断提高的学习伙伴和资源，增加学生的学习兴趣。此外，产学研合作要求学生具备在专业领域不怕吃苦、勇于探索的精神，在专业之中寻找科研乐趣，培养学生爱业、敬业的精神，为将来从事专业工作打下基础。产学研合作提高了人才的专业素质。产学研合作中，专业知识是基础，只有掌握丰富的专业知识，才能对其加以利用，实现更高层次的技术革新或创造。通过产学研合作教育，能够增加学生对专业思维的感知，使学生了解专业现状和前景，明确发展途径中应当具备什么样的专业素养和能力。

第四，从人际交流方面来讲，产学研合作不是一个人的工作，需要来自高校、企业、科研单位的成员组成一个团队共同完成任务，这就要求学生必须有良好的团队协作能力，具备与人沟通的能力，学生在参与过程中必须学会如何与企业和科研单位的人相处，如何请教知识，如何提出意见和观点，同时，产学研合作为学生提供了专业化的人脉资源，为学生在专业领域进一步发展提供了帮助。因此，产学研合作不仅仅是对学生专业能力的训练，更是对学生综合素质的拓展，有助于学生品质、实践能力、创新能力、交流能力等多方面能力的提升，有助于培养全面发展的人才。传统的教学方式中，学生以掌握课本知识为主，对于其他能力和技能要求不高，甚至无法评价学生的其他能力，实践能力的培养更是无从谈起。产学研合作与之相比，更加注重学生综合素质的拓展，促进学生全面发展。产学研合作培养的是学生的综合素质，有助于学生的全面发展。首先，从学生品质方面来讲，产学研合作要求学生必须不怕困难，勇于面对困难，在解决技术创新问题时需要具备耐心和细心，并且需要谦虚地向经验丰富的人探讨经验，产学研合作对于学生优良品质的要求使得学生必须具备良好的素养。其次，从实践能力方面来讲，学生必须运用所学知识实现技术的创新，同时又要结合市场需求，对动手能力的要求特别高，这一方面弥补了学生过于注重理论学习的缺点，增加了学生在实践过程中的知识转化和运用能力。最后，从创新能力方面来讲，产学研合作要求学生不仅仅是运用所学知识，更要在运用的过程中对知识加以改造，通过思考实现知识的创新，使知识转化成符合市场需求的技术，这对学生创新能力又是极大的培养和挑战。

总之，目前我国高校开展产学研合作的意识已经逐渐形成，但在实际合作中还需要进一步的实践和努力，需要政府的支持、企业的支持和科研单位的支持，需要在规范的条件下实现进一步深化和发展。产学研合作与传统教育模式相比，为学生带来了更全面的训练，将学习过程变得开放、实用，把理论知识与实际运用紧密地结合起来，通过发挥企业的优势锻炼学生的实战能力，通过发挥科研单位的优势锻炼学生的创新能力和动手能力，以最低的成本培养最高素质的人才，培养适合社会发展需要的人才，并为其做好物质资源、知识资源、人脉资源的多重准备，有助于学生长远地发展。

学生通过"学"获取知识，通过"产"、"研"运用知识、实现知识的创新。产学研合作具备来自高校、科研所、企业等多方面的平台，为学生提供了不同的环境和专业知识，三者培养的侧重点不同。通过产学研合作，学生能够结合实际情况，了解战略型产业和高新科技部门的实际运作。企业、科研所运用良好的研究资源和资金优势，与高校人才资源的良好对接能够产生巨大的创造力，对创新型人才的培养产生重大帮助。因此，产学研存在内在一致性，在现代化时代中是相互依存的，产学研结合产生的宝贵资源对于创新型人才培养的需求也是相互契合的。在新的形势下，产学研合作作为一种能够将理论与实践紧密联系的教育模式，在创新型人才培养具有十分重要的意义，其快捷性、高科技性、高效益性的特点与创新性人才培养的需求相契合。在构建产学研合作平台的基础上，高校与企业可以发挥各自的资源优势，通过资源的有效结合培养新型创新人才。产学研合作教育的实施，是贯彻响应党的教育方针的表现，是培养具备综合素质人才的必经之路。《中国教育改革发展纲要》指出，"要克服学校教育不同程度存在的脱离经济建设和社会发展需要的现象，高等教育要进一步改变专业设置偏窄的状况，拓宽专业业务范围，加强实践环节的教育和训练，发展同社会实际工作部门的合作培养，促进教学、科研、生产三结合"。产学研合作正是响应了这一号召，在合作中培养人才的途径。

产学研合作有助于培养与时代接轨的创新人才。产学研合作对技术时效性的要求很强，技术的落后可能导致合作的失败。因此，学生应在了解市场不断变化的需求基础上，不断调整技术内容，不断突破和改进，最终达到对技术时效性的要求，自身能力也与时代要求相符合。产学研合作模式的教育能够强化学生的创新能力，培养学生创新意识和能动能力。创新型人才培养，重中之重就是人才创新能力和创新意识的培养。创新能力直接的表现就是将理论运用于实践中，在实践中发展理论。产学研合作模式正是对学生创造能力进行训练和培养。首先，产学研合作为学生提供了实践机会，学生通过实践更好地理解所学知识，思考所学知识，能够主动发现问题，有意识地追溯问题的根源，督促学生查阅相关资料，思考问题的解决方法和途径。实践带来的优势不仅仅对学生增加知识储备有效，更促进学生创造性地运用知识，在现有技术不满足实际生产的情况下对技术进行改进，体现了科研的最终意义所在。其次，产学研合作有助于提高学生的创新意识。通过对实践的体验，学生能够意识到创新能力的重要性；通过观察技术落后带来的后劲不足，学生能够主动发挥创新意识，发挥主观能动性，通过对创新氛围的体验，督促自己完成创新任务和工作，加强自我创新能力的培养，有助于学生长远地发展。

综上所述，通过充分利用高校、企业和科研院所的环境氛围与资源，产学研合作能够为学生提供良好的科研条件和充实的科研经历，能够将教育与实践紧密结合，紧紧围绕"知识、能力、素质"共同发展的要求进行，使学生的思维不受课本知识的禁锢，培养灵活的、创新的人才。只有充分运用产学研合作这一平台，才能提高我国高校学生整体的创新意识和创新能力，为社会主义现代化建设服务。产学研合作教育是以培养学生的创新意识和创新能力为重点，同时兼顾学生综合能力的培养。

目前，在培养创新型人才时，应当注意在高校产学研合作时加深对关键方面的控制和投入，以取得更好的效果。我国越来越多的高校开始开展产学研合作，随着实践的深入，众多高校产学研合作对于培养创新型人才形成了一定模式并积累了一定经验。然而，高校产学研合作在制度、政策及合作等方面还存在一些问题和不足。

第一，鼓励企业利用产学研合作机制提升自身研发能力，减少外界限制，摆脱短板劣势，实现更快发展。政府应通过政策导向鼓励企业参与产学研合作，实现经济的发展和有效运行。进一步完善产学研合作的相关政策规范，优化政策环境。政府应当重视产学研合作的人才培养模式，鼓励各种形式的产学研合作，制定相应政策扶植产学研合作的开展和推广，同时调整对高校和科研机构的考核、评价、激励机制，引导高校和科研单位建立成果转化型考核指标，形成合理的考核体系。

第二，可以结合国家科技计划，选择重点研究的领域，以技术为支撑，以需求为导向，以产品为成果，以提高竞争力为目标，开展多类型的产学研合作试点，积极推进产学研合作联盟的构建，推广不同类型的产学研合作形式，扩大产学研合作的适用范围和灵活变化的能力。更新产学研合作的组织形式，增加产学研合作的多元化和柔性。产学研合作并不局限于现有模式，应当根据合作方的具体情况组织适合各方实际的组织形式。

第三，政府应当对不同的产学研合作进行引导，对重点项目或企业进行鼓励和奖励，甚至可以引导产学研合作方向，以支持特殊产业，如民生类、环保类、公益类产业的发展。加大政府引导机制和支持力度。首先，政府需要加大财政投入力度，利用经济手段引导产学研合作方向；其次，充分发挥金融机构的作用，通过建立基金等方式推广产学研合作的应用；再次，完善产学研合作的审核机制，使产学研合作规范化、有效化；最后，鼓励产学研合作战略联盟的组建，促进产学研合作规模化、效益化，实现多方受益。

第四，应当建立能够被公众承认、接受的产学研合作信息平台，解决信息失衡、信息不对称等问题；加快成果运用系统的建设，快速地将科研成果投入生产，实现最大化效益；应当健全相关知识产权保护制度，保护、鼓励知识产权的研发；建立促进产学研合作的专业中介，引导中介机构发挥技术评审、信息传递、法律协助、组织协调、产权保护等作用；发挥行业协会的引导作用，对行业内的产学研合作进行鼓励和宣传；做好产学研合作的监督工作，防止产学研合作中的不法行为和欺骗行为的发生，增加合作方信任度。加快产学研合作配套的技术服务平台和体系的建设。

第五，应鼓励地方围绕地方特色和产业特色开展产学研合作，发挥地方产业优势，或弥补地方产业不足，在促进产学研合作的同时推进地方经济的发展和产业结构的调整。及时总结和分析产学研合作经验，为新的产学研合作提供借鉴。调动地方积极性，加强部门协调机制的建设。进一步加强产学研合作推进工作，成立专门的指导小组指导产学研合作的推进，加强部门间的协调，为产学研合作的广泛开展建立良好的协作网络。

第六，增加社会的创新能力、提高普遍的创新意识营造良好的氛围。构建产学研合作氛围。应做好产学研合作的宣传工作，提高产学研合作的影响力，加强政策导向和宣传，建立合理的奖励机制和引导机制，加强信用系统的建设，强化合作方的契约意识，并对产学研合作予以合理的监督，弘扬合作共赢的价值观，构建多赢效果。

（五）产学研合作的必要性

1."产学研合作"模式的时代要求

从微观上而言，存在企业市场策略问题、理财规划问题、绩效评价问题、产品定位问题、库存管理问题等。这些问题在很大程度上都需要财经高校的学生利用专业知识解决，以促进国家经济的稳定与发展，促进企业的良好运营。由此可见，高素质的财经人才在经济建设中能够发挥重要的作用。财经高校优势学科在于管理类和经济类专业，相对于其他高校而言在这一领域具有明显的知识、人才优势，财经活动涉及社会经济生活的方方面面，是中国特色社会主义市场经济的重要组成部分，是经济正常运行的重要保证之一。随着改革开放的深化，我国经济不断遇到新的问题，诸如从宏观上而言，存在区域经济协调问题、城市化进程问题、金融风险与安全问题、国外金融入侵问题、经济制度问题。

在产学研合作过程中，高校培养了一大批具有独立创新能力的人才，获得了较多的科研成果和宝贵的科研经验。目前，我国多所著名高校，以清华大学、北京大学、浙江大学、南京大学、上海交通大学等为代表，在产学研合作的道路上已经取得了累累硕果，创造了可观的产学研合作效益。与这些综合类院校相比，财经类高校课程设置以财经专业为主，其开展产学研合作有着自身的必要性和特殊性。早在20世纪中旬，"硅谷之父"特曼就提出了联合学术界与产业界优势共同生产的创意，他首创了"硅谷模式"，这在产学研合作历史上具有划时代的意义。此后也有学者提出利用产学研合作实现国家创新的概念，一时间，产学研合作得到人们的广泛认可和应用。我国对于产学研合作的研究起步较晚，但经过多年的探索和实践，高校的服务意识逐渐增强，产学研合作模式形成了诸多成果，并带来了良好的收益，越来越多的企业愿意以此为契机促进技术创新和自我发展，实现战略目标。

通过对经济活动的参与深化学生对知识的理解，提高学生的运用能力，达到财经高校教育的最终目的——服务于社会经济建设。财经高校的产学研合作能够提供切实可行的科研方案，形成科研成果，积累科研经验，将知识转化为生产力，促进科研社会效益的提升，也为高校赢得经费资源，进一步促进高校科研的发展。随着产学研合作的深入，财经类院校开展产学研合作是发展趋势的要求。首先，产学研合作能够结合科技活动与经济活动，是科学与教育发展到一定阶段的产物，是知识经济时代教育创新的重要方式，是高校逐渐脱离独立封闭式教育、走向开放的重要环节。产学研结合，能够切实地摆脱理论与实践的不一致，形成教学科研的一体化发展，促进资源共享，最低成本利用更多资源培养人才，这对财经高校人才培养是具有现实意义的。其次，产学研合作是培养人才创新能力、创新意识、合作能力、实践操作能力以及责任感的重要途径，对于财经高校人才培养，应当贴近经济活动本身。

财经类高校的产学研合作不能一味地模仿综合院校的产学研合作形式，应当结合自身特点开展产学研合作。财经类院校利用产学研合作机制，可以选择与自身学科建设相一致的科研课题，发挥专业学科的优势，做好战略规划，在重点发展的领域做好产学研合作的开展工作，使优势学科获得更好更快的发展，为学生赢得更多的教育资源，为社会输送更多、质量更高的专业人才。财经类高校产学研合作的实际运行有其自身特点。与综合性院校相比，财经类高校规模相对小，专业设置及较为集中，且财经类专业不像理工类专业，是以提供具体的技术或实物创新为主。财经类专业的成果可能是一种管理流程的改进，也可能是一种战略目标的改善，是不具有实物形态的，但却能够给企业带来更为有效的管理，提升企业绩效。

财经类高校开展产学研合作的前景是广阔的，随着国际经济的竞争日益激烈，国家对具备综合素质的财经类创新型人才的缺口还很大，需要财经类高校更加重视产学研合作的开展，重视对产学研合作的规范和引导，采取开放的视角增加合作机会，利用优势学科开展合作，增加科研能力和科研资源，努力培养符合时代要求的财经类创新人才。与综合类院校或者理工类院校相比，财经类高校的产学研合作起步较晚，规模也不如前者。

2. 与政府的合作方式

政府应当提供相应的配套设施和资源，促进信息的公开性，提高政府的引导作用，加大对产学研合作制度的宣传，鼓励企业的关注和参与。高校也应当针对参与产学研合作的教师学生进行合理的评价或激励，对有突出成果的产学研合作项目进行表彰，以吸引更多师生的参与。运用产学研合作方式培养财经高校创新型人才，首要工作是建立和完善财经高校产学研合作实施机制。首先，从产学研合作的认识上，要深化对产学研合作的了解和认识，培养产学研合作的战略思想。财经类高校不能将学生禁锢在象牙塔里面，应鼓励学生多接触社会，参与社会实践，通过实践加深对知识的理解。学校应当利用产学研合作机制，承担高校责任，将产学研合作制定与现代化学校教育改革相联系，明确人才培养战略，并为之努力。其次，从外部支持上，应当完善财经类院校开展产学研合作的政策机制和激励机制，明确产学研合作中的知识产权，尤其是与财经类高校联系更密切的无形资产的知识产权，调动高校开展产学研合作的积极性，建立明确的激励机制，促进高校开展产学研合作的主动性。通过产学研合作培养财经高校创新型人才，应结合财经高校的专业特点，在培养学生基本个人素养基础上，着重培养其具备丰富的财经专业知识、敏锐的经济观察能力以及较强的创新意识和实践能力，使财经高校的创新型人才能够在未来工作中结合专业素养与创新优势，针对我国财经工作的现状及存在的问题做出改进，以促进我国财经工作的开展，保证社会主义市场经济机制的有效运行。

（1）委托研究型

委托研究型主要包括两种：一是纵向课题的产学研合作，即接受政府部门的委托，对经济社会发展中的重要问题、公共问题等开展全面的论证和研究，通常相关部门设立基金项目促进和引导纵向课题的开展；二是横向课题，是高校接受企业的委托，对企业所在行业的问题或者企业的微观主体问题进行研究，提出行业发展方向、注意事项和企业问题解决等实际的建议和意见。该模式能够带领学生深层次地接触政府、企业等机构的实际工作，对课题的参与能够锻炼学生知识运用能力、问题分析能力、利用创新思维解决问题的能力。

（2）开展研究中心型

研究中心的开展方式可能是与政府合作，也可能与企业合作，或成立学校专家组的形式，如诸多财经高校建立的金融研究中心、现代市场营销中心、公共政策模拟中心等。该方式能够带领财经高校学生就某类行业研究，与学生专业知识紧密结合，着重培养学生创造性地运用专业知识的能力。

（3）开展咨询服务型

咨询服务对从业者的专业要求很高，需要从业人员具备扎实的专业基础，了解最新的政策动向，了解法律常识，又要结合实际案例。高等院校是人才密集、知识密集的场所，引导财经院校开展咨询服务的产学研合作能充分利用高校的知识优势和人才优势，针对财经问题的咨询能够使学生深化对知识的理解和认识，督促学生不断充实专业知识，提升专业素养，又能够锻炼学生的沟通交流能力，是高校开展产学研合作、服务社会和企业的重要形式之一。

（4）合作教育型

具体形式有与企业进行共同管理培训，与企业合作进行在职培训或建立实习基地，联合办学等。与企业的合作教育能够将理论与实践相结合，拓展财经高校学生的实践能力，让学生在实际事物中发现问题、解决问题，培养学生优化企业运营机制的创新能力，是财经高校产学研合作的又一可取模式。

综上，财经类高校应当建立完善的与产学研合作机制，利用自身学科优势，推进校企合作，推进创新平台的建立，提高高校开展合作的主动性，突出办学特色，加强对专业学科科研的投入。同时，优化教师队伍建设，提高教师参与产学研合作的积极性和主动性，提高教师的合作意识。通过产学研合作与课程改革的结合培养具有扎实财经专业功底、具备创新意识和创新能力、具备理论联系实际能力以及良好的沟通能力的高素质财经人才，把握机遇，赢得人才培养的主动权，为国家经济建设输送人才资源，为国家发展做出贡献。

六、职业素养的文化载体保障机制

就像文化的定义众说纷纭一样，对大学校园文化的讨论也从来没有停止过，人们分别站在不同的角度，运用不同的分析方法，对大学校园文化这一特定领域的文化概念进行着热烈的讨论。教育不仅是知识的传授，更应该包括人格的塑造、品德的养成。着眼于创新人才培养的高等教育新课题，无论是创新意识的培养、创新人格的形成还是创新能力的磨砺，都不能离开大学校园文化的潜移默化的熏染，并且这种熏染比起知识的传授有更加持久的力量。

（一）校园文化的界定

对校园文化概念的界定，国内学者尚存不同意见。较为普遍的观点有三种：一是狭义上的理解，相对于课堂教学而言校园文化是课外活动的统称。二是广义上的理解，校园文化是学校建设和发展过程中物质文明和精神文明的总和所折射出的文化信息。三是折中的理解，认为校园文化是在学校范围内，在长期育人过程中形成的独特价值观念、社会心理、审美情趣、思维模式、行为方式以及与此相关的校风学风。

国外学者对校园文化的含义辨析也是见仁见智。英国著名科学家斯诺认为，大学校园文化就是在大学校园里形成的以人文知识分子为代表的人文文化和以科技知识分子为代表的科学文化。美国学者伯顿·克拉克认为，大学校园文化由学科文化、院校文化、专业文化和系统文化构成。

大学校园文化是高校师生依据教育教学特点并结合特定时期经济和社会发展的需要，在长期的教育教学实践过程中通过学校各个层面创造和积淀，反映师生共同信念和追求的校园精神。它应该包含物质文化、精神文化、制度文化和行为文化四个方面。

（二）校园文化承载着人才的塑造

无论是理论的探讨还是大学的实践，都能够得出这样的结论：创新人才的培养，不可能通过单纯的知识传授过程而直接实现，对学生创新人格的塑造、创新品质的培养，大学校园文化发挥着独特作用，潜移默化的力量往往比知识的传授更持久和更深刻。

1.物质文化

大学校园的物质文化由校园自然环境、校园布局、校园建筑及其所蕴涵的意蕴和风格等组成。这种文化从形式上看是一种物质环境，同时也是以此为载体的托情于物、因景生情的特殊精神文化，担负着熏染师生品格、涵养和文化气质的特殊功能，也是影响大学人才培养的重要力量，为在具有独特物质环境中成长的大学生的成长铺就不可替代的生动底色。

"哈佛不是地名的称呼，而是一种心绪。平时在河边散步，不觉中就会笼罩在无可名状的气氛里，常愿仿效先哲在此思索文明兴衰起伏的道理；但不多时，这种情愫就被火红的落日吞没得无影无踪，剩下的就是朦胧的喜悦。"校园自然环境的优美不仅可以使生活在其中的师生得到美的享受和熏陶，而且置身于宁静安然、绿树成荫、花香四溢的环境中还能感受到大自然的勃勃生机，缓解紧张的学习和科研压力；同时优美的自然环境有助于良好的心理环境形成，所谓心理环境是指在客观环境作用下，通过主体对客观环境的内化整合，对主体心理行为产生实际影响的观念环境，按照心理学家勒温的观点，它可能是一种作用与人的行为的心理动力场。

英国的牛津大学由 35 个学院组成，各种建筑风格从诺曼时代到哥特式风格、从文艺复兴到现代建筑艺术，新旧陈列而秩序美感并存，组成和谐而独特的牛津风格；剑桥大学突出哥特式建筑的高高屋顶，繁复富丽的建筑雕刻装饰，装点着学术与思想的王冠，剑桥 31 个学院的建筑风格具有独特的个性，皇家学院的雍容华贵、圣克莱亚学院的精致玲珑、三一学院的气势磅礴、丘吉尔学院的朴素平实……多姿多彩的校园建筑，不仅彰显了剑桥大学的神秘与辉煌，更是无时无刻以无声的语言影响着每一位剑桥学子。世界一流大学不仅自然环境优美，校园建筑也每每令人赞叹，使得置身其中的莘莘学子一踏入校园便被其深深感染，于无形之中习得了大学的品位和风格，被校园建筑所附丽的大学精神所浸润。

剑桥大学的"叹息桥"，它时时提醒过往的学子珍惜宝贵时间；富有传奇色彩的"数学桥"据说是牛顿运用力学原理，不用一根钉子搭建而成，其中蕴涵的力学奥妙深深吸引着剑桥学子的思考；还有可能是戏说的牛顿发现万有引力定律的苹果树，也成为校园文化一景，在幽默的传说中，永不改变的是引导学子们探寻的世界奥秘。除校园建筑以外，带有传说和名人轶事的建筑和雕塑，更给校园学子增添了组织的归属感以及由此产生的信任与忠诚，从而对大学的文化精神产生深刻的认同和内化。

肯尼迪总统著名的一段话也被刻在哈佛校园里："创造权力的人对国家的强大做出了必不可少的贡献；但质疑权利的人做出的贡献同样必不可少，特别是当这种质疑与私利无关之时。因为正是这些质疑权力的人们在帮助我们做出判断：究竟是我们使用权力，还是权力使用我们？"这段话提醒每一个哈佛学子，要富有极大的公正之心，敢于向权威挑战，坚持自己的独立思考和判断，这是创新型人才必备的素质之一。前往美国顶尖学府哈佛大学求学和参观的人，恐怕第一件事就是瞻仰并不真实的哈佛先生雕像，并虔诚地摸一摸他的铜鞋以求给自己带来求学的好运。哈佛的校门上镌刻着"为增长智慧走进来，为更好地为祖国和同胞服务走出去"，提醒着每一个哈佛学子勿忘走进哈佛求学的目的和完成学业服务社会的责任。

街道从校园穿过，学校与城市难分彼此，哈佛和耶鲁都主张"求学与现实世界不可分离"，大学的开放性直接体现在校园环境和布局上。这种开放有利于师生与复杂的外界社会紧密联系，社会的发展与需求及时反馈到大学教育活动中；而大学的教育成果也得以迅速转化，并且大学的文化氛围能极其显著带动所在城市的发展，这种开放有助于消除封闭心理，培养包容宽广的心态，极大地促进了创新型人才的培养和发展。西方国家很多大学没有围墙，与社会融为一体，甚至标志性的校门都很难寻觅。

2. 制度文化

除"通识教育"、"核心课程"之外，导师制、下午茶、小学期等教学制度对创新人才的成长起到了不可估量的直接作用。校园制度文化由大学教学制度和管理制度等构成，体现的是校园人意识深层的行为规范方式和倾向，其作用是协调校园人行为和人际关系，以约束、规范、引导、保护校园人行为与利益，维护大学正常的学习、生活、工作秩序为目的，校园制度是大学管理活动性质职能的依据。以创新人才培养为目标的大学教学制度。

除此之外，导师负责指导学生的品行修养。重点讨论的内容集中在：支持结论得出的依据；分析问题的全面因素；研究所需的文献资料综述评价。这些面对面的导师指导课，促使学生必须对其所学专业进行创造性的思考，同时迫使学生主动思考、独立思考，不能停留在阅读材料的表面。通过导师和学生的对话，使学生认识到自己的学术能力并获得自信，成为学生创新意识和创新能力培养的巨大推动力。导师制发源于 14 世纪的牛津大学，作为世界一流大学，牛津培养出了大量杰出人才，导师制功不可没，甚至被誉为"牛津的法宝"。牛津大学教学的基本方式是每周导师与学生进行面谈，选取自己感兴趣的研究问题、方向以及研究方法；学生宣读自己的读书报告，就某一问题的研究提出自己的看法；最后听取导师的指导和评语。

　　导师制所附带的文化氛围成为学校灵魂与品格的载体，办学底蕴随之形成并固化，长期浸润其中的学生学到的不仅仅是知识，更有科学研究所需的批判精神以及影响一生的思维方式，与导师交流过程中心灵与精神的高度契合，产生无比的愉悦感，为创新人才的培养奠定基础。导师制目前已成为许多一流大学的教学核心，并得到不同程度和方式的应用，成为众多名校教育过程的精华和教育改革的良策。1998 年，美国研究型大学本科教育委员会在其报告《重建本科生教育：美国研究型大学发展蓝图》中建议：每个学生都要有一名导师，导师与学生间一对一的关系对学生之力发展会产生最有效的影响，学生个人的表现受到观察、纠正、帮助和鼓励。这种形式应该在所有的研究型大学中推展开来。导师制的本质在于在教学方式上重视个别指导、言传身教；教学内容上德智并重、心智兼修；营造的教育氛围自由、和谐；突出了创新思维的培养和创新能力的提升。这些使得导师制不简单地停留在一种教学制度，而成为创新人才培养的一种过程。

　　人物、风情、新闻、科学等讨论物理问题最活跃的时刻，在相互交流的过程中，成员不仅彼此建立了深厚的友情，还在智慧碰撞中迸发出了惊喜的学术火花，诱发了重要发现的思想萌芽。著名的物理学家卢瑟福正是在这样的场合提出了原子核的想法和命名质子的，他的学生后来回忆，即使一个最平凡的人，在这里学习两三年以后，也会成长为一流的科学家。下午茶作为一项特殊的学术活动，起源于剑桥大学的卡文迪许实验室。起初模仿德国习明纳的形式在实验室组织研讨，后根据英国人的下午茶习惯，把喝茶和研讨合而为一，扩大参加人员的规模和数量，并且不限学术背景、职务高低，所有参加人员在轻松自由的氛围中谈一切可谈之事。

　　思想的自由带来源源不断的智力创新，反之，思想自由的匮乏必然导致智力创新的衰竭。下午茶作为一种学术制度很快得到传播，成为许多国家大学或学术机构的一项重要活动。如美国史密斯研究院、普林斯顿大学、哥本哈根理论物理研究所等。在普林斯顿大学，要求学生每天下午必须参加下午茶，与教师一起探讨学术问题，完全自由平等，这种自由讨论不仅促使、激发大家深入思考，相互之间的不同见解、摩擦、辩论也成了新思想、新发现产生的温床。下午茶影响世界一流名校创新人才迭出的根本原因在于自由宽松的学术环境和氛围。所有成员平等相处、愉快地进行思想交流，学术氛围浓厚，而自由的治学氛围有助于人们独立思考和创造性发挥，使新思想不断爆发，因此易于产生重大的创新学术成就。另外，在自由宽松交谈的气氛中，所有人在学术面前一律平等，没有了日常的科学禁锢和权威、偏见、成见的束缚，仅每个人保持思想的自由奔放。还有，不同学术背景、不同性格、气质的人相互交流，吸取与自己专业不同的科学精神和专业知识，有助于在思维方式上取长补短，克服狭隘的专业偏见，不同思想的接触交汇往往促生新思想、新发现、新创见的萌发。

小学期间会聘请国内外专家、学者开设学术专题与讲座，安排部分研究型实验，组织学生进行社会实践。同时，综合考虑校内教师的教学和科研时间安排，可以通过精简课时、将同一教师的课程集中于某一学期或一长一短学期等方式，在给教师安排合理、适宜的教学工作量的前提下，保证教师从事教学研究、科研、学术交流的时间。另外，学校充分利用夏季短学期，邀请国内外著名的专家、学者等到本校开设短期课程，以丰富课程内容，拓展学生视野，同时增加本校教师进行高层次学术交流的机会。小学期制是指在传统的春秋两个学期之外，增加一个为时4周左右的小学期，一般安排在暑假前段时间。依照多元性、灵活性、及时性和普及性的课程开设原则，根据社会发展、学科发展和学生需求灵活调整。小学期课程内容突出通识教育、人文教育、学科前沿动态、交叉学科和边缘学科、国际化课程等内容。课程形式包括基础课、科研课、专题课和讲座课等，采用专题研讨、实验、社会实践和研究等多种方式组织教学。

3. 观念文化

校园观念文化作为一种深层次的文化，表现为大学的传统、办学理念和校风等，是一所大学校园文化的核心和灵魂。

哈佛大学依然坚持虽然大学的教育和研究应该为经济发展做出重要贡献，大学教育也应当帮助学生找到更好的工作，从而收获有益的人生，然而对于哈佛来说，教育质量和人才培养的目标还存在着无法用金钱衡量的更重要的方面——那就是使我们在专业领域更有创造性，并且使我们的生活丰富多彩。所以在复杂的条件下，哈佛仍然坚持传承文理融合的通识教育传统，通过文理教育发展本科生多种技能，养成独立思考问题的习惯，为今后的学习工作和创新奠定良好基础。在学术自由方面，哈佛诞生之日起就把追求真理作为始终不渝的神圣使命，不断与宗教团体、经济势力、大众舆论和政治集团的干扰和冲击做斗争，外部环境不应迫使大学牺牲自己的独立性而参与不同集团之间的斗争，公开和自由是健康学习和研究环境必不可少的特性，只有具有安全和自由保证的学者才能探索科学和真理，才能产生创造性的成果、培养创新型的人才。

牛津大学校长科林·卢卡斯认为："大学教育的使命之所以存在，是为了教会青年思考。创新只能来自以不同方式思考的人们。独立思考、心境澄明、想象力、领导能力、决策能力、个人责任感、社会良知、同情心，所有这些一个成功社会所需要的美德，都在包含所有学科的这一学习环境中成长。把大学在社会中的目的仅仅局限在推动社会经济发展方面，是一种误解。"哈佛大学继承了牛津大学和剑桥大学通识教育的理念，也沿袭了独立自由的精神。随着美国经济的发展，工业化、城市化的兴起，美国高等教育领域出现了理性主义与功利主义的教育之争，社会不断要求大学教育和研究能够证明其直接的、实质的经济效益，哈佛大学面临来自外部巨大的压力。英国的牛津大学和剑桥大学的观念文化师承古希腊的自由教育思想，强调理性训练和人格塑造的通识教育，要求学术生活超越于政治、经济或学派束缚的独立自主原则，长期以来形成了注重学识渊博与学术自由、重视知识的内在价值、强调发挥个人才智和潜力的大学传统，也凝练成这两所大学的大学传统和办学理念。

自由的学术空气是大学追求真理的基础，是大学发展与创新人才培养的保障。它不仅可以使大学免受外界社会力量的束缚和挟持，使理性的声音不至于被流行政治、经济和社会生活中的各种"责任"的呼声淹没，而且还可以使知识的自由免受知识机构本身的威胁，促进科学知识的发展与繁荣。如果没有学术自由，大学就变成了死水一潭，成为社会发展的追随者、附和者而不是引领者，无法激起创新知识的涟漪，而且也不可能成为新思想的诞生地，创新人才的培养也就无从谈起。

从这些世界一流大学的观念文化对创新人才培养的影响来看，核心在于它们始终坚持通识教育的传统，不为外部环境的影响所左右，不以功利心态取舍知识，从而使不同的学科能够按照内在逻辑发展，相互汇通、结合、渗透，逐渐在校内形成了博大恢弘、兼容并蓄、视野广阔、富于综合创新的科学精神或品格，使得教师的学术造诣、学术素养、学术意识，使得学生的理论基础、知识体系、思维模式等都超乎其他学校之上，为创新人才的培养提供了知识和学术品位的基础。

4. 行为文化

大学校园文化中的行为文化正是培养大学生创新人格的重要实践途径。创新活动蓬勃开展的环境有利于激发大学生的创新潜能；宽松、争鸣的学术环境有利于各种学术思想自由碰撞；宽容、允许失败的研究环境有利于学生大胆尝试，正确面对挫折；鼓励竞争、发展个性的人际环境有利于促进大学生主体意识和独立人格的形成，使他们走向更加灵活、多变和自主的创新生活。创新人才的培养内容包括三方面：创新意识、创新人格和创新能力。创新人格是科学的世界观、正确的方法论和坚忍不拔的毅力等众多非智力因素的有机结合，是创新型人才表现出的整体精神面貌。创新人格也称创造性人格，是美国心理学家吉尔福特较早提出和使用的概念，具体表现为：对创新活动的热爱，有强烈的创新欲望和目的意识，在创新活动中勇于克服困难，具有执着、不屈不挠的奋斗精神以及独立自主的个性。在创新过程中，良好的创新人格是创新的内在品质和动力，一旦缺失，创新活动就失去支撑，创新过程就没法完成。大学校园行为文化活动大体包括以科学精神、创新能力培养为主的学术科技活动，以文化熏陶、艺术感染和身心锻炼为主的文艺体育活动以及以实践动手能力和社会服务意识培养为主的社会实践活动。

因此，培养创新型人才，不能只注重知识、能力，同时还要注重创新人格的养成。

在中国大学生一系列学术科技活动中，由共青团中央组织开展的"挑战杯"全国学生课外学术科技作品竞赛和"中国大学生创业计划竞赛"成为全国导向性、示范性和权威性的学术科技活动引领者。通过这些活动扶持具有潜力的大学生个人和团体自主创业、科技创业，促进大学生科技成果的市场转化，发现和培养一批有潜质的优秀人才，培养大学生的创新能力、实践能力和创新精神，全面提高大学生的综合素质。此外，通过举办文化节、科技报告、学术讲座等，也为学生创新能力的培养提供锻炼、提高的平台和机会。学术科技活动培养学生"人无我有、人有我新"的勇气和科学怀疑、理性批判的精神。缺乏独立思考，只知道人云亦云，就不可能见他人之所未见；缺乏创造、创新的勇气，不敢超越日常藩篱，不敢坚持自己的独特见解，就不可能有创新成果的诞生。1969年麻省理工学院创立了"本科生研究机会计划"，成为美国大学生课外学术科技活动的开端，该计划为本科生提供参加科研工作的机会，麻省理工学院通过专门设立的办公室来促进、资助和管理全校的本科生科研活动，学生通过参加这个计划可以得到报酬和学分。这个计划很快被美国其他大学效仿，极大地推动了大学生科研学术活动的发展。

"我觉得艺术上的修养对我后来的科学工作很重要，它开拓了科学创新思维。"钱学森常说，他在科学上之所以取得如此的成就，得益于求学时不仅学习科学，也学习艺术，培养了全面的素质，因而科学研究的思路格外开阔。文艺体育活动是大学校园文化中靓丽的风景线，丰富多彩的文艺体育活动契合大学生精力充沛、爱好广泛、表现欲强、争强好胜等特点，大学生参与广泛，社团众多，活动丰富。艺术活动能够激发人的创新思维，丰富人的想象力和敏锐的直觉，崇尚标新立异，不拘一格的特点有利于培养创新人格。艺术与科学有着令人惊讶的共同的和谐理念，钱学森曾意味深长地说，处理好艺术与科学的关系，就一定能创新，能够赛过外国人。

体育活动还能显著培养学生的开放心态和团结协作精神。在知识量成倍增加，信息更新速度不断加快，社会分工不断细化的背景下，当年百科全书式的科学家已成为过去的神话，只有正确处理继承与创新的关系，通过各种渠道的学习吸纳知识成果，在实践中善于同他人团结协作，才能避免因个人知识和能力的不足造成的局限性。兼收并蓄，集思广益，才能有所突破，有所创新。创新是"无中生有、有中生新"的过程，失败挫折的可能性很大'这就要求我们培养的大学生具备不怕挫折、不惧失败的强大心理承受能力，面对困难能够坚持探索不停止。竞争激烈的体育活动恰恰能培养广泛的兴趣和坚忍不拔的毅力，这对于创新型人才的成长具有重要意义，坚强的意志品质、明确的目的性、果断性、自制力、独立性等非智力因素在创新过程中起到不可替代的支撑作用。

这一能力体系应当是契合社会要求和青年学生实际特点并且保持良好内在兼容的，其突出表现在适应社会的能力、抵抗挫折的能力和调适身心的能力。社会实践提供了一个砥砺思想、考验意志、体验集体的绝佳机会，能让他们在相对陌生且充满挑战的环境中感受独立思考、团结协作与艰苦奋斗的魅力，为综合素质的提高奠定坚实基础，也加速了他们从"校园人"向"社会人"转变的社会化进程。社会实践活动有利于培养学生高度的社会责任感，培养学生关注现实、关注前沿的学术品格，激发学生追求科学、追求真理的激情。崇尚科学、热爱真理、追求进步的品质是创新的根本动力，是创新人格的核心要素，是创新型人才成长的动力、目标与价值导向。大学生在学校学习过程中，不仅要掌握扎实的科学文化知识，还要提高自身的多种能力和素质，从而构建较为完整的能力体系。

（三）校园文化的发展现状

由于财经类院校与社会经济生活超乎寻常的紧密联系，受市场经济的一些消极因素影响，校园文化建设方面存在一系列问题有待改善，校园文化对创新人才培养的积极影响尚未发挥充分。作为以社会科学为主学科的高等财经院校，其本身就具有人文与自然科学融合的基础优势。

1. 大学的精神文化积淀

大学精神是学校建设发展中最核心、最宝贵的财富，对学校的运行和形象地位的梳理起着至关重要的作用。正如原芝加哥大学校长赫钦斯所说："任何时候，大学都是在统一的精神下运作的。只有大学精神才能使大学作为一个社会组织结构始终存在，大学组织本身才得以正常运转。"大学精神是一所大学在长期的办学实践中积淀形成的最富典型意义的精神特征，是一所大学整体面貌、水平、特色及凝聚力、感召力和生命力的体现。它的本质内涵是大学人持有的或追求的他们所认同并自认为理想的，且努力传播的价值观及其体系。

大家在总体上概念是认同的——现代大学精神可以归纳为：大学自治、学术自由、教授治学、通才教育、学生自治。这也是全世界普遍公认的大学基本特征和学术价值。关于现代大学精神在学术界还没有一个准确的定论，实际上这也是在中国的教育改革过程中人们意识到并逐渐提出的概念。

为国家和地区建设发展服务是每所大学的应尽义务，更加有效地研究实际问题、培养实际能力，是每个大学的重要课题。但是从理论上来讲，大学精神具有相对政治组织体制而言的独立性，相对于意识形态而言的自由性，相对于组织与社会自我确认性而言的批判性，相对于重视功利性而言的社会性、创造性和传授知识的超越性，相对社会分工的专门定式而言的包容性。大学区别于其他教学科研机构的根本特征，在于它所创造的知识是能够为全人类共享的，它所培养的人才是具有世界公民胸怀的。毋庸讳言，从发展历史来看，财经高校作为学科特色鲜明的高校，大多由财经院校、综合大学的部分系科合并而成，为新中国培养财经干部人才曾经是财经高校的重要政治任务之一，其主管单位也大多经历了由财政部、中国人民银行等部委单位、地方政府财贸系统，调整到归口主管单位至教育部或省教育厅的过程，干部培训性质的历史造就了财经高校作为现代意义上大学精神的缺失。

2. 人才培养的方向分析

在这种导向下，学生显得浮躁、难以静下心来学习研究，有时大学也有意或无意地去适应这种导向。这种现象让我们深刻思考——究竟是大学引领时代还是时代牵制大学？财经高等教育面临功利化的严重问题，来自"就业导向"对大学教育的影响日益深刻。"就业导向"具有现实而强大的力量，影响到学生、家长和学校的各种选择，甚至改变着学生与大学的传统关系。

表面上看，财经高校学生学习十分努力，学习气氛浓厚，但是功利性学习的过程对于他们的综合素质和创新能力却是一种扼杀和抑制。现在的财经高校毕业生就业时往往工作技能掌握很好，毕业之初很受用人单位的欢迎，但是却缺乏长远发展的后劲和潜力，这种现象应该令我们反思。"功利性学习"在财经高校十分普遍。校园中到处都是出国考试、考研、各类考证的培训班，许多学生为了确保找工作的胜算，整个大学期间忙于各种考证、考研、保研、出国。大学里一派学习繁忙景象，是应试教育在大学的延展，却恰恰忽视甚至有意忽视了综合素质和创新能力的培养。人才培养方案的设计中突出了实用性和功利性，课堂教学和课外阅读都侧重于专业知识而放弃了人文知识的学习，看起来踏实务实的学风其实反映了迎合社会发展的浮躁和短视。

我们的培养模式必须更加重视基础理论的训练和创新素养的培育，这些才是学生获取自我学习和知识自我更新能力的关键，才是他们获得长远发展的基石。对于处在快速转型时期的中国社会，不论我们的工作、生活环境还是信息或知识，都处于快速的变化、更新之中。在一个不断发生变化的环境中，要站住脚、获得良好的发展，需要我们具有扎实的基本功、长远的眼光以及自我学习和知识更新的能力，使我们不仅能够通过自我学习跟上知识更新的步伐，而且能够透过纷杂的变化判断最新的发展方向，只有这样才不至于被时代所淘汰。

3. 大学的人文关怀

一旦大学成为社会潮流的追逐者，大学的精神便从此沉沦下去。然而，不少大学生的"务实"观念却过于狭隘，而在日常生活和工作中，恰恰正是感恩和宽容的心态才是实现生活和谐、团队合作的必要元素，才是"务实"的本质。没有和谐、没有团队合作根本谈不上"务实"。当前财经高校大学生最大的特征就是"务实"，一切选择的取舍遵从于现实利益：表现为过度追求物质利益，大学学习的目的就是找好工作，拿高工资。因为这种务实的心理，财经高校充斥着急功近利的氛围，大学该有的人文关怀正日益淡薄。

大学培养人才的原则——独立人格、独立思考，坚守知识分子的操守。蔡元培把北大的宗旨定为"为学问而学问"，这个口号在今天已被大多数学生所抛弃。蔡先生在北大 1918 年的开学典礼演讲词中说："大学为纯粹研究学问之机关，不可视为养成资格之所，亦不可视为贩卖知识之所。"

另一特征是课程内容以教材知识的传递为主，对学生的认知探究和学习经验的养成关注不够；课程实施强调对象化的教学活动，教学的学术性、民主性和协作性不足；课外延伸不够，一些课程教学始于课堂也止于课堂，就知识而论知识；教学评价和学生评价体系相对落后，对学生的"发展观"关注不够，容易催生功利主义大学教学范式缺少人文关怀。大学的课程教学范式改革还相对滞后，不能很好地适应创新人才培养的需要。这种范式的主要特点是"以知识传递为重点、以教师为主体、以教材为中心、以课堂为阵地"，课程教学的现代价值没有得到充分体现，以学生为主体的价值观念没有得到重视。所以课程目标的设定偏重于知识传递、弱化学科的融通应用和拓展创造；等等。

4. 大学的文化风骨

大学校园文化由物质文化、制度文化、观念文化、行为文化四部分组成，在大学校园里，这四种文化并不彼此孤立，而是紧密相连，四位一体，共同构成现代大学的文化风骨。目前，许多财经类院校能结合学校财经类主流学科开展名师讲座、学科竞赛、课外科技文化活动等，丰富和发展了校园文化，但仍有一些院校的校园文化建设停留在学生管理和思想教育的层次上，未将其放在整体办学方向和培养目标的大背景下来操作和实施，把校园文化建设与学校的专业设置、师资配备、课程开设等割裂开来，更谈不上与教师的教学积极性进行有机联系，忽视了全体师生在校园文化建设中的作用，极大地限制了校园文化功能的发挥。是在大学建设过程中形成的四位一体的文化综合体。其中，物质文化作为校园空间设计的产物，以建筑布局和形式表现大学独特的文化内涵，对创新人才的培养起到潜移默化的作用；而制度文化的功能不仅表现为一种文化约束，更通过大学成员对这些制度的认可与遵循，形成一致的观念认识和行为准则；观念文化作为大学校园文化的核心，属于大学精神层次的文化，集中浓缩了大学的办学理念、传统和校风；活动文化作为校园文化的外显因素，直接诠释了大学的精神风貌。

构建财经高校校园文化体系，必须以学术自由的观念文化为精髓，自主创新的活动文化为骨肉，构建起自由奔放、充满活力、担当社会责任、引领社会发展的校园文化体系。以创新人才培养为出发点和落脚点，以开放厚重的物质文化为基石以创新人才成长的制度文化为骨架。

（1）物质文化

在校园建设上淡化围墙的隔离形象，以虚化的、半开放的围墙代替实体围墙，在新校区的建设中尝试没有围墙的校园建设，与周围城市和社区融为一体，校园内大量的公共设施，比如博物馆、医院、图书馆、体育场、游泳馆等资源都向公众开放。同时配备完善的监控系统，足以对任何突发事件迅速做出反应。

由于历史传统的原因，财经高校的校园一般都用围墙与社会外界相隔离，客观上造成大学与社会的相互隔离，象牙塔的说法既形象又寓有深意。随着社会的发展，财经高校与社会的联系日益密切和广泛，学生也不像桃源中人一样不问世事，而是积极地参与到社会实践当中。在经济社会发展的大潮中，财经高校师生要真正参与到财经经济政策的决策制定、企事业单位的经营管理等实践活动中，而不仅仅是纸上谈兵。

中央财经大学的标志性雕塑"龙马担乾坤"，"龙马"在一个圆的包围下，又不拘泥于限制，腾空而跃，活力张扬，在时代的发展中充满活力与朝气。图形上的"圆"既有传统的圆满之意，又有时代的和谐之意，寓意中央财经大学既有中国第一所财经院校的历史，又具有面向未来的时代精神。对雕塑底座的应用，采用了向后而去的动感线条，与向前的"龙马"形成一种反向的拉动，增强了画面的张力，使其更具空间感，而且弧形的线条与校徽的外圆形成一种非连贯的呼应，构成类似印刻的古代钱币的外圆形象，暗含财经之意。同时，线条和"龙马"，以及标志的外圆，构成类似。太极形象，与"龙马"的乾坤相得益彰，极富传统气息和强烈的中国特色。此外，财经高校的物质文化建设中要着力突出人文关怀和氛围。我们拥有的不仅是先进优良的教学设备设施，更应该把清一色单调的大楼变成会说话的石头，苏联教育家苏霍姆林斯基说过："我们在努力做到使学校的墙壁会说话。"在校园建筑的设计上要赋予每一栋楼以丰富的文化内涵，每一条路有一个优美且有意境的名字，富有个性和象征的建筑组成一幅文化的画卷，校园里错落有致的安放富有象征意义的雕塑，通过这些精心设计的校园物质文化设施，使得浸润其中的大学生处处感受到文化熏陶的感觉。

（2）制度文化

在实施过程中，暑期学校以课程、师资、学生、校园文化等几个核心要素的国际化为重点，聘请国际一流大学教师，招收国际学生，实施英文教学，努力打造国际化学习氛围，创造多文化、多学科、多层次交融的课堂和校园环境。在制度文化的建设上，要坚持以学生为本的原则。在借鉴国内外知名大学小学期制的基础上，试行暑期学校制度，以全面提升人才培养国际性、增强学校国际竞争力为指导思想，力争实现培养高水平、国际化的创新人才建设目标。

在课程设置上，专门设有一些经济学研习班（Seminar）、专题性的研究小组（Workshop）作为选修课，要求学生根据自己的兴趣爱好选择其中的两到三门进行研修。各种研习班、专题研究小组涉及学科的不同领域，但要求学生阅读相关的学术期刊、参与课程讨论以及撰写论文，学生在课堂上交流和汇报各自的学习情况以及相应的研究成果，在讨论中互相启发、促进，使学生从知识运用、技能训练、语言表达和归纳总结诸方面得到充分的锻炼和表现。在教学范式上，要改变过去那种单一、单向传递知识和学习被动接受知识的模式，在课程教学上确立"知识传递—融通应用—拓展创造"的梯度教学目标，通过师生共同参与式教学、探究式教学、体验式教学等方式培养学生发现知识、应用知识的能力和批判性思维。采用灵活的教学方法，培养学生学习的自主性、创新性，鼓励冒尖、创新、标新立异。

设立读书小组，请有经验的教师或博士生指导学生认真研读一些经典名著。可以把经济学、管理学经典著作导读作为一门独立课程，设 2 ~ 3 学分，要求每个学生在学期间阅读不少于 20 本经济学经典著作，教学环节包括教师课堂导读、课堂讨论、写作读书心得等。全面推行导师制。指导教师的工作内容包括：指导学生熟悉课程，科学地制订学习计划；指导学生的平时学习；指导学生的社会实践；指导学生开展科研创新活动。建立经济学、管理学经典著作导读制度，为了鼓励学生阅读相关的专业经典著作，还要规定学生完成一定的阅读量。

（3）观念文化

在观念文化的塑造过程中要充分重视创新精神的培育，培养、发展创新精神是校园文化理应追求的教育目的和人文理念。财经高校要在竞争中长远发展，必须把学校观念文化的培育作为长远目标，注重把观念文化的培育与指导具体的实践相结合，在正确价值取向的导引下，对校园文化建设真正起到凝聚作用，凝练学校特色，培养全面发展的创新人才。

在迎合市场需要的同时，不能忽视基础学科和人文学科的发展，保持创新人才培养的原动力，不断提高财经高等教育质量。在财经高校大学观念文化的熔铸中，最为重要的就是突出学术自由的观念，这也是财经高校适应当今创新人才培养而进行的改革关键点。学术研究的最高境界是出于个人的兴趣和爱好，研究者能够充分控制选题、研究方法和研究程序，这样的研究才能真正反映研究者的意图，要做到这一点必须有学术自由的宽松环境。只有真正建立起学术自由的观念，实行可行的学术自治制度，才能真正摆脱大学资金提供部门和社会市场压力、控制和不利影响，获得财政、人事、组织上的独立性，以内生于高等教育内部的高等教育质量评估部门对教育质量进行科学评估，从而将学术权力保留在高校内部。

财经高校要以学术自由和学术自治为基本办学理念，加强人事聘任、考核评价等管理制度的配套改革，在这样的观念文化氛围中，创新人才的培养必将结出硕果。当前财经高校的科学研究更多强调以政府和社会市场的需要为导向，这固然因为财经高校的研究特色多为应用类学科，但是不可否认的是这样的研究难免沦为注解式的研究报告，学术研究的独立性大打折扣。研究的创新性，尤其是财经理论的创新性将成为难以企及的目标。

（4）活动文化

财经高校大学生在学校的总体规划和指导下，以自我组织和自我管理的方式，开展丰富多彩、大学生喜闻乐见的学术、文体和社会实践活动，在活动实践中培养创新人格，锻炼创新意识，提高创新能力。大学在培养创新型人才的过程中，要注重培养学生独立思考的能力，鼓励学生对现有知识进行科学的怀疑和理性的批判，并勇于提出自己的见解。

财经高校要从创新人才培养的高度进一步重视学术讲座的开展，将讲座视为学校的精品工程来建设，有效利用学科优势、地域优势等进行讲座创新工程规划，激发更多专家、学者、教授在校园讲座的天地里发光、发热，并通过专业讲座的辐射逐渐使之成为一道亮丽的校园学术风景线。进一步给学术讲座以舆论支持、政策支持和物质支持，建立由多学科专家学者组成的非常设学术讲座委员会，并拨付专项讲座基金，以支付外聘、受邀或本校讲座主讲人津贴和活动费用。财经高校要加强对校园文化活动的总体规划和制度设计，鼓励学生开展实施学术科技活动，这是大学生培养创新能力的重要实践途径。一方面，组织高水平学术讲座以开阔学生的学术视野，拓宽学生的思维方式，激发学生的学习和科研兴趣。

另一方面，鼓励学生参加全国"挑战杯"、"创业计划"、"数学建模"等大型比赛活动，对指导教师和参赛学生进行相应的鼓励和支持。制定各种鼓励学生开展学术科技活动的制度和办法，如以课题项目的形式进行筛选，给予一定的经费支持和管理，并纳入学分管理制度。

结合财经高校的专业特色，把文体活动与财经管理专业知识相结合，在丰富多彩的活动中得到财经高校的艺术和体育活动要注重提高活动品味，不仅仅满足于活跃大学生的学习和生活，更应该注重在艺术和体育活动中激发学生潜能，发挥学生个性，提高学生素质，充分发挥大学生自我组织和自我管理的热情。

建立健全大学生社会实践主题引导机制，主题应反映经济社会发展的客观需要，同时适合青年学生的特点，能为大学生真切认可，成为他们进行实践的指导方向和动力源泉，并在实践过程中传播主题蕴涵的基本理念。另外要不断完善大学生社会实践的成果深化机制，开拓骨干人才成长的宽阔路径。成果深化机制是实践育人机制的重点环节，具有扩大覆盖、提高影响、营造氛围等作用，是大学生开展社会实践活动效果最大化的重要方式。由于财经高校与社会经济发展的密切联系，财经高校的社会实践活动应立意高远，立足于推动和引领经济社会向前、向上发展的社会责任的担当。

第五章

财经类大学生创业职业素养准备与案例分析

第一节　财经类大学生创业者应具备的职业素养

一、创业者应具备的基本素质

素质指人与生俱来的以及通过后天培养、塑造、锻炼而获得的身体上和人格上的性质特点，是从事社会实践活动所具备的能力。

李嘉诚对创业者素质的解读如下。

勤奋是一切事业的基础。要勤奋工作，对企业负责、对股东负责。

对自己要节俭，对他人则要慷慨。处理一切事情以他人利益为出发点。

始终保持创新意识，用自己的眼光注视世界，而不随波逐流。

坚守诺言，建立良好的信誉。良好的信誉，是走向成功的不可缺少的前提条件。

决策任何一件事情的时候，应开阔胸襟，统筹全局，但一旦决策之后，则要义无反顾，始终贯彻一个决定。

要信赖下属。公司所有行政人员，每个人都有其消息来源及市场资料。决定任何一件大事，应召集有关人员一起研究，汇合各人的资讯，从而集思广益，尽量减少出错的机会。

给下属树立高效率的榜样。集中讨论具体事情之前，应提早几天通知有关人员准备资料，以便对答时精简确当，从而提高工作效率。

政策的实施要沉稳持重。在企业内部打下一个良好的基础，注重培养企业管理人员的应变能力。决定一件事情之前，应想好一切应变办法，而不去冒险妄进。

要了解下属的愿望。除了生活，应给予员工好的前途；并且，一切以员工的利益为重，特别对于年老的员工，公司应该给予绝对的保障，从而使员工对集团有归属感，增强企业的凝聚力。

创业是极具挑战性的社会活动，是对创业者自身智慧、能力、气魄、胆识的全方位考验。大学生要想获得创业成功，必须具备基本的创业素质。创业基本素质包括创业欲望、创业心理品质、创新精神、竞争意识、团队精神。

（一）创业者应有获得成功的欲望

成功创业者的欲望，许多来自于现实生活的刺激，是在外力的作用下产生的，而且往往不是正面的鼓励型的。刺激经常让承受者感到屈辱、痛苦，也经常在被刺激者心中激起一种强烈的愤懑、愤恨与反抗精神，从而使他们做出"超常规"的行动，唤起"超常规"的能力。这大概就是孟子所说的"知耻而后勇"。

地产商冯仑曾说过："地主的生活最愉快，企业家的生活最有成就感。地主地里能打多少粮食，预期很清楚，一旦预期清楚，欲望就会被自然约束，也就用不着再努力，所以，会过得很愉快。企业家不同，企业的预期和他的努力相互作用，预期越高努力越大，努力越大预期越高，这两个作用力交替起作用，逼着企业家往前冲。"企业家有成就感的同时也伴随着巨大的压力。

要想取得创业的成功，创业者必须具备实现自我、追求成功的强烈的创业欲望。强烈的创业欲望能帮助创业者克服创业道路上的各种艰难险阻，将创业目标作为自己的人生奋斗目标。

（二）创业应具备很强的心理调控能力

创业之路，是充满艰险与曲折的，自主创业就等于是一个人去面对变化莫测的激烈竞争以及随时将会出现的需要迅速正确解决的问题和矛盾，这需要创业者具有非常强的心理调控能力，能够持续保持一种积极、沉稳的心态，即有良好的创业心理品质。它是对创业者的创业实践过程中的心理和行为起调节作用的个性心理特征，它与人固有的气质、性格有密切的关系，主要体现在人的独立性、敢为性、坚韧性、克制性、适应性、合作性等方面，它反映了创业者的意志和情感。创业的成功在很大程度上取决于创业者的创业心理品质。

1. 市场的敏锐度

眼光，即对市场的敏锐度。要知道市场的机会在哪里，需求在哪里，"把握机会"与"灵活变通"的最佳结合。这表现在创业初期对创业项目的选择和创业过程中对各种信息的把握能力上。从许多成功创业者的创业经历可以看到，大部分创业者在选择项目时不是局限于眼前利益，考虑得更多的是未来的发展空间。除了项目的准确选择外，在企业发展过程中，敏锐地捕捉市场信息的变化，及时调整发展战略也是一个成功企业家必备的素质。对此，创业者们如是说："要善于把握、捕捉机遇，把机遇转变为成功机会"；"要有善于捕捉市场机会的眼光"。

2. 胆识与勇气

在创业界，往往是风险与机遇并存。创业者必须善于发现新生事物，并对新生事物有强烈的探求欲；必须敢于冒险，即使没有十足把握，也应果断尝试。不能看到创业的不确定性就动摇了创业的决心，失去机会；更不能因为在创业中遇到了这样或那样的困难和挫折，就掉头走人。失败的结果或许令人难堪，但却是取之不尽的活教材，在失败过程中所累积的努力与经验，都是缔造下一次成功的宝贵基础。成功需要经验积累，创业的过程就是在不断的失败中跌打滚爬。只有在失败中不断积累经验财富，不断前行，才有可能到达成功彼岸。

美国 3M 公司有一句关于创业的至理名言：为了发现王子，你必须与无数只青蛙接吻。对于创业家来说，必须有勇气直面困境，敢于与困难"接吻"。

3. 意志力与信心

创业的道路不可能是一帆风顺的，从成功创业者的创业道路来看，他们无不经历过各种困难和考验，有些困难和考验的残酷性是常人所无法想象的。正是坚韧不拔的意志和逆境中奋发向上的精神使他们渡过种种难关，铸就了日后的辉煌。而这种意志与精神又正是与他们自信联系在一起的。人的意志可以发挥无限力量，可以把梦想变为现实。对创业者来说，信心就是创业的动力。要对自己有信心．对未来有信心，要坚信成败并非命中注定而是靠自己努力，更要坚信自己能战胜一切困难。曾被誉为中国首富的希望集团总裁刘永好认为，优秀的企业家和管理人才是在市场竞争中打拼出来的，而不仅仅是一张 MBA（工商硕士）文凭。他特别强调，要成为企业家必须吃苦耐劳，而不能只是纸上谈兵。

4. 情感上的忍耐力

成语里有一句"艰难困苦，玉汝于成"，还有一句"筚路蓝缕"，意思是说创业要忍受肉体上和精神上的折磨。对一般人来说，忍耐是一种美德，对创业者来说，忍耐却是必须具备的品格。创业者为了实现自己的创业梦想，创业路程绝对不是一条坦途，创业者必须有一种坚定不移的意志和继续前进的能力，同时还需要情感上的忍耐力。

5. 诚信与责任

作为一种特殊的资本形态，诚信日益成为企业的立足之本与发展源泉。创业者品质决定着企业的市场声誉和发展空间。不守"诚信"或可"赢一时之利"，但必然"失长久之利"。反之，则能以良好口碑带来滚滚财源，使创业渐入佳境。

在青年创业者们身上，"诚信"精神主要体现在两个方面：一是在平等基础上与他人的竞争与合作；一是对企业和企业产品质量的负责，这同时也是对消费者和社会负责的表现。创业不仅是为了实现自己的价值，更重要的是承担社会责任。

6. 研究政策、看清形势

创业之人，一定要跟对形势，要研究政策，这是大势。在政策方面，国家鼓励什么，限制发展什么，对创业的成败更有莫大的影响。不能逆势而上，逆国家之势而上。这就需要学习法律、经济学方面的知识。特别是在社会主义国家，一个成功的创业者，不能只埋头创业，不抬头看路。他不仅应是事业的实干家，同时也应是具有清醒政治头脑，富有政治眼光的创业领导人，他要时刻把握企业的社会主义方向，使自己的经营活动符合党和国家的政策、法律、法规。中势指的是市场机会。市场上现在时兴什么、流行什么，人们现在喜欢什么、不喜欢什么，可能就标明了创业的方向。这需要掌握市场营销知识以及心理学方面的知识等。小势，就是个人的能力、性格、特长。创业者在选择创业项目时，一定要找那些适合自己的能力、契合自己的兴趣，可以发挥自己特长的项目，这样才有利于做持久的全身心的投入。

明势的另一层含义，就是明事，一个创业者要懂得人情事理。俗话说："世事洞明皆学问，人情练达即文章"。创业是一个在夹缝里求生存的活动，尤其是处于社会转轨时期，各项制度、法律环境都不十分健全，创业者只有先顺应社会，才能避免在人事关节上出问题。创业者不但要明政事、商事，还要明世事、人事。这应该是一个创业者的基本素质。世事无常，一定要审时度势。

7. 与他人分享的愿望

作为创业者，一定要懂得与他人分享。一个不懂得与他人分享的创业者，不可能将事业做大。

人的需要按层次共有五种：第一是生存需要，第二是安全需要，第三是社交需要，第四是尊重需要，第五是自我实现需要。在企业里，老板应与员工共同分享包括物质的和精神的财富。员工从老板那里得到了满足，才能反过来为老板做更多的事，创造更多的价值。作为创业者必须懂得有舍才有得。分享不仅是慷慨，更是明智。

创业者的心理素质，还表现在自信、乐观、能够承受一定压力、具有较大的雄心等方面。自信心是任何一个创业者取得成功的前提。特别是在从事某项此前所未有的创业活动时，其创业的新颖性，势必会有一些人不理解，甚至会招来冷嘲热讽，自信心就成为创业者的精神支柱。自信心和乐观是密不可分的，乐观是自信心的支撑点。没有乐观的态度，自信就难以支持，更谈不上持久。

（三）创业者应具备创新精神

"创新"的基本内涵是创业者通过利用一种新的发明创造，或者利用一种未经试验的技术可能性来生产新商品。又或者用新方法来生产老商品，通过开辟原料供应的新来源，或开辟产品的新销路和通过改组工业结构等手段来改良，彻底地改革生产模式。创新是创业的本质和手段，它贯穿于创业的全过程，创业者在市场竞争条件下，其实质就是一个不断创新者。

金利来领带的创始人曾宪梓说："做生意要靠创意而不是靠本钱！"在竞争激烈的市场中，缺乏创新的企业很难站稳脚跟，改革和创新永远是企业活力与竞争力的源泉。成功创业者往往以旺盛的精力、创造性的思维解决问题，不愿意墨守成规，采取简单重复的方法完成任务。他们的成功不仅表现在当解决问题的方法无法实现预期目标时的调整能力，更表现在不断打破常规，寻求新的、更有效率的方法完成任务。

（四）创业者应具备竞争意识

竞争是市场经济最重要的特征之一，是企业赖以生存和发展的基础，也是立足社会不可缺的一种精神。人生即竞争，竞争本身就是提高，竞争的目的只有一个——取胜。随着我国社会主义市场经济从低级向高级发展，市场竞争也愈来愈激烈。从小规模的分散竞争，发展到大集团集中竞争；从国内竞争发展到国际竞争；从单纯产品竞争，发展到综合实力的竞争。因此，创业者只有敢于竞争，善于竞争，才能取得成功。

（五）创业者应重视团队协作

一个良好的创业团队是企业成功的关键，大家一起创业，分享各自的知识和经验，同时也可避免很多创业"雷区"。

成功的创业者往往善于选择合作伙伴，通过共同努力达到预期目标，这就是"共享合作"能力与"知人善用"能力。团队精神应该包括选择合作对象以及如何配合两个方面。在创业者的创业过程中则应该表现为如何吸引人才和如何使用人才。泉州市万维网络开发有限公司总经理陈朝晖先生认为，一个人的想法难免有所偏颇，因此在进行重大决策之前，他必会认真听取他人意见，不断补充和纠正自己。这种民主决策的方法不仅能尽量避免失误，而且往往让企业中的人才充分发挥他们的作用，使他们有更大的发展空间，这也是很多企业减少人才流失的重要手段。

二、创业者综合素质分析

创业者必须具有区别于普通人的素质，那就是创业综合能力，它是一种高层次的能力，由多种特殊能力综合而成，是创业者在创业实践中学会做事、学会做人、学会生存、学会发展、学会创造等各种能力的有机结合体。一个成功的创业者至少要具备以下几种能力。

（一）有效提高自学能力

这是人才成长、成功的一项基本能力。当今社会，知识和信息急剧膨胀，每个人要想有所作为，必须掌握大量的专业知识和信息情报，了解国内外学科发展的最新动态。而知识和信息的获得，一方面来自课堂，另一方面则主要依靠自己去掌握。因此，我们不仅要勤于学习，而且要善于学习。科学研究表明，一个科技人员所应用的知识总量，只有20%是在传统学校学习中获得的，而其余的80%则是在工作和生活中获得的。这就要求创业者要学会不断摄取自己需要的新知识和利用相关知识的科学方法，以有效地提高自身能力。

（二）培养决策能力分析能力

决策能力是创业者根据主客观条件，因地制宜，正确地确定创业的发展方向、目标、战略以及具体选择实施方案的能力。决策是一个人综合能力的表现，一个创业者首先要成为一个决策者。创业者的决策能力通常包括：分析能力、判断能力和创新能力。大学生要创业，首先要从众多的创业目标以及方向中进行分析比较，选择最适合发挥自己特长与优势的创业方向和途径、方法。在创业的过程中，能从错综复杂的现象中发现事物的本质，找出存在的真正问题，分析原因，从而正确处理问题，这就要求创业者具有良好的分析能力。

（三）加强经营管理目标的能力

经营管理能力是指对人员、资金的管理能力。它涉及人员的选择、使用、组合和优化；也涉及资金聚集、核算、分配、使用、流动。经营管理能力是一种较高层次的综合能力，是运筹性能力。经营管理能力的形成要从学会经营、学会管理、学会用人、学会理财等几个方面去努力。

1. 经营能力

创业者一旦确定了创业目标，就要组织实施，为了在激烈的市场竞争中取得优势，必须学会经营企业。创业者不仅要精通本专业的知识，更需要具备经济头脑和管理素质。科技必须应用于生产，生产出的产品或服务必须适应市场需要。在这一过程中，开发、生产和销售必须符合市场原则和机制，创业企业才有生存和发展的可能，这必然涉及资源配置、预测决策、经济分析、经济核算、成果转让、成本费用等一系列经济问题。同时，在激烈的市场竞争中，企业目标是要追求利润最大化，在这一目标引导下，企业不仅要靠产品技术来追求效益，更要靠科学管理来提高效益，正所谓"管理出效益"。因此，创业者必须掌握现代管理的理念和方法，能从系统整体观念出发，统筹、协调、控制和优化各项资源。

2. 日常管理能力

要学会质量管理，要始终坚持质量第一的原则。质量不仅是生产物质产品的生命，也是从事服务业和其他工作的生命，创业者必须严格树立牢固的质量观。要学会效益管理，要始终坚持效益最佳原则，效益最佳是创业的终极目标。可以说，无效益的管理是失败的管理，无效益的创业是失败的创业。要做到效益最佳则要求在创业活动中人、物、资金、场地、时间的使用都要选择最佳方案运作，做到不闲人员和资金、不空设备和场地、不浪费原料和材料，使创业活动有条不紊地运转。学会管理还要敢于负责，创业者要对本企业、员工、消费者、顾客以及对整个社会都抱有高度的责任感。

3. 识人用人能力

市场经济的竞争是人才的竞争，谁拥有人才，谁就拥有市场、拥有顾客。一个学校没有品学兼优的教师，这个学校必然办不好；一个企业没有优秀的管理人才、技术人才，这个企业就不会有好的经济效益和社会效益；一个创业者不吸纳德才兼备、志同道合的人才共创事业，创业就难以成功。因此，必须学会用人，要善于吸纳比自己强或有某种专长的人才共同创业。

4. 理财能力

首先，学会理财要学会开源节流。开源就是培植财源，在创业过程中除了要抓好主要项目创收外，还要注意广辟资金来源。节流就是节省不必要的开支，树立节约每一滴水、每一度电的思想。大凡百万富翁、亿万富翁都是从几百元、几千元起家的，都经历了聚少成多、勤俭节约的历程。其次，要学会管理资金。一是要把握好资金的预决算。做到心中有数；二是要把握好资金的进出和周转，每笔资金的来源和支出都要记账。做到有账可查；三是把握好资金投入的论证，每投入一笔资金都要进行可行性论证，有利可图才投入，大利大投入、小利小投入，保证使用好每一笔资金。总之，创业者应心中时刻装有一把算盘，每做一件事、每用一笔钱，都要掂量一下是否有利于事业的发展，有没有效益，会不会使资金增值，这样才能理好财。

（四）形成创造能力

创造能力是人才最重要的素质之一，包括开拓进取精神、敏锐的观察力、灵敏的应变力、丰富的想象力、灵活的创造性思维和高度的创造力等。人才的真正价值，就体现在他们能够根据社会的需要有所发现、有所发明、有所创造、有所贡献。没有创造，就谈不上成才。创造能力包括两方面的含义，一是大脑活动的能力，即创造性思维、创造性想象、独立性思维和捕捉灵感的能力；二是创新实践的能力，即人在创新活动中完成创新任务的具体工作的能力。创造能力是一种综合能力，与人们的知识、技能、经验、心态等有着密切的关系。具有广博的知识、扎实的专业基础知识、熟练的专业技能、丰富的实践经验、良好的心态的人容易形成创新能力，它取决于创新意识、智力、创造性思维和创造性想象等。

（五）拓展资源能力

创业不是引"无源之水"，栽"无本之木"。每一个人创业都必须有其凭依的条件，也就是其拥有的资源。资源有内部资源和外部资源两种。内部资源主要是创业者个人的能力，其所占有的生产资料和知识技能，也就是通常所说的有形资产和无形资产。创业者的家族资源也可以看作是内部资源的一部分。拥有一份良好的内部资源，对创业者来说无疑是重要的。比尔·盖茨就是靠他的自身技术独霸市场。创业者的外部资源，其中最重要的一点是人脉资源，它是创业者构建人际网络或社会网络的能力。如果没有广泛的人际网络，那他的创业一定会非常艰难。这种人脉资源要根据创业的阶段性在最短时间内建立起来。

（六）构建人际交往能力

人际交往能力是指妥善处理组织内外关系的能力，包括与周围环境建立广泛联系和对外界信息的吸收、转化能力以及正确处理上下、左右关系的能力。创业者应该做到妥当地处理与外界的关系，尤其要争取政府部门、工商以及税务部门的支持与理解，同时要善于团结一切可以团结的人，团结一切可以团结的力量，求同存异，共同协调地发展，做到不失原则、灵活有度，善于巧妙地将原则性和灵活性结合起来。

创业的过程就是不断熟悉社会，同时让社会熟悉自己、接纳自己的过程。为此，创业者一定要敢于面向社会，闯入社会，把社会看成是自己获取支持，获得能量、信息与材料的源泉，同时，扩大交往，与人合作，使自己具有一个开放的创业环境。总之，创业者只有搞好内外团结，处理好人际关系，才能建立一个有利于自己创业的和谐环境，为成功创业打好基础。

（七）提升创业能力

创业者应该具备的能力包括观察能力、决策能力、组织能力、推销能力、公关能力等多个方面。观察能力与思想敏感程度紧密相连，是思想敏感程度的实践表现。任何创业都是从发现问题开始的，不能发现问题就无从创业。作为创业者，要善于从常规中发现例外，从正常中发现反常，从黑暗中看到光明，从挫折看到成功。只有具备敏锐的观察力，克服视觉中的"盲点"，才能设计出自己的创业方案。创业者必须具备一定的决策能力，提高自己的决策水平，实现决策的科学化。创业者还应具备一定的组织能力，通过协调、沟通、领导、指导等手段形成集体合力的能力。创业者须具备基本的推销能力。所谓推销，就是创业者实现自己所创造价值的过程，任何创造，都要用之于社会，使他人得到所创造的果实。创业者的公关能力，实际上就是与他人沟通、使他人认识自己所创造价值的能力，在各种传播媒体日益发达，社会联系日益紧密的今天，创业者的公关能力越来越重要。

创业者应该能直面大风大浪，勇于承担责任，他们永不疲倦，在困难面前毫无惧色。因为他们永远是铺路人，他们只能往前冲，没有退路。

（八）提高自我反省能力

反省其实是一种学习的能力。创业是一个不断摸索的过程，在创业过程中难免不犯错误。反省正是认识错误、改正错误的前提。曾子说过："吾日三省吾身"。对创业者来说，应该时刻提醒自己，反省自己，唯有如此，才能时刻保持清醒的头脑，不断进步，为创业之路打下良好的基础。

三、创业素质与能力的培养

大学生要提高自己的创业素质与能力，需要做大量理论和实践方面的工作，做好充分的心理准备，不能急功近利，要稳扎稳打，循序渐进地走好每一步。

（一）自我培养

首先，成功的创业者要有创业观念、有才、有胆、有识，同时有坚韧不拔的意志，能克服创业过程中的困难，按照创业者素质的培养规律，重视创业素质的自我培养，注重培养自己的能力，锤炼自己的胆量。

其次，要克服万事俱备再去创业或者自己具备全部企业者物质再去创业的错误观念。如果那样，没有人能去创业，因为不可能存在具备上述创业者全部特质的人。

实践证明，创业者素质的培养是有规律的，其成长也是有过程的。而从实践中汲取经验和教训是创业者成长的捷径。

（二）心理品质的培养

心理学研究表明，非智力因素及情商在个体活动中具有决定性的作用。在创业能力的形成中，必须重视发挥创业心理优势，消除创业心理障碍。要树立自信、自强、自主、自立意识。

自信就是对自己充满信心，相信自己有能力、有条件去开创自己未来的事业。自信赋予人主动积极的人生态度和进取精神，相信自己能够成为创业的成功者，尤其在遇到失败和挫折时更需要自信。自强就是在自信的基础上，通过企业的实践，不断增长自己各方面的能力，进一步磨炼自己的意志，树立起自己的形象，敢说敢当，敢作敢为，不贪图眼前的利益，永远进取，使自己成为强者。自主就是具有独立的人格，具有独立性思维能力，不受传统和世俗偏见的束缚，不受舆论和环境的影响，能自己选择自己的道路，善于设计和规划自己的未来，并采取相应的行动。

（三）认知能力的提升

创业涉及方方面面，需要与不同的人和事打交道，对人的能力要求很高。因此对创业者综合能力的要求很高，其中包括管理能力、组织协调能力、创造能力、经营能力、语言表达能力、判断能力、公关能力、应变能力、分析问题和解决问题能力、把握机遇的能力、谈判能力、心理调适能力等。

学会认知就是教人掌握认知的方法，学会学习的方法、手段，培养发现问题、分析问题和解决问题的能力。学会做事就是要培养创新能力、应变能力和驾驭处理复杂突发事件、应对危机的能力。学会共同生活就是要培养团结协作能力和团队精神，培养竞争意识和管理能力。学会生存就是要不断增强自主性、判断力和个人的责任感，培养交际能力、语言表达能力、判断能力等。

（四）创业者需要进修提升

教育的重要性主要体现在对于创业者解决所面临的问题方面所起的重要作用，尽管获得正规学位并不是成功创业的必要条件，比如安德鲁卡内基、亨利福特等这些高中辍学者的成功就能证明这一点，但教育确实能为创业者形成一个有说服力的个人背景，尤其是在受教育的专业和创业的领域有关联的时候。如史玉柱，1984年毕业于浙江大学数学系，后又到深圳大学科学管理系进修研究生，其所受教育和扎实的专业知识为其之后的成功奠定了牢固的基础。

（五）创业自我素质的培养

创业道路肯定不是一帆风顺的，创业者应着重培养自己过硬的心理素质，既能海纳百川、虚怀若谷，又要经受住失败和挫折，压不弯，打不垮。要抱有一种对成功坚定追求的态度，凭借知识、智慧和胆识去开创能发挥个人所长的事业。

创业的环境是动态变化的，创业过程中的策略和措施必须根据具体环境的变化做出调整。创业者只有按照事物的主流把握调整战略方向，针对具体的变化形式提出应对措施，才能在不断变化的环境中趋利避害、化被动为主动，从而最终赢得胜利。创业是一个斗体力的活动，更是一个斗心力的活动。创业者的智谋将在很大程度上决定其创业成败。尤其是在目前产品日益同质化、市场有限、竞争激烈的情况下，创业者不但要能够守正，更要有能力出奇。

（六）创业者的知识与能力的积累

起初应做到，被动盲目学习和积累——专注目标直接相关内容，扩大目标外延，理解目标的社会背景和真实必要条件；接下来在尝试、失败、总结、调整的循环中发现缺陷（包括知识、能力甚至目标本身）并改进，领悟隐藏在市场、技术、商业背后的秘密即规律性，有的放矢地学习；最后，形成自己的观点和思维体系，有选择地补充和提升知识水平。因此，大学生对于创业知识、能力和素质一方面需要事先有意识地准备，另一方面需要在创业进程中不断完善提高。

1. 在校期间的目标管理

大学生创业首先必须有投身创业的理想和志向，否则，往往容易被创业中的困难、挫折所吓倒。有创业志向的大学生在校期间就应树立崇高的理想和志向，有意识地培养创业的意志品质。在树立崇高理想的基础上，应和实际学习目标结合起来，在学习过程中不怕困难和挫折，出色地完成学业。同时应积极参加各种实践活动，在确立目的、制定计划、选择方法、执行决定和开始行动的整个实践活动中，锻炼能力和意志品质。在此基础上，还应加强意志的自我锻炼，注意培养提高自我认识、自我检查、自我监督、自我评价、自我命令、自我鼓励的能力。此外，积极参加体育活动，也是锻炼坚强意志品质的重要途径。

2. 创业进程中的探索与成长

大学生要想培养商业意识，就应用心去钻研有关知识。在创业实践中要善于观察分析、把握事物的本质，善于收集和利用信息，摸清市场运行的基本规律，积极主动去寻找和创造商业机会。同时，大学生要想挖掘自己的智慧潜能，就必须认识到，智慧潜能是一个内涵十分丰富而又极其复杂的综合概念。因此，在锻炼和培养自己的创业才能时，不能局限于单纯从成才的方面去寻求提高的捷径，而必须从多方面打好扎实的基础，既要通过学习增长知识和智力，又要通过创业和实践来增长才能，还要通过创业过程中的竞争和自我否定增长才能，以求得创业才能得以综合性提高。

大学生由学习知识、积累经验到输出知识、创新创业往往需要通过长期艰苦的探索和磨炼，非一朝一夕之功能成。因此，决不能急功近利，拔苗助长。即使事先准备好了，真正面对实际问题时，可能还会发现和学习的东西完全不同。当今社会为大学生自主创业提供了有利的条件和大好机遇，有这方面优势和志向的大学生应该主动学习积累知识和技能背后的更深层次的价值观、心态调整、方法论等方面的共性问题，在此基础上大胆艰苦地尝试，勇于在实践中磨炼，努力成为新的创业者。

第二节　财经类大学生创业者的准备和实施

一、创业者的准备阶段

（一）创业商机的探索

现在在网上也经常可以看到这样的广告："××年最具潜力的十大项目"、"x×年最赚钱的 × 大行业"等，这些广告初看上去可能会让人热血沸腾，但对一个创业者来说，在决定是否进入这个领域的准备期，一项基本的程序必不可少，这就是——创业调研。

1. 创业调研

创业调研包括环境调研、创业条件调研、产品服务调研、同类企业经营情况调查和顾客调研。

（1）环境层面

环境主要是指市场所在地的政治法律环境、经济环境、社会文化环境、科学技术环境以及地理气候环境等因素的总称。事实上，不仅国与国之间的宏观市场环境是不相同的，即使在同一个国家，由于地理气候，经济科技，以及历史文化的差异，都会造成不同省、市、地区甚至县一级的市场环境的较大分别，所以创业者准备将目标市场定位在某一地区时，对本地区的政治、经济、科技、文化、地理等因素的了解就显得尤为重要。在进行宏观市场调查时，创业者要详细考察目标市场所在地有关创业以及创业所在行业的政策及法律法规，例如对创业及创业项目是否有优惠政策或措施，是否有法律法规禁止进入的事项等；考察在市场所在地的经济科技水平下，创业具有多大的发展空间，例如当地的经济发展水平、消费水平、科技水平等是否能为创业提供广阔的市场和相关支持；考察当地历史文化长期积累的社会心理对于自己创业所在行业的心理接受程度,例如当地人的消费习惯和偏好如何，多少人可以成为自己的现实消费者和潜在消费者等；此外还要考察当地的地理和气候对自己的创业有什么样的影响，例如，一般情况下在险峻崎岖的山区销售自行车未必能赚得大钱，而在热带地区销售羽绒服也并非一个明智的选择。

（2）条件层面

创业需要一些基本的条件，对于一些特殊行业国家会有一些限制性条件，创业前必须要调查清楚。如注册资本有无限制，从业人员需具备什么资格，股本结构和出资方式有什么要求，经营场地需具备的条件，房屋租赁需要哪些法律文书，审批需履行哪些手续，产品研制生产、房屋建筑等方面有什么要求和限制等。

（3）产品或服务层面

在产品调查时，一般需要了解以下信息。

第一，了解同类产品在目标市场中销售的具体数字和品牌、规格、来源、生产厂家、价格，并根据当地的有关统计人口、社会经济统计数据，寻找出过去和现在发生的变化情况，预测将来可能发生的变化。

第二，了解当地市场有关产品的消费变化，主要调查当地同类产品的生产数量和可能发生的变化、当地产品的销售数量、当地的经济收入水平、消费习惯等，在此基础上分析产品今后可能出现的消费变化趋势。

第三，调查同类产品在当地的年消费量、消费者数量和产品的消费方式、产品消费范围的大小、消费频度、产品用途以及具有什么竞争性代用品等因素。

第四，为了预测产品未来的消费变化趋势，还应了解产品在当地市场上的生命周期状况，并结合相关因素进行综合分析和判断。

同时，在进行产品调查时，还应该对产品市场进行细分，从而了解在当地市场上什么类型的消费者可能会购买自己的产品，准确地估计当地市场的发展潜力，正确地选择产品销售的目标市场，并进而了解不同类型的消费者对各种产品的需求，有针对性地采取改进产品的策略和措施，使之适销对路，以扩大产品的销路。

（4）同类层面

《孙子兵法》云"知己知彼，百战不殆"，商业活动是一场没有硝烟的战争，激烈的市场竞争对企业的利润获得影响巨大。因此，对产品的竞争调查也是决定企业生存发展的关键因素之一。竞争对手调研应包括：竞争者有哪些，其经营状况如何；竞争者的经营规模和资金状况；竞争者的经营品种、质量、价格、服务情况；竞争者的技术装备、产品或服务的研制开发能力；竞争者的购销渠道和销售策略；竞争者的声誉和形象；潜在竞争者的状况等。

在分析研究主要竞争对手竞争力的同时，还必须认真分析研究那些规模较小但能成功达到一定的市场占有率的企业的经验，以便发现打开市场销路的机会和可能性，并最终找出最有希望使产品销售成功的方法和途径。一般来说，在竞争中取得成功的原因不外乎以下几点：产品质量好；成本低且价格竞争性强；经销地点选择适当；产品性能独特，如拥有专利；企业竞争力强且分销渠道通畅；广告宣传和推销工作效果较好，并争取和充分利用了合理的政策资源等。另外，还要认真总结、反思失败企业的原因和经验教训，作为前车之鉴，避免重蹈覆辙。

（5）顾客层面

一般而言，顾客调查主要内容包括顾客构成、顾客购买力、消费心理、消费行为、消费动机、消费决策过程等，可以作为企业产品的市场定位以及营销决策的重要依据。

第一，顾客构成。顾客构成简单来说就是顾客的基本情况和类型。在这项调查中，创业者要明确自己产品顾客的性别比例、年龄结构、文化程度、经济收入和消费特点等，通过调查区分顾客中的哪些群体可能是自己的忠实顾客、目标顾客、潜在顾客，并分析他们之间相互转化的可能性。

第二，顾客购买力。消费者购买力也是决定市场规模的关键。有调查显示：城市女性已经成为最具购买力的消费者，31 至 40 岁女性购买力最强。也有调查称，"网络 e 族"购买力已高达 600 亿美元。

创业毕竟是一种操作性很强的商业活动，每个创业者都有自己特定的目标消费群体和目标商业区域，所以创业者有必要全面了解目标顾客和目标区域的工资收入、消费水平及购买力状况，深入分析他们购买力与实际消费水平的关系，以便制定与消费者购买力相匹配的产品或服务的价格策略。

第三，消费者心理。消费者心理是消费者消费过程中最为基础的环节，直接决定了消费者的消费行为和消费动机。一般来说，消费者的消费心理主要有以下几种类型：求美心理、求名心理、求实心理、求新心理、求廉心理、攀比心理、癖好心理、猎奇心理、从众心理。当然这些心理在不同的消费群体之间也会存在较大的差别。

第四，消费者购买动机。消费者购买动机一般可以分为生理性动机和心理性动机两种。生理性动机是指消费者为满足生存需要而产生的购买动机，这是最基本的动机类型；心理性动机是消费者为了满足心理或感情的某种需要而产生的购买动机，这一动机类型又包括感情动机、理智动机和信任动机三种。感情动机是由人的感情需要而引发的购买欲望；理智动机是指消费者对某种商品有了清醒的了解和认知，在对这个商品比较熟悉的基础上所进行的理性抉择所作出的购买行为；信任动机就是指基于对某个品牌、某个产品或者某个企业的信任所产生的重复性的购买动机。经营者需要调查不同类型的顾客以及同类顾客的不同消费动机，以此为根据制定不同的营销策略。

第五，消费决策过程。消费者心理学中，消费决策是消费者从思考到做出购买决定的心理过程。消费者购买决策可分为 5 个阶段：确认需求，寻求信息，方案评定，购买决定，购后评价。

既然消费决策是一个动态的过程，那么多种因素都会对顾客的购买决策产生重要影响，例如外界的环境因素，包括空间环境、人际环境、社会文化环境、经济环境和家庭环境等；顾客获得信息的渠道和方式；产品或服务的质量以及顾客自身心理因素，包括性格、爱好、年龄、性别、知识经验、态度等；这些因素都属于创业者进行顾客调查时需要了解的内容。

2. 市场调研的一般程序

市场调查的步骤一般可分为 4 个阶段，即准备阶段、调查阶段、分析阶段、总结阶段。

（1）准备阶段

准备阶段是整个市场调查的基础，准备阶段要做的主要工作包括明确调查目标、选定调查范围和调查对象、确定调查方法等。

（2）调查阶段

调查阶段是市场调查研究方案的执行阶段，主要是按照准备阶段调查方案所确立的调查计划、调查方式和调查方法进行资料和信息的收集，具体贯彻调查设计中所确定的思路的活动，这是整个市场调查过程的核心。调查者在调查过程中要注意以下两点：一是依靠目标领域、行业或单位，努力争取他们的支持和帮助，合理安排调查任务和进程，尽量避免或减少调查活动给他们的正常工作带来的不利影响；二是密切联系全部被调查对象，尽力获得他们的理解和合作，绝不损害他们的利益，并在必要的情况下，为他们提供力所能及的帮助。

（3）分析阶段

这一阶段的主要工作是审查、整理资料，统计分析和思维加工。审查资料就是对调查获得的文字和数字资料进行全面审核，去伪存真，去粗取精。统计分析是运用统计学的原理和方法研究调查对象的数量关系，揭示其规模、结构、水平和比例等关系，反映其发展方向和趋势等，为进一步的思维加工提供可靠的统计依据。思维加工就是运用逻辑的思维方法，对审查、整理后的文字资料和经统计分析的数据进行分析研究，揭示调查对象的本质及发展规律，并得出理论性结论。

（4）总结阶段

总结阶段是社会调查的最后阶段，这一阶段的任务主要是撰写调查报告，评估、总结调查工作。

3. 调查方法分析

调查方法也就是调查中各种具体的资料或信息的收集方法。总体而言，市场调查方法可分为两大类，即直接调查方法和间接调查方法。其中前者包括访谈法和观察法两种；文献法、问卷法则属于间接调查方法的范畴。

（1）文献法的基本步骤

文献法的基本步骤一般包括文献搜集、信息摘录、文献分析三个环节。文献搜集是指按照调查目的查找出有关文献或文献中包含的信息内容的过程，它包括文献的检索和搜集两个方面。信息摘录是指从搜集出的文献中摘取并记录与调查目标有关的信息内容的过程。其一般步骤可分为浏览、筛选、精读、记录四个过程。文献分析是对文献中某些与调查目的有关的内容进行分析和研究，揭示其所反映的外在内容及内在本质，进而达到说明调查研究主题的目的。按照分析方式又可将其分为定性分析和定量分析两种类型。

（2）调查问卷的组成

调查问卷对我们来说也许并不陌生，问卷法是调查者运用统一设计的问卷向被选取的调查对象了解情况或征询意见的调查方法。其中，问卷是调查研究中收集资料的一种工具，它以精心设计的问题表格为主要表现形式，用以测量人们的特征、行为和态度以及社会事物、社会现象的有关情况。

一般来说，一份问卷通常包括以下几个部分：封面信、指导语、调查内容、其他资料。封面信即一封致被调查者的短信，其作用在于向被调查者介绍和说明调查者的身份、调查目的等。指导语是用来指导被调查者如何正确填答问卷、访问员如何正确完成问卷调查工作的一组陈述，起到类似于使用说明书的作用。调查内容是整个调查问卷的主体，应包括三部分内容，分别是：被调查者基本情况（构成），如性别、年龄、职业、文化程度、经济收入等；被调查者行为方面的问题，如"您平均每天的上网时间是多少？"；被调查者态度方面的问题，如"您最喜欢哪种类型的网站？"。除了上述内容以外，问卷还包括一些相关信息，如问卷的名称、编号、问卷发放及回收日期、调查员、审核员姓名、被调查者住址、问题的预编码等。

（3）访谈法的提问方式

访谈法是由访谈者根据调查研究所确定的要求与目的，按照访谈提纲或问卷，通过个别访问或集体交谈的方式，系统而有计划地收集资料的一种调查方法。

访问者的提问有多种方式，或开门见山，直奔主题，或投石问路，旁敲侧击，具体采用哪种提问方式一般应考虑以下因素：

①问题本身的性质和特点。如果问题本身比较尖锐。敏感、带有攻击性或者复杂而难以回答，应采用谨慎、委婉的方式提出，而一般性的问题则可以正面、大胆地提出。

②被访问者的具体情况。如果被访问者敏感多疑、顾虑重重、对具体情况不太了解或者理解和回答问题能力较差，宜采用循循善诱、逐步深入的方式提问。反之，则可以采用直接的方式。

③访问者与被访问者之间的关系状况。如果二者之间较为陌生或者尚未建立基本的信任和初步的感情，应采用谨慎、渐进的方式提问；如果双方较为熟悉或已经建立基本的信任和初步的感情，就可以采用直接、简洁的提问方式。

此外，访问者在访问过程中提问的话语要尽量简短亲切，语言尽量通俗化、口语化、地方化，切忌话语冗长累赘，同时尽量避免使用学术性、书面性语言。

（4）观察法的归类

观察法是观察者根据研究目的，有组织、有计划地运用自身的感觉器官或借助科学的观察工具，直接搜集正在发生的、处于自然状态下的市场现象有关资料的方法。它是市场调查的方法之一，是在无须与被调查对象沟通的条件下，通过对被调查对象的观察和记录，来收集资料的一种调查方法。

目前，在企业的市场调查中，比较常用的观察法有直接观察法、间接观察法和借助器械观察法三种。

（二）对行业把握的方向

1. 创业应与时俱进

（1）政策前景

目前政府大力提供和鼓励发展的非公有小企业类型主要有：科技型小企业；为支柱产业化（钢铁、汽车、通信设备、石化、电话设备、家用电子电器、生物、医药、信息）提供配套服务的小企业；服务型小企业等。

（2）社会需求

创业者必须树立这样一个观点，即"企业是为解决顾客的问题而存在的"，没有满意的顾客就没有公司的存在。项目的选择必须以调研为依据，以市场为导向。

（3）坚持创新

创新包括：开发新产品或改造老产品；开辟一个新的市场；采用一种新的生产方法；获得原料或半成品新的供给来源；实行一种新的企业组织形式。

2. 分析行业市场潜力

（1）行业要求

选择的行业最好是新兴行业，因为这样的行业具有大的发展潜力，竞争少。

（2）投资要求

投资规模最好不要一开始就求大，这样可以减少风险，见效快，同时还要有长远的收益。

（3）产品要求

产品一定要独特，有广泛的市场需求，最好是消耗性产品。

（4）经验要求

创业人员与团队要有良好的销售经验，同时销售团队的合作也十分重要。

（5）合法性要求

要遵守国家法律法规，歪门邪道的项目决不能做。

（6）其他要求

创业企业经营所需的时间和地域的限制越少越好。

3. 专注行业，寻找商机

发现创业商机有很多方法，主要如下：

（1）行业需求分析

①依托一个成熟的行业，而且行业需要足够大。行业成熟度高，利用现成消费群，才可以省去开拓新市场的费用和唤醒消费者的麻烦。

②专注支流业务，不做主流业务。所谓锦上添花，指的就是满足消费者在主流需求得到满足之后的衍生需求。比如手机，消费者购买手机的主要目的是为了通讯，为了随时随地方便地与他人沟通。所以，强大的通讯功能和畅通的通讯服务是消费者在消费手机这项产品和服务时的首要和主要诉求。手机是否好看，只是消费者的衍生需求，对于中小投资者来说，选择在细分市场做支流业务，专注消费者的个性化需求才是明智之举。

③仅仅满足一部分人，而不是满足所有人的需求。拿手机来说，目前国内的手机消费者已达3亿，想要满足所有3亿消费者的愿望是不现实的，也是不可能的。所以市场规模够大，即使只是满足他们中间一小部分人的需求，也足够中小投资者"吃饱"。

④服务要到位。衍生需求，换句话说，就是可有可无的需求，有则更好，没有对消费者也不会造成什么损失。正因为如此，此类需求大多数时候是属于精神层面的需求，对从业者提供的服务往往有着超高的要求。这是需要投资者格外注意的。

这一类的行业目前还有很多，比如互联网热潮兴起后的周边衍生业务、教育热潮兴起后的周边衍生业务、汽车热兴起后的周边衍生业务。目前正在兴起数码浪潮，包括数码相机的快速普及。拿数码相机来说，在主流业务数码相机的生产和销售、数码相片冲印之外，还有很多细分市场业务需要有人去做，如数码相片的加工和修改，利用数码相片制作个人电子纪念簿、幻灯片等等。又比如彩屏手机兴起后，随即衍生出一个彩铃的"小"业务。

（2）消费者需求

消费者追求的是个性与品味，经营者可以应对的就是专营与分割。拿穿着来说，无论是头、身、腰，还是手、腿、脚，又都可以切割出无数的细节。这是适合小本创业和中小投资的一种变化，投资者要善于掌握，对此机会善加利用。可供"切割"的商业形态很多，如光是一个结婚，就可以细分到婚介、婚礼筹办、司仪、婚纱专营、结婚摄影、婚车租赁、宴席布置、喜糖采办等数十个细项，而每一个细项几乎都可以"切割"出来进行专营。此类操作需要注意的是：

①花色品种要全。人们购买此类小商品大多是集中性购买和批量性购买，因此需要让消费者有选择的余地。

②此类店大多属于小投资，小本经营。店铺较小，不易引起人们的注意，所以需要特别重视宣传。另一方面，此类店因为独具特色，很容易引起新闻媒体的注意，可加以利用，必要时可主动与新闻媒介取得联系。

③小商品的流行风尚瞬息万变，所以进货时要注意多品种、小批量，以免造成积压，使资金周转成为问题。

④如果是"技术性"的切割，要体现技术的"含金量"。如北京呼家楼有一家专门安装门窗玻璃的公司，因为技术过硬，很多宾馆酒楼在安装门窗玻璃时都专门请他们过去，生意十分红火。虽然这家公司做的只是建筑安装和装修工程中极小的一个细分类别，赢利却比很多能干"全活"的公司都要好得多。这一种"切割"，对技术有非常高的要求，能真正体现技术的"含金量"，如果有这一方面的特长，可以加以考虑。

（3）抢占专业领域

创业最简单的方法就是从自己熟悉或有专长的事情做起，这样可以起到事半功倍的效果，大大减少创业过程中的波折。

①冷静评估你所拥有的资源，包括你的社会关系、专业特长，并评估其所蕴含的商业价值，寻找你创业和投资的着力点。

②如果经评估，你现在还不具备创业的必要资源和必要特长，要先学习必要的技术和其他方面的知识，小本创业者大多底子薄，经不起太多折腾，在这方面一定要慎之又慎，不打无准备之仗。

③不是任何资源包括专业知识、技术特长都有商业价值。创业者和投资者在评估自己所拥有的资源时要尽量避免"自我感觉"。很多创业者和中小投资者因为缺乏经验，容易凭"感觉"行事，有时候这样做确实有助于抓住机会，但多数时候这样做有害无益。如果你对自我评估没有信心，那么，你可以请你的朋友和家人一起来帮你进行评估。

（4）利用"移形换位"思维

利用老乡的乡土之思来赚钱，只是移形换位的一种形式。移形换位的意思说到底，就是利用人和物在不同空间表现出来的不同价值差别来获取利润。不同地域之间、城乡之间可以交流和交换的东西很多，只要存在交流与交换，就存在着商业机会。商业活动说到底其实也就是一种人与物交流与交换的活动。在此类操作中，需要注意的是：

①产品地域特色要浓。地域特色浓，才能引起其他地域消费者的足够重视和兴趣。

②以中低价商品为主。一件商品在这个地方是人们很熟悉的东西，甚至是日常消费用品，换个地方则成了人们不熟悉的新东西，成了情趣商品或享受型商品。这类商品大多属于可有可无的商品，而中小投资者或创业者大多没有足够资金去打广告或做推广，以唤起人们消费的欲望和热情，在这种情况下，如果商品价格较高，则不易为人们所接受，难以在短时间内打开市场。如果将市场培育期放得过长，中小投资者和创业者在资金上一般又难以支持，所以以中低价商品为主，是符合中小投资者和创业者的实际情况的。

③重视质量和信誉。对于土特类产品经营者来说，因为销售对象大多是老乡，家乡的东西他们很熟悉，很容易品出产品的地道与真假；另一方面，因为大家都是老乡，老乡之间有乡土乡音容易亲密无间，这是优势，同时，大家知根知底，只要有一点疏忽和服务不到位，坏名声很快就会在一个封闭的圈子里传得尽人皆知，生意将彻底垮台，很少有挽回的机会。

（5）突破"困境"，打破常规

从自己和别人的困难中发现商业机会，已经成为一个常规的方法，成功的机率非常高。这是因为当自己或别人感到困难的时候，证明市场已经形成，需要做的只是采取正确的方法，对已经形成的市场进行开发而已，这比凭空创造一个新市场要容易得多，需要的投入也会小得多。所以，作为投资者和创业者平时要留心观察，机会说不定就在身边。

（6）小商品经营者的创业方向

随着经济的全球一体化，各国经济的交流日益频繁，为投资者创造了诸多的机会。对于中小投资者来说，国外很多本身价值不高但附加值很高深受消费者欢迎的小商品，适合中小投资者经营。在经营这类产品的时候要注意：

①所选商品一定要时尚。从目前来看，进口的时尚类小商品比实用性小商品要更容易为消费者所接受。

②专项经营，集中力量做某个小的类别商品。中小投资者大多资金不足，而小商品门类繁多，如果力量分散，多种经营，什么都有一点，什么都不精不全，将很难形成氛围。做情侣礼品就专心做情侣礼品、卖糖果的就专门卖糖果（甚至可以细分成巧克力专营、水果糖专营等等），这样比较有利于打开市场，吸引消费者，取得好的经营效果。这也是比较省力、风险较小的一种创业方式，比较困难的是如何建立国外的进货渠道。有些朋友通过互联网下单来解决这个问题，但受骗上当的比较多。另外，还有国外的一些新风俗、新型休闲方式、新的商业形态，如果能够加以适当引进，都可能成为很好的创业投资机会，比如近两年流行国内、圆了很多女士创业梦和财富梦的十字绣，就是由北京的一位创业者首先从法国引进的。在法国，十字绣本来是一种用来供上流阶层女士聚会时打发时间和消遣的小把戏。

4. 商业风险分析

SWOT 是长处（Strength）、弱点（Weakness）、机会（Opportunity）和威胁（Threat）四个英文词的缩写。

长处——指你的企业的优势所在。例如，你的产品比竞争对手的好；你的商店位置非常有利；你的员工技术水平很高等。

弱点——指你的企业的劣势所在。例如你的产品比竞争对手的贵；你没有足够的资金按自己的愿望做广告；你无法像竞争对手那样提供综合性的系列服务等。

机会——指周边地区存在的对企业有利的事情。例如，你想制作的产品越来越流行；附近没有和你类似的商店；或潜在顾客的数量将上升，因为许多新企业正在向这个地区迁移等。

威胁——指周边地区存在的对你企业不利的事情。例如，在这个地区有生产同样产品的其他企业；原材料价格上涨将导致你的产品成本提高；你不知道自己的产品还能流行多久等。

依据 SWOT 分析的结果可以为创业与否做出决定：①坚持自己的创业想法并进行全面的可行性研究；②修改原来的创业构思；③完全放弃这个创业构思。

（三）创业方式的探索与发现

有调查显示，目前约有 2% 的大学生参加了不同形式的创业，其创业方式主要包括以下四种：

1. 个人独资模式

这是一种最为常见的大学生创业模式，主要是指大学生个人或者几个人创办的"工作室型小企业"，他们选择一些企业，凭借他们的品牌和产品质量开展业务。调查显示，大学生选择这种创业模式的比例很高，约占所有创业模式的 90% 以上。这种模式对创业者的要求不高，而且此创业模式的行业多集中在科技含量较低的服务业。选择此模式的大学生创业者主要有以下几种情况。

（1）立足于校园以及周边市场，为广大的学生消费群体服务。这些创业者来源于学生，服务于学生，基于自身对学生消费需求的了解，更好地挖掘学生这个特殊的消费市场。

（2）迫于生计，勤工俭学。我国高校学生约有 20% 为贫困学生，单靠学校的贫困补助及有限的勤工助学岗位难以解决他们所面临的经济困难，不少贫困大学生通过这种创业模式获得更多的经济来源。由于自身条件包括资金、时间、学业压力、心理压力等限制，这种低投入、低风险的创业模式更容易为大学生创业者所接受。这一模式与大学生经商部分类似，但不能将二者相提并论。

这种创业模式具有以下特点：

（1）涉及行业很多，选择自由灵活。创业者可以抓住学生消费群体特点来确定行业，在各个领域进行创业。

（2）启动资金少，大大降低了大学生的创业风险。

（3）代理加盟创业品牌形象较好。

（4）代理加盟创业客户信任度较高。

（5）需要较多的精力投入。创业者需要花大量的时间来经营店面，对于在读的大学生而言，有可能影响学业。

2. 法人股份制模式

这是指大学生以股份形式合资从事的创业活动，多数由家长、亲戚作为后盾，提供资金支持。这种创业模式也是我国高校就业的一条途径，广泛存在于大学高年级或者刚刚毕业的大学生创业团队中。高年级学生意识到就业的压力，更多地会选择合作创办企业解决自己的工作问题。这些创业团队往往选择较高科技含量的行业开展业务，更多的走的是 IT、高科技的路子。

这种创业模式的特点和主要问题有：

（1）企业组织等模式相对稳定；

（2）资金投入较多，风险较大，直接面对市场的机遇和挑战；

（3）大学生创业者在管理、人事、财务等方面缺少经验，对各项政策法规的了解不够；

（4）技术人员少，思维能力有限，因而产品技术含量较低，多数还属于低层次竞争；

（5）信息流通慢，辨别能力差，对于市场上的情况较难做出迅速反应；

（6）研发资金投资周期长，不利于初创型企业发展。

3. 客户关系网模式

这种模式主要是把一些公司的客源当作自己创业企业的客户从而扩大自身业务量，建立协作关系，拓展自身市场。在社会上可以看到一些成功的民营企业将自己的创业经验、管理方法等传授给大学生创业者，帮扶其创业，就属于这种创业模式的范畴。这种创业模式是合作竞争、快者生存的新经济时代的必然产物。随着经济的发展，这一模式已经成为一种最具潜力的创业模式，也是新经济时代主流的创业模式。

相比较而言，这种创业模式具有以下特点：

（1）创业效率以及创业成功率高；

（2）企业成长周期短；

（3）创业者需要具有良好的知识、技术和素质；

（4）创业者个人风险小；

（5）销售网络通畅，资金回笼快。

4. 创业园模式

这是一种利用国家的优惠政策，凭借自身专业技术或完善的创业计划在国家兴建的创业园区进行创业的方式。

自 1998 年清华大学首届大学生创业大赛成功举办以来，我国大学生创业计划大赛不断涌现，国家关于大学生创业的优惠政策不断出台，各地的创业园区相继兴建，大学生创业得到了政府和社会各界前所未有的关注、认可和支持。这有利于大学生创业者发挥自己的专业特长，凭借自己的兴趣和技术创业，通过详细的商业计划书，吸引风险投资商。目前已有不少大学生创业者利用这一创业模式迈出了成功的第一步，例如温州大学生创业园（浙工贸）、温州高新技术产业园区创业服务中心、鹿城创业服务中心等创业园中都不乏大学生创业的成功案例。

这一创业模式通常呈现出以下特点：

（1）得到政府政策的支持和创业园区的帮助；

（2）风险小，但各个细节要考虑周密；

（3）凭借专业创业，理论联系实际，加速知识向生产力转换；

（4）受地方政府保护；

（5）信息来源好，流通快。

（四）创业行业的前景分析

稍有商业眼光的人也许都会注意到生活中的这样一种现象：工业制成品如彩电、微波炉、空调、电脑等的价格一降再降，早些年属于奢侈品的手表、自行车、半导体等更成"明日黄花"；与此相反，一些服务行业的价格却节节攀升。这一现象带给我们这样一种启示：我国产业利润正悄悄转移，各行业境遇正经历着巨大的变化。

1. 热门行业的特征分析

对大多数创业者来说，进入一个热门行业或者潜在的热门行业会是一个不错的选择，"热门行业"一般具有以下特征：

（1）热门行业是新兴的朝阳产业，发展迅速，机会较多；

（2）热门行业顺应市场经济发展趋势，具有巨大的市场需求或潜在市场需求；

（3）热门行业竞争激烈，人才需求量大；

（4）热门行业的收入水平较高，工作环境较好；

（5）热门行业具有良好的发展前景。

2. 蓬勃发展中的热门行业

根据以上热门行业特点以及我国市场经济的发展和经济结构的调整方向，我们可以预测，以下 10 类行业将成为未来蓬勃发展的热门行业：

（1）IT 行业

IT 行业在 2003 年 SARS（"非典"）期间锋芒初露，电子商务、网络教育、网络会议等一系列网络服务项目第一次让人们感受到了它的巨大发展空间，据有关统计，2003-2005 年间 IT 行业在亚洲就创造了 425 万个就业机会。

与此相对应的事实是：最近几年来，工程技术研发人员一直是 IT 行业最热门的人才，硬件工程师和软件工程师需求量巨大。尽管一些突发情况可能会使信息产业的 IT 公司在销售和市场方面遭受挫折，但这并不妨碍 IT 行业仍被看作一个蓬勃发展的朝阳产业。

（2）建筑、房地产行业

现实生活中一个可以看到的事实是：全国各地的房价一路攀升。这种现象之后的背景是住房政策改革和住房的商品化以及建筑、房地产业的巨额利润。房地产行业也因此面临无限商机，并因此带动了与之相关的房地产开发、咨询、销售、物业管理、租赁、二手房转让等行业的迅速发展。虽然居高不下的房价历来为人们所诟病，但这似乎并不能抑制强劲增长的购房需求。另据统计，近年来建筑行业的招聘数量一直稳居各行业的前 10 位。建筑、房地产行业的良好发展前景由此可见一斑。

（3）汽车制造业

我国经济的高速发展和人们物质生活水平的不断提高使家庭对汽车的需求量不断增大，个人对家用汽车的需求将在今后相当长的时间内呈持续上升趋势，这就给家用汽车制造业带来了前所未有的机会，商家也必将从中获得丰厚的利润。同时，家用汽车市场的发展还将带动汽车装饰、维修、轮胎、汽车零配件、制造轮胎的橡胶产业、用于汽车生产的钢铁业等其他相关技术产业的发展。

（4）电信行业

当今时代快节奏、高效率的生活方式使人们对信息传递的快捷性、同步性提出了越来越高的要求，对相关通信产品（如电话、手机、传真机）以及通讯服务的需求增长十分明显。有调查显示，目前我国的电话与移动电话人均拥有量远低于世界平均水平，通讯市场的开发潜力巨大，这将给通讯业带来新的机遇和丰厚利润。

（5）生物技术类行业

有人称 21 世纪是生物的世纪，生物科技经济发展必然成燎原之势。这种说法不无道理。据报道，目前我国年产值过亿元的生物技术企业雨后春笋般蓬勃发展，各地方政府也把生物技术作为经济发展的突破口，生物技术产业增长空间巨大，生物科研人才也成为近年来国际人才竞争的焦点之一。对生物技术行业来说，这无疑是一个利好消息，如果能抓住时机迎头赶上，相信一定可以在这个领域做出不俗成绩。

（6）老年人、妇女、儿童用品及服务行业

据第五次全国人口普查的资料显示，我国大陆人口达 12.658 3 亿人，60 岁及 60 岁以上的人口比例已超过 10%，这就意味着我国已进入老龄化社会。另据专家预测，2020 年，我国 60 岁及 60 岁以上的人口比例将达到 16.84%，2050 年这一比例将上升到 27.77%。如此大规模的老年人口必然催生出一个巨大的老年人需求市场，老年人的医疗、保健、社区服务等方面的需求急剧增加。因此，由老年人保健品、药品、生活必需品、社区服务等构成的老年人服务行业必将具有更大的发展前景，形成一个新的朝阳产业。

此外，随着人们对生活质量期望的提高，尤其是女性和儿童对服装、化妆品、洗涤用品以及其他生活必需品的需求越来越大，在这些用品上的投入也会越来越高，并将带动相关产业的迅速发展，在未来的若干年，这一行业仍然有巨大的发展潜力。

（7）旅游休闲及相关产业

生活水平的提高以及节假日数量的增多，外出旅游休闲几乎已经成为人们生活的重要组成部分。人们旅游休闲机会的增多不仅加速了旅游业的发展，同时也带动了服务业、运动产品、体育场馆、旅行社、旅游产品等行业的繁荣发展，形成了一个促进经济发展的强大产业群。

（8）装饰装潢业

随着国内城市居民住房的商品化，装修业得到了前所未有的发展，室内装饰产品和装修工程承包业也随之成为一个获利颇丰的行业。有关部门的统计资料表明，当前城市居民每家装修住房的投入在 2 万 –5 万元左右，并呈现出不断增长的趋势，这些因素都促进了装饰装潢业的迅速发展。

（9）餐饮、娱乐与服务业

"民以食为天"，当人们解决了基本的温饱问题之后，必然会对生活质量提出更高的要求，加之社会生活节奏的加快，使人们对于餐饮、娱乐以及服务业都提出了更多更高的要求。以快餐为例，虽然国外的西式快餐业在中国发展迅速，但西式快餐业更多的是针对儿童市场，对大多数中国人而言，烹制考究、营养丰富的中式快餐也许更适合他们的胃口。

（10）环境能源类环保产业

这一产业可视为标准的 21 世纪朝阳产业，有着巨大的发展潜力。随着经济发展及社会进步的不断深入，环境问题已成为日益严峻的社会问题，环境保护的呼声越来越高。与此相适应，人们对环保产品的需求也越来越强烈。加大环境保护力度，寻求新的可再生资源无疑成了社会持续发展的一条必由之路。随着环境保护投入的大幅度增加，我国环保产业发展较快，成为国民经济的重要组成部分，在未来的若干年内，这一行业仍然具有巨大的发展空间。

以上是未来几种比较热门的行业情况，但行业的热门与否只是一个相对的概念，随着时间的推移，旧有的行业格局可能被打破，行业间利润的分配面临重新洗牌，而且就创业而言，也并非所有的创业者都适合在热门行业摸爬滚打。所以对创业者来说，与盲目追求热门行业相比，选择一个适合自己的行业也许更有意义。创业者如何选择合适的行业，只有经过行业调查才能够回答。

二、创业者拟订创业计划

（一）创业计划书的拟定方法分析

创业计划是就一项具有市场前景的技术产品或服务概念，以获得资本投资为目的，完成一份包括企业概述、业务与业务展望、风险因素、投资回报与退出策略、组织管理、财务预测等方面内容的创业计划书。创业计划基于具体产品或服务，着眼于特定的市场、竞争、营销、运作、管理、财务等策略方案，描述公司的创业机会，阐述把握这一机会创立公司的过程，并说明所需资源。

创业计划书是一份全方位的商业计划，其主要用途是递交给投资商，以便于他们能对企业或项目做出评判，从而使企业获得融资。创业计划书有相对固定的格式，它几乎包括反映投资商所有感兴趣的内容。从企业成长经历、产品服务、市场、营销、管理团队、股权结构、组织人事、财务、运营到融资方案，只有内容翔实、数据丰富、体系完整、装订精致的创业计划书才能吸引投资商，让他们看懂你的项目商业运作计划，才能使你的融资需求成为现实。创业计划书的质量对创业者的项目融资至关重要。

创业计划书的起草与创业本身一样是一个复杂的系统工程，不但要对行业、市场进行充分的研究，而且还要有很好的文字功底。对于一个发展中的企业，专业的创业计划书既是寻找投资的必备材料，也是创业企业对自身的现状及未来发展战略全面思索和重新定位的过程。同时，创业计划书也是创业企业的行动指南。一份好的创业计划书是创业者自己在寻求到风险投资的支持后，能够基本顺利实施的项目操作计划。

作为一份标准性的文件，创业计划书有着大同小异的架构。但是，有的创业计划书却能迅速抓住投资人目光，而有的计划书却只能以进入"回收站"作为使命的终结。这是什么原因呢？

客观地说，项目自身素质是最关键最核心的因素，但是一个完美的、专业的表现形式也同样重要，"酒香不怕巷子深"的逻辑在竞争激烈的现代商业运转中并不完全适用。一份成功的创业计划书涵盖了潜在投资人对融资项目所需了解的绝大信息，并且对其中投资方通常关注的要点进行重点陈述分析，这样的创业计划书可以大大减少投资者在进入调查之前的工作量，便于双方迅速进入后期实质运作。

1. 创业计划书的用途

（1）用于创业融资

据统计，只有 5% 的创业计划书能够真正吸引创业投资公司的注意力，更少的创业计划书最终获得融资成功。一份精心准备的创业计划书给潜在的投资者或其代理人看，不但可以使创业者的企业在众多融资申请中脱颖而出，而且可以令创业者在向投资商讲述创业者们的项目时显得更自信和更有条理。创业计划可以指导公司的发展，并能让人了解"创业者要去哪儿"和"创业者怎样去"。

（2）用于团队交流

对初创的企业来说，创业计划书的作用尤为重要，一个酝酿中的项目往往很模糊，通过制订创业计划书，把正反理由都书写下来，之后再逐条推敲。这样创业者就能对这一项目有更清晰的认识。可以说，创业计划书首先是把计划中要创立的企业推销给创业者自己。写创业计划书的过程可以帮助创业者理清思路，发现许多原来没有考虑到的问题时使用，明确公司发展战略及主要策略，对于创业者来讲，预先准备好地图或找到向导，创业的旅程将会安全顺利得多。虽然创业的实际执行情况一般都会与当初的计划有很大的出入，但是有一个深思熟虑的企划方案和目标将大大增加创业成功的机率。

对创业计划书在创业投资过程中所起的作用人们有很多误解。有人认为酒香不怕巷子深，一两页的项目介绍就足够了，认真准备创业计划书对于吸引投资完全没有必要；也有人认为创业计划书越详细越好，于是写出上百页的创业计划书来，里面充满了鉴定报告、报章摘要和大量的分析图表。事实上创业投资家根本没有耐心读这么长的计划书。从另一方面来讲，也很难找到一个创业企业，其发展完全是按原来的创业计划书实施的。创业投资家们的经验也表明，创业计划书过长过细，后来失败的可能性更大。

2. 创业计划的特征表现

无论编制哪一领域的创业计划，在编制过程中都应该注意到计划的编写不是一蹴而就的。创业计划一般要经过多阶段多次修改而成。在确立了编写方案，掌握了充分的资料的基础上编制创业计划概要；在创业计划概要的基础上，加入新的议题，新的内容，形成创业计划初稿；对创业计划初稿进行进一步的修改、完善，并加入一些新的议题和新的发现，形成最终的创业计划。创业计划是创业企业的重要文件，因此就更需要循序渐进逐步完善。

成功的创业计划给读者的印象往往是意义表达明确，文章脉络清晰。创业计划应该重点突出读者所关心的议题，对关键的问题进行直接、明确的阐述，使读者能够尽快理解计划内容，不会在一些细节上产生歧义。

创业计划在内容表述方面应注意运用比较中性的语言，保持客观的基调，力求对计划中所涉及的内容进行不加主观倾向性的评论。尤其不能使用广告性的语言，更不能进行过多的自我批评，给读者留出评判的空间。计划书中任何诱导性或带有倾向性的语言或判断，都会影响读者对计划内容的正确判断，因此必须注意避免。

创业计划不是专业论文，创业计划的目标读者中有很大一部分是没有相关专业知识的银行家、投资商等。因此，在创业计划的编写过程中，不应该对技术或工艺进行过于专业化的描述或进行过于复杂的分析，力求简单明了、深入浅出，对必须引用的专业术语及特殊概念在附录中应给予必要的解释和说明。

创业计划的编写一般都是由多人协作共同完成的，一般由企业的不同职能部门的主管完成相应的部分。由于每个人的写作风格及表述方法的不同，往往使最终的创业计划的写作风格缺乏统一性。因此，在创业计划最终定稿之前，应该有一个最终进行调整的过程。一般这个程序由创业者本人或请一些具有相关能力的人员完成，力求最终的创业计划风格统一。此外，应对计划中引用的数据的来源给予明确的记录，并统一标明出处。

创业计划是以客观表述企业状况为宗旨，因此，格式必须严谨统一。创业计划没有统一的模式，但创业计划必须有自己的完整格式。只有这样才能相对完整地陈述必要的内容，也使计划本身更具说服力，并能体现出专业素质。在计划的编写过程中应注意避免形式随意，机构松散，主体不明，格式混乱等现象的发生。

3. 创业计划书的具体内容分析

创业计划书是将有关创业的想法，借以文字最后落实的载体。创业计划书的质量，往往会直接影响创业发起人能否找到合作伙伴、获得资金及其他政策的支持。

计划书的书写重点要依目标而定，即看计划书的对象而有所不同，譬如是要写给投资者看呢，还是要拿去银行贷款。根据不同的目的，计划书的重点也会有所不同。

通常一份创业计划书在前面需要写一页左右的摘要，接下来是创业计划书的具体章节，一般分成以下十方面内容。

（1）行业描述

必须描述所要进入的是什么行业，卖什么产品（或服务），谁是主要的客户，所属产业的生命周期是处于萌芽、成长、成熟还是衰退阶段。还有，企业要用独资还是合伙或公司的形态，打算何时开业，营业时间有多长等。

（2）产品／服务特色

需要描述创业者的产品和服务到底是什么，有什么特色，创业者的产品跟竞争者有什么差异，如果并不特别为什么顾客要买。

（3）目标市场分析

首先需要界定目标市场在哪里，是既有的市场已有的客户，还是在新的市场开发新客户。不同的市场、不同的客户都有不同的营销方式。在确定目标之后，决定怎样上市、促销、定价等，并且做好预算。

（4）地点的选择

一般公司对地点的选择可能影响不太大，但是如果要开店，店面地点的选择就很重要。

（5）竞争对手的分析

下列两种情况尤其要做竞争分析，即要创业或进入一个新市场时；当一个新竞争者进入自己在经营的市场时。随时随地做竞争分析，这样最省力。竞争分析可以从五个方向去做：谁是最接近的五大竞争者；他们的业务如何；他们与本业务相似的程度；从他们那里能学到什么；如何做得比他们好。

（6）管理方式的阐述

中小企业 98% 的失败来自于管理的缺失，其中 45% 是因为管理缺乏竞争力。

（7）人事层面的阐述

要考虑现在、半年内、未来三年的人事需求，并且要具体考虑需要引进哪些专业技人才、全职或兼职、薪水如何计算，所需人事成本等。

（8）财务需求与运用

考虑融资款项的运用、营运资金周转等，并预测未来三年的损益表、资产负债表和现金流量表。

（9）风险层面分析

风险可能是进出口汇兑的风险、餐厅火灾的风险等，并注意当风险来时如何应对。

（10）企业的发展方向

企业下一步要怎么样发展，三年后如何发展，这也是创业计划书所要提及的。企业是要能持续经营的，所以在规划时要能够做到多元化和全球化。

（二）创业业计划书的格式要求

一般来说，创业计划书应该包括创业的种类、资金规划及基金来源、资金总额的分配比例、阶段目标、财务预估、行销策略、可能风险评估、创业的动机、股东名册、预定员工人数等。具体撰写要求有以下方面：

1.封面

封面的设计要有美感和艺术性，一个好的封面会使阅读者产生最初的好感，形成良好的第一印象。

2.摘要（提供关键信息）

它是浓缩了的创业计划书的精华。摘要要涵盖计划的要点，做到一目了然，以便读者能在最短的时间内评审计划，并作出判断。摘要要尽量简明、生动，要详细说明企业自身的不同之处及企业获取成功的市场因素。

一个出色的计划摘要将使投资者有兴趣了解更多的内容和信息。它应该成为吸引投资者出资的重要部分，因为它会给投资人留下深刻和长久的影响。摘要应是创业计划书中最精干和项目实施中最相关的部分，它包括：企业的宗旨和基本情况、企业的各方面能力、企业的竞争状况、营销和财务战略、项目实施后大致的投资回报前景以及公司的管理团队。

在介绍企业时，首先要说明创办新企业的思路、新思想的形成过程以及企业的目标和发展战略。其次，要交代企业现状、过去的背景和企业的经营范围。在这一部分中，要对企业以往的情况作客观的评述，不回避失误。中肯的分析往往更能赢得信任，从而使人容易认同企业的创业计划书。最后，还要介绍一下创业者自己的背景、经历、经验和特长等。企业家的素质对企业的成绩往往起关键性的作用。

在这里，企业家应尽量突出自己的优点并表示自己强烈的进取精神，以给投资者留下一个好印象。

在计划摘要中，企业还必须回答下列问题：

（1）企业所处的行业、企业经营的性质和范围是什么？

（2）企业主要产品的内容是什么？

（3）企业的市场在哪里，谁是企业的顾客？他们有哪些需求？

（4）企业的合伙人、投资人是谁？

（5）企业的竞争对手是谁？竞争对手对企业的发展有何影响？

3. 企业基本情况

这部分的目的不是描述整个计划，也不是提供另外一个概要，而是对创业者的公司做出介绍。

例：

公司名称　　　　　　成立时间

注册资本　　　　　　实际到位资本 ＿＿

其中现金到位　　　　无形资产占股份比例 ＿＿%

注册地点

公司性质为：　　　　（如有限公司、股份有限公司、合伙企业、个人独资等，并说明其中国有成分比例、私有成分比例和外资比例。）

公司沿革：说明自公司成立以来主营业务、股权、注册资本等公司基本情形的变动，并说明这些变动的原因。

目前公司主要股东情况：列表说明目前股东的名称及其出资情况。

目前公司内部部门设置情况：以组织机构图来表示。

本公司的独资、控股、参股的公司以及非法人机构的情况（可以用图形方式表示）。

公司曾经经营过的业务有 ＿＿、＿＿、＿＿、＿＿、＿＿。

公司目前经营的业务为 ＿＿、＿＿、＿＿、＿＿、＿。

主营业务为 ＿＿。

公司目前职工情况：拥有员工　人，其中大专以上文化程度的有　人，占员工总数　%；大学本科以上的有　人，占员工总数　%；硕士学位（含中级职称）以上的有 ＿＿，占员工总数　%；博士学位（含高级职称）以上的有　人，占员工总数　%。

公司近期及未来 3 ~ 5 年要实现的目标（行业地位、销售收入、市场占有率、产品品牌以及公司股票上市等）。

公司近期及未来 3～5 年的发展方向、发展战略和要实现的目标。

4. 行业分析

在行业分析中，应该正确评价所选行业的基本特点、竞争状况以及未来的发展趋势等。关于行业分析的典型问题如下：

（1）该行业发展程度如何？现在的发展动态如何？

（2）创新和技术进步在该行业扮演着什么样的角色？

（3）该行业的总销售额有多少？总收入为多少？发展趋势怎么样？

（4）价格趋向如何？

（5）经济发展对该行业的影响程度如何？政府是如何影响该行业的？

（6）是什么因素决定着企业的发展？

（7）竞争的本质是什么？创业者将采取什么样的战略？

（8）进入该行业的障碍是什么？创业者将如何克服？该行业典型的回报率是多少？

5. 行业／公司产品与服务

要体现行业／公司产品与服务的独特性、竞争性及独享性／排他性。

在市场调查的基础上，选择项目。项目的确定需要考虑如下问题，如：项目是围绕一项发明创造、技术专利还是一项可能研发实现的概念产品或服务？目前产品市场状况正处于什么样的阶段（空白／新开发、可成长／成熟／饱和）？企业如何设计生产线或服务渠道？企业如何组织生产、原料来源于哪里？拥有哪些生产资源；还需要增加什么生产资源？生产和设备的成本是多少？设备的采用方式是租还是买？储存和物流的状况等。

在产品（服务）介绍部分要对产品（服务）做出详细的说明，说明要准确、通俗易懂，使不是专业人员的投资者也能明白，通常产品介绍应包括以下内容：产品的概念、性能及特性、主要产品介绍、产品的市场竞争力、产品的研究和开发过程、发展新产品的计划和成本分析、产品的市场前景预测、产品的品牌和专利、产品的排名及品牌状况。产品介绍一般要附上产品原型、照片或其他介绍。推销所必需的，但应该注意，企业所做的每一项承诺都是"一笔债"，都要努力去兑现。在这里企业应尽量用数字化和简单的语言来明确地描述企业产品或服务的属性，让投资人和企业一样对产品有浓厚的兴趣。

6. 人员、组织结构以及团队技能

有了产品之后，创业者要做的就是结成一支有战斗力的管理队伍。企业管理的好坏，直接决定了企业经营风险的大小。而高素质的管理人员和良好的组织结构则是管理好企业的重要保证。因此，投资者会特别注重对管理队伍的评估。

企业的管理人员应该是互补型的，且要具有团队精神。一个企业必须要具备负责产品设计与开发、市场营销、生产作业管理、企业理财等方面的专门人才。在创业计划书中，必须要对主要管理人员加以阐明，介绍他们所具有的能力，他们在本企业中的职务和责任，他们的详细经历及背景。

此外，在这部分中还应对公司结构做一个简要介绍，包括：公司的组织机构图；各部门的功能与责任；各部门的负责人及主要成员；公司的报酬体系；公司的股东名单，包括认股权、比例和特权；公司的董事会成员；各位董事的背景资料。

经验和过去的成功比学位更有说服力。如果创业者准备把一个特别重要的位置留给一个没有经验的人，创业者一定要给出充分的理由。

（1）管理团队

目前投资者已从过去看重创意转而更看重企业的经营团队，因为一个好的策划和项目要想成功必须有一个强有力的管理队伍，这支队伍中应该集管理、技术、市场、财务等各方面的精英，不仅要志同道合，更要有互补性。当然在描述管理团队中，还应描述企业的组织结构、管理目标、管理方法以及团队中个人的职责。团队的展示尤为重要，因为创业本身就是一个团队奋斗的过程。

（2）组织机构与人力资源配置

（3）各部门的功能与责任

（4）公司管理理念和文化建设

公司管理内容包括公司管理者的经验与技能水平、创业热情的大小、管理队伍业务背景、业绩、风险、创业活动等。

文化是组织成员在较长时期的生产经营实践中逐步形成的共有价值观、信念、行为准则及具有相应特色的行为方式、物质表现的总称。

7. 市场竞争分析预测

企业所面对的竞争格局分析主要涉及：市场中主要的竞争者有哪些？是否存在有利于本企业产品的市场空档？本企业预计的市场占有率是多少？本企业进入市场会引起竞争者怎样的反应？这些反应对企业会有什么影响？等等。

（1）行业发展状况

（2）主要竞争对手

（3）竞争对手的产品特点及市场状况分析

（4）竞争对手的公司实力、产品情况

包括种类、价位、特点、包装、营销、市场占有率等，以及潜在的竞争对手情况和市场变化分析。要求写明竞争状况，自身竞争优势及项目可持续性。此外还包括：需求预测；市场预测；市场现状综述；竞争厂商概览；目标顾客和目标市场；本企业产品的市场地位等。

通过上述描述要向风险投资者展示自己的企业相对于各种竞争者所具有一定的竞争优势，表明本企业是非常有力的竞争者，虽然现在才刚起步，但一定会成为本行业的领先者。

8. 市场与营销策略

对市场错误的认识是企业经营失败的最主要原因之一。营销是企业经营中最富挑战性的环节，影响营销策略的主要因素有消费者的特点、产品的特性、企业自身的状况、市场环境方面的因素，最终影响营销策略的则是营销成本和营销效益因素。

在创业计划书中，营销策略应包括以下内容：

（1）市场机构和营销渠道的选择

（2）营销队伍和管理

（3）促销计划和广告策略

（4）目标市场、市场容量及发展速度

目标市场就是企业决定要进入的市场。企业在对整体市场进行细分之后，要对各细分市场进行评估，然后根据细分市场的市场潜力、竞争状况、本企业资源条件等多种因素决定把哪一个或哪几个细分市场作为目标市场。对于市场容量的估算、未来增长的预测的数据最好是来源于中立第三方的调查或研究报告，避免自行估计。对于特殊市场，在预估时则力求保持客观、中肯的态度，以免有"自吹自擂"之嫌，令人不能信服。

创业计划书要给投资者提供企业对目标市场的深入分析和理解。要细致分析经济、地理、职业以及心理等因素对消费者选择购买本企业产品这一行为的影响以及各个因素所起的作用。创业计划书中还应包括一个主要的营销计划，计划中应列出本企业打算开展广告、促销以及公共关系活动的地区，明确每一项活动的预算和收益。创业计划书中还应简述企业的销售战略：企业是使用外面的销售代表还是使用内部职员？企业是使用转卖商、分销商还是特许商？企业将提供何种类型的销售培训？此外，创业计划书还应特别关注销售中的细节问题。

（5）市场份额及发展速度

（6）价格战略

价格战略是指企业根据自己产品的特点和市场供需关系所确立的价格对策。它是影响企业利润和企业长期发展目标的重要因素。其影响因素包括：国家的物价政策、成本、产品性能、市场的需求量及其弹性、市场结构、市场特征、同行业竞争状况、销售渠道以及价格以外的市场战略等。

（7）营销推进计划及目标

应当有一个营销计划，它包括区域、方式、渠道、预估目标、份额以及销售政策的制定；销售渠道、方式、行销环节和售后服务；企业主要的业务关系状况等。

9. 制造计划（不针对电子商务）

创业计划书中的生产制造计划应包括以下内容：产品制造和技术设备现状、新产品投产计划、技术提升和设备更新的要求、质量控制和质量改进计划。

10. 财务规划

财务规划和分析应是创业计划书中最花费精力的部分，它包括：财务数据预测（销售收入、成本费用、薪金水平、固定资产、明细表）以及资产负债表和利润及分配明细表、现金流量表。财务指标分析（反映财务盈利能力的指标、财务内部收益率、投资回报期、财务净现值、投资利润率、投资利税率、资本金利润率以及不确定性分析、盈亏平衡分析、敏感性分析等）。

流动资金是企业的生命线，因此企业在初创或扩张时，对流动资金需要预先有周详的计划和进行过程中的严格控制；损益表反映的是企业的盈利状况，它是企业在一段时间运作后的经营结果；资产负债表则反映在某一时刻的企业状况，投资者可以用资产负债表中的数据得到的比率指标来衡量企业的经营状况以及可能的投资回报率。创业企业应详尽描述投资后 3~5 年企业的销售数量、销售额、毛利率、成长率、投资报酬率预估及计算依据。

（1）财务分析

主要基于明确下列问题：

①产品在每一个期间的发出量有多大？

②什么时候开始产品线扩张？

③每件产品的生产费用是多少？

④每件产品的定价是多少？

⑤使用什么分销渠道？所预期的成本和利润是多少？

⑥需要雇佣哪几种类型的员工？

⑦雇佣何时开始？工资预算是多少？

（2）财务预测

任何投资中，影响企业价值评估的财务情况总是投资人最为关心的地方。财务预测是对创业计划书中的所有定性描述进行量化的一个系统过程。财务预测的合理性直接影响融资方案的设计和取舍。

根据财务活动的历史资料，考虑现实的要求和条件，对企业未来的财务活动和财务成果做出科学的预计和测算。它是财务管理的环节之一。其主要任务在于：测算各项生产经营方案的经济效益，为决策提供可靠的依据；预计财务收支的发展变化情况，以确定经营目标；测定各项定额和标准，为编制计划、分解计划指标服务。财务预测环节主要包括明确预测目标、搜集相关资料、建立预测模型、确定财务预测结果等步骤。

（3）不确定分析

①筹资风险。筹资风险是指由于负债筹资引起且仅由主权资本承担的附加风险。如现金流量出现负数而造成的不能按期支付债务本息的风险，企业在收不抵支的情况下出现的到期无力偿还债务本息的风险。

②投资风险。投资分为对内投资和对外投资。

③资金营运风险。资金营运风险是指企业日常生产经营中，购入原材料和售出产成品过程中资金转化的时间和金额上的不确定性。即企业在资金营运通畅时，购销量俱为最佳，这时企业库存很低，甚至达到零库存，使可支配的资金流动性极大提高，取得更多的收入，获得更高的利润，从而提高了企业的盈利水平，增强了企业的偿债能力；企业在资金营运困难时，有限的资金既要采购原材料和消费品，又要支付工资和福利等费用。资金的短缺使部分原材料和消费品只能够采取赊购，又因为生产出的产品在销路不畅时只能够赊销，如果产品的货款不能按计划及时收回，就不能及时还清材料款，从而使企业陷入债权债务纠纷中，最终降低企业的盈利水平，削弱企业的偿债能力。

④收益分配风险。是指由于收益分配而可能给企业今后的生产经营活动带来的不确定性。收益分配是指企业实现的财务成果（即利润）的分配。收益分配中的一部分内容具有"刚性"，比如法定公积金和各种税费。如果确定合理的分配规模和分配方式，就可以有效"软化"刚性内容。对内可以保证以后年度扩大再生产的

顺利进行，调动企业员工的积极性；对外可以增强投资者信心，在以后的年度加大投资。如果分配规模和方式不合理，可能会造成大量的资金流出企业，造成以后年度财务活动现金流的短缺，影响企业正常的生产经营，或者减少投资者的分红，挫伤投资者的信心，即使企业资金利润率不变，企业盈利也会因为资金量的绝对减少而降低。

⑤财务风险的防范。即企业在识别风险、估量风险和分析风险的基础上，充分预见、有效控制风险，用最经济的方法把财务风险可能导致的不利后果减少到最低限度的管理方法。

（4）主要经济指标

投资回收期、投资报酬率、净现值等。

（5）结论性意见

具有投资价值的创业计划要有好的市场前景。

11. 项目实施计划

要拟定项目实施进度图、项目实施设计说明及项目实施难点和阶段性目标。要求阐明时间安排与计划、任务、阶段性里程碑（即团队阶段性工作完成的标志）、关键发展线路。计划要全面，要思考周到，目标明确，现实可行。

12. 风险分析与风险管理

本部分要阐明以下内容：

（1）创业者的公司在市场、竞争和技术方面存在哪些基本风险？创业者准备怎样应付这些风险？创业者准备怎样应付这些风险？

（2）就创业者来看，创业者的公司还有什么样的附加机会？

（3）在创业者的资本基础上如何进行扩展？

（4）在最好和最坏情形下，创业者的五年计划表现如何？

如果创业者的估计不那么准确，应该估计出创业者的误差范围到底有多大。如果可能的话，对创业者的关键性参数作最好和最坏的设定。创业风险主要有：技术风险、市场风险、管理风险、财务风险、资源风险、研发风险、成本风险、政策风险、财务和管理风险等。同时应要有应对措施。

风险企业大多为创新科技企业，这些公司都有这样的特点，即公司的创始人大多是专业技术人员，他们在专业技术上各有特长，并对技术研发情有独钟，但他们在管理上却不是行家里手或对管理的细节不感兴趣。在公司的发展初期，由于公司规模较小，他们尚能管理好自己的公司，随着投资的进入，公司进入了一个超常发展阶段，这时身为专业技术人员的公司创始人的管理能力已不能适应公司快速发展的要求，他们在公司管理上的风险日渐突出，可能发生如上所述的决策风险、组织风险和生产风险等。此时，通常的做法是，风险资本家与公司的创始人一道从外面聘请专业的管理人员或职业经理人对公司进行管理。

13. 融资计划及使用

在创业计划书中应充分说明项目所需资金数额以及资金来源渠道，具体应包括：吸纳投资后的股权结构、股权成本、投资者介入公司管理的程度说明、投资回报与退出（股票上市、股权转让、股权回购、股利）。

（1）融资计划：包括资金总需求、融资金额、融资方式 / 渠道。

（2）资金使用计划：项目总投资及用途、投资结构、已经完成投资、新增投资、融资后的资金使用计划等。

（3）资金退出计划：资金退出时间、退出方式和还款计划等。

当然，以上内容只是最规范、最基本的计划书内容，实际的创业计划书需要根据实际情况有所不同。

（三）创业方案的实施步骤

准备创业方案是一个展望项目未来前景、细致探索其中合理思路、确认实施项目所需各种必要资源、再寻求所需支持的过程。

需要注意的是，并非任何创业方案都要包括上述介绍的全部内容。创业内容不同，计划书内容的差异也就很大。

第一阶段：经验学习。

第二阶段：创业构思。

第三阶段：市场调研。

第四阶段：起草创业方案。

写好全文，加上封面，将整个创业要点提炼出来写成提要，将全篇创业方案串起来。具体应包括：

（1）市场机遇与谋略。

（2）经营管理。

（3）经营团队。

（4）财务预算。

（5）其他与受众有直接关系的信息和材料，如企业创始人、潜在投资人，甚至家庭成员和配偶。

第五阶段：最后修饰阶段。

首先，根据创业者的报告，把最主要的内容做成一个 1 ~ 2 页的摘要放在最前面。其次，仔细检查千万不要有错别字之类的错误，否则别人对创业者做事是否严谨会产生怀疑。然后设计一个漂亮的封面，编写目录与页码，最后打印、装订成册。

第六阶段：检查

可以从以下几个方面加以检查：

（1）创业者的创业计划书是否显示出创业者具有管理公司的经验。

（2）创业者的创业计划书是否显示了创业者有能力偿还借款。

（3）创业者的创业计划书是否显示出创业者已进行过完整的市场分析。

（4）创业者的创业计划书是否容易被投资者所领会。创业计划书应该备有索引和目录，以便投资者可以较容易地查阅各个章节，还应保证目录中的信息是有逻辑的和现实的。

（5）创业者的创业计划书中是否有计划摘要并放在了最前面。计划摘要相当于公司创业计划书的封面，投资者首先会看它。为了保证投资者有兴趣，计划摘要应写得引人入胜。

（6）创业者的创业计划书是否在文法上全部正确。

（7）创业者的创业计划书能否打消投资者对产品（服务）的疑虑。

（四）投资人对创业计划的偏好

创业者必须有一份创业计划书来打动投资人，但仅仅依赖创业计划书本身还不足以吸引对方。投资人的最终决定取决于许多其他因素：整个经营团队及其过去的经历、创业者要销售的产品、创业者的竞争优势和所处的市场等。就其本身来说，创业计划书就像汽车引擎，离开它车子就发动不了，但单靠引擎也没法开动车子，这是创业者必须从一开始就要意识到的问题。

不同类型投资人对创业计划的偏好

投资人不是一个模子里刻出来的。投资链顶端是来自几百家风险投资企业的数千名风险投资人，底端则是创业者的朋友和家人，中间是成千上万的私人投资者，习惯上被称为"天使"。

1. 风险投资人的偏好

对创业计划要求最严格的是风险投资人，每年只有几千份创业计划书能得到他们的青睐。因为他们是用别人的钱来投资，所以必须尽量规避风险。他们根本不可能处理所收到的全部申请，如果没有人事先引荐，创业者很难进入他们的考虑范围。风险投资人并不是嗜血的鲨鱼或坏人，他们只是尽忠职守的专业管理者。他们不会剽窃创业者的创意，因为他们最讨厌的就是没有具体团队来运作的商业创意。所以，当风险投资人寻找投资机会时，它们所期待的是：

第一，具有良好纪录的管理团队。这意味着他们不会投资给没有经验的人，但没有人投资创业者就很难获得经验，这就是现实。如果创业者的问题症结就在这里，那就应去找天使投资人或自己的其家人和朋友。

第二，具有竞争优势的独特产品。实体产品的发展前景比服务型产品更容易预测，这是风险投资人很少对服务业产生兴趣的原因。

第三，合理估值。用创业者的计划融资额除以用于交换的股份比例。比如，想用公司 50% 的股份交换 500 万美元资金，意味着创业者认为自己的企业价值 1000 万美元。太离谱的估值会让投资人觉得创业者不切实际。

第四，一份清晰的投资协议。应向律师咨询这一投资交易的合法性，包括用多少股份交换多少资金，以及日后融资中可能会出现的股权稀释等情况。

风险投资人可能还会对其他一些情况感兴趣：

（1）有可能在 3 ~ 5 年内将公司价值提高 100 倍，不管现在值多少钱。

（2）投资额至少在 300 万元左右的商业计划，事实上越多越好。必须在创业计划书中表现出对资金需求有认真的规划，而且确实需要这么多钱。

（3）有其他投资人准备一起投资的商业计划。风险投资人往往觉得投资人越多越安全，所以他们通常不喜欢成为交易中的唯一投资者。

（4）明确的退出方法。投资人希望看到创业者已经提前做好了有关安排，让他们能在交易中拿回自己的钱并获得回报。

2. 天使投资人的偏好

天使投资人（详见 Step5 相关内容）的投资模式较难总结，通常是一些有钱人以独立或小组的形式在各种领域进行投资。大部分天使投资人的关注点与风险投资人一样，不过有一部分天使投资人喜欢小额投资，甚至不介意成为唯一的投资者。他们通常固定面向某种类型的企业，比如零售业或技术产业，也许是因为他们对相关行业更了解。

3. 家人与朋友的偏好

家人和朋友会希望看到什么样的创业计划书各不相同，因为他们是创业者的朋友和家人。只能提醒创业者，要朋友和家人资助创业者创业时要特别小心，因为创业时常会以失败告终，相信创业者也不想把亲情、友情一起赔进去，所以不要靠口头协议，应该用对待专业投资者的方法来对待家人和朋友的投资。

无论创业者创业时接受的是哪种投资，一定要和律师商量好。应有专门的法律条款会控制私人投资，这主要是为了防止股权诈骗。出售股权也需要经过大量的法律程序。不管创业者是极少数获得风险投资的幸运儿，还是在天使投资人或家人朋友的帮助下创业，都应该找一位律师来确保所有交易的合法性。

三、创业资金的筹集模式分析

创业就是以资金作为基础，通过策划、生产、销售等一系列的运作使企业获得利润最大化的过程。资金作为整个创业运作的基础，在创业的过程中处于非常重要的地位，大多数企业在创业初期，资金都处于相当匮乏的状态，所以为了发展，企业必须进行融资以促进生产的扩大化。企业筹资主要有负债融资和股权融资的方式。

负债经营就是债务人或企业通过银行信用或商业信用的形式，利用债权人或他人资金，达到企业规模扩张，增加企业经营能力和竞争力的目的。因此，负债经营理所当然地成为市场经济条件下每个企业的必然选择。然而，债务是要偿还的，企业负债经营是必须以特定的偿付责任和一定偿债能力为保证，并讲求负债规模、负债结构及负债效益的，否则，企业可能由此陷入不良的债务危机当中。负债融资主要有以下几种途径。

（一）银行贷款方式

贷款是银行或其他金融机构按一定利率和必须归还等条件出借货币资金的一种信用活动形式。广义的贷款指贷款、贴现、透支等出贷资金的总称。银行通过贷款的方式将所集中的货币和货币资金投放出去，可以满足社会扩大再生产对补充资金的需要，促进经济的发展；同时，银行也可以由此取得贷款利息收入，增加银行自身的积累。银行贷款是企业所有的融资渠道中所占比重最高的。

1. 贷款的特征表现

企业对融资的需求不同，对融资渠道的选择就不同。如果需要一种风险低的，合理利用银行贷款，是创业者以及中小企业解决资金困难，取得经营成功的重要手段。而作为非常重要的融资手段，银行贷款有以下几个特点：

第一，贷款的主要条款制定只需取得银行的同意，不必经过诸如国家金融管理机关、证券管理机构等部门的批准，因此与其他商业性融资形式相比，手续较为简单，融资速度较快。

第二，在经济发生变化的情况下，如果需要变更协议的有关条款，借贷双方可以灵活地协商处理。与采用债券融资因债券持有者较为分散，难以得到所有债券持有者的变更许可相比，商业信贷较为灵活。

第三，商业信贷由借款者和贷款者直接商定信贷条件，无需作广泛的宣传与广告推广，无须大量的文件制作，因而融资成本较低，且借款利率也低于债券融资的利率。

第四，银行贷款利息可以计入成本，取得所得税前抵减效应，从而相对减轻企业税负。

2. 银行的基准利率

向银行贷款获得经营资金的代价是要向借款银行偿付所借款项的利息，利息是按照银行当期的贷款利率为基础计算的。基准利率是金融市场上具有普遍参照作用的利率，其他利率水平或金融资产价格均可根据这一基准利率水平来确定。基准利率是利率市场化的重要前提之一，在利率市场化条件下，融资者衡量融资成本，投资者计算投资收益，以及管理层对宏观经济的调控，客观上都要求有一个普遍公认的基准利率水平做参考。所以，从某种意义上讲，基准利率是利率市场化机制形成的核心。说简单点，就是平时往银行里存钱，银行给你利息。基准利率越大，利息越多；基准利率越小，利息越少。各大银行的贷款利率是以央行所制定的基本利率为标准，在一定的范围内各大银行可以根据实际情况上下浮动。

3. 贷款项目的审批标准

贷款项目是否会得到审批，必须看其是否符合一些规定，可参照评估的依据包括：国家产业和布局政策，财政税收政策，行业发展规划，国家和行业的可行性研究设计标准及参数；中央银行和中国工商银行的信贷政策管理规定，中国工商银行的评估规定和参数；政府有关部门对项目立项的批准文件，项目可行性研究报告及有关部门的论证意见；贷款人生产经营等有关资料；中央和地方政府有关的城市建设规划、环境保护、消防、安全卫生、运输、劳动保护等有关法规和规定等。同时贷款项目还必须符合国家产业、产品布局和投资项目审批程序，可行性研究须经权威部门论证；符合国家产业布局政策、财政税收政策、行业发展规划以及国家和行业的可行性研究设计标准和参数等。

4. 银行贷款的类型

银行借款大致分为抵押借款和信用借款两类。但在实际操作中，并不存在实际意义上的信用借款。银行借款的风险主要来源于所借资金的偿还上，借款属于债务性资金，到期必须偿还，否则将会引起法律纠纷。

银行借款是创业公司筹资的主要方式。这些非上市公司无法利用发行股票筹资，而只能以企业自身的资源作为临时置换中介，以相对固定的借款利率向银行取得一定金额的借款。

5. 抵押借款的特征表现

这种借款大都需要企业以房产等不动产作为抵押物，把这些资产的所有权让渡给银行，以换取银行的贷款。这种筹资方式主要有以下特点：

第一，筹资速度快。只要企业提供相应的抵押物，银行在通过相关的资信调查及贷审会评议后，会在较短的时间内放款（在相关条件具备的情况下，银行会在15至30天内审核通过）。与公司上市相比较（公司上市一般要经历2到3年的时间），这种筹资方式无疑为企业节省了大量时间。

第二，借款弹性较大。借款弹性主要是指借款金额弹性与借款期限弹性。企业可以根据自身经营的需要，拿出部分或全部不动产作为抵押物，以换取银行相当金额的借款，满足企业经营需要。这种借款额度的调控掌握在企业手中，可以使企业根据自身需要，合理安排资金的调度。除了借款金额弹性的调控，企业还可以自主选择借款期限。近些年来，由于金融机构改革的不断完善，长期借款在一般企业几乎已不存在（国有企业，部分垄断企业由于某些特殊情况，还保留着超过一年期的长期借款），各家银行对企业提供的贷款都以一年期为上限，企业可以在此范围内，根据自身资金状况，决定向银行借款的期限，在一定程度上也节约了企业的筹资成本。

第三，借款成本较低。向银行借款所支付的借款利率相对固定。各家银行向企业收取的借款利率都是在人民银行规定的标准范围内浮动的，相对成本较低，在当前市场状况下，都能被借款企业所接受。

除以上三点外，抵押借款也有缺点，就是限制条件比较多，制约了企业的生产经营和借款的作用。顾名思义，抵押借款，必须有抵押物。而现在有相当的中、小型企业，有着较好的项目，但苦于尚处发展阶段，没有原始积累，也没有过多的实物资产，在缺少流动资金的情况下，只能以限制生产为代价，减缓企业扩大经营的进程。虽然从2006年开始，政府鼓励各家银行支持中、小企业的发展，但由于硬性标准限制，银行对抵押物的要求并未放宽，对中、小企业的支持力度远未达到政府期望的标准。这种情况也只有随着市场经济的进一步规范，企业的信用程度进一步提高后才能逐渐改观。

（二）信用借款方式

这种借款形式在我国早期存在过，通过政府机关的出面，银行会向一些企业提供信用借款，但目前政府规定不允许为企业提供担保借款，真正的信用借款已经不存在了。

（三）大学生创业无息贷款方式

为支持大学生创业，国家各级政府出台了很多优惠政策，涉及融资、开业、税收、创业培训、创业指导等诸多方面。对打算创业的大学生来说，了解这些政策，才能走好创业的第一步。根据国家和地方政府的有关规定，应届大学毕业生创业可享受免费风险评估、免费政策培训、无偿贷款担保及部分税费减免四项优惠政策，在提供创业资金贷款方面包括：

（1）自主创业的大学生，向银行申请开业贷款担保额度最高可为7万元，并享受贷款贴息；

（2）免费风险评估、免费政策培训、无偿贷款担保以及部分税费减免；

（3）低息贷款；

（4）申请《自主创业证》将提供三大优惠政策：即优先受理，优先办照并简化登证手续；申请从事小规模私营企业的，实行试办期制，试办期间免收注册登记费、变更手续费、年检费，减免企业所得税，此外还享受贷款担保，贷款金额一般在2万元左右，此证在3年内有效。

（四）融资租赁方式

融资租赁又称设备租赁或现代租赁，是指转移与资产所有权有关的全部或绝大部分风险和报酬的租赁。资产的所有权最终可以转移，也可以不转移。它的具体内容是指出租人根据承租人对租赁物件的特定要求和对供货人的选择，出资向供货人购买租赁物件，并租给承租人使用，承租人则分期向出租人支付租金，在租赁期内租赁物件的所有权属于出租人所有，承租人拥有租赁物件的使用权。租期届满，租金支付完毕并且承租人根据融资租赁合同的规定履行完全义务后，对租赁物的归属没有约定的或者约定不明的，可以协议补充；不能达成补充协议的，按照合同有关条款或者交易习惯确定，仍然不能确定的，租赁物件所有权归出租人所有。融资租赁是集融资与融物、贸易与技术更新于一体的新型金融产业。

（五）中小企业担保贷款方式

一方面中小企业融资难，大量企业嗷嗷待哺；另一方面银行资金缺乏出路，四处出击，却不愿意贷给中小企业。究其原因主要在于，银行认为向中小企业发放贷款，风险难以防范。然而，随着国家政策和有关部门的大力扶持以及担保贷款数量的激增，中小企业担保贷款必将成为中小企业另一条有效的融资之路，为创业者"安神补脑"。

（六）股权筹资方式

股权融资作为企业的重要融资方式，在资本市场中起着举足轻重的作用，它同样也是企业快速发展应采取的主要手段。

1. 股票筹资模式

股权筹资是指以发行股票等方式进行筹资。股票作为持有人对企业拥有相应权利的一种股权凭证，一方面代表着股东对企业净资产的要求权；另一方面，普通股股东凭借其所拥有的股份以及被授权行使权力的股份总额，有权行使其相应的对企业生产经营管理及其决策进行控制或参与的权利。

（1）股票筹资的优势

发行股票筹资的优势主要表现在：

第一，所筹措的资金无须偿还，具有永久性，可以长期占用；

第二，一般来说，以这种方式一次性筹措的资金数额相对较大，用款限制也相对较为宽松；

第三，与发行债券等方式相比较而言，发行股票的筹资风险相对较小，且一般没有固定的股利支出负担，同时，由于这种方式降低了公司的资产负债率，为债权人提供了保障，有利于增强发行公司的后续举债能力；

第四，以这种方式筹资，有利于提高公司的知名度，同时由于在管理与信息披露等各方面相对于非上市公司而言，一般要求更为规范，有利于帮助其建立规范的现代企业制度。

（2）股票筹资的不足

股票筹资不足之处主要表现在：

第一，发行股票的前期工作比较繁杂，发行费用相对较高；

第二，由于投资所承担的风险相对较大，要求的预期收益也相对较高，且股利是在税后支付的，不存在抵税效应，因此股票筹资的资金成本比较高；

第三，股票筹资有可能增加新股东，从而影响原有大股东对公司的控股权；

第四，如果股票上市，公司还必须按照相关法律法规披露有关信息，甚至有可能会因此而暴露商业机密，从而造成较高的信息披露成本。

另外，这种筹资方式也存在收购风险。在股票市场上，上市公司的股份正随着国家的宏观调控逐步向全流通演变，既然上市公司股份完全处于全流通状态，理论上就存在随时被有实力的公司收购的情况。当然，有些不愿意被其他公司收购的上市公司，也必然会考虑到这方面的弊端，通过关联公司持有本公司的股份、通过与基金管理公司合作稳定股价，成为当前上市公司防止被收购的主要手段。

2. 吸收直接投资模式

吸收直接投资是指公司以协议等形式，按照"共同投资、共担风险、共享收益"的原则吸收其他单位和个人投资的一种权益性筹资方式。国家、法人、个人等包括外商都可以以现金资产、实物资产、工业产权、土地使用等方式进行直接投资。我国《公司法》中规定：股东以实物、工业产权、非专利技术或土地使用权作为出资的，必须进行作价评估，核实财产，不得高估或者低估作价，并依法办理其财产权的转移手续。

（1）吸收直接投资优缺点

吸收直接投资优点是，作为权益性筹资的一种方式，吸收直接投资具备了股票筹资中所筹资本无须偿还、筹资风险及财务风险相对较小、无固定的股利支出负担、有利于降低公司资产负债率、增加后续举债能力等优点。除此之外，由于可以直接获得生产经营所需要的先进技术与设备，这种方式还有利于公司尽快形成生产能力。

吸收直接投资的不足主要是资本成本高，要为所有者带来丰厚的回报，同时由于该融资方式没有以证券为媒介，产权关系有时不够明晰，也不便于产权交易。投资者资本进入容易退出艰难，难以吸收大量的社会资本参与，融资规模受到限制。

（2）吸收直接投资的形式

大多数创业型企业均会把吸收直接投资作为主要的融资来源，在采用吸收直接投资方式筹资时，投资者可以用货币资金、厂房、机器设备、材料物资、无形资产等作价出资。

第一，以货币资金出资。货币资金出资是企业吸收直接投资最为主要的形式之一。有了货币资金，便可以获得其他物资资源。因此，创业者应尽量说服投资者采用货币资金方式投资。吸收直接投资中所需投入货币资金的数额，取决于实物、知识产权之外尚需多少资金才能满足建厂的开支和日常周转需要，具体由双方协商加以确定。

第二，以实物出资。吸收实物投资是投资者以厂房、建筑物、设备和原材料等资产所进行的投资。一般来说，企业吸收的实物投资应确实为企业科研、生产、经营所需，技术性能比较好，而且作价公平合理。投资实物的价格可以由出资各方协商确定，也可聘请专业评估机构评估确定，作为出资作价基础。

第三，以知识产权出资。吸收知识产权投资是投资者以专有技术、商标权、专利权、著作权等无形资产所进行的投资。企业吸收知识产权投资应能帮助企业研究和开发新的高科技产品，生产出适销对路的高科技产品，改进产品质量，提高生产效率，大幅度降低各种消耗，而且作价公平合理。企业在吸收知识产权投资时应特别谨慎，认真进行可行性研究。因为以知识产权投资，实际上是把有关技术资本化，把技术的价值固定化，而技术具有时效性，会随时间推移或技术进步而导致价值不断减少甚至完全丧失，风险较大。

第四，以土地使用权出资。土地使用权是指按有关法规和合同的规定使用土地的权利。投资者也可以用土地使用权进行投资。企业吸收土地使用权投资应确实为企业科研、生产、销售活动所需，交通、地理条件比较适宜，而且作价公平合理。

3.风险投资模式

风险投资是指在私人企业里进行的权益性投资，狭义上讲风险投资资金是由投资者向创业者或年轻企业提供的种子期（或称概念期）、早期以及发展期所需要的资金，以获取目标企业的股权，并最终获得高额回报。广义上讲风险投资资金是由投资者向私人企业（非上市企业）提供的所有权益性资金以获取目标企业的股份，并使资本最大限度地增值。风险投资主要来自于风险投资公司，还有跨国公司和投资银行所设立的风险投资基金。而在我国最为活跃的当属后者，如新浪网的风险投资就来自于高盛公司和戴尔公司的风险投资基金。

风险投资具有以下特点：

（1）风险投资的高回报

传统的投资目标在于长时间内稳定的投资回报率，如在20年内每年15%的回报率对一个传统投资来说是一个不错的选择。与此相反，风险投资因其项目的高风险，追求的是短时期内的高回报率，它对年回报率 25% 以下的项目一般不会考虑。风险投资于数年内在一个公司获取几百倍的回报也有可能。

（2）风险投资的领域

风险投资目前主要集中在 IT 和生物保健品行业，尤其是互联网行业。所投资的公司也是创建初期快速成长型的公司；与此相对，传统投资覆盖所有行业，所投资的公司以有稳定营业收入的成熟型企业为主。

（3）企业与银行的密切关系

传统的银行投资一般仅仅是充当债权人，不会直接介入企业的管理；而风险投资者在所投资的企业所谋求的是股权，有时甚至是控股权，对企业的管理也会有不同程度的介入。

（4）风险管理和赢利机制分析

传统的投资方式通过专业人士监控企业的现金流量来控制投资风险，通过定期收取企业支付的本息赢利；而风险投资主要通过风险投资家的个人判断来控制风险，通过企业在证券市场上市或被购并实现赢利。

（5）风险投资家的资源重要性

由于风险投资家一般对于所投资的领域具备丰富的经验和卓越的见识，许多风险投资家以前就是大型企业的高级主管，手中还握有各类人才资源，这就保证了获得投资的公司同时能够在管理方面得到及时的指点和所需的人才资源，而这对一个企业的快速成长恰恰是至关重要的。

4. 私募融资模式

私募融资是通过非公开宣传，私下向特定少数投资者募集资金，它的销售与赎回都是通过资金管理人私下与投资者协商而进行的。虽然这种在限定条件下"准公开发行"的证券至今仍无法走到阳光下，但是不计其数的成功私募昭示着其渐趋合法化；并且较之公募融资，私募有着不可替代的优势，由此成为众多企业成功上市的一条理想之路。

成功的私募并不是一蹴而就的，偶然中存在着一定的必然性，独有的技术优势和稳定而成熟的盈利模式是获得私募的先决条件。并且，企业需根据融资需求寻找合适的投资者。外资往往更看重行业的发展前景和企业在行业中的地位，喜欢追求长期回报，投资往往是战略性的；风险投资机构追求资本增值的最大化，他们的最终目的是通过上市、转让或并购的方式，在资本市场退出；产业投资机构的投资目的是希望被投资企业能与自身的主业融合或互补，形成协同效应。

（七）其他筹资方式

1. 家庭储蓄筹资

父母永远是孩子最坚实的后盾，同西方国家相比，中国人的储蓄率非常高，父母从孩子一出生，就开始为孩子准备用于孩子上学结婚买房子买车的钱，当然还有为自己养老的钱，相比银行而言，父母的钱无息，没有还款期限，没有贷款抵押。其实对于大学生只要不是金额太大，可以从家里拿钱进行创业。经济学家指出，只要投资不超过家里储蓄的60%，即使投资全部损失，也不会对家里造成太大的影响。大学生应充分发挥团队意识，寻找合适的合作伙伴，共同出资创业。

2. 利用技术优势筹资

大学生经过十几年的寒窗苦读，有着系统、丰富的理论知识，毕业时都有自己进行开发设计的能力，很多大学生在校期间还有了自己的发明专利。用智力换资金，这是大学生创业的特色之路。一些风险投资家往往就是看中大学生有着较高层次的技术优势，能用自己的发明和才智，借助社会上的闲散资金，和投资人共同创业。大学生提供自己的发明专利入股，投资人提供资金，这是一条创业的绝好途径。

3. 选择无本或本钱小的创业项目

世界上本没有路，走的人多了就有了路。在这个科技爆炸的年代，低成本、高科技的事物越来越多，只要善于发现，敢于实践，沙子里总会有黄金的，敢于挑战是大学生的特点。

4. 商业借贷筹资

商业信用是指商品交易中以延期付款或预收账款方式进行购销活动而形成的借贷关系，是企业之间的直接信用行为。商业信用的形式多种多样，主要有应收账款、商业汇票、票据贴现、预收货款。它的优点有：筹资便利，限制条件少，有时无筹资成本；其不足之处在于商业信用的期限较短，如果取得现金折扣则时间更短；如果放弃现金折扣则须付出很高的筹资成本。

5. 天使投资筹资

天使投资是自由投资者或非正式风险投资机构，对处于构思状态的原创项目或小型初创企业进行的一次性的前期投资。天使投资虽是风险投资的一种，但两者有着较大差别：天使投资是一种非组织化的创业投资形式，其资金来源大多是民间资本，而非专业的风险投资商；天使投资的门槛较低，有时即便是一个创业构思，只要有发展潜力，就能获得资金，而风险投资一般对这些尚未诞生或嗷嗷待哺的"婴儿"兴趣不大。

在风险投资领域，"天使"这个词指的是企业家的第一批投资人，这些投资人在公司产品和业务成型之前就把资金投入进来。天使投资人通常是创业企业家的朋友、亲戚或商业伙伴，由于他们对该创业者的能力和创意深信不疑，因而愿意在业务远未开展之前就向该创业者投入大笔资金，一笔典型的天使投资往往只是区区几十万美元，是风险资本家可能投入资金的零头。但对刚刚起步的创业者来说，既吃不了银行贷款的"大米饭"，又沾不了风险投资"维生素"的光，在这种情况下，只能靠天使投资的"婴儿奶粉"来吸收营养并茁壮成长。

6. 创新基金筹资

近年来，我国的科技型中小企业的发展势头迅猛，已经成为国家经济发展新的重要增长点。政府也越来越关注科技型中小企业的发展。同样，这些处于创业初期的企业在融资方面所面临的迫切要求和融资困难的矛盾，也成为政府致力解决的重要问题。

有鉴于此，结合我国科技型中小企业发展的特点和资本市场的现状，科技部、财政部联合建立并启动了政府支持为主的科技型中小企业技术创新基金，以帮助中小企业解决融资困境。创新基金已经越来越多地成为科技型中小企业融资可口的"营养餐"。

7. 政府基金筹资

近年来，政府充分意识到中小企业在国民经济中的重要地位，尤其是各省市地方政府，为了增强自己的竞争力，不断采取各种方式扶持科技含量高的产业或者优势产业。为此，各级政府相继建立了一些政府基金予以支持，这对于拥有一技之长又有志于创业的诸多科技人员，特别是归国留学人员是一个很好的吃"免费皇粮"的机会。

8. 典当融资筹资

风险投资虽是天上掉馅饼的美事，但只是一小部分精英型企业者的"特权"；而银行的大门虽然敞开着，但有一定的门槛。"急事告贷，典当最快"，典当的主要作用就是救急。与作为主流融资渠道的银行贷款相比，典当融资虽只起着拾遗补缺、调余济需的作用，但由于能在短时间内为融资者争取到更多的资金，因而被形象地比喻为"速泡面"，正获得越来越多创业者的青睐。

9. 信用卡透支筹资

随着银行商业化进程的加快，信用卡（贷记卡）的透支功能日渐增强。目前，除五大国有商业银行放开信用卡透支权限外，还有许多区域性银行也开办了信用卡透支业务。要想取得信用卡透支贷款，持卡人应向发卡银行的当地信用卡业务部门申请信用级评定，银行根据持卡人及担保情况进行评定，以信用等级确定持卡人透支额度。透支期限 60 天，逾期久催不还即定性为恶意透支，银行会采取法律手段来收取透支本金和利息。

10. 保单质押贷款筹资

这是保险公司为投保人提供的融资新渠道。如中国人寿保险公司于 2001 年 1 月 1 日开始销售的"国寿千禧理财两全保险"，就具有保单质押贷款的功能。保险条款规定投保人缴付保险费满 2 年以上，且保险期已满 2 年的，可凭保险单以书面形式向保险公司申请质押贷款；借款金额是保险合同当时的现金价值扣除欠交保险费、借款及利息后 70% 的一定比例（中国人寿保险公司、安联大众人寿保险公司和友邦保险公司规定为 70%，太平洋保险公司规定为 80%），时间最长为半年。

当然，商业圈里"资金缺乏"是普遍现象，但资金不足并不是创业的绝对障碍，创业者可以从不需要大量资金的小生意做起，或是把创业计划缩小，再不然还可以把它拆作几个分块。总之，总能找得出办法，先把生意做起来，等最初的生意做成了赚了钱，设法扩大生意范围，这种原始积累的融资方式并非不可为。

（八）筹资方式分析

企业的创立、生存、发展都离不开资本，而资本的筹集又涉及许多问题，那么该如何选择筹资方式呢？

1. 筹资方式选择的评价因素

现代企业筹资方式的选择是一个很复杂的问题，不同的比较标准，必然做出不同的评价。而且由于不同的筹资方式其特点各不相同，因而企业在选择某种筹资方式时，应根据生产经营的需要来合理地进行选择。

在选择筹资方式时应结合下列因素：

（1）筹资数量

筹资数量是指企业筹集资金的多少，它与企业的资金需求量成正比。企业必须根据资金的需求量来合理地确定筹资数量。

（2）筹资成本

在筹资数量一定的条件下，必须进一步地考虑筹资成本的问题。企业取得和使用资金而支付的各种费用构成了筹资成本。在有多种方式可以选择的情况之下，企业要分析各种筹资发生的资金成本并加以比较，从而找出差异，选择适合企业自身发展的筹资方式。

（3）筹资风险

企业筹资所面临的风险主要包括两个方面：一是企业自身经营的风险；二是资金市场上存在的固有财务风险。

经营风险是公司未来经营收益、支付税前利润本身所固有的不确定性风险。影响企业经营风险的因素很多，如产品需求、价格变动、经营杠杆效应等。但这些因素在一定程度上是可以控制的，而另一种风险在企业筹资时是无法控制和避免的，那就是财务风险。

财务风险是由财务举债经营引起的。它是企业承担的超过股票风险的额外风险。财务举债经营会使企业税后利润大幅度变动，并增加企业破产的概率。但是企业可以获得财务杠杆效应所带来的资金收益率上的加速上升。如果企业在这部分中的收益大于本身的筹资成本，那么这次筹资行动就是成功的。

（4）筹资收益

企业在评价、比较各种不同的筹资方式时，同样要考虑到所投入项目收益的大小。只有企业筹资项目的预计收益大于筹资的总代价时，这个方案才是可行的。除上述诸多因素之外，企业筹资还将受到其他客观条件的限制，如企业规模、企业资信等级、社会关系等因素。

2. 资本结构的选择方式

（1）不同资本结构下的选择方式

资本结构会以不同的形式来影响企业的筹资方式。对于一些固定性设备资产所占比例大且其设备又闲置、现实生产能力又低下的企业来说，可以通过租赁的方式把自己不用的闲置设备租赁出去，然后再通过融资租赁的方式租进企业自身所需的设备，再进行生产经营。这样他们不仅能够利用其企业自身闲置的资源，还能够通过融资租赁的方式来获取其他企业的资金来生产获利。

对于一些资产流动性强的企业来说，它们的负债率普遍要高于其他企业。这些企业的资金流动性强，周转快，因而其流动性资产就可以用来应付随时到期的债务，降低财务风险。所以它们就能够以较高的债务比例来生产经营，也就是说它们可以更多地利用流动负债去获取银行信贷资金。

（2）不同资金成本下的选择方式

由于不同筹资方式的筹资成本大小是不同的，因而企业在选择筹资方式时，要充分考虑筹资成本的问题。比如说一个企业需要引进设备、扩大生产规模，长期借款和融资租赁同样都能够解决这个问题。长期借款的成本包括两方面：一个是借款利息，另一个是借款费用。企业在采用长期借款时，会增大企业负债与资产的比率，明显恶化企业的资本结构，给企业带来经营压力。而融资租赁这种筹资方式就不会有这样的情况。它的成本只是定期支付定额的费用，而且融资租赁设备可以在租赁期内同自由设备一样在税前计提折旧；承租人支付的租金也可以在税前销售收入中来扣除。由于税收的抵免作用，承租人实际负担的筹资成本就会大大降低。所以说，融资租赁不失为一种值得选择的筹资方式，当预期未来的市场利率将会逐渐走高，在利率较低时融资租赁，就能够把筹资成本控制在较低的水平线上，这时应该考虑利用银行贷款来购买设备，为企业长期发展做出贡献。

（3）不同筹资风险的选择方式

一般来说，利用股票筹资由于没有固定到期日而不用支付固定利息，这种筹资方式实际上不存在不能偿付的风险，财务风险很小。吸收直接投资是一种"共同投资、共担风险、共享利润"的关系，税后利润的分配相对灵活，故财务风险也较小。一个企业如果单单考虑筹资风险的话，这两种方式不失为一种好的选择。债券筹资正好相反，发行债券由于有固定到期日并定期要支付利息，所以要承担归还本金和利息的义务。在公司经营不景气、承担着经营风险的同时，向债券持有人还本付息无异于釜底抽薪，会给公司带来更大的困难，甚至可能会因为不能偿付导致企业破产。

（4）不同企业规模的选择方式

一般来说，大型企业的资金需求量比较大，它们的资金一般用于扩大生产规模、开发新产品、技术改造等方面。其在选择筹资方式的时候，应该考虑那些能够提供大量资金并且期限较长的筹资方式，比如长期借款、发行债券、发行股票等。在发行股票和发行债券这两种方式中，应该选择发行债券。虽然发行债券要支付固定的利息，风险较高，但是相较债券，发行股票的成本比发行债券还要高，而且容易分散控制权。新股东分享公司未发行新股前积累的盈余，会降低普通股的每股净收益，可能引起股价的下跌，影响公司的信誉，最终导致公司的经营亏损。

3. 筹资的注意事项

（1）正确的估值

对于创业公司而言，外在的资金常常来自朋友和家庭、个人的天使投资，初期的资金或是上述几种的组合。开始筹备募资时，必须牢记的事情包括：你要筹集多少资金，是权益还是债务，投资者将被赋予何种权利，估值多少。最好能找到一个有经验的律师一起合作，因为在募资的过程中会有很多麻烦，不要过于激进地估值。

（2）做好前提准备

在开始筹资评估之前，必须要有一个概略的PPT描述你的公司解决了什么问题、你的目标市场、公司发展进度、竞争对手、你的团队和其他相关信息。如今幻灯片比纸质的商业计划书要受欢迎，但是你应该确保它对你的行业也是合适的。财务支出在商业展示中也很重要，记得简要地说重点，不要纠结于预算细节。

（3）拓展人脉

在商业领域里摸爬滚打过几年的人都知道一些投资者、咨询师和其他在募资方面有影响的人，但必须通过人脉拓展才能得到与之见面的机会。成功的企业家会让自己的联系人知道公司在做什么，同时争取自我介绍，使投资人认识你且尊重你，那么一般他们很乐意为你创造机会。

（4）立刻开展工作

筹集资金的时间比大多数创业者想象得要长。把经营成果呈现在投资者面前是一个长期的过程，等投资者再给出确切的答案也要花很长时间。所以越早开始越好。找一个专家或律师，翻开通讯簿，然后立刻开始工作。

四、组建与培养创业团队的实施方式

创业团队，就是由少数具有技能互补的创业者组成的团队，创业者为了实现共同的创业目标和一个能使他们彼此担负责任的程序，共同为达成高品质的结果而努力。共同创业有利于分散创业的失败风险；通过团队成员之间的技能互补可提高驾驭环境不确定性的能力，从而降低新创企业经营失败风险；更为重要的是，共同创业具有更强的资源整合能力，能同时从多个融资渠道获取创业资金等资源，为创业企业的成功提供更多保障。

（一）创业团队及类型分析

团队就是合理利用每一个团队成员的知识和技能协同工作，解决问题，达到共同目标的共同体。而创业团队，就是由具有技能互补的创业者组成，为了实现共同的创业目标和一个能使他们彼此担负责任的程序，共同为达成高品质的结果而努力的共同体。

1.团队成员的协作能力研究

（1）团队的共同目标

创业团队应该有一个既定的共同目标，为团队成员导航，没有目标这个团队就没有存在的价值。目标在创业企业的管理中以创业企业的远景、战略的形式体现。

（2）人力资源的整合

人是构成创业团队最核心的力量。三个及三个以上的人就形成一个群体，当群体有共同奋斗的目标时就形成了团队。在一个创业团队中，人力资源是所有创业资源中最活跃、最重要的资源，应充分调动创业者的各种资源和能力，将人力资源进一步转化为人力资本。

目标是通过人员来实现的，所以人员的选择是创业团队中非常重要的一个部分。在一个团队中可能需要有人出主意，有人定计划，有人实施，有人协调不同的人一起去工作，还有人去监督创业团队工作的进展，评价创业团队最终的贡献，不同的人通过分工来共同完成创业团队的目标。在人员选择方面要考虑人员的能力如何，技能是否互补，人员的经验如何。

（3）创业团队的定位

创业团队的定位包含两层意思：一是创业团队的定位。创业团队在企业中处于什么位置，由谁选择和决定团队的成员，创业团队最终应对谁负责，创业团队采取什么方式激励下属；二是个体（创业者）的定位。作为团队成员在创业团队中扮演什么角色，是制订计划还是具体实施或评估。是大家共同出资委派某个人参与管理，还是大家共同出资共同参与管理，或是共同出资聘请第三方（职业经理人）管理；这体现在创业实体的组织形式上，是合伙企业或是公司制企业。

（4）创业团队的管理方式

创业团队当中领导人的权力大小与其团队的发展阶段和创业实体所在行业相关。一般来说，创业团队越成熟领导者所拥有的权力相应越小，在创业团队发展的初期阶段领导权相对比较集中。高科技实体多数是实行民主的管理方式。

（5）创业团队的目标

计划有两层含义：（1）目标最终的实现，需要一系列具体的行动方案，可以把计划理解成达到目标的具体工作程序。（2）按计划进行可以保证创业团队工作顺利进行。只有在计划的操作下创业团队才会一步一步地贴近目标，从而最终实现目标。

2. 创业团队的类型分析

（1）核心主导的创业团队

这种创业团队一般是有一个人想到了一个商业点子或有了一个商业机会，他就去开始组建所需要的团队。例如太阳微系统公司创业之初就是由维诺德·科尔斯勒确立了多用途开放工作站的概念，接着他找了 Joy 和 Bechtolsheim 两位分别在软件和硬件方面的专家，以及一位具有实际制造经验和交往技巧的麦克尼里，于是，SUN 的创业团队诞生了。

（2）群体性的创业团队

这种创业团队的建立主要来自于因为经验、友谊和共同兴趣的关系而结缘的伙伴，经由合伙彼此在一起发现商业机会。例如 Yahoo! 的杨致远和斯坦福电机研究所博士班的同学大卫·费罗，微软的比尔·盖茨和童年玩伴保罗艾伦，HP 的戴维·帕卡德和他在斯坦福大学的同学比尔·体利特等多家知名企业的创建多是先由于关系和结识，基于一些互动激发出创业点子，然后合伙创业，这种例子比比皆是。

3. 创业团队发展的原则

（1）目标明确、合理原则

目标必须明确，这样才能使团队成员清楚地认识到共同的奋斗方向是什么。与此同时，目标也必须是合理的、切实可行的，这样才能真正达到激励的目的。

（2）互补原则

创业者之所以寻求团队合作，其目的就在于弥补创业目标与自身能力间的差距。只有当团队成员相互间在知识、技能、经验等方面实现互补时，才有可能通过相互协作发挥出"1+1>2"的协同效应。

（3）精简、高效原则

为了减少创业期的运作成本、最大比例地分享成果，创业团队人员构成应在保证企业能高效运作的前提下尽量精简。

（4）动态、开放原则

创业过程是一个充满了不确定性的过程，团队中可能因为能力、观念等多种原因不断有人离开，同时也有人要求加入。因此，在组建创业团队时，应注意保持团队的动态性和开放性，使真正完美匹配的人员能被吸纳到创业团队中来。

（二）创业团队的成员

创业团队的成员一般均有知识、能力、心理等特征和教育、家庭环境方面的差异，通过组建创业团队来发挥各自优势，弥补彼此不足，从而形成一个知识、能力、性格、人际关系资源等方面全面具备的优秀创业团队。

创业团队由很多团队成员组成，那么这些团队成员在团队里究竟扮演什么角色，对团队完成既定的任务起什么作用，团队缺少什么样的角色，候选人擅长什么，欠缺什么，什么样的人与团队现有团队成员的个人能力和经验是互补的，这些都是必须首先要界定清楚的。

不同角色在团队中发挥着不同的作用，一个创业团队要想紧密团结在一起，共同奋斗，努力实现团队的远景和目标，各种角色的人才都不可或缺。

1. 创新者

没有创新者，思维就会受到局限，点子就会匮乏。创新是创业团队生产、发展的源泉。企业不仅开发要创新，管理也需要创新。

2. 实干者

没有实干者的团队会显得比较乱，因为实干者的计划性很强。"千里之行始于足下"，有了好的创意还需要靠实际行动去实践。而且实干者在企业人力资源中应该占较大的比例，他们是企业发展的基石。没有执行就没有竞争力。只有通过实干者踏实努力地工作，美好的远景才会变成现实，团队的目标才能实现。

3. 凝聚者

没有凝聚者的团队的人际关系会比较紧张，冲突的情形会更多一些，团队目标完成将受到很大的冲击，团队的寿命也将缩短。

4. 信息者

没有信息者的团队会比较封闭，因为不知道外界发生了什么事。当今社会，信息是企业发展必备的重要资源之一。世界是开放的系统，创业团队要在社会中生存和发展，没有外界的信息交流，企业就成了一个自给自足的封闭小团体。而且，当代创业团队的成功更需要正确的、及时的信息。

5. 协调者

没有协调者的团队领导力会削弱，因为协调者除了要有权力性的领导力以外，更要用一种个性的感召力来树立个人影响。从某个角度说管理就是协调。各种背景的创业者凝聚在一起，经常会出现各种分歧和争执，这就需要协调者来调节。

6. 推进者

没有推进者效率就不高，推进者是创业团队进一步发展的助推器。

7. 监督者

没有监督者的团队会大起大落，做得好就大起，做得不好也没有人去挑刺，这样就会大落。监督者是创业团队健康成长的鞭策者。

8. 完美者

没有完美者的团队的线条会显得比较粗，因为完美者更注重的是品质、标准；但在创业初期，不能过于追求完美；在企业的逐渐成长过程中，完美者要迅速地发挥作用，改善企业的缺陷，为做大做强企业打下坚实的基础。现代管理界提出的"细节决定成功"的观点，进一步说明了完美者在企业管理和发展中的重要作用。

9. 专家

没有专家，企业的业务就无法向纵深方向发展，企业的发展也将受到限制。

在一个创业团队中，团队成员的知识结构越合理，创业的成功性越大。纯粹的技术人员组成的公司容易形成技术为主、产品为导向的情况，从而使产品的研发与市场脱节；全部是由市场和销售人员组成的创业团队缺乏对技术的领悟力和敏感性，也容易迷失方向。因此，在创业团队的成员选择上，必须充分注意人员的知识结构——技术、管理、市场、销售等，充分发挥每个人的知识和经验优势。

（三）创业团队的组建

1. 创业团队组建的条件

组建一个健康、有战斗力的创业团队应具备以下条件：

（1）团队理念

拥有正确团队理念的团队成员相信他们处在一个命运共同体中，共享收益，共担风险。团队工作，即作为一个团队而不是靠个别的"英雄"工作，每个人的工作相互依赖和支持，依靠事业成功来激励每个人。团队应以诚实正直为基础，这是有利于顾客、公司和价值创造的行为准则。它排斥纯粹的实用主义或利己主义，拒绝狭隘的个人利益和部门利益。拥有正确团队理念的团队成员相信他们正在为企业的长远利益工作，正在成就一番事业，而不是把企业当作是一个快速致富的工具。没有人打算在现在加入进来，而在困境出现之前或出现时退出而获利，他们追求的是最终的资本回报及带来的成就感，而不是当前的收入水平、地位和待遇。拥有正确团队理念的团队成员承诺为了每个人而使"蛋糕"更大，包括为顾客增加价值，使供应商随着团队成功而获益，为团队的所有支持者和各种利益相关者谋利。

（2）团队目标

目标在团队组建过程中具有特殊的价值。首先，目标是一种有效的激励因素。如果一个人看清了团队的未来发展目标，并认为随着团队目标的实现，自己可以从中分享到很多的利益，那么他就会把这个目标当成是自己的目标，并为实现这个目标而奋斗。从这个意义上讲，共同的未来目标是创业团队克服困难，取得胜利的动力。其次，目标是一种有效的协调因素。团队中各种角色的个性、能力有所不同，但是"步调一致才能得胜利"。孙子曰："上下同欲者，胜。"只有真正目标一致、齐心力的创业团队才会得到最终的胜利与成功。

（3）团队管理

创业团队内部需要妥善处理权力和利益关系。在创业团队运行过程中，团队要确定谁适合于从事何种关键任务和谁对关键任务承担什么责任，以使能力和责任的重复最小化。利益关系与新创企业的报酬体系有关。一个新创企业的报酬体系不仅包括诸如股权、工资、奖金等金钱报酬，而且包括个人成长机会和提高相关技能等方面的因素。每个团队成员所看重的并不一致，这取决于其个人的价值观、奋斗目标和抱负。有些人追求的是长远的资本收益，而另一些人不想考虑那么远，只关心短期收入和职业安全。

由于新创企业的报酬体系十分重要，而且在创业早期阶段财力有限，因此要认真研究和设计整个企业生命周期的报酬体系，以使之具有吸引力，并且使报酬水平不受贡献水平的变化和人员增加的限制，即能够保证按贡献付酬和不因人员增加而降低报酬水平。

（4）团队管理规则

企业的管理规则大致可以分为三个方面：

第一，治理层面的规则。主要解决剩余索取权和剩余控制权问题。治理层面的规则大致可以分为合伙关系与雇佣关系。在合伙关系下大家都是老板，大家说了算；而在雇佣关系下只有一个老板，一个人说了算。除了利益分配机制和争端解决机制，还必须建立进入机制和退出机制。没有出入口的游戏规则是不完整的，因此要约定以后创业者退出的条件和约束以及股权的转让、增股等问题。

第二，文化层面的管理规则。这主要解决企业的价值认同问题。企业章程和用工合同解决的是经济契约问题，但作为管理规则它们还是很不完备的。经济契约不完备的地方要由文化契约来弥补。它包括很多内容，但也可以用"公理"和"天条"这两个词简要地概括。所谓"公理"，就是团队内部不证自明的东西，它构成团队成员共同的终极行为依据。所谓"天条"，就是团队内部任何人都碰不得的东西，它对所有团队成员都构成一种约束。

第三，管理层面的规则。这主要解决指挥管理权问题。管理层面的规则最基本的有三条：①平等原则。制度面前人人平等，不能有例外现象。②服从原则。下级服从上级，行动要听指挥。③等级原则。不能随意越级指挥，也不能随意越级请示。这三条原则是秩序的源泉，而秩序是效率的源泉。当然，仅有这三条原则是不够的，但它们是最基本的，是建立其他管理制度的基础。

2. 建设创业团队的方法

创业者在有了创业的点子后，可以采用以下方法组建创业团队：

（1）创业团队的总目标

创业团队的总目标就是要通过完成创业阶段的技术、市场、规划、组织、管理等各项工作，从而实现企业从无到有、从起步到成熟。总目标确定之后，为了推动团队最终实现创业目标，再将总目标加以分解，设定若干可行的、阶段性的子目标。

（2）创业团队的周密计划

在确定了一个个阶段性子目标以及总目标之后，紧接着就要研究如何实现这些目标，这就需要制定周密的创业计划。创业计划是在对创业目标进行具体分解的基础上，以团队为整体来考虑的计划，创业计划确定了在不同的创业阶段需要完成的阶段性任务，通过逐步实现这些阶段性目标来最终实现创业目标。

（3）创业团队的招募

招募合适的人员也是创业团队组建最关键的一步。关于创业团队成员的招募主要应考虑两个方面：

第一，考虑互补性。即考虑其能否与其他团队成员在能力或技术上形成互补。这种互补性既有助于强化团队成员间彼此的合作，又能保证整个团队的战斗力，更好地发挥团队的作用。一般而言，创业团队至少需要管理、技术和营销三个方面的人才。只有这三个方面的人才形成良好的沟通协作关系后，创业团队才可能实现稳定高效。

第二，考虑适度规模。适度的团队规模是保证团队高效运转的重要条件。团队成员太少则无法实现团队的功能和优势，而过多又可能会产生交流的障碍，团队很可能会分裂成许多较小的团体，进而大大削弱团队的凝聚力。一般认为，创业团队的规模控制在 2 ~ 12 人最佳。

（4）创业团队的职权

为保证团队成员执行创业计划、顺利开展各项工作，必须预先在团队内部进行职权的划分。创业团队的职权划分就是根据执行创业计划的需要，具体确定每个团队成员所要担负的职责以及相应所享有的权限。团队成员间职权的划分必须明确，既要避免职权的重叠和交叉，也要避免无人承担造成工作上的疏漏。此外，由于还处于创业过程中，面临的创业环境又是动态复杂的，不断会出现新的问题，团队成员可能不断出现更换，因此创业团队成员的职权也应根据需要不断地进行调整。

（5）创业团队的制度

创业团队制度体系体现了创业团队对团队成员的控制和激励能力，主要包括团队的各种约束和激励制度。一方面，创业团队通过各种约束制度（主要包括纪律条例、组织条例、财务条例、保密条例等）指导其团队成员，避免做出不利于团队发展的行为，实现对其行为的有效约束，保证团队的稳定秩序。另一方面，创业团队要实现高效运作要有有效的激励机制（主要包括利益分配方案、奖惩制度、考核标准、激励措施等），使团队成员看到随着创业目标的实现，其自身利益将会得到怎样的改变，从而达到充分调动团队成员积极性、最大限度发挥团队成员作用的目的。要实现有效的激励，首先就必须把团队成员的收益模式界定清楚，尤其是关于股权、奖惩等与团队成员利益密切相关的事宜。需要注意的是，创业团队的制度体系应以规范化的书面形式确定下来，以免带来不必要的混乱。

（6）创业团队的融合

完美组合的创业团队并非创业一开始就能建立起来，很多时候是在企业创立一定时间以后随着企业的发展逐步形成的。随着团队的运作，团队组建时在人员匹配、制度设计、职权划分等方面的不合理之处会逐渐暴露出来，这时就需要对团队进行调整融合。由于问题的暴露需要一个过程，因此团队调整融合也应是一个动态持续的过程。在进行团队调整融合的过程中，最为重要的是要保证团队成员间经常进行有效的沟通与协调，培养强化团队精神，提升团队士气。

（四）创业团队的激励手段

1. 目标激励法

所谓目标激励，就是把大、中、小和远、中、近的目标相结合，使团队成员在工作中时刻把自己的行为与这些目标紧紧联系。目标激励包括设置、实施和检查目标三个阶段。在制定目标时须注意，要根据团队的实际业务情况制定可行的目标。一个振奋人心、切实可行的目标，可以起到鼓舞士气，激励团队成员的作用。相反，那些既不可望又不可及的目标，会产生适得其反的作用。领导者可以对团队或个人制定并下达切合年度、半年、季度、月、日的业务目标任务，并定期检查，使其朝着各自的目标去努力、拼搏。

2. 数据激励法

运用数据显示成绩，能更有可比性和说服力地激励团队成员的进取心。对能够定量显示的各种指标，要进行定量考核，并公布考核结果，这样可以使团队成员明确差距，有紧迫感，迎头赶上。领导者可以在每月、每季、每半年的考核期中、结束后或者业务竞赛活动进行当中、结束后，公布团队或个人业绩进展情况，并让绩优者畅谈体会，分享心得，以鼓舞员工士气。

3. 领导行为激励法

一个成功的领导者之所以成功，其关键在于领导者 gg% 的行为魅力以及 1% 的权力行使。部属能心悦诚服地为他努力工作，不是因为他手中有权，权是不能说服人的，好的领导行为能给团队成员带来信心和力量，激励部属，使其心甘情愿、义无反顾地向着目标前进。作为领导者要加强品德修养，严于律己，做一个表里如一的人；要学会推销并推动目标；要掌握沟通、赞美及为人处事的方法和技巧。

4. 奖励激励法

奖励就是对人们的某种行为给予肯定和奖赏，使这种行为得以巩固和发展。通过奖励鼓励先进，鞭策落后，调动全体团队成员的积极性。奖励分为物质和精神奖励。人在无奖励状态下，只能发挥自身能力的 10% ~ 30%；在物质奖励状态下，能发挥自身能力的 50% ~ 80%；在适当精神奖励的状态下，能发挥自身能力的 80% ~ 100%，甚至超过 100%。当物质奖励到一定程度的时候，就会出现边际作用递减的现象，而来自精神的奖励激励作用则更持久、强大。所以在制定奖励办法时，要本着物质和精神奖励相结合的原则。同时，方式要不断创新，新颖的刺激和变化的刺激作用大；反复多次的刺激，作用就会逐渐衰减，奖励过频，刺激作用也会减少。

5. 关怀激励法

了解是关怀的前提，作为团队领导者对团队成员要做到"九个了解"，即了解他们的姓名、生日、籍贯、出身、家庭、经历、特长、个性、表现；"九个有数"

即对团队成员的工作状况、住房条件、身体情况、学习情况、思想品德、经济状况、家庭成员、兴趣爱好、社会交往心里有数。经常与团队成员打成一片，交流思想感情，从而增进了解和信任，并真诚地帮助每一位团队成员。

6. 支持激励法

领导者要善于支持团队成员的创造性建议，充分挖掘团队成员的聪明才智，使大家都想事，都干事，都创新，都创造。支持激励包括：尊重团队成员的人格、尊严、爱护下级的积极性和创造性；信任团队成员，放手让团队成员大胆工作，当团队成员工作遇到困难时，主动为团队成员排忧解难，增加团队成员的安全感和信任感；当工作中出现差错时，要承担自己应该承担的责任。当团队领导者向上级夸赞团队成员的成绩时，团队成员是会心存感激的，这样便满足了团队成员渴望被认可的心理，其干劲会更足。支持激励既是用人的高招，也是激励团队成员的办法之一。

（五）创业团队的股权激励

股权激励首先目的是激励，股权是手段，其表现形式有：实股、干股（虚拟股）、期权、期股等。实股是指工商局企业登记文件中所载明的股份，占有股份的股东拥有四项权利，即同时拥有占有权、收益权、管理权和处置权，干股又称为虚拟股，这部分股份在工商局没有备案，是企业内部的协议，通常干股用于激励高管及核心人员，一般只拥有收益权和部分管理权，并且不具备占有权和处置权，在创业公司中，对于技术或市场合伙人，如果不实际出资，可以给予干股，体现现代公司以人为本的理念。

期权是允许员工以协定的价格购买未来某一时刻公司股票的权利，如果未来公司股票价格高于协定价格，员工出售股票就可以获利，实际上许多公司都代替员工卖出股票，员工直接收取现金。实股、干股、期权是股权最基本的表现形式，将这三者进行组合，可以衍生出许多不同的形式，例如期股，就是员工按照协定的价格购买实股的一种安排。

（六）创业团队的利润分配

很多中小民营企业的创业团队在发展初期大多是碍于面子，没有明确提出将来具体的规范化运作方案，等到企业发展到一定规模时就开始为利润怎么分配等问题而发生争执。为了避免创业团队在今后的组织行为中因为利益分配、企业决策等方面产生分歧，在创业团队形成之初，应该通过公司章程或者协议的方式，确定公司发展目标、业务领域、出资及退股原则、利润分配方法、分歧解决原则等。

创业团队的利润分配体系必须体现出个人贡献价值的差异，而且要以团队成员在整个创业过程中总的表现为依据，而不仅是某一阶段的业绩。其具体分配方式要具有灵活性，既包括诸如股权、工资、奖金等物质利益，也包括个人成长机会和相关技能培训等内容，并且能够根据团队成员的期望进行适时调整。

1. 利润分配原则

（1）依法分配

为规范企业的利润分配行为，国家制定和颁布了若干法规，这些法规规定了企业利润分配的基本要求、一般程序和重大比例。企业的利润分配必须依法进行，这是正确处理企业各项财务关系的关键。

（2）分配与积累并重

企业的利润分配，要正确处理长期利益和近期利益这两者的关系，坚持分配与积累并重。企业除按规定提取法定盈余公积金以外，可适当留存一部分利润作为积累，这部分未分配利润仍归企业所有者所有。这部分积累的净利润不仅可以为企业扩大生产筹措资金，增强企业发展能力和抵抗风险的能力，同时还可以供未来年度进行分配，起到以丰补歉、平抑利润分配数额波动、稳定投资报酬率的作用。

（3）妥善处理创业团队内部的利益关系

每个团队成员所看重的报酬的形式并不一致，这取决于其个人的价值观、奋斗目标和抱负。有人追求的是长远的资本　收益，而另一些人只关心短期收入和职业安全，有人想通过创业提高阅历并得到个人成长，有人只是满足自己做老板的成就感与自豪感。因此创业团队要对团队内每个人的需求充分考虑，在体现贡献的前提下制定个性化的报酬方案。

由于新创企业的报酬体系十分重要，而且在创业早期阶段财力有限，因此要认真研究和设计整个企业生命周期的报酬体系，以使之具有吸引力，并且使报酬水平不受贡献水平的变化和人员增加的限制，即能够保证按贡献付酬和不因人员增加而降低报酬水平。

2. 利润分配方法

（1）有限公司的利润分配方式

例如：一个小的有限责任公司有三个出资人：一个出资占55%；一个占40%；一个占5%。

公司可以按两种方法进行利润分配：一种是按创造价值分配；一种是股份资

金分配。一般股东分配红利，都是按股份比例分配的。按权利和义务来说，股份多的人，他的权力大，但义务也相对更多。至于一个企业能分配多少利润给股东，这是由股东讨论决定的，一般都在20%左右，因为企业还要生产经营，不可能把利润全分了，而且，还要计提盈余公积准备金。

平均主义并非合理，团队成员的股权分配不一定要均等，但要合理、透明与公平：通常创始人与主要贡献者会拥有比较多的股权，但只要与他们创造的价值、贡献相配套，就是一种合理的股权分配。如有一家创业公司的四位团队成员以平均方式各拥有25%股权，但其中两位几乎对于新企业发展没有贡献，这样的创业团队其实是不健全的，也很难吸引外部投资。

（2）有限合伙企业的利润分配

有限合伙企业的利润分配，应按照合伙协议的约定办理。合伙协议未约定或者约定不明确的，由合伙人协商决定，协商不成的，由合伙人按照实缴的出资比例分配，无法确定出资比例的，由合伙人平均分配。

有限合伙企业不得将全部利润分配给部分合伙人，但是，合伙协议另有约定的除外。

（3）普通合伙企业利润分配

合伙协议绝对不能约定将全部利润分配给"部分"合伙人。合伙协议未约定或者约定不明确的，由合伙人协商决定。协商不成的，由合伙人按照实缴的出资比例分配；无法确定出资比例的，由合伙人平均分配。

（七）创业团队的退出机制

天下没有不散的筵席。在组建团队时就应考虑好团队成员的退出机制，可以保障团队成员更安心、积极地为企业工作，可以更好地保障所创立企业的长治久安，使团队成员获得公平的回报，为其实现当初创业时的梦想提供保障，不至于因有关团队成员退出而元气大伤。国内很多企业创业团队成员在创业期能共患难，成功后却因分利不均，不能同甘而分崩离析，甚至反目成仇，使企业蒙受巨大损失等，或多或少都和退出机制没有解决好有关退出机制的问题。

1.创业团队解散的原因

当所创立企业发展到正常经营管理状态，有些团队成员因其能力已经不适应更大规模、更规范的企业经营管理的需要；创业团队成员因自身兴趣、个人发展、环境变化等多方面原因需要退出；有些团队成员不认可公司目标、策略或做事方法不同，价值观有背离，要求退出；创业团队成员间磨合出现问题，创业活动难以正常进展，创业团队解散。

2. 创业团队退出的合理性

第一，吐故纳新、新老交替，实现平稳过渡；

第二，合理保障退出者的利益，对其贡献给予合理肯定，使现有团队和公司其他人员更有信心和积极性；

第三，努力避免出现团队成员在公司运转的关键时期，特别是生死攸关的环节贸然退出情况，使团队能保持稳定性与联系性，维护公司利益，也维护坚守者的合理利益；

第四，退出团队成员在公司工作期间的成果与资源应由公司掌握。

（八）创业团队的整合资源

创业者能否成功地创造机会，进而推动创业活动向前发展，通常取决于他们掌握和能整合到的资源以及对资源的利用能力。创业团队初期往往并没有充足的资金和广大的市场，所能获取与利用的资源都相当匮乏，所以需要创业团队善于创造性地整合和运用资源，尤其是那种能够创造竞争优势，并带来持续竞争优势的战略资源。

1. 创业团队的类型

（1）家族资源

家族资源主要包括：经济支持、商业经验、学习机会、人脉关系甚至客户资源等。

（2）职业资源

所谓职业资源，即团队成员在创业之前，为他人工作时所建立的各种资源，主要包括项目资源和人际资源。充分利用职业资源，从职业资源入手创业，符合创业活动"不熟不做"的教条。尤其是在国内目前还没有像美国或欧洲国家一样，普遍认同和执行"竞业避止"法则的情况下，选择从职业资源入手进行创业，已经成为许多人创业成功的捷径和法宝。如昆明的"云南汽车配件之王"何新源，在创办新晟源汽配公司之前，就在省供销社从事相同工作。

有名的宝供物流，其创始人刘武原来也是汕头供销社的一名"社员"，被单位派到广州火车站从事货物转运工作，后来承包转运站，再后来利用工作中建立的各种关系，创立了宝供，通过为宝洁公司做物流配送商，一举成为国内物流业之翘楚。前中学数学教师、"好孩子"创始人、《福布斯》中国富豪宋郑还是通过一位学生的家长得到了第一批童车订货，这才知道世界上原来还有童车这样一个赚钱的行当。同时，宋郑还做童车的第一笔资金也是通过一位在银行做主任的学生家长获得的。如果没有学生家长的帮助，宋郑还可能会一事无成。据调查，国内离职下海创业的人员，90%以上利用了原先在工作中积累的资源和关系。

（3）人脉资源

人脉资源即创业者构建其人际网络或社会网络的能力。一个创业者如果不能在最短时间之内建立自己最广泛的人际网络，那他的创业一定会非常艰难。

人脉资源包括：

第一，同学资源。现在社会上同学会盛行，仅北京大学，各种各样的同学会就不下几十个，其中有一个由金融投资家进修班学员组成的同学会，仅有200余人，控制的资金却高达1200个亿。上海中欧工商管理学院，除了在上海本部有一个学友俱乐部外，在北京还有个学友俱乐部分部。人大、北大、清华等名牌大学在北京、上海、广州、深圳都有同学会或校友会分会，在这些地方，形形色色的同学会多如牛毛。对于那些"成年人班"，如企业家班、金融家班、国际MBA班等班级的学生，交朋友可能比学知识更加重要，有些人唯一的目的就是交朋友。一些学校也看清了这一点，在招生简章上就会明白无误地告诉对方：拥有××学校的同学资源，将是你一生最宝贵的财富。同学之间因为接触比较密切，彼此比较了解，同时因为不存在利害冲突，所以友谊一般都较可靠，纯洁度更高。对于创业者来说，是值得珍惜的最重要的外部资源之一。

第二，同乡。共同的人文地理背景，使老乡有一种天然的亲近感。曾国藩用兵只喜欢用湖南人，中国历史上最成功两大商帮，徽商和晋商不管走到哪里，都是老乡拉帮结派，成群结伙的。在很长一段时间内，中国几乎所有商业繁盛之地，其最惹眼、最气派的建筑不是徽商会馆，就是晋商会馆。如今，一个人要外出创业，老乡众多仍然是最有利条件之一。这也是近年来各地同乡会风起云涌的原因之一。

第三，朋友。一个创业者，三教九流的朋友都要交，朋友犹如资本金，对创业者来说是多多益善。"在家靠父母，出门靠朋友"、"多一个朋友多一条路"是至理名言。一个创业者如果不能交朋友，肯定只有死路一条。创业专家认为，人际交往能力应列在创业者素质的第一位。

第四，社会关系。如果在创业时能拥有良好的社会关系基础，那么在创业时就会事半功倍，凭借良好的社会关系和人际关系在创业的时候就会得到很多人的帮助。人际关系包括人缘关系、业务关系，甚至还包括办事的渠道、信息的来源等。

明智的创业者，在创业之前，如果他已有意于从事某个行业，就会尽力结识这个行业里的知名人士，虚心向这些知名人士或成功人士请教，聆听他们的教诲，讨要他们的名片，把这些作为重要的资源储备起来，以便在将来发挥作用，帮助自己解决许多实际问题。名片册和掌上电脑并不仅仅是一个工具，它里面储存着丰富的社会资源，它是众多成功人士走向成功，叩开成功大门的敲门砖。

2. 创业团队关系的构建方式

（1）与人为善，不轻易树敌

这就是说在与人的交往中你可能会碰到各种类型的人。如何同不喜欢的人建立良好的人际关系呢？首先尽量找不喜欢的人身上的优点，尽量用包容的心态对待他的缺点。但也有可能有些人身上缺点和毛病太多，无论如何也找不出他的优点，或无法包容他的缺点。对待这种人，就要做到喜怒不形于色，做到不当面指责或指出他的毛病，避免和他争吵，不要发生正面冲突。这样做就不至于使这些人成为敌人，为将来的创业制造不必要的麻烦。

（2）多与社会名流建立关系

社会名流都是社会上有影响的人，往往都有他们固定的交际圈，一般人很难进入到他们的圈子里，可以从以下几个方面入手和名流交往，比如在与名流交往前多了解有关名流的资讯，托人引荐，多参加社会公益活动，多出入名流常常出入的场所，这样做，就会有机会结交到这些社会名流。当然在结交这些社会名流时，还得注意给对方留下一个好的印象，千万不要死缠着别人不放，这样做只能得到相反的结果。与这些人交往，要想通过一次的交往就建立良好的关系也是比较难的，应多制造一些机会，通过多次的接触才能建立较为牢固的关系。

（3）多结交成功人士

俗话说近朱者赤，近墨者黑。多结交成功人士，可以从他们身上学到很多有益的东西，如果和这些成功者关系非常好的话，在关键的时候还能得到他们的帮助。

（4）礼多不怪

不管和什么人交往都应注意礼节，这也是储备人际关系时必须掌握的一个原则。如和有身份的人交往这一点可能很容易就能做到，但很多人在交往时却容易步入熟不拘礼的误区。他们认为和朋友讲礼节论客套就好像会伤害朋友的感情。其实，朋友关系也是一种人际关系，而任何人际关系之所以能够存续下去的前提就是相互尊重。礼节和客套虽然繁琐，但却是相互尊重的一种重要的形式。如果离开了这种形式，朋友之间的关系也就难以存续。

尽管存在资源约束，但创业者不能被当前控制或支配的资源所限制，成功的创业者善于利用关键资源的杠杆效应，利用他人或者别的企业的资源来完成自己创业的目的；用一种资源补足另一种资源，产生更高的复合价值；或者利用一种资源撬动和获得其他资源。其实，大公司也不只是一味地积累资源，他们更擅长于资源互换，进行资源结构更新和调整，积累战略性资源，这是创业团队需要学习的经验。

第三节　财经类大学生创业案例分析

一、郭九强的"非物遗产"

刚入学时，郭九强就是学校创业团队的一员，但一直只是有创业激情，却没有找到合适的项目。2010年9月，郭九强跟几个同学在一个关于非物质文化遗产的讲座中知道了鱼皮文化，了解到现在专门从事这种古老手艺的人越来越少，可能会在不久后失传。

在讲座之后，郭九强一直对鱼皮文化念念不忘，为什么我们不可以把传承传统文化和现代创业相结合呢？郭九强找到一起参加讲座的同学，说出创业意向，结果发现大家都有这个想法，一拍即合。于是他们开始利用课余时间对哈尔滨各大旅游纪念品商场进行调查，发现在这些商场出售的黑龙江特色的旅游纪念品中，除了木耳等土特产品外，属于本土的艺术产品少之又少。他们一致认为鱼皮文化完全可以作为地方、民族特色的纪念品出售，而且市场很大。

郭九强在2010年10月就成立了"鱼福满满"项目组，不仅请了专业的张琳老师作为指导老师，为了更深刻地体会赫哲族传统的鱼皮文化，多次前往赫哲族的居住地——佳木斯市，与居民同吃同住，向国家级非物质文化传承人学习技艺，走访当地的鱼皮画制造商、经销商了解鱼皮画制品的市场状况。

郭九强的鱼皮文化项目得到了学校的大力支持，学校开设了赫哲鱼皮文化的选修课，郭九强还成立了鱼皮画协会。令大家没有想到的是，原本只是想让同学们更好地传承和发扬少数民族非物质遗产的选修课，却受到了同学们的热烈拥护，本来只设80个名额的课程，报名人数多出180名，学校最后还只能用抽签来确定名额。最初只是觉得好玩的同学发现，这个选修课上不仅能学到理论，还能真正动手做，慢慢地大家兴趣越来越高，水平也随之增长，甚至都达到可以出售的水平。

2012 年 1 月，郭九强在张琳老师的推荐下，开始向自己"圈定"的几个客户推销鱼皮产品。他们找到了黑龙江省北大荒文化创意产业集团股份有限公司，公司负责人对这几个毫无经验毛头小子有些怀疑，一口拒绝了他们。但是郭九强反思失败的原因，随后精心地做了针对性的准备，并带上了自己的产品，这一次，"北大荒"没有拒绝，仅去年该公司就订购了近 2 000 幅。

这一成功经验让郭九强他们深信，只要有毅力和过硬的技术肯定能打开市场销路。"但当时仅是局限于团体销售，并没有考虑过其他的销售模式。"郭九强说。

2012 年 6 月，鱼皮画选修课结束后，学校还特意举办了一场鱼皮画作品展。最初只是想让更多的人了解鱼皮画，可在展会结束后，却有几位买家主动联系郭九强他们，并希望买下一幅叫"虎头"的作品，这突如其来的客户让同学们有些措手不及，经过和老师商榷，最终将那幅极具特色的"虎头"作品以 500 元出售。这 500 元不仅对同学们是实质性的鼓励，也大大增强他们要开始探索和打开零售市场的信心。

为了更好地将鱼皮画打入市场，2012 年 10 月，在学校的支持下，他们成立了由 10 余名在校大学生组成的虚拟公司——福鱼文化创意公司，团队成员有工商管理、金融、法律、电子商务和艺术设计等 5 个专业，由专业团队负责销售鱼皮画。听说哈尔滨要将关东古巷打造成旅游区，同学们马上与店老板沟通，老板同意将他们的作品在鱼皮部落传奇中销售，这样既能增加店里产品的多样性，同时也增加了销售出路。

同时他们还不放过任何一个能展示鱼皮画的平台，参加了第 23 届哈洽会、第 7 届中国龙江国际文化艺术产业博览会等大型活动，在会上均受到了很多领导和企业的关注。团队的同学还结合自身优势在淘宝网上开设了网店，进行鱼皮画的网上销售。郭九强说，一年来，他们的鱼皮画销售额达到 100 多万元。

创业成功还不忘回报社会。目前，他们已先后联系了黑龙江省残联、妇联和哈尔滨市残联、妇联，积极寻求合作，希望给残疾人和待业妇女们提供工作机会，帮他们提高生活水平，为她们找到新的创业商机。

【评析】好的创业项目来源可以是突破现有企业的局限，发现消费者未得到的满足，并联合研究开发机构对这些未得到的满足进行开发与市场潜力进行整合分析，本案的鱼皮文化就是从非物质文化遗产的讲座中得到信息，并经过对旅游纪念品商场调查研究和对创业感兴趣的同学的论证而成，具有较好的可行性。

在创业准备阶段，采用"鱼福满满"项目组形式、聘请专业指导老师、远赴实地向国家级非物质文化传承人学习技艺，走访当地的鱼皮画制造商、经销商了解鱼皮画制品的市场行情，做了相当多的准备工夫。

在项目试运行阶段，充分利用了学校对大学生创业的支持政策，开设赫哲鱼皮文化选修课、成立鱼皮画协会、举办鱼皮作品展、鼓励选修课同学真正动手制作商业作品等，这初步达到了创业—学校—同学的多赢局面。

项目的市场营销方面也颇具匠心，如挂钩黑龙江省北大荒文化创意产业集团股份有限公司，一方面可以利用北大荒公司的销售渠道，其次是可以借用对方的品牌、信誉与口碑。

在项目运转阶段，"在学校支持下成立由 10 余名在校大学生组成的虚拟公司——福鱼文化创意公司，团队成员有工商管理、金融、法律、电子商务和艺术设计等 5 个专业"，实施专业化运作，这在后来的关东古巷市场开发、第 23 届哈洽会、第 7 届中国龙江国际文化艺术产业博览会、联系残联与妇联等机构合作等大型活动的策划，均得到了验证。

总之，眼光独到、善于发现，用心看、用心听、用心思、用心做，善于发挥工商管理类专业的优势、充分整合好各种内外部力量，正所谓"机会需要发现、团结就是力量"。

二、刘洪燕的"传媒团队"

2002 年刘洪燕考上了四川大学，这位来自重庆市石柱县小山沟里的大学生，竟然在 12 岁之前从未进过县城，甚至没有见过汽车。看着四壁空空的家，刘洪燕背上行囊踏上求学之路，从此他不得不自己解决高昂的学费和生活费，做着各种兼职、家教。这些经历不仅解决了生活困境，也得到了很多锻炼，从最初见人都害羞的小男孩变成了成熟干练的兼职熟手。

渐渐的，刘洪燕发现兼职很耗时间和精力，而且待遇很低。他开始不再满足于那一点兼职费，想自己创业。到底要选择什么样的项目？刘洪燕突然想到，可以给企业和学生搭建一个平台，想出一本《校园消费》，专门收集学生需要的各种衣食住行的信息然后传达给同学们。开始，大家都觉得他是在异想天开，是农村孩子想钱想疯了。刘海燕没有解释，而是一步步沿着自己的计划做，他相信，他一定可以成功！

于是，他和他的团队每天起早贪黑，想尽办法，磨破嘴皮，终于有十几家商家愿意合作。第一期的《校园消费》顺利出版了，同学们发现原来这个有点憨的男孩却有那么细腻的心思，《校园消费》解决了同学们的很多问题，而且慢慢发展越来越成熟，也受到同学们的喜欢、追捧。2006年初，杂志还走出川大，面向市区10余所高校发行，影响力进一步扩大。2007年，刘洪燕通过与成都日报报业集团合作，《校园消费》成为中国首个有正规刊号的地方性校园杂志。

毕业后，刘洪燕注册成立了成都高校广告文化传播有限公司，开始真正经营校园传媒。经过几年的发展，公司现在已经是成都西南最具规模的校园整合营销公司，在重庆、武汉成立了分部。

刘洪燕在上大学时发现许多大学生在寻找兼职的机会，但是彼此之间没有信息沟通，市场调查员的需求量很大。2004年他创立了四川大学访问中心，为市场调查公司和兼职大学生搭建沟通的平台，为日后创业打下了坚实的基础。2005年，他开始做成都地区高校第一本DM册《校园消费》，在同学中引起了极大反响。2006年从四川大学毕业后，他创办了成都高校广告文化传播有限公司，为成都地区10余所高校提供综合校园整合营销服务，得到了大学和企业的认可，当年产值50多万元，利税两万余元。同时。他的成就也受到社会的肯定，他在2007年获共青团中央第四届"中国青年创业奖"。

刘洪燕的创业感悟：海阔凭鱼跃，天高任鸟飞。只要我们有自己的梦并勇敢去追，都能实现自己的梦想，取得成功。

【评析】创业动机可以是逼出来的，人生经历中的遗憾和不满足可以激发创业动机，激发强度越大，创业行为就越强烈、越持久，所谓背水一战、置之死地而后生是也。

商机的发现有很多种方式，其中之一就是观察身边熟悉生活和对别人需求进行"＋－×÷"分析，并挖掘需求、放大商机，而且因为熟悉，所以容易操作，因为熟悉，所以不容易失败。刘洪燕通过《校园消费》来给企业和学生搭建沟通平台和商业交易平台，就是源于对自己熟悉的大学生活的观察和思考；但商机转化为创业行为，还需要其他因素的支持，例如刘洪燕的《校园消费》刊物得到成都日报报业集团的专业支持，无论是正规刊号，还是出版业务技术都能实现借力；其实，加上后来的成都高校广告文化传播有限公司、四川大学访问中心等业务拓展都是围绕着"校园传媒"这个核心。

可见，"新媒体"等工具类专业只要能发现商机、不受干扰有梦想并勇敢去做，如同俞洪敏的新东方故事，创业中专业不是问题，问题是不专业。

三、胡启立的"招生代理权"

胡启立是武汉科技学院电信学院应届本科毕业生,红安农村人。4 年前,他借债上大学。在大学期间,他打工、创业,不仅还清了债务,为家里盖起了两层洋楼,自己还在武汉购房买车,拥有了自己的培训学校。

2002 年 9 月,胡启立带着对大学生活的憧憬,和从姑姑那借来的 4000 元学费,到武汉科技学院报到。入学后他利用空闲时间逛遍了武汉所有高校,也熟悉了武汉的环境,这为他的下一步创业打下了基础。第二年春季一开学,胡启立开始给一所中介机构贴招生海报,这是他找到的第一份兼职工作,并且交了 10 元钱会费。贴一份海报两角钱,从中介手中接过海报和一瓶糨糊,胡启立美滋滋地开始往各大校园里跑。3 天后,胡启立按规定将海报贴在了各个校园,结账获得 25 元报酬。同行的几人嫌少,都退出了,而胡启立却又领了一些海报,继续干起来。贴海报看似简单的事却也让胡启立感受到了工作的艰辛,同时他心里也开始在想别的门道了。

他在中国地大附近贴海报时,遇到一位姓王的年轻人。王某是附近一所大学的大四学生,在学校网络中心搞勤工俭学。几个学生商量想利用网络中心的电脑和师资,面向大学生搞电脑培训。网络中心同意了,但要求学生们自己去招生。"只要你能招到生,我们就把整个网络中心的招生代理权交给你。"做招生宣传要活动经费,胡启立没有经验,最后胡启立向王某提出要 1800 元活动经费,没想到王某二话没说,就把钱给了他。

胡启立印海报,买糨糊,邀请几个同学到各个高校张贴,结果只花了 600 元钱,净剩 1200 元。这是他挣到的第一笔钱。招生效果还不错,一下子就招到了几十个人。

2005 年,"胡启立会招生"的传闻开始在关山一带业内传开了,得到了一家大型电脑培训机构的负责人的认可,当即将整个招生权交给他。随着这家培训机构一步步壮大,胡启立被吸纳成公司股东。但胡启立并不满足,他看到了校园市场的需求:"校园是一个市场,很多人盯着这个市场,但他们不知道怎么进入。成立公司,就是想做这一块的业务,我叫它校园商务。"于是他注册成立了自己的第一家公司——一家专门做校园商务的公司。同时,胡启立发现很多大学生通过中介公司找兼职,上当受骗的较多,就成立了一家勤工俭学中心,为大学生会员提供实实在在的岗位。他的勤工俭学中心影响越来越大,后来发展到 7 家连锁店。

在给一些培训学校招生的过程中,一次偶然的机会胡启立结识了一家篮球培训学校的负责人,开始萌生涉足体育培训业务的念头。经过多次考察比较,2006

年底，胡启立整体租赁汉阳一所中专校园，正式进军体育培训。当年招生 100 余人，今年的招生规模预计是 300 人。如今，胡启立已涉足其他类型办学，为自己创业先后投入 200 万元左右。而他也在一次次的创业成功中得到了大家的认可与赞扬。

【评析】"把简单问题复杂化、把复杂问题简单化"是创业者需要具备的能力，胡启立因为将贴海报这么低报酬却很艰辛的简单事情复杂化了，所以才会"想别的门道"、才会盯上"利用网络中心的电脑和师资、面向大学生搞电脑培训"、才会做成"网络中心招生代理权、活动经费、办培训学校、参股经营、跨业经营"等复杂的事情。

创业过程包括项目发现、项目模拟、项目运作，创业者需要概念技能、专业技能、人际技能，创业者需要了解经营、懂得管理、熟悉营销、擅长财务……但创业者也并不需要什么都精通，因为创业可以有团队，所以核心创业者更需要的是发现问题、分析问题、解决问题的创业逻辑、创业意识和创业精神。

胡启立只是敏锐观察、大胆设想、整合资源、实施创业的众多创业成功者之一，能拼才能赢，问题简单化或者复杂化也应该是一种创业活动的"拼"行为。

其次，刘鹏飞能将一个小小的孔明灯做大做好做强，也说明：创业没有定式，思想没有疆界。心有多宽，舞台就有多大，创业过程充满奇迹。

四、朱伟的"服装定制"

每年 9 月份，都是大学新生入学的月份。这群新的消费群体的到来，也给大学城附近的商家带来了无限的商机。而作为湖北大学应届毕业生的朱伟就是其中的一位投资创业者。进入大学后，他曾加入了"轮滑协会"，在那里积累自己的人脉，建立了人际关系网。借助这个平台，他混迹于学校各个社团之间，发现很多的学生组织和新班级，都想设计一套符合自己集体特色的统一服装，以展现班级或者社团的精神风貌。武汉那么多高校，大大小小的社团组织不计其数，其中蕴藏着巨大的商机。

看准了市场商机以后，朱伟就同自己的同班同学张鹏商讨创业团队建立的事宜。他们认为，他们俩适合的是业务联系，至于设计，还需要专门的设计人员，于是他们就找到了设计学院的一个朋友王东加入他们的创业团队。如何解决资金问题？经过协商，朱伟、张鹏、王东 3 人决定各出资 1 万元，作为创业基金，接着就一起注册，成为"个体户"，专门给大学生定制服装，包括运动装、正装、T 恤等服装，同时也提供体育用品团购服务。

"我的主要工作是联系各个社团与班级的负责人，看他们是否需要定制服装。"穿梭在湖北大学各社团之间的朱伟说。确实相对于其他店面，他们的团队有很大的优势，一方面在学校里面可以提供上门服务，定制或者定购都可以；另一方面，他们有专业的成员进行 LOGO 设计，所以更受学生青睐。

由于具有地缘优势，加上价格低、质量有保证，他们的业务非常受欢迎。目前，湖大唐人街、轮滑协会等社团的服装，政法与公共管理学院等 4 个学院的服装都是由朱伟的创业团队一手包办的。同时，他们的业务已经扩展到了武汉理工大学、华科等武汉高校。良好的业务发展，使得他们在最近的 4 个月里净赚了 5 万多元，成为湖北大学有名的小老板。

"虽然在盈利，但我们团队每个月还在不断地投资。"朱伟信心满满地说。如今他们已经取得了某知名品牌公司的资金支持，相信在学校相关政策的支持和自身的努力之下，他们的服装业务会不断发展壮大，直至注册成为正式的服装公司，将武汉高校的服装业务做大做强。

【评析】大学生创业，包括在校期间创业和毕业后创业，立足高校的创业.100个创业者会有 100 个版本，其核心点不外乎基于高校的特色资源、市场、人才及创业动机。

朱伟立足高校社团"专门给大学生定制服装，包括运动装、正装、T 恤等服装，同时也提供体育用品团购服务"，并将业务拓展到周边高校与知名品牌校园代理，其成功的要素同样是基于高校学生社团资源、服装需求市场、在校学员的创业激情，"盈利没那么重要，关键是学习"的创业动机减少了运作成本和利润压力，从而实现薄利多销。

高校环境下的创业，经营思路、销售规模及利润回报相对社会化的商业销售会低很多，但高校是一个独特的小社会，高校创业需要高校商业模式，因此高校创业除了一双发现商机的眼睛，还需要的就是商业模式的创新。

五、舒义的"公司战略转移"

曾经是困难家庭的儿子，却用"机会主义"的冒险精神不断创造着自己在财富榜上的神话，资产已过亿的青年创业者，立志成为下一个马化腾的舒义是如何演绎他的创业历程。

从小就继承父亲创业基因的舒义，心中一直都有一个创业梦想。2003 年，进入四川师范大学的舒义就开始践行自己的创业梦想。代理销售、"倒买倒卖"，这样的经历积累了他的创业经验和资金。随后，他接触 IT。在友人的帮助下，将 Facebook 模式融入电子商务理念，创建了"Blogku"网站，一度在成都引起轰动效应。由于没有良好的创业准备，缺乏资金，也找不到推广渠道，当初的轰动也无法维持网站的正常运营，网站最后无奈关闭。首次创业以失败告终，同时也背负了 2 万元的债务。

首次创业失败给舒义带来了巨大的打击，但他始终没有放弃在互联网上寻找商机。2007 年腾讯到成都开拓市场，成立"大成网"。拥有敏锐的市场头脑的舒义意识到这是他创业机会的来临。

于是他辗转找到腾讯西南区的区域总监，提出想要代理"大成网"的地方广告。但对方却给他个下马威："要代理，必须先交 16 万元的保证金。"最后经过多次协商和双方的让步，舒义成功拿下了"大成网"的地方广告的代理权。

深谙互联网络虚拟世界的舒义，早就有了很好的网络营销的点子。经过市场调研后，舒义抓准了成都医疗美容市场。缺乏特色服务的华美整形医院是舒义的重要作战对象。于是他将自己的创业团队搬到了华美，免费从基础 PV 和 IP 等知识进行普及，建网站，策划点子营销方案。同时为了改变人们对整形的偏见，他巧妙地在"大成网"对常规的"微整形"进行现场直播，制造了轰动效应，不仅强化了华美的"微整形"品牌，也消除了华美潜在客户的顾虑。随着华美的业务节节上升，舒义也顺利拿下了华美广告的代理权。随后，他如法炮制，一举占领了成都医疗行业的网络广告投放市场。

年底，舒义整个团队的业绩达到 1 100 万元，远远超出腾讯公司的 160 万元的业务指标。至此，舒义团队在"大成网"的成功使他咸鱼终翻身。

商业世界风云变幻。舒义的成功也引来他人的觊觎。很快，"大成网"在成都的广告代理权就被实力雄厚的某广告公司抢走。舒义的力美公司又走到了悬崖边上。借助与腾讯公司的旧情，舒义的力美取得了重庆等地方网站的广告代理权，继续续写他的网络电子营销的神话。

一心想谋求更大发展的舒义了解到 WAP 网站上的广告业务几乎无人代理，果断调整公司的战略部署，分拆公司业务，调离骨干到新成立的移动互联事业部，并把公司搬到北京。很快取得了腾讯 WAP 网站的广告代理权，在移动互联版图上布下第一枚棋子。接下来，舒义又对 WAP 网站的广告代理的营销手段进行创新，改变以前区域互联网广告代理的营销模式与手段，很快舒义就在网络游戏等娱乐类商家身上取得成功，一些以"搞噱头"为能事的广告营销策略，也为舒义积累了大批

WAP 网站广告客户。

2010 年，力美来自 WAP 网站的营收业绩高达 3000 万元，表明了舒义当初的公司战略的转移取得了巨大的成功。

未来的广告代理的中心必将再次转移，智能手机将取代 WAP 网站。在立 足 WAP 网站之际，舒义加快了在智能手机应用广告上的开发。很快他就建立 了国内首家手机智投广告平台 –Lmmob。

自己的平台又要如何盈利？除了与开发者实施三七分成，自己只拿小头之外，舒义还推出了各种奖励活动，比如只要开发者在 Lmmob 上传应用程序就能马上获得现金奖励，举办应用程序下载比赛和抽奖活动，以及加倍返利等。不到一年时间，已有 400 多个开发团队进驻 Lmmob。

现在，舒义的移动互联战略已涵盖了所有人群 –WAP 网站广告面向国内中低层消费者，智能手机应用广告面向中高端消费群体。这种广撒网精播种的手法迅速让他在业内积攒了人气，成为急速发展的中国移动互联领域内一个特例。

而在移动互联网上的频繁动作也让舒义的身份有了转变——天使投资人。他的投资，使得许多实体企业实现了财富的翻倍增长，不断创造着他的投资神话。目前，舒义已拥有过亿资产，他的目标就是成为下一个马化腾，成立一个伟大的公司，拥有过百亿的资产。

【评析】项目的魂，是项目成功的软要素和硬要素的总和；项目之根，就是你所独立拥有的、可以吸引其他社会成员与之交换的资源，它是具有内在核心基质、难以复制的、综合而成的竞争优势，扎根于恒久的需求与未来的大势之中。

舒义的成功，源自两个方面，即创业者对外界信息敏感素质的"项目的魂"及对信息市场发展趋势把握的"项目的根"，因为具备敏锐的市场悟性、因为关注到的信息技术，所以成功。其他的互联网、移动互联网、智能手机平台等都是成功的载体而已。

创业本是冒险，作为机会主义者，也许你会输得很惨；也许你会赢得很漂亮，创业者不相信万事，它只借东风。但舒义完美转身为天使投资人倒让创业故事的演绎具有了更多的看点。

七、马信团队的"服装品牌"

几个大学生合伙创立服装品牌，一年的时间里已经开了两个店，并注册了自己的品牌，营业额近 50 万元，这还是在服装业遭遇寒冬的背景下完成的。他们是如何突破的？同时令服装业头痛的压货问题，又是如何解决的？记者日前对他们进行了采访。

马信，四川美术学院建筑学专业的毕业生。2011年11月，她与3个好友一起创立了几弋服装设计工作室，现任执行总监一职。

"我们4个人都是好朋友，虽然各自所学的专业不一样，但是都有创业的意向。我本人喜欢服装设计，所以选择服装业为创业方向，他们3个对此也没有异议。"马信告诉《重庆晚报》记者，"最初我们也是采用传统模式，一方面自己设计衣服，然后找别的服装工作室代工生产；另一方面也淘一些衣服来卖。"

传统模式下运营了3个月，平均每月营业额有3万元左右，这没有让马信感到满足，反而让她感到了一丝危机。"因为我们的目标是打造自己的品牌，所以我感到如果继续这样下去，这个目标是不可能实现的，毕竟我们的规模小，水平也有限。所以，必须考虑转型了。"

怎么转型？直到一天她在网上了解到，部分外国服装品牌设计环节是由独立设计师完成的。这种模式在中国数量不多，但北京、上海等发达城市已出现。于是马信与团队商量后分头前往北京、上海、深圳、广州这4座城市考察学习。随后做出重要决定——采用独立设计师集群的模式，把设计外包出去。

马信介绍称，"我们先和北京的2个独立设计师合作，约定对方至少每2个月给我们设计一个系列，我们从中选择认为比较合适的，然后再由设计师把选好的衣服每样寄1～2件过来。如销售好，就再让设计师继续寄。衣服卖出后设计师和我们按六四比例分账。"

采用该模式后，虽只拿四成，但衣服的款式大受大学生欢迎。营业额反而大幅度增加了66%，平均每个月5万元左右。马信表示，"我们在U城天街又开了一家店并注册了自己的品牌，过去一年里全年营业额为49.8万元。现在一共有8个设计师，其中5个是北京独立设计师，北京的设计理念和风格比重庆前卫得多。"

【评析】"逆势而为、抓住小众市场"永远是缔造成功创业故事的旋律之一，在标准化时代抓住个性化、在集约化背景下实施小而精的快速响应模式，几弋服装设计工作室的成功就是依靠商业模式的创新来获得的——这并不是马信的专利——只要领会到其中的精髓，谁说服装设计之外的某个领域不会出现创业机会呢？

业务外包与业务整合是商业模式创新思路之一。万物不求为我所有，但愿为我所用。无论是设计，还是生产，或者销售；无论是广告，还是包装，或者寄售。都是可以这么玩的。

商业模式创新还关心成本—利润这对关系，企业真正需要关心的不是成本，而是利润，价值链理论也好，供应链理论也好，它们追求的都是利润的最大化和利润的分配机制！

马信和她的几弋服装做到了，他们玩转了商业模式创新这个概念，保持和发扬专业特色与核心竞争力，充分设计和利用了商业模式的整合能力。

八、胥振鹏的"创意设计公司"

从江南大学设计学院毕业的山东大男孩胥振鹏，这个来自农村的贫苦孩子在大学 4 年里以不屈服的精神创造了常人无法想象的奇迹。在创业的路上几经波折，做过销售、当过兼职、办过培训班，2011 年 4 月他筹备了无锡犀点创意设计有限公司，在学校的帮助下取得了极大的成功。毕业季同学都在忙着找工作时，他创办的公司年营业额已超百万元。

胥振鹏 1988 年出生在山东一个特困县的农民家庭中，在他接到大学录取通知书的那时起，他就暗下决心："得撑起这个家，大学 4 年，不向家人要生活费。"入学军训结束后，江大设计学院的大一新生胥振鹏跨出了挣钱生计的第一步。他利用课余时间收购旧军训服，再卖给附近建筑工地上的工人。一周下来，他挣到了 300 多元，这让他坚定了在大学期间自谋生计的决心。

看似瘦弱的胥振鹏做了常人难以想象的大量兼职。然而面对每年高昂的 8000 多元学费，仅靠做兼职很难挣到，且要花费很多精力。兼职并不能解决根本问题，为了更好地发展，2010 年暑假，读大二的胥振鹏开始创业，成立画室招收学生。创业很艰苦，也有风险，一开始就碰到了钉子。虽然有生源，但场地店面年租金要 4 万元，这对于一个贫穷人家来说无异于天文数字，创业几乎不可能。然而他没有放弃，一次次地"厚着脸皮"给房东打电话，到房东家央求给他多些时间去筹备首付 2 万元的租金，他跟房东讲自己的创业思路和生活的艰辛，"也许是被我的家庭境况感动了，"房东答应免费让胥振鹏使用店面 1 个月，1 个月后要是凑不齐租金就搬走。那个炎热的夏天，盛世传奇画室开班了，20 多名高考学生前来学习。晚上店里热得没法睡觉，胥振鹏又舍不得开空调，只好拖着帐篷到马路边睡，早上 4 点多钟起床收拾帐篷回店里。为了节省，他每天只吃两顿饭，就这样用 1 个多月的时间把 2 万元的房租交了房东。这期间他创业打拼背后所经历的酸楚和艰辛，我们无法体会。他用实际行动证明了一个穷学生用仅有的两三百元钱租下 4 万块一年的店面的勇气。

胥振鹏并未满足于现状，在画室培训班良好的经营下，他于 2011 年 4 月开始筹备无锡犀点创意设计有限公司，主营方向为室内设计装潢和展会设计等。前 3 个月，公司没有接到一笔单子。在学校的帮助下，他得到了江南大学国家大学科技园的导视系统牌项目，几个月下来挣了几万元。再后来，公司逐渐将业务拓展到各个区的会展项目。在成立三四个月后，公司正式入驻江南大学国家大学科技园，并通过工商税务登记，现有员工 8 人，大多是同学和学弟，公司年销售额过百万元。

"公司一路摸爬滚打，现仍处于起步阶段，我很珍惜每个单子，每次都努力做到最好，近期目标是想让客户成为'业务员'。我想靠着自己的打拼，而不是别人的怜悯来改变命运。"大学里，胥振鹏多次创业，每次面临创业困境，他从不屈服。他总是背地里抹抹眼泪，然后继续扛起肩上的重担前行。

【评析】高等教育的迅速发展和就业环境的变化，使得大学生创业性就业成为高等教育的一个新动向，然而对于在校或者初出茅庐的大学生来说，自主创业并不是轻而易举的事，尽管国家和学校为大学生自主创业提供诸多支持和扶持政策，但创业者创业初始需要承受非一般的创业代价，"大学里，胥振鹏多次创业，每次面临创业困境，他从不屈服。他总是背地里抹抹眼泪，然后继续扛起肩上的重担前行"，我相信：胥振鹏的艰苦奋斗、不屈不挠、人穷志高，可以让创业者看到光环与艰辛的两面。

九、孙洁的"众信创业基金"

2003 年从浙江万里学院商学院工商管理专业毕业，孙洁进入人才市场行业工作了一段时间后，看到了这一行业的空缺，首先成立了宁波市众信人力资源服务有限公司。2006 年，又成立了宁波市华信人力资源服务有限公司，在她的不断努力下，公司不断壮大。现在，"众信"已在宁波市人力资源服务领域小有名气，孙洁也由一个少不更事的大学毕业生成为两家公司的总经理。为了回报母校，她创立"众信创业基金"，成立培训班等为有意向创业的学弟学妹服务。

孙洁毕业后进入宁波市科技人才市场工作实习，从事人才交流、人力资源开发等工作。不久，她又进入一家中介机构工作。当时宁波还没什么人力资源服务公司，只有一些中介机构，而人力资源服务这个行业是能为很多人服务的行业，能好好经营这个行业，就能为社会作很大的贡献。她看到了人力资源行业的空缺和潜在的巨大市场。随后她的创意和原先宁波某人才市场的老领导一拍即合，于是成立了宁波市众信人力资源服务有限公司，2006 年又成立了宁波市华信人力资源服务有限公司。众信人力资源服务有限公司是具备人力资源派遣和劳动保障事务代理资质的专业人力资源机构，是获得宁波市政府部门核准经营的第一批人力资源供应商，是全国劳务派遣合作组织（IAC）的成员单位，同时也是浙江省人事厅下属新世纪人才公司在宁波的唯一业务对口单位。

公司现在已建立了覆盖宁波整个大市区范围的派遣服务网络，还在杭州、安徽、陕西成立了分公司及办事处，同时与安徽、山东等16个省、市、自治区的劳动部门及相关院校合作建立了人才输送基地。"众信"至今已为280家用工单位提供了2万多人才派遣、劳动保障事务代理等HR（人力资源）外包服务。此外，每年为应届毕业生提供的工作岗位达4 000多个。公司在人力资源领域已小有名气，而孙洁也由一个少不更事的大学毕业生成为两家公司的总经理。

现在的孙洁，在老师眼里已经不再是当年那个"孙洁同学"了，而是一位让人尊重的"孙总"，但她依然认为自己是万里学子。为了回报母校的培育之恩，她日前回到母校，创立"众信创业基金"，帮助有创业意向的学弟学妹；同时还成立了一个"人力资源经理班"，定期安排资深企业人力资源经理进入校园，实行针对性就业指导。旨在为有创业意向的学弟学妹们提供更好的咨询服务和帮助，向他们传授经验教训，让更多的青年学生加入到创业的行列中来，为实现自己的理想奋斗。"我们和其他高校也有合作，但是我自己是万里学院毕业的，我了解万里，万里人在创业这方面真的与众不同。"所以，孙洁认为对万里的投资绝对值得，因为这是对人的投资。

【评析】"但她依然认为自己是万里学子。为了回报母校的培育之恩，她创立众信创业基金，帮助有创业意向的学弟学妹；同时还成立人力资源经理班，定期安排资深企业人力资源经理进入校园，实行针对性就业指导"。孙洁的成功，来自创业，但不止于创业，创业的价值远不止创造财富价值，还在于能为社会提供更多推力，在于感恩与回馈。

十、王甜的"爱情遗物博物馆"

王甜20岁，是一名在校大学生，她与两名好友出资筹建了"爱情遗物"咖啡馆。起初的目的只是想给好友们一个聚会的地方。但是经历了失恋的打击之后，想到了在咖啡馆里开失恋博物馆，收留恋人的"爱情遗物"，帮助像她这样，在爱情中受伤的人走出阴霾。这一点子得到了很多青年男女的青睐，分手了都把舍不得丢弃的信物存在咖啡馆里。此时的咖啡馆自然也成了人们记忆中的一部分。

高中毕业后王甜和两位好友商量开一间小咖啡馆，旨在为好友们提供一个聚会的场所。说干就干，商定之后便开始行动起来，选址，装修，学习咖啡冲调的技术，在忙碌了一段时间后，咖啡馆正式开业。经过大家的努力咖啡馆的生意还不错，成就感油然而生。"事业有了，爱情却没了。"已经失恋了5个多月，提起那段感情，王甜依旧有些伤心。谈了一年半的第一次恋爱，在对男友说了16次分手之后，竟然真的分手了。其间：喜、怒、哀、乐，小争吵、小摩擦不断，当她对自己的鲁莽感到非常后悔时，男友却不愿与她复合了。她的爱情，戛然而止。失恋后她把能让她想起男友的东西都找出来，装进盒子还给了他。可就偏偏落下了一件T恤。"看到这件衣服时，我的眼泪，又不争气地流下来。"她把T恤挂在了店里最显眼的地方，还写上了"我想要保护你"的留言，希望自己能振作起来。经历了这件事之后，王甜和合伙人商量在店里开失恋博物馆，收留这些"爱情遗物"，帮助像她这样，在爱情中受伤的人走出阴霾。大家都表示同意，她在橱窗上张贴了一段特别的启事——"在心里总有一个让你最难忘的人。无论你身边来了谁，走了谁。他（她）的地位，永不动摇。"

米白色外墙，在街上花花绿绿的招牌之间，显得有些格格不入。推开咖啡馆的两扇玻璃大门，里边的陈设很有书卷气，一看就是店主花费心思设计的。空气里弥漫着咖啡的香气，背景是悠扬的音乐。它与普通的咖啡馆不同，没有慵懒、舒服的沙发椅，摆放的都是些学生时代类似课桌的木板桌椅。每一件物品都井然有序。与这些陈设有些不同的，是在大门迎面的墙上，零散地悬挂着一些物品，旁边还钉着些小字条，字条上的话是留给曾经恋人的。这些都是失恋的人留下的爱情信物。分手了，舍不得丢弃这些爱情见证，留下来又摆脱不了分手的伤感。于是，就找个地方来安放。在咖啡馆里，记者看到了很多人留下的"爱情遗物"。其中，一个本子上写满了"我爱你"，足有几千遍。这是一个男孩向女孩求爱时用来表决心的。可分手了，这份爱，该如何处置？男孩舍不得扔掉，就寄存在这儿。在另外的格子里，一个铁盒上有一张纸条，这也是一个男孩留下的"爱情遗物"，上边写着："早恋坑爹？鉴定完毕。"

【评析】创业出发点不同，所得到的收获也会有差异。创意创业内容新颖、紧密联系现在大学生情感，容易引起强烈的共鸣。

创业也有真性情，创业也可以玩"真性情"。其实创业，没有说挣钱就是天经地义，还年轻的时候将创业的概念拓宽些，将活着的价值理解更透些，也许会让创业者有些另类，但谁说得清没有意义？谁又说得清真性情不会帮助她以后创业会更成功？创业需要丰富多彩，单调也不是创业的代名词！

参考文献

[1] 张静. 大学生创业实战指导 [M]. 北京：对外经济贸易大学出版社，2012.

[2] 张晓红，苗月新，南荣素. 创新人才培养模式研究——基于财经高校的视角 [M]. 北京：经济科学出版社，2012.

[3] 崔友平. 创新型人才培养问题研究：财经院校教学与科研协调互动视角 [M]. 北京：经济科学出版社，2013.

[4] 杨兆廷. 财经应用型人才培养模式4.0：四驱动态自优化人才培养模式探索 [M]. 北京：高等教育出版社，2017.

[5] 姚裕群，童汝根，姚贵平. 大学生职业生涯规划 [M]. 大连：东北财经大学出版社，2012.

[6] 伍大勇. 大学生职业素养 [M]. 北京：北京理工大学出版社，2011.

[7] 张翠英. 大学生创业职业素养 [M]. 北京：首都经济贸易大学出版社，2017.

[8] 张云霞. 职业素养养成教育 [M]. 北京：中国人民大学出版社，2016.

[9] 杨萍. 职业素养 [M]. 北京：人民交通出版社，2017.

[10] 周彤. 职业心理素养 [M]. 南京：南京师范大学出版社，2017.

[11] 孙建. 公共管理人才的职业素养与职业能力培养 [M]. 北京：北京理工大学出版社，2017.

[12] 景金. 高校思政课渗透融合职业素养教育的探索与实践 [J]. 科教文汇，2017（12下旬刊）.

[13] 李珊. 优秀员工的九堂素质提升课优秀员工职业素质培养经典读本 [M]. 北京：中华工商联合出版社，2017.

[14] 张平安. "十三五"高等职业教育规划教材：自控力与职业素养自控力与职业素养 [M]. 北京：中国铁道出版社，2017.

[15] 杨海莹，陆培正. 决战职场 素养致胜——献给即将跨出校门的你 [M]. 人民邮电出版社，2017.

[16] 霍彧：现代职业人——能力素质篇 [M]. 苏州：苏州大学出版社，2017.

[17] 黄静. 大学生职业素养教程 [M]. 山东大学出版社，2016.

[18] 庄明科，谢伟. 大学生职业素养提升 [M]. 高等教育出版社，2016.

[19] 吴玉梅. 论良好的职业素养对大学生成长的影响及其培养途径 [J]. 南方论刊，2017（11）.

[20] 邱小燕. 学生技能和理论素养提升的影响因素和学习模式研究 [J]. 产业与科技论坛，2018（1）.

[21] 侯士兵. 大学生职业发展素养 [M]. 上海：上海交通大学出版社，2016.

[22] 宋贤钧，陈兴义. 大学生职业素养训练（第三版）[M]. 北京：高等教育出版社，2015.

[23] 李文亮，张健利. 责任 诚信 合作 服务——大学生核心职业素养培养 [M]. 上海：上海财经大学出版社，2014.

[24] 林瑞青. 大学生职业规划与职业素养（高等学校通识课程很系列教材）[M]. 北京：中国人民大学出版社，2014.

[25] 韦荣. 大学生人文素养读本 [M]，北京：北京师范大学出版社，2011.

[26] 郭宇. 论高等职业教育功能深化对人口从业结构适应性的影响 [J]. 职教论坛，2017（11）.

[27] 温会敏. 大学生职业素养与就业能力培养研究 [J]. 统计与管理，2017（10）.

[28] 张效良. 创业教育与大学生就业能力的培养探究 [J]. 新西部，2017（12）.

[29] 姚璇. 基于职业素养的通识教育探析 [J]. 广西广播电视大学学报，2017（9）.

[30] 方黛春. 工匠精神塑造：职业素养教育的指归 [J]. 湖北工业职业技术学院学报，2017（10）.

[31] 陈春花. 从现在出发：大学生的七项修炼 [M]. 北京：机械工业出版社，2011.

[32] 蒙丽珍，黄刚. 财经类院校创业基础教程 [M]. 大连：东北财经大学出版社，2013.

[33] 樊丽明."3+3"财经人才培养模式的思考与探索 [J]. 中国高教研究，2015（5）.

[34] 杨兆廷，杨蕾，王宁.地方财经院校应用型人才培养探索与实践 [J]. 中国大学教学，2016（6）.

[35] 于静.开展创新教育,培养学生的创新精神 [J].长春师范学院学报,2005(6).

[36] 李才俊.大学生创新能力培养新探 [M].重庆：重庆出版社，2006.

[37] 眭伊凡.如何培养创新人才——兼谈美国著名大学的成功经验 [J].中国高教研究，2006（12）.

[38] 郭广生.创新人才培养的内涵、特征、类型及因素 [J].中国高等教育,2011(5).

[39] 赵延忱.创业资金解决之道 [M].北京：企业管理出版社，2008.

[40] 夏于全.创业初期该做什么 [M].北京：中国三峡出版社，2006.